JN384387

MY PARIS KITCHEN
: Recipes and Stories by David Lebovitz
Copyright © 2014 by David Lebovitz
All rights reserved.

This Korean edition was published by Prunsoop Publishing Co. in 2016
by arrangement with Ten Speed Press, an imprint of the Crown Publishing Group,
a division of Random House LLC through KCC(Korea Copyright Center Inc.), Seoul.

이 책은 (주)한국저작권센터(KCC)를 통한 저작권자와의 독점계약으로 (주)푸른숲에서 출간되었습니다.
저작권법에 의해 한국 내에서 보호를 받는 저작물이므로 무단전재와 복제를 금합니다.

# 파리의 부엌

# 파리의 부엌

프랑스 가정식 레시피와 이야기

**데이비드 리보비츠 지음**

유나영 옮김 | 김형석 감수

## 차례

머리말 **1**
식재료 **13**
조리 도구 **33**

# 전채 **39**
미장부슈 Mis-en-bouche

# 전식 **83**
앙트레 Entrées

# 주요리 **125**
플라 Plats

# 사이드 디시 **209**
아콩파뉴망 Accompagnements

# 디저트 **251**
레 데세르 Les desserts

# 식료품 저장실 **325**
기본 재료 Ingrédients de base

식재료 및 조리 도구 판매처 **339**
감사의 말 **340**

# 머리말

파리에서 처음으로 제대로 된 내 부엌을 마련할 때 맞닥뜨린 최대 난관은 냉장고의 위치를 고려해 오븐을 어디에 놓을지, 어떤 종류의 멋진 조리대를 설치할지 따위를 고민하는 일이 아니었다. 바닥재를 어떤 종류로 할지, 냄비와 팬을 어디에 보관할지도 아니었다. 심지어 가스오븐이냐 전기오븐이냐의 문제도 아니었다. 문제는 개수대였다.

프랑스에서 10년을 살고 난 뒤에야 마침내 내 집이라고 부를 만한 것을 장만하기로 결심했다. 사람들은 으레 내가 멋진 인테리어를 갖춘 널찍한 전문가용 부엌을 가졌을 거라고 짐작했지만, 사실 그동안 나는 딱 체스판 크기의 조리대에서 일했다. 볼과 냄비와 팬을 이리저리 옮길 때마다 한정된 공간 때문에 끊임없이 외통수에 몰리곤 했다. 어떤 때는 막 내용물을 비운 믹싱볼을 어디다 내려놓을지—아니, 내려놓을 수는 있을지—모르는 채 허공에 받쳐들고 어정쩡하게 서 있기도 했다.(대개는 창문을 열고 지붕 위에 올려놓을 수밖에 없었다.) 오븐이 기우뚱거려서 온도가 백 도씩 위험천만하게 오르락내리락하는 탓에, 초콜릿 칩 쿠키를 완벽하게 구우려면 마치 라디오 주파수를 미친 듯이 뒤지는 사람처럼 온도 조절 손잡이를 이리저리 돌리며 쿠키 한 판을 굽는 내내 보초를 서야 했다.(그걸로도 모자라서 어떤 때는 오븐 문이 열리지 않게끔 의자를 받쳐놓아야 했다.) 하지만 사람들이 어디서든 무엇에든 자기가 처한 환경에 어쩔 수 없이 적응하는 방식대로 나도 어찌어찌 적응해나갔다. 파리의 많은 친구들이 오븐도—아니, 심지어 부엌도—없는 아파트에 살고 있는 마당에 불평을 하기란 힘들었다.(몇몇 친구는 욕실도 없어서, 같은 층의 이웃들이 함께 쓰는 공동 화장실을 이용해야 했다. 그러니까 직접 보지도 않고 첫번째 아파트를 임대했던 나는 운이 좋았다고 생각한다.)

어쩌다 간이 부엌이 내 종착역이 된 것일까? 내가 10여 년 전 처음 파리에 도착해서 살 곳을 물색 중일 때 샹브르 드 본chambre de bonne(옛날에 주로 가내 하인들이 거주하던 지붕 밑 방—옮긴이)의 매물 목록을 보았는데, 확실히 트레 샤르망트très charmante 했다. 그래서 보증금을 송금했다. 다문화적인 부동산 전문 용어로 '샤르망트charmante'가 (영어로도 불어로도) '매력적charming'이라는 뜻임을 그곳에 도착해서야 알았지만, 그 집은 매우 아늑하기도(그러니까 조그맣기도) 했다. 나는 바로 눈앞에 에펠탑이 위풍당당하게 서 있는 광경에 매혹되었고, 역사적인 보주 광장이 길을 따라가면 바로 눈앞에 정면으로 펼쳐진다는 점도 마음에 들었다. 하지만 아파트는 내가 예상했던 것보다 (혹은 온라인상의 사진에서 본 것보다) 좀 더 손을 봐야 하는 상태였다.

첫번째 할 일은 집 전체의 벽과 두 개 방 중 하나의 천장까지 타고 들어와 뒤덮고 있는, 비비 꼬인 죽은 덩굴들을 걷어내는 일이었다. 덩굴들이 어느 쪽으로든 스스로 더 뻗어나가지는 않을 것 같았지만 아주 단단히 붙어 있었다. 그리고 냉장고는 내가 도착하기 수개월 전에 집을 비운 전 세입자가 먹다 남긴 음식들로 꽉 차 있었다. 하지만 몇 달에 걸친 청소 끝에, 나는 마음껏 요리하고 빵을 구울 수 있는 조그맣지만 쓸 만한 부엌을 갖게 되었다.

파리에 도착하고 얼마 안 되었을 때, 나는 아주 많은 현지인들이 내가 미국인이기 때문에 음식에 문외한일 거라 여기고 있음을 깨달았다. 많은 사람들이 일삼아 나를 제대로 가르쳐야겠다고 생각한 것 같았다. 점심식사를 겸한 기자 간담회에 참석했을 때 라메리캥l'américain(미국인)에게 샐러드에 들어간 다양한 채소에 대해 가르쳐야겠다고 결심한 어느 기자처럼 말이다. 그녀는 채소 잎을 똑똑 떼어 보이면서 그 이름을 불러주었는데, 나는 그녀가 세 번 연속 틀릴 때까지 참았다가 결국 바로잡아주었다.

    샌프란시스코에서 수십 년간 직업 요리사로 일하며 '농장에서 식탁까지farm-to-table'(현지에서 생산된 식재료를 복잡한 유통 과정을 거치지 않고 그 지역 식당에서 판매하는 것—옮긴이) 부흥 운동에 참여했던 나는 다종다양한 양상추에 빠삭할 뿐만 아니라 우리 동네 시장에 철따라 등장하는 여러 종류의 복숭아, 딸기, 자두, 무화과, 살구에 대해서도 줄줄이 읊을 수 있었다. 나는 농부들이 특별히 우리 식당에 납품하기 위해 가축을 기르고, 지역 농민들이 그날 아침 자기네 과수원에서 딴 샛노란 메이어Meyer 레몬이나 잘 익은 무화과를 터져나가도록 담아 틈새로 과즙이 줄줄 흐르는 종이 가방을 안고 식당 뒷문으로 찾아오는 '셰 파니스Chez Panisse'에서 13년간 일했었다. 우리 식당에 물건을 대는 농부들은 양상추와 섞어 키우는 식용 꽃이 점점이 박힌, 사람이 상상할 수 있는 가장 잘디잔 샐러드용 채소 다발을 들고 저녁 준비 시간 직전에 찾아왔다. 베이 에어리어에는 카카오 씨를 직접 수확해 굽고 갈아서, 기계에서 쏟아져나온 액상 초콜릿을 반짝이는 빈투바bean-to-bar 초콜릿으로 가공해내는 친구들이 있었다. 그리고 버클리의 '애크미 베이커리Acme Bakery'와 샌프란시스코 '타르틴Tartine'의 오븐에서 나온 팽오르뱅pains au levain(천연 효모 빵으로, 제빵용 이스트를 넣은 것보다 풍미가 좋다—옮긴이)은 파리에서 구할 수 있는 것 못지않게 훌륭했다. 그런데 나는 왜 프랑스에 있나?

    나는 이 질문을 스스로에게 자주 던졌지만 한 번도 정확한 답을 내놓을 수 없었다. 나는 언제나 파리행을 즐겼고 몇 번씩 휴가를 오기도 했으며 에콜 르노트르l'École Lenôtre에서 페이스트리 과정을 수강한 적도 있었지만 자기 집을 프랑스 골동품과 프로방스 공예품으로 채우고 언젠가 프랑스로 이주할 날을 꿈꾸는 그런 사람은 아니었다. 대부분의 관광객이 그렇듯이, 내가 경험한 파리 사람들 대다수가 호텔 안내 데스크 직원, 웨이터, 상점 점원이었다. 평범한 일상생활에서 파리 사람과 교류해본 적은 없었다. 나는 프랑스어를 한 마디도 못했고, 이곳에서 아는 친구라고는 단 두 명뿐이었다(그들도 결국에는 다른 곳으로 떠났고, 나는 이민자로서 아는 사람이 없는 상황에 익숙해져야 했다). 나는 어떤 목적이나 계획 없이 무작정 샌프란시스코를 훌쩍 떠나왔다. 이게 내 이야기다.

    내가 비교적 수월하게 대서양을 건너 파리로 이주해 올 수 있었던 것은 어느 정도는 인터넷 덕분이다. 하지만 일단 도착하고 보니 일이 애초의 생각처럼 쉽게 풀리지 않았다. 이곳에는 요구할 때마다 내 돈을 재깍재깍 인출해주는 은행이 없으며, 고객 서비스는 '고객'과도 '서비스'와도 별 관련이 없다는 사실을 깨달았다.

공무 처리를 위한 구비 서류 목록은 공무원들이 요구하는 것에 턱없이 못 미쳤고, 몇 가지 서류가 어김없이 누락되어 관공서를 여러 번 오가야 했다(또 그들이 요구하는 사본을 전부 갖추려면 수백 장에 달하는 종이를 소비해야 했다). 나는 '투덜이' 노릇이 프랑스에서는 유난한 게 아니라는 것을 배웠다. 사실 불평을 빼면 딱히 할 말도 없을 것이다. 프랑스 사람들도 인정할 거다. 이제 나는 시장에서 새치기하는 저 가냘픈 할머니들이 겉보기보다 훨씬 더 억세다는 사실도 내 늑골 부위 타박상을 통해 뼛속 깊이 알게 되었다.

비록 프랑스인은 아니지만 이제 10년 차를 넘어선 파리 시민으로서, 줄서기를 할 때 다른 사람들을 밀치지 않으면 절대 맨 앞까지 도달하지 못한다는 것을 안다. 이곳 사람들과 섞이려면 때때로 좀 심술을 부려줄 필요가 있다. 또 나는 실용적인 이유에서 프린터의 잉크 카트리지 여분을 넉넉히 갖춰놓고, 은행에서 현금이 떨어졌다고 인출을 안 해줄 경우를 대비해 예비 현금도 챙아둔다.

또한 파리가 다양성의 도시인 동시에, 세계화에 직면한 이곳을 단호히 '프랑스답게' 만들어주는 모든 것을 고수하려 몸부림치고 있음을 알았다. '오늘 파리에서 요리하기'에 대한 이 책을 쓰려고 자리에 앉았을 때, 솔직히 '파리의 음식'이 무엇인지 확실히 말할 수가 없었다. 심지어 프랑스 요리라는 것이 아직도 유효한지에 대해 곰곰 생각했다. 지난 몇 년간 프랑스 요리가 입은 타격에 대해서는 이미 잘 알려져 있다. 패스트푸드가 전통 요리를 앞질렀고, 냉동식품 체인인 '피카르Picard'는 (가공식품을 내놓는 카페들을 '라 퀴진 피카르La cuisine Picard'고 부를 정도로) 폭넓은 인기를 구가하고 있으며, 데셉시옹déception(속임수)이 만연해서 한 고발 텔레비전 프로그램 제작진은 파리의 몇몇 유명 레스토랑 뒤편의 쓰레기통을 뒤져 패키지로 포장된 메인 코스와—자, 심호흡하시고!—프렌치 페이스트리 빈 상자를 발견하기도 했다. (내가 보기에 단두대를 부활시켜야 할 이유로 이를 능가할 죄악은 없다.)

채소를 재배했거나 달걀을 낳은 닭을 친 농부와 허물없는 사이가 아니면 채소나 달걀을 산다는 것을 생각조차 할 수 없는 캘리포니아 북부에서 온 내가 '유기농'이나 '로컬 푸드' 같은 말을 입에 담을 때마다 파리 사람들은 가볍게 묵살해버렸다. "프랑스에서는 모든 게 다 로컬 푸드예요!" (유럽연합이 의무화한 시장에서의 원산지 표시에 의거해) 이 아스파라거스와 마늘은 아르헨티나에서 왔고, 딸기와 토마토는 1월에 모로코를 경유해 파리로 운송되어 온 것임을 지적해도 그들은 요지부동이었다.

거의 1백 곳에 달하는 파리의 노천 시장 중에서, 손수 재배한 농산물을 파는 농부들의 시장은 단 두 군데뿐이다. 나머지는 룅지스Rungis에서 물품을 공급받는 도매상들이다. 룅지스는 세계에서 가장 큰 농수산물 시장으로, 그 자체로 하나의 도시라 할 만큼 광대하다. 레알Les Halles—1970년대까지 파리 중심부에 있던, 유리와 철 구조물로 덮인 농수산물 시장—을 대신한 룅지스의 거대하고 현대적인 건물에서 상인들은 과일, 채소, 육류, 가금류, 생선을 짝으로 구매해 파리에 내다 판다. 하지만 그곳을 새벽 2시부터 방문한 뒤 파리로 돌아오는 차 안에서 나는 아직 잠이 덜 깬 도시 위로 고개를 내미는 흐릿한 태양을 바라보며, 경모의 대상이 되고 있는 그 시장이 파리에서 식품이 생산되고 운송되고 유통되는 방식을 어떻게 현대화했는지에 대해 생각했다. 그리고 이 변화가, 최고의 농산물을 찾고 아무리 단순하고 소박한 재료나 조리법으로도 거기에서 화려한 무엇을 만들어내는 데 뿌리를 두었던 프랑스 요리의 이미지가 점차 쇠약해지는 데 어떻게 의도치 않은 영향을 미쳤을지에 대해 생각했다.

미국인들은 부적절한 처리를 거친 식료품의 리콜과 말썽을 겪으면서 먹을거리 문제에 직면해야 했다. 우리 중 많은 이들이 식품 공급의 개선을 원한다는 이유로 '별종'이라 불리기는 해도, 나는 현지에서 생산한 귤, 레몬, 오렌지가 익숙한 종과 이색적인 종이 다양하게 어우러져 온갖 색조를 뽐내며 진열되어 있는 텍사스 주 촌구석의 여러 슈퍼마켓에 가본 적이 있다. 오하이오의 한 체인 식료품점에서는 현지에서 생산한 원반형의 염소젖 치즈들이 코를 찌르는 냄새를 풍기며 쌓여 있는 광경을 보고 놀라며 즐거워했던 기억이 난다. 확실히 세계에서 가장 도시화된 지역인 맨해튼에도 반경 144킬로미터 이내에서 생산되는 물품만을 취급하는 생산자 직거래 시장이 있다. (이 시장은 뉴욕 시 5개 자치구에 거의 60군데에 이르는 판매대와 시장을 보유하고 있으며, 전 지점에서—170종의 토마토와 350종의 후추를 비롯한—지역 농산물만을 판매한다. 중국산 마늘이나 모로코산 딸기는 찾아볼 수 없다.)

오늘날 미국에서 이 정도의 성과를 거두기까지는 시간—그리고 불안감—이 다소 소요되었지만, 장족의 발전을 했다. 이제는 동네 잡화점에서 수제 초콜릿 바를 사거나 공항 매점에서 현지 와인을 시음할 수 있고, 농장 우유가 유리병에 담겨 슈퍼마켓에서 팔리고 있으며, 타코 노점에서 현지 유기농 재료를 쓰고, 생산자 직거래 시장이 부활해 전국에서 번성하고 있다.

파리에 도착했을 때 사람들은 내가 맥도날드에서 매 끼니를 때우지 않는 걸 보고 충격을 받았다(나는 프랑스에서 맥도날드에 딱 한 번 가봤고, 여느 매장처럼 그곳도 붐볐지만 손님들은 미국인이 아니었다…). 내 생각에는 타 지역 농산물과 냉동식품에 대한 의존이라는 현대적 변화가 프랑스인들에게 서서히 스며들고 있는 것 같다. 그들은 자신들이 무엇을 잃을 위험에 처했는지 깨닫지 못하거나, 무엇이 사라지고 있는지에 대해 무관심했다. 프랑스인들은 냉장고 의존 증대, 값싼 수입 식료품 증가, 일하는 사람들이 손쉽게 구할 수 있는 포장 식품으로 조리 시간을 줄이고 '셰 맥도Chez McDo'(맥도날드의 프랑스식 이름—옮긴이)가 우후죽순으로 늘어나는 현상에, 그리고 여기에 골족의 자부심을 약간 가미한 현대성에 매료되어 있었다. 이 모두는 무엇이 그들의 식문화를 위협하고 있는지를 직시할 시야를 흐려놓았.

지난 몇 년간 너도나도 '최고 셰프'가 되려고 애쓰는 요리 대결 프로그램의 붐이 일면서 신세대 파리 셰프들이 발판을 마련하려고 노력하는 가운데 많은 기대가 벌어지기 시작했다. 내가 참석하지 못한 한 요리 페스티벌의 주요리가 프레즈 타가다 Fraises Tagada(독일 제과 회사 '하리보'에서 만든 딸기 사탕 브랜드로, 특히 프랑스에서 많이 팔

## 미리하는 변명

요리책을 훑으며 일관성이 없는 부분을 꼬집어내길 즐기는 독자들을 위해, 여러분이 이 책에서 찾아낼지도 모를 몇 가지 트집거리를 자백하련다. 나는 요리가 언제 어디에나 똑같이 적용되어야 한다고 생각하지 않으며, 무엇을 준비하느냐, 혹은 완성된 음식이 어떤 맛이나 외관을 띠길 바라느냐에 따라 테크닉과 조리법을 자주 바꾼다. 중요한 것은 독자 여러분이 내가 파리의 부엌에서 만든 것과 같은 결과물을 얻는 것이다.

어떤 때는 내가 다진 마늘 1작은술을 넣으라 하고, 또 어떤 때는 마늘 한 쪽을 넣으라고 한 것을 보게 될 것이다. 가끔은 타임을 다져서 스푼으로 계량한 분량이 아니라 가지 수 단위로 적어놓기도 했다. 음식은 표준화될 수 없으며 재료는 장소에 따라 바뀐다. 때로 수프에 물을 좀 더 부어야 할지, 내 입맛에 딱 맞는 그린 샐러드를 만들기 위해 소금을 좀 더 쳐야 할지를 정하려면 나름의 판단력을 발휘해야 한다.

란다—옮긴이), 그러니까 야한 핑크색의 인공 딸기향 마시멜로 알갱이로 장식한 토끼 스튜였음을 알았을 때 나는 안도의 한숨을 쉬었다. 하지만 차세대 셰프들을 선보이기 위해 마련된 또 다른 대회에서는 그렇게 운이 좋지 못했다. 그 자리에서는 껍질째 꼬치에 꿴 통오렌지(지금까지도 나는 그걸로 뭘 어쩌라는 건지 모르겠다)와 초콜릿 소스에 찍은 생비트(이걸로는 무엇을 해야 할지 확실히 알았다. 코앞에 놓인 쓰레기통 덕분이었다)를 대접받았다. 나는 한 유명 레스토랑에서 초콜릿 소스에 담가 내온 버섯도 전혀 손대지 않았다. 그리고 미디어가 아무리 설레발을 쳐도 생굴을 넣은 쇼콜라 쇼chocolat chaud는 도저히 마실 수 없었고, 참치 에클레르도 도무지 당기지가 않았다. 내가 생각하는 셰프의 재능이란 얄팍한 상술을 쓰거나 조리 기법을 가지고 악명을 떨치는 것이 아니다. 소스 방울을 용의주도하게 배열하거나 슬레이트 접시 위에 거품 얼룩을 칠하는 것도 아니다. 그저 요리가 완성된 접시를 내놓았을 때 그 맛이 얼마나 좋을지를 아는 것이다.

다행스럽게도 지난 몇 년 동안 상황이 변화하기 시작했고, 지금 파리에는 프랑스 요리의 이미지를 조용히 쇄신하며 그 소박한 뿌리—시장 요리la cuisine du marché—로 되돌아감으로써 역설적으로 이를 업데이트하고 있는 일단의 젊은 셰프들이 존재한다. 그들의 접시에서는 걸쭉하고 크리미한 소스나 (초콜릿에 담갔든 아니든) 정교한 모양으로 저며낸 버섯 장식 따위는 볼 수 없다. 고기는 육즙 젤리를 두껍게 입히는 대신, 뼈째로 구워서 두루미냉이crosne(갯고둥처럼 돌돌 말린 모양의 작은 뿌리채소)와 포티마롱potimarron(밤 향과 달달한 맛의 늙은 호박) 같은 '잊힌 채소légumes oubliés'(과거엔 즐겨 먹었지만 지금은 찾기조차 힘든 채소들을 통틀어 이르는 말—옮긴이)를 곁들어 낸다.

많은 미국인이 그랬듯이 자기 평가를 거친 파리 사람들도 유기농 음식에 좀 더 신경을 쓰고, 과일과 채소를 수천 킬로미터 밖에서 운송해 오지 않고 현지 생산자의 이름(때로는 성)을 나무 상자 옆면에 표시해 진열한 자연주의 식료품점에서 쇼핑을 하기 시작했다. 이런 곳에서는 여름에—만 구할 수 있어야 마땅한—재래종 토마토를, 겨울에는 겉면이 보라색인 마늘과 잎이 무성한 채소 다발을 구할 수 있다. '라 뤼슈 키 디 위!La Ruche qui dit Oui!'('예!라고 말하는 벌집'이라는 뜻—옮긴이)는 프랑스 농부와 소비자 사이에 다리를 놓아주는 전국 규모의 직거래 네트워크로, 파리 시민들이 바로 자기네 동네에 소재한 '벌집les ruches'에서 현지 생산자들의 과일, 채소, 치즈, 육류를 구입할 수 있게 해준다. 그리고 예전부터 초대형 마트나 값비싼 편의점에서 쇼핑할 수밖에 없었던 파리 외곽의 형편이 넉넉지 못한 사람들도 퇴근길에 RER(파리광역철도) 역에서 내려 현지 농산물 한 봉지를 저렴한 값에 집어들 수 있다.

파리 시민의 식생활에 영향을 끼친 또 다른 변화는, 요리사들과 소비자들이 외국으로 여행을 나가 바깥세상 사람들은 어떻게 먹는지를 보고 돌아왔다는 거다. 물론 프랑스 요리가 비범하긴 하지만 이 여행자들은 다른 요리의 장점을 배우고 진지하게 받아들이기 시작했다. 대개 그래 왔듯이 이를 '프랑스화'하려 들지 않고 말이다. 예를 들어 '라 퀴진 멕시캔La cuisine méxicaine'은 생파파야 조각과 통조림 옥수수를 토핑한 피자가 아니다. '르 치즈버거Le cheeseburger'는 꼭 부풀부풀한 슈퍼마켓 번에 바짝 마른 고기 패티와 오렌지색 치즈 한 장을 끼운 음식일 필요가 없고, 동네 빵집에서 구운 번 위에 육즙이 풍부한 오브락Aubrac(프랑스의 재래종 육우―옮긴이) 쇠고기 조각을 얹고 진짜 프로마주fromage(치즈) 한 장을 녹여 올린 것이어도 상관없다(또 그래야 한다). 그리고 '타파스tapas'는 스패니시 바에서 먹는, 토종 햄과 절인 고기 혹은 해산물 등의 맛난 음식 조각들의 모둠을 가리킨다. 조그만 접시 위에 똑 떨어뜨려놓은 것은 타파스가 아니다.

프랑스어에는 '식도락가foodie'(아마도 전 세계적으로 퇴장할 준비가 된 단어)에 해당하는 용어가 없지만, 오래된 비스트로bistro(가정식 식당―옮긴이)와 브라스리brasserie(맥줏집―옮긴이)(이 중 태반은 기업 집단에 인수되었다)를 피하는 젊은 세대들은 더 나은 음식을 찾고, 더 현대적인 맛과 라이프스타일의 음식과 식문화를 선보이는 와인 바를 자주 찾기 시작했다. 이런 곳에서는 굉장히 다양한 프랑스 와인―주로 '자연 와인les vins naturels'(독립 생산자가 유기농 재배 포도를 가지고 첨가제나 기술에 최대한 덜 의존해 만든 와인―옮긴이)―에 안주로 프랑스 치즈와 돼지고기와 약간의 샐러드를 제공한다. 이곳 직원들은 예외 없이 젊고 활발하고 친근해서 부담 없는 식사를 즐기기에 완벽한 장소로 만들어준다. 그래서 인기 있는 레스토랑을 운영하는 많은 젊은 셰프들이 좀 더 편안한 분위기에서 훌륭한 음식을 제공하는 '바 아 뱅bar à vin'을 자기 식당 바로 옆에 개장하고 있다.

그리고 ―세상에나!―프랑스 셰프 중 다수가 프랑스 밖에서 교육을 받고 있다. 그들은 고국으로 돌아와 지역 생산자를 찾기 시작했다. 정어리나 고등어처럼 고갈될 우려가 없는 생선에 집중하며 절임 등의 기술을 이용하고, 향을 살리고 다양한 식감을 실험하기 위해 '수비드sous-vide'(진공 포장 상태의 저온 조리법. 기존 팬이나 그릴에서 조리하는 것보다 훨씬 더 많은 수분을 유지해, 촉촉하고 부드러운 식감을 느낄 수 있다. 단, 조리 시간이 매우 길다는 단점이 있다―옮긴이) 요리를 부활시키고 있다. 이 셰프들이 프랑스 밖에서 배워온 것은, 특정한 방식으로 요리하거나 먹어야 한다는 전통에 얽매일 필요가 없으며 타 문화와 국가에서 새로운 힌트를 얻는다는 사실이다. 미국의 '스스로 만들어 먹는 요리do-it-yourself' 열풍은 과거의 개념을 부활시켜 현재의 요리로 만들었다. 파리에서도 많은 이들이 프랑스 요리의 오래된 테크닉을 활용하고 있다. 그들은 뛰어난 식재료를 재조명하고 과거를 수용하는 한편 프랑스 요리를 전진시키고 있다.

내가 파리로 이주했을 때, 장차 이곳에 고급 타코 식당과 햄버거 전문점이 생길 거라고 누가 말했다면 나는 아마 미쳤다고 했을 것이다. 또 어떤 미국인들은 왜 사람들이 파리에서 타코와 한국 비빔밥을 먹는지 이해하지 못한다. 뉴욕이나 시애틀에서 그런 음식을 먹는 건 이상하다고 생각지 않으면서 말이다. 하지만 맛과 전통은 변화한다.

파리도 글로벌하게 진화하고 있다. 프랑스인들이 과거의 전통 요리만을 굳건

히 고수하리라 기대할 수는 없으며 또 그래서도 안 된다. '변화'가 프랑스인들에게 쉽게 다가오지 않는 개념인 것은 사실이지만 (너무도 영광스러운 과거를 지녔으니 그들을 비난하기란 힘들다), 나는 이 젊은 셰프들과 소비자들이 프랑스 요리를 다음 단계로 끌어올리고 있다는 데 마음이 설렌다.

...

요리는 살아온 곳과 지금 살고 있는 지역에서 영향을 받는다. 요리사로서 나는 캘리포니아 북부라는 내 뿌리로부터 큰 영향을 받았으며 그 지역의 기후와 토양은 프랑스를 연상시킨다. 내 요리는 마늘, 신선한 허브, 과즙이 풍부한 핵과류(매실, 복숭아같이 씨가 큰 과일—옮긴이), 흙에서 파낸 뿌리채소, 그리고 많은 올리브오일의 향기로운 풍미로 가득 차 있다. 샌프란시스코에는 풍부한 초콜릿 생산 전통—이는 골드러시 시대인 1868년 프랑스계 이주민 에티엔 기타르Etienne Guittard가 샌프란시스코 도심에 회사를 설립하면서 시작되어, 오늘날 빈투바 초콜릿 제작을 실천하는 생산자들에게까지 이어지고 있다—이 있어, 나는 초콜릿에 대해서만큼은 조금 흥분하는 경향이 있다. 내가 아주 많은 디저트에 (뻔뻔스러울 만큼 많은!) 초콜릿을 쓰는 이유다.

내 요리는 주로 동네 시장에서 장을 보는 것으로 시작된다. 우선 모든 좌판을 죽 훑어보고 누가 가장 신선한 딸기 바구니를 내놓았는지 확인하는 일부터 시작한다. 파리 근교에서 채소를 직접 재배하는 쌍둥이 할머니—그중 한 분은 쓴맛의 채소에 대한 사랑을 나와 공유하고 있다—가 단단히 묶은 억세게 생긴 치커리 단을 가지고 나왔는지 엿본다. 혹은 지속 가능한 방식으로 양식해 소금에 절인 대구가 있는지 살펴본다. 다 훑고 나면 쇼핑을 시작한다. 기름기가 잘잘 흐르는 주름진 올리브를 몇 자루 집어들고, 프로마주리fromagerie(치즈 가게)에서 그날 추천하는 치즈 한 조각을 산다(한 번도 나를 잘못된 길로 이끈 적이 없어 내가 무한히 신뢰하는 곳이다). 미소를 띠고 모든 여자들—과 몇몇 남자들—을 자기 좌판으로 유인하는 가무잡잡한 친구와의 잡담은 피하려야 피할 수가 없다. 그는 오베르뉴산 훈제 절임육들을 보여주는데, 차마 자신의 제안을 뿌리치지 못할 것을 알고 요령껏 시식용 조각을 건네준다. (솔직히 시식은 건너뛰고 그냥 미소만 띠고 서 있어도 사고 싶은 것들이다.) 아랍 친구들은 항상 처빌 뿌리나—"트레 피망트très pimente(아주 매워요)!"라는 경고를 곁들인—주름진 고추 같은, 다른 곳에서는 구할 수 없는 식재료를 가지고 나와서 그들이 파는 것을 몽땅 다 사고 싶게 만들곤 한다. 집으로 돌아가기 전에는 마지막으로 쾌활한 쌍둥이 할머니의 가게에 들러, 끝이 흰 래디시 몇 단과 끝이 붉은 기를 띤 루제트Rougette 양상추 몇 포기를 산다. 두말할 필요도 없이 나는 어김없이 애초에 사려고 계획했던 것보다 훨씬, 훨씬 많은 짐을 짊어지고 집으로 돌아온다.

프랑스에서 이 나라를 이토록 멋지게 만들어주는 많은 것들이 여전히 사랑받으며 어디서나 쉽게 구할 수 있다는 것은 다행한 일이다. 근사한 생우유 치즈와 노른자가 밝은 오렌지색을 띤 농장 직송 달걀부터, 겨울철 메뉴판에 등장하는 갓 사냥한 고기, 매년 초여름에 나올 때마다 강렬한 향으로 나를 사로잡는 가리게트Gariguette 딸기에 이르기까지.

　지난 몇 년간 타 문화들은 파리에도 강력한 영향력을 미쳤고, 다문화가 혼재하는 지역과 향신료 식품점에서의 쇼핑은 나의 요리를 완연히 다른, 아마 내가 다른 곳에서 살았다면 가지 않았을 예상치 않은 방향으로 이끌었다. 이제 내 삶은 파리에 있고, 이곳에서 나는 프랑스의 풍요로움과 더불어 요리하고 있음을, 이곳이 제시하는 문화와 음식의 다양성이 내 요리를 이끌고 있음을 깨닫는다.

· · ·

전직 요리사로서, 나는 부엌에서 가장 중요한 사람은 바로 설거지를 하는 사람이며 개수대야말로 모든 조리 활동의 중심임을 알고 있다. 파리의 내 부엌을 계획할 때 단 한 가지 확실했던 것은 내가 채소와 큰 냄비와 팬을 씻을 수 있을 정도로 크고 넉넉한 개수대를 원한다는 사실이었다. 내 머릿속에는 프랑스 농장에서 흔히 볼 수 있는, 반짝반짝 빛나는 아름다운 도자기로 된 개수대 앞에 서서 훌륭한 한 끼 식사의, 혹은 요리하며 보낸 어느 오후의 뒷마무리를 위해 그 안에 물을 받는 모습이 고이 간직되어 있다.

　하지만 크고 넓은 개수대는 찾기 힘들었다. 프랑스에서도 농장식 개수대의 시절은 끝났으며, 그런 게 갖고 싶다면 먼저 그런 개수대가 설치된 농장을 산 다음 그걸 떼어와야 한다는 걸 알게 되었다. 그래서 인터넷으로 미국과 영국을 뒤졌고, 파리의 배관 설비 업체 직원들은 부엌에 그렇게 거추장스러운 물건을 달고 싶어 하는 사람이 있다는 데 당황해 나를 멍한 눈으로 쳐다보았다. 하지만 굴하지 않았다.

　어느 날 밤 내가 또다시 인터넷 검색의 미로를 헤쳐나가고 있을 때, 우연히 처넣은 검색어 조합이 드디어 내가 찾던 바로 그런 개수대를 파는 웹사이트로 인도했다. 그것은 수반이 두 개 붙어 있는 데다 구이판, 에나멜 코팅을 한 더치오븐(무쇠 솥), 잼과 젤리를 만들 때 쓰는 과일 상자를 씻을 수 있을 정도로 넓고 깊었다. 1월의 몹시 추운 어느 일요일, 그 거대한 개수대를 내 시트로앵 왜건에 실어 오기 위해, 그전에 먼저 현지 특산품—물 프리트moules frites(화이트와인과 샐러리, 양파를 넣고 찐 홍합과 두툼한 감자튀김을 함께 제공하는 프랑스의 대표 요리—옮긴이)와 메르베이외(281쪽)—으로 든든히 기운을 돋우고는 프랑스 북부의 릴을 향해 차를 몰았다.

　나는 냉장고, 스탠드믹서, 푸드프로세서, 주걱, 거품기, 스크레이퍼, 밀개, 절구, 절굿공이와 더불어 오븐을 많이(이제는 오븐 문이 제대로 닫히기 때문에 훨씬 더 많이) 쓰긴 하지만, 몇 주씩 공들여 마련한 부엌 기물은 내가 파리에서 준비한 멋진 식사의 처음과 중간과 끝을 모두 지켜본 바로 그 개수대였다. 개수대는 내가 아침에 일어났

을 때 카페오레를 마시기 위해 처음으로 물을 틀러 가는 곳이다. 아침나절이 가기 전에 나는 시장에서 사 온 스위스 근대와 프랑스 래디시 다발을 씻기 위해 개수대 하나에 물을 채운다. 오후에도 내내 내가 개수대 앞을 분주히 오가며 냄비에 물을 받고 컵을 계량하고 도마를 문질러 닦고 칼과 믹서 용기를 헹구고… 때로는 개수대에 대고 내 팔에 흘러내리는 프로방스 복숭아나 잘 익은 프랑스 아보카도의 끈적끈적한 즙을 닦아내는 모습을 볼 수 있을 것이다. 그러다 이윽고 밤이 되어 손님들 모두가 집으로 돌아가면, 나는 개수대 앞에 서서 이웃집 아파트의 불 꺼지는 창문들을 바라보며 마지막 접시들을 설거지한다. 침대로 가기 전에 나는 다음 날 이 모든 것을 새로 시작할 준비로, 개수대를 한 번 스윽 훔친다.

## 코를 쓰세요

파리에서 요리를 시작했을 때, 프랑스 레시피가 미국의 레시피와 얼마나 다른지를 보고 놀랐다. 얼핏 봐도 레시피의 길이가 절반 정도밖에 안 되고, 만드는 방법이 제아무리 복잡한 페이스트리라도 서너 개의 짧은 문장으로 축약되어 있다. 팬의 크기 따위는 언급되지도 않고, 첫머리에 붙는 설명도 없고, 사이드 바에 몇 가지 팁이 언급되는 정도다. 조리법에 대한 상세한 설명도, 어떻게 차리라거나 보관하라는 지시도 없다.(내 생각에는 모든 것을 그 자리에서 먹어치우기 때문이 아닌가 싶다.)

캐러멜 조리법을 예로 들면 미국의 레시피는 이런 식이다. "크고 넓은 냄비에 정제 자당 한 컵을 펼쳐서 깔고 중불에서 녹인다. 설탕이 액화되기 시작하면 가장자리 부분의 색이 짙어지는데, 이때 내열 도구로 가장자리의 녹은 설탕을 팬 중앙으로 옮기면서, 설탕이 고르게 녹을 정도로만 살살 젓는다. 이때 설탕이 뜨거운 부분에서 뭉쳐 타지 않도록 팬을 약간씩 기울여준다. 설탕에서 연기가 나며 부글부글 끓으면 캐러멜이 완성된 것이다. 팬을 불에서 내려놓는다."

이것을 프랑스 레시피는 이렇게 한 줄로 끝내버린다. "설탕 한 컵tasse을 캐러멜로 만든다."

('컵'이라는 뜻의 '타스tasse'는 아마 커피잔 한 개 분량을 가리킬 텐데, 대다수 제빵사는 이런 부정확한 계량에 발작을 일으킬 것이다.)

프랑스 친구들—그중에는 이 책에 실을 레시피를 가르쳐주려고 집에 온 친구들도 있었다—은 함께 요리를 할 때, 자기가 요리하고 있을 때는 메모하지 말고 자기가 하는 걸 보라고 잔소리하곤 했다. 나를 확실히 이해시키기 위해 자기 콧방울을 손가락으로 톡톡 두드리며 "코를 써서au pif"—'감으로 요리한다'는 뜻의 프랑스어 표현—요리해야 한다고 말했다.(나는 그들이 그런 손짓을 하고 나면 꼭 손을 씻고 이어서 요리를 하게끔 했다.)

요지는, 우리가 세세한 것까지 빠짐없이 알려주는 레시피에 점점 더 의존하게 되어 스스로 생각할 필요가 없어졌다는 것이다. 우리는 왠지 모르게 자신의 감을 신뢰하기를 두려워하게 되었다. 레시피 사이트를 운영하는 나는 "중간 크기 바나나 한 개"의 무게가 (껍질째로 혹은 껍질을 벗겼을 때) 얼마나 나가는지, 어떻게 하면 디저트 레시피에서 설탕을 뺄 수 있는지, 고지방 버터나 고단백 밀가루나 고함량 초콜릿 같은 프리미엄 혹은 유럽 스타일 식료품을 쓸 때 정확히 얼마나 분량을 조절해야 할지 궁금해하는 사람들의 질문에 끝도 없이 답해주고 있다.

여기에는 뚝 떨어지는 정답도 오답도 없지만, 이런 현상은 사람들에게 요리가 얼마나 복잡한 일이 되었는지, 초콜릿 케이크를 굽거나 샐러드를 한데 섞는 즐거운 과정을 사람들이 얼마나 골치 아프게 여기는지를 보여준다. 이는 레시피와 테크닉을 낱낱이 해부하는, 과도하게 분석적인 잡지와 요리책들 탓도 일부 있을 것이다. 양심에 찔려 고백하는데, 나 역시 그런 책들을 즐겨 읽는다.(과연 음식이 표준화된 공식으로 환원되면 더 좋을지 확신이 안 서는 탓에 복음서로 받아들이지는 않지만 말이다.) 그리고 그런 책에는 집에서 직접 만들어 먹고 싶다기보다는 멀리서 감탄하는 용도로 보이게끔 손질된, 완벽한 외관의 쿠키와 소스와 구운 고기의 사진들이 실려 있다.

부엌에 있을 때는 레시피를 아무리 충실히 따르더라도 어느 정도는 스스로 생각하고 자신의 감각에 의존해야 한다. 스테이크를 내 입맛에 맞추려면 얼마나 익혀야 할지, 비네그레트vinaigrette 드레싱(소금, 후추, 오일과 식초만을 섞어 만든 가장 일반적인 프렌치 드레싱으로, 여러 가지로 변형된 다양한 레시피가 있다—옮긴이)에 생기를 더하기 위해 언제 식초 한 방울을 더 넣어야 할지 정확히 알려주는 레시피는 없다. 쇠고기를 정확히 어떤 두께로 썰지 알려주거나, 모든 종류의 올리브오일과 시중에 나온 모든 식초의 산도를 고려한 레시피를 쓰기란 불가능하다. 오븐은 각기 다르고(심지어 전문가용 오븐도), 조리 시간은 쓰이는 용기의 재질에 따라 지시된 것보다 길거나 짧아질 수 있으며, 재료도 철에 따라, 익은 정도에 따라, 지역에 따라 달라진다.

'코를 써서' 요리한다는 것은 지시된 시간이 되기 전에 오븐 안의 내용물을 확인한다는 뜻이다. 샐러드드레싱에 마늘이 더 필요할 것 같으면 넣으면 된다. 소금도 내 입맛에 맞춰 치면 된다. 레시피는 출발점 삼아 나아갈 수 있는 가이드라인이다. 그 다음은 자신의 입맛과 감에 맞춘다. 파리든 다른 어느 곳이든 여러분의 부엌에 나도 함께 있고 싶지만 그럴 수 없으니, 여러분도 이 프랑스식 태도를 받아들여 '코를 써서' 요리할 것을 제안한다. 다만 그전에 손만큼은 잘 씻기를.

# 식재료

식재료 장보기는 요리의 첫 단계이자 가장 중요한(그리고 즐거운) 부분이다. 나는 재료 손질에 들이는 만큼의 시간을 구입하는 데도 쏟아붓는다. 나쁜 재료로 좋은 음식을 만들기는 힘들지만, 좋은 재료로 좋은 음식을 만들기는 쉽다. 재료가 좋으면 일이 거의 다 된 것이나 다름없다.

나는 '눈으로 먹는다'는 말이 늘 불편했다. 여러분은 어떨지 모르지만 나는 입으로 먹는다. 음식의 외관보다는 맛에 더 신경 쓴다. 보기에는 멋진데 그만큼 멋진 맛이 나지 않으면 무슨 소용일까? 농장 닭은 공장 닭처럼 지나치게 투실투실하지 않지만 나한테는 훨씬 더 매력적이다. 나는 완벽한 대칭을 이룬 과일보다는 세계 일주용으로 생산되지 않은, 토종 종자로 재배한 흠 있는 사과를 고른다. 너무 둥글고 매끈한, 특히 일부러 줄기를 떼지 않은 온실종 토마토를 보면 깊은 의혹이 생긴다. 이것들은 진짜 토마토 같은 인상을 주지만, 8등분해서 샐러드에 넣었을 때 그 밍밍한 맛을 보면 그냥 여름을 기다리는 편이 낫겠다는 생각이 든다.

채소의 밑손질을 하기 전에 거기 묻은 흙을 조금 씻어내야 하더라도 상관없다. 또 프랑스 사람들이 그러듯 나도 머리가 붙어 있는 가금류나 생선 쪽으로 더 손이 간다. 신선도를 내 눈으로 확인할 수 있기 때문이다. 나는 푸주한이 예리한 칼로 내가 주문한 스테이크감을 썰어주는 광경을 구경하는 게 좋다. 또 볼라예Vollailler(가금류 상점)의 구이 좌판에서 돌돌 돌아가는 토종닭 꼬치구이는 도저히 그냥 지나칠 수가 없다. 이건 사가지고 집에 돌아오기 무섭게 게걸스레 먹어치우곤 한다.

어떤 사람들은 먼저 레시피를 염두에 두고 장을 보러 가지 말고 시장에서 발견하는 것을 가지고 메뉴를 정해야 한다고 말한다. 나는 이 생각을 탐탁히 여겨본 적이 없었다. 프랑스로 이사 와서, 예전 캘리포니아에 있을 때보다 선택의 제약이 훨씬 더 많아졌음을 깨닫기 전까지는 말이다. 파리에서는 심지어 제철일 때도, 시장에 몇 주씩 돼지고기가 넘쳐나다가도 하필 내가 찾는 그날 기이하게도 모습을 감추었다가 그다음 주면 다시 좌판에 등장하곤 한다. 나는 장을 보는 날마다 이를 당연하게 받아들이고, 내가 만들려는 것을 막연하게만 염두에 두고, 유연해지는 법을 배웠다.

그러나 세계화가 프랑스―그리고 그 밖의 도처―로 기어들면서 어디에서 장을 보든 대부분의 물품을 원하는 때에 구할 수 있게 되었다. 나는 겨울의 귤과 봄의 아스파라거스와 여름의 복숭아와 가을의 사과나 배를 원하지, 겨울의 체리나 가을의 아스파라거스를 찾지 않는다. 일반적으로 '철을 타는' 농산물로 여겨지지 않는 마늘, 리크, 감자 등도 제철이 있으며 이를 존중하는 것이 최선이다.

나는 '유기농' 딱지에 집착하기보다 우리 동네 시장의 지역 생산자들에게서 농산물을 구매하는 쪽에 더 집중하는 편이다. 시장에 가면 상인이 손수 재배하고 수확한 농산물을 파는 좌판을 찾는다. 순진한 생각일 수도 있지만, 설마 자기 집에서 키우는 과일과 채소를 책임지는 사람들이 지각없이 살충제를 마구 뿌려댈까 싶다. 나는 손수 재배한 농산물에 개인적인 수고를 아끼지 않는 사람들에게서 물건을 살 때 더 기분이 좋고, 같은 지역사회에 속한 사람들을 지원할 때 마음이 따뜻해지고 녹녹해진다. 하지만 레시피에 감귤류 껍질을 쓸 때만큼은 유기농이나 무농약을 고집하며, 여러분도 그렇게 할 것을 권한다.

하지만 사람들이 식재료에 대해 너무 설교하려 들면 불편해진다. 사람마다 손에 쥔 예산이 다르며, 구하기 쉬운 식재료도 지역마다 다르기 때문이다. 빈투바 수제 초콜릿은 그 자체로 훌륭한 간식이지만, 녹여서 버터, 달걀, 밀가루와 한데 섞어 케이크를 만들면 그런 광택이 나지 않을 것이다. 나는 39달러짜리 와인을 졸여 코코뱅coq au vin(177쪽) 소스로 만들어버려야 한다고 믿지 않는다. 몇 년 전에 샌프란시스코 최고의 제빵사들로 구성된 패널과 함께 블라인드 테이스팅을 한 적이 있는데, 거기서 2등을 차지한 버터는 슈퍼마켓 브랜드였다(1등은 프랑스 수입 브랜드였다). 그러니 여러분이 파리에서 프랑스 버터로 제과 제빵을 하는 게 아니라면, 각자 사는 곳에서 구할 수 있는 것을 써도 충분하다.

다음은 내가 요리할 때 쓰는 몇가지 식재료다. 내가 파리에서 준비해 내놓는 레시피와 요리에 쓰는 것들이지만, 구색을 갖춘 평범한 슈퍼마켓이라면 구하지 못할 것은 없다―디종 머스터드, 샬롯, 두툼한 베이컨은 대부분 있을 것이다. 혹시 플뢰르 드 셀fleur de sel(최상급 소금으로 우리나라 백화점에서도 쉽게 구할 수 있다. 스테이크나 생선 요리에 뿌려 조리하면 깊은 풍미를 느낄 수 있다―옮긴이)이나 무슨 생소한 향신료를 구하느라 쩔쩔매게 된다면, 클릭 몇 번으로 모든 것이 해결되는 인터넷이 있다. 일부 식재료를 구할 수 있는 곳들의 목록은 '식재료 및 조리 도구 판매처'(339쪽)에서 확인할 수 있다.

## 안초비

대다수 사람들은 안초비를 피자 위에 올라간 달갑지 않은 재료로 처음 대면한다. 이런 안초비는 보통 질이 떨어지고 흐물흐물하고 맛이 강하다. 프랑스, 이탈리아, 스페인 식료품 전문점에서 구할 수 있는 좋은 안초비와는 딴판이다. 괜찮은 브랜드를 특정해서 추천하기는 곤란하니, 상점에서 추천하는 브랜드를 물어볼 것. 가격은 품질의 지표가 될 수 있다. 소금에 포장한 안초비가 기름에 포장한 것보다 더 낫다고 주장하는 사람들도 있지만, 두 종류 모두 좋은 브랜드가 있고 질이 떨어지는 브랜드가 있다. 대개 안초비를 고르는 일은 지금 여기에서 구할 수 있는 것과 자신의 예산 범위로 축소된다.

기름에 포장한 품질 좋은 안초비는 프랑스 어디서나 쉽게 구할 수 있어서 나는 주로 이것을 사용한다. 이것은 병에서 꺼내어 곧바로 쓸 수 있다. 소금에 든 안초비는 통째로 포장되어 시판되기 때문에 쓰기 전에 소금을 헹궈내고 뼈를 발라야 한다. 밑손질을 위해 안초비를 약 10분간 찬물에 담가둔다(너무 짜면 그 두 배 정도의 시간 동안 우유에 담가 냉장고에 넣어둔다). 안초비가 부드러워지면 엄지손가락으로 몸통 중간을 길이로 썰어서 가르면 생선살 한쪽에 붙은 뼈가 드러난다. 이 뼈를 완전히 발라내면 된다. 지느러미를 다 떼고 찬물에 헹군다.

## 베이컨

프랑스에서는 훈제된fumé 베이컨과 훈제되지 않은 베이컨 둘 다 구할 수 있다. 프랑스인들(과 미국인들)이 그렇듯 나도 베이컨을 아주 좋아하기 때문에, 내가 소개한 많은 레시피에는 베이컨이 들어가 있다. 그런데 프랑스 요리에서는 베이컨을 바삭하게 구워서 요리에 곁들여 내기보다는 흔히 양념으로 쓴다. 나는 '데친 채소, 소시지, 수란을 곁들인 메밀 폴렌타'(158쪽)나 '머스터드 치킨'(169쪽)처럼 조림 요리의 양념으로 즐겨 쓴다.

프랑스 베이컨은 요리에 쓸 때 거의 항상 라르동lardon으로 썬다. 라르동은 두툼한 베이컨을 결과 수직 방향으로 약 1.5센티미터(새끼손가락 한 마디 길이—옮긴이)로 길쭉하게, 혹은 깍둑썰기로 자른 육면체 조각을 말한다.

나는 수분이 많이 첨가된 시판 베이컨 대신, 정육점이나 직거래 장터에서 베이컨을 산다. 다행히 좋은 베이컨을 구입할 수 있는 슈퍼마켓이 많다. 이 책의 레시피에서는 훈제한 베이컨을 쓸지, 훈제하지 않은 베이컨을 쓸지를 명시해놓았다. 훈제하지 않은 베이컨이 필요한 경우에는 판체타pancetta(돼지 뱃살을 훈제하지 않고 소금과 향신료를 넣어 숙성시킨 이탈리아식 베이컨. 가정에서도 소금과 향신료를 입히고 일정 기간 상온이나 냉장고에서 숙성시키면 손쉽게 그럴듯한 판체타를 만들 수 있다—옮긴이)를 대신 써도 된다.

## 버터

프랑스에는 두 종류의 버터가 있다. 좋은 종류와 아주 좋은 종류. 농담은 제쳐놓고, 프랑스인들은 가염demi-sel버터와 무염doux버터 둘 다 쓴다. 지난 몇 년간, 브르타뉴에서 유래한 가염버터 캐러멜 소스(334쪽)의 인기 덕분에 가염버터가 전보다 훨씬 더 보편화되었다. 브르타뉴 지방은 버터에 거의 비정상적일 정도로 헌신하고 있으며(내가 이곳에 가길 좋아하는 이유다), 그 신선함을 보존하기 위해 버터에 소금을 넣는다.

프랑스의 많은 시판 버터 브랜드들은 맛이 버터에 섞여들면서도 보관 중에 녹아버리지 않을 크기의 소금 결정이 버터 덩어리 속에 박혀 있는 가염버터를 내놓고 있다. 나는 아침에 토스트를 만들 때 이 버터를 쓰고 그 위에 거친 메밀꿀을 슥한 번 발라준다. 녹인 무염버터 한 덩어리(4온스/115그램)에 굵은 천일염 1/4 내지 1/2작은술을 넣고 반죽한 다음 다시 굳히면 나만의 가염버터를 만들 수 있다.

하지만 제과에는 보통 무염버터를 쓰는데 주된 이유는 케이크나 쿠키 레시피에서는 으레 무염버터를 쓸 거라 사람들이 기대하기 때문이다. 무염버터가 더 신선하다는 예전의 통념 때문이다. 하지만 요즘에는 전혀 문제가 되지 않으니, 나라면—심지어 디저트에도—가염버터를 자주 쓰고, 대신 레시피에 들어가는 소금을 줄이거나 빼겠다. (계산해보고 싶은 분들을 위해 덧붙이자면, 가염버터 4온스 혹은 115그램에는 약 1/4작은술의 소금이 들어 있다.) 레시피에 2~3큰술 정도 되는 소량의 버터가 들어간다면, 별 언급이 없는 한 무염버터든 가염버터든 상관없이 써도 된다.

## 치즈

치즈는 사치가 아니다. 프랑스인의 삶에서 치즈는 필수 요소로 여겨진다. 와인과 더불어 치즈는 테루아terroir(풍토)의 가장 직접적인 표현이다. 테루아는 어떤 산물이 그 생산지의 기후, 토양, 날씨, 지형적 특성을 반영한다는 개념으로, 이런 특질이 다른 것과 구분되는 특별한 치즈나 기타 산물을 만들어낸다. 내가 한 소믈리에 친구와 함께 와인 시음회를 주최했을 때, 누가 그 친구에게 와서 테루아라는 게 다 헛소리 아니냐고 하자 친구는 마치 누가 자기 영혼을 짓이긴 것 같은 반응을 보였다. 미국에도 테루아의 개념이 있지만 프랑스와 같은 식으로 구분되지 않는다. 내 말을 못 믿겠다면 캘리포니아산 샤르도니와 프랑스에서 생산된 와인을 차례로 마셔보라. 그 맛이 다르다는 걸 알게 될 것이다.

물론 세계의 다른 지역에서도 훌륭한 치즈가 수없이 만들어지고 있지만, 프랑스 치즈는 내가 알기로 다른 지역에서 이를 성공적으로 복제한 적이 단 한 번도 없다. 그리고 앞으로도 없을 것이다. (심지어 프랑스 내에서도) 타 지역에서 시판되는 브리나 카망베르 등의 인기 있는 치즈가 항상 진품은 아니라는 데 유의해야 한다. 이 명칭들은 상표로 등록되어 있지 않기 때문에, '브리 드 모Brie de Meaux'나 '카망베르 드 노르망디Camembert de Normandie'라는 표시가 없으면 이는 지명이 명기된 진품 치즈와는 다른 것이다.

프랑스 치즈에는 수백 종이 있으며 대부분이 생식용이다(247쪽 '치즈 코스' 참조). 하지만 일부 치즈는 요리에 자주 사용된다. **콩테Comté**는 프랑스에서 인기 있는 치즈 중 하나로, 나도 자주 레시피에 활용한다. 콩테는 쥐라산맥의 고산지대에서 생산되는 고소한 생우유(비살균우유) 치즈다. **에멘탈Emmenthal**, **그뤼예르Gruyère**, **얄스버그Jarlsberg** 치즈는 서로 비슷해서 대체 가능하다. 미국에서는 비슷한 치즈들을 '스위스 치즈'로 통칭하며, 콩테를 넣으라고 언급된 레시피에도 이것들을 쓸 수 있다. 그냥 품질이 좋은 것으로 고르자.

**블루치즈Blue Cheeses**는 치즈에 포자와 곰팡이를 주입해 숙성시켜 파란색이나 청록색의 줄무늬가 생긴 것이다. 대부분은 달콤한 유지방 맛에 뒷맛이 약간 시다. **로크포르Roquefort**는 양젖으로 만들고 호밀빵 곰팡이에서 얻은 포자를 주입한 아주 특별한 블루치즈다. 로크포르를 생산하는 곳은 총 일곱 군데뿐이며, 그 향은 여느 블루치즈와도 전혀 다르다. 그 특별한 향이 맛의 차이를 내기 때문에 나는 로크

포르를 겨울 샐러드(98쪽)에 썼지만, 다른 레시피에서 블루치즈 대신 쓸 수도 있다. 미국, 덴마크, 영국 등 다른 지역에서도 아주 훌륭한 블루치즈들이 생산된다.

**염소젖 치즈**Goat Cheese는 프랑스에서 널리 사랑받는다. 부드럽고 신선한 염소젖 치즈는 크림치즈와 질감이 비슷해 발라 먹기에 적합하다. 프랑스에서 수입된 것들은 보통 몽트라셰Montrachet라고 부르며, 다른 나라에서 생산되는 좋은 염소젖 치즈도 많다. 오래 숙성된 염소젖 치즈는 좀 더 강하고 톡 쏘는 향이 나고 질긴 껍질이 생긴다. 그 자체로 먹기에는 맛있지만 생치즈 대신, 특히 치즈케이크(302쪽) 같은 디저트에 쓰기에는 향이 너무 강하다.

슈퍼보다도 치즈 전문점들은 치즈를 맛보고 배우고 구입하기에 좋은 장소다. 현지 직거래 시장 역시 치즈를 탐구하고 배우기에 아주 훌륭한 곳이다.

## 초콜릿과 코코아 가루

"최고의 초콜릿을 만드는 나라는 어디인가요?"라는 질문을 자주 받는다. 우문愚問이다. 카카오 콩은 세계 전역에서 수확된 뒤 원재배지에서 먼 곳으로 운송되어 그곳에서 초콜릿으로 가공되기 때문이다. 따라서 어느 특정 국가가 카카오 콩을 초콜릿으로 바꾸는 특별한 무엇je ne sais quoi를 지녔다는 생각은 터무니없게 들린다. 스위스, 벨기에, 프랑스가 오랜 초콜릿 가공 역사를 보유한 것은 사실이지만, 미국도 미국 나름의 초콜릿 생산 '혁명'을 통해 그동안 잃어버린 시간을 따라잡았고 초콜릿에 대한 우리의 사고방식을 확장했다. 그리고 이제는 전 세계 여러 나라에서 최고급 초콜릿 생산 업체들과 더불어 유명 생산지들을 찾을 수 있다. 그렇기는 해도 프랑스에는 예로부터 좋은 초콜릿에 대한 감식안(그리고 시장)이 존재했으며, 그 때문에 당연히 좋은 초콜릿이 많이 생산되어왔다. 다른 지역에서 생산되는 훌륭한 브랜드도 많지만, 나는 유럽에서는 유럽산 초콜릿을 쓴다.

제과 제빵에는 카카오 고형분 함량이 55~70퍼센트인 **비터스위트**bittersweet나 **세미스위트**semisweet 초콜릿을 고수할 것을 권한다. 카카오 고형분이 70퍼센트가 넘는 고함량 초콜릿은 너무 시고 레시피에 적용했을 때 예상치 못한 결과가 나올 수 있다. 미국에서는 '비터스위트'와 '세미스위트'라는 용어가 혼용될 수 있지만, 한쪽이 다른 한쪽보다 반드시 더 쓰거나 단 것도 아니다.

무가당 초콜릿은 흔히 비터 초콜릿이라고 한다. 이는 설탕이나 코코아 버터를 첨가하지 않았기 때문에, 비터스위트 초콜릿을 쓰라고 명시한 레시피에 사용해선 안 된다.

여러분이 어떤 초콜릿을 좋아하든, 제과 제빵을 자주 한다면 언제든 쓸 수 있도록 초콜릿을 대량으로 사두는 것이 좋다. 그러면 더 편리할 뿐만 아니라 경제적이기도 하다. 다크 초콜릿은 그늘지고 서늘한 곳에 보관하면 몇 년 동안(물론 그동안 손대지 않을 자신만 있다면) 그대로 유지된다. 하지만 냉장고는 안 된다. 습기가 부패 과정을 촉진할 수 있다.

**코코아(카카오) 가루**cocoa powder는 설탕이 들어가지 않은 순수한 초콜릿 페이스트(초콜릿 즙이라고도 한다)를 압착해 일정 비율의 지방을 제거해 만든다. 더치 가공 코코아는 산을 중화한 것으로, 일반적으로 천연 코코아 가루보다 색이 더 어둡다. 나는 유럽에서는 천연 코코아 가루를 보지 못했지만, 미국의 슈퍼마켓 브랜드들은 특별히 명시되지 않은 한 대부분이 천연 코코아 가루다. 잘 모르겠다면 성분표를 보고 알칼리화제가 들었는지 확인하면 된다.

더치 가공을 했건 천연이건, 순수한 코코아 가루는 항상 무가당이다.(우유와 설탕이 첨가된 '핫 코코아 믹스'나 초콜릿을 갈아 설탕을 첨가한 '초콜릿 가루'를 보고 혼동하는 사람들도 있다.) 이 책의 레시피에서는 천연 또는 더치 가공을 한 무가당 코코아 가루를 쓰면 된다.

여기에 특정한 초콜릿 브랜드를 명시하지는 않았지만, 나는 (더치 가공을 한) 발로나Valrhona 코코아 가루 팬이다. 향과 색이 다른 브랜드보다 훨씬 더 강렬하기 때문이다. 좀 더 비싼 편이지만 깊은 초콜릿 향과 색으로 베이킹 결과물에 뚜렷한 생기를 불어넣는다.

## 크림, 우유, 크렘 프레슈, 요구르트

농업의 성과가 크게 인정받는 나라(일례로 파리의 인구는 2백만 명이 약간 넘는데, 이곳에서 매년 열리는 농업 박람회에는 75만 명 가까이 모여든다)에서 사는 이점 중 하나는 바로 품질 좋은 다양한 유제품들이다. 그리고 크림이 듬뿍 든 그라탱부터 초콜릿을 채우는 데 쓰이는 초콜릿 가나슈에 이르기까지 프랑스 요리의 고전적인 메뉴 중 다수는 이 풍부한 자원을 십분 활용한 것이다.

나는 대부분의 제과와 요리에 **전유**whole milk(지방을 빼지 않은 일반 우유. 지방 섭취를 줄이기 위해 저지방우유를 쓰기도 하지만 상대적으로 비싸고 맛도 떨어져 요리에는 주로 전유를 사용한다―옮긴이)나 **헤비 크림**heavy cream(유지방이 36~40퍼센트 들어 있는 일반 생크림. 유지방 함유율에 따라 고소함의 차이가 있기 때문에 요리에는 주로 헤비 크림을 사용한다. 이 책에서 '생크림'으로 번역한 것은 모두 헤비 크림을 말한다―옮긴이)을 쓰고, 어떤 경우에는 **하프앤하프**half-and-half(미국 바깥의 사람들에게 하프앤하프는 생크림과 전유를 대충 반반씩 섞어 만든 식품이다)를 쓴다. 크림 대신 우유를 써도 괜찮거나 달리 선택지가 없을 때는 해당 레시피의 재료 항목에 이를 명시했다. 하지만 재료 항목에 어느 하나를 특별히 명시한 경우에는 다른 것으로 대체했을 때 결과가 별로 만족스럽지 않으니 권하지 않는다.

생크림(헤비 크림)과 그 사촌인 휘핑크림(휩트 크림whipped cream)은 대개 지방 함유량에서 몇 퍼센트 차이가 나며 서로 바꿔 쓸 수 있다. 되도록 멸균 크림은 쓰지 않는다. 맛도 별로 없고 거품도 잘 나지 않는다. 크림에 거품을 낼 때는 볼과 거품기를 미리 차갑게 식혀두면 거품을 더 빨리 낼 수 있다. 이는 손으로 거품을 낼 때 특히 효과적이다.

**크렘 프레슈** Crème fraîche는 프랑스의 또 다른 자랑거리 중 하나로 어느 슈퍼마켓에서나 구할 수 있다. 만약 여러분이 지금 프랑스에 있다면 좋은 치즈 가게에 가서 그곳의 크렘 프레슈를 맛볼 것을 강력히 권한다. 삶을 바꿔놓을 경험일 테니까. 프랑스의 크렘 프레슈는 숟가락으로 떠서 핥아먹었을 때 신선한 유지방의 깔끔하고 매끄러운 맛을 남기며, 믿을 수 없을 정도로 진하고 풍부해서 당장 프랑스 시민권을 신청하고 싶어질 정도다(적어도 그 서류 절차를 확인하기 전까지는). 미국이나 다른 나라의 치즈 제조업체들도 나름의 크렘 프레슈를 생산하며, 구색을 잘 갖춘 슈퍼마켓, 자연식품 상점, 온라인 등에서 구할 수 있다. 구할 수 없을 땐 집에서 만들 수도 있다(327쪽).

**요구르트**가 들어가는 모든 레시피에는 지방을 제거하지 않은 플레인 요구르트를, 특별히 명시된 경우에는 그릭 요구르트 Greek yogurt(발효 후 유청을 여과해 일반 요구르트보다 더 되고 단단한 요구르트—옮긴이)를 쓰면 된다.

## 달걀

달걀을 일주일에 몇 판이고 해치울 수 있는 나야말로 파리 최대의 달걀 소비처라고 농담을 자주 한다. 내가 달걀곽을 무더기로 계산대에 쌓아놓을 때마다 점원과 계산대 직원들의 눈이 휘둥그레지곤 한다. 프랑스의 판매원들이 나를 어떻게 볼까 하는 것도 걱정이지만, 나는 닭을 치고 달걀을 생산하는 방식에 대해서도 예민하다. 프랑스에서는 모든 달걀에 숫자가 찍히는데, 0이나 1은 놓아먹인 닭, 2는 큰 창고처럼 구획이 진 공간 안에 풀어놓고 기르는 닭, 3은 좁은 우리에 가두어 먹이는 양계장 닭이 낳은 달걀을 의미한다. 일부 슈퍼마켓에서는 공장식 양계장 닭이 생산한 달걀의 판매를 금지하기 시작했고, 나도 놓아먹인 달걀을 구매하는 것으로 힘을 보태고 있다.

다른 나라 사람들은 노른자가 태양처럼 눈부시게 샛노란 프랑스의 달걀을 볼 때마다 "왜 우리나라에는 이런 달걀이 없지?" 하고 외치곤 한다. 다행히도 이런 신선한 농장 달걀을 구할 수 있는 곳이 점점 늘어나고 있다. 좋은 달걀을 원한다면, 직거래 장터나 자연식품 상점으로 가면 된다. '샥슈카 Shakshuka'(154쪽), '케일과 훈제 연어에 얹은 베이크드 에그'(151쪽), '외 마요 Oeufs mayo'(103쪽)처럼 달걀이 주재료인 요리를 만든다면 특히 더 그렇다. '르 그랑 아이올리 Le grand aïoli'(145쪽)나 '초콜릿 테린'(287쪽)을 만들기 위해 날달걀을 쓴다면 믿을 수 있는 곳에서 달걀을 구입해야 한다. (면역계에 이상이 있거나 임신한 사람은 날달걀을 피해야 한다.)

## 생선

지난 십 년간 남획이 몇몇 생선 종의 공급에 끼친 영향을 피부로 느끼게 되었다. 그리고 파리의 노천 시장에서 반짝이는 얼음 조각 위에 쌓여 있는 생선들이 여전히 유혹적이긴 하지만, 나는 참다랑어 요리를 마주할 때마다 아무리 먹음직스러워도 차마 죄책감을 떨쳐낼 수가 없다. 그래서 바스크 지방의 참치 또는 정어리나 고등어 같은 지속 가능한 어종을 찾는다. 이런 생선은 더 맛있고 건강하며 더 저렴하기도 하다.

'케일과 훈제 연어에 얹은 베이크드 에그'(151쪽)나 '브랑다드 드 모뤼Brandade de morue'(144쪽)처럼 내가 생선을 쓰라고 언급한 요리에서는 되도록 자연산이나 지속 가능한 종류를 찾아볼 것을 권한다. 절인 대구(자반 대구) 중에는 대서양산 대구보다 좀 더 지속 가능한 다른 종류의 생선—해덕haddock, 북대서양산 검은대구pollock, 노르웨이나 북극해산 대구 등—으로 만든 것도 많다는 것을 염두에 두자.

## 밀가루

이 책에서 밀가루가 들어간 모든 레시피는 특별한 언급이 없는 한 **중력분**all-purpose flour(다목적 밀가루)을 쓰며, 프랑스 밀가루(65타입)와 미국산 중력분으로 테스트를 거쳤다. **박력분**cake flour은 입자가 곱고 살짝 신맛이 나는 밀가루로 대부분의 슈퍼마켓에 있다. 중력분 1컵(140그램)에서 2큰술을 덜어내고 그만큼의 옥수수 전분을 넣은 뒤 잘 섞어서 세 번 정도 체에 쳐주면 쓸 만한 박력분을 만들 수 있다.

**강력분**bread flour은 찰기가 강하고 단백질 함량이 높은 제빵용 밀가루로, 나는 잡곡빵(241쪽)을 만들 때 사용했다. 만약 강력분을 구할 수 없는데 빵을 자주 구울 계획이라면, 중력분 1컵(140그램)에 활성 밀 글루텐(자연식품 상점과 온라인에서 살 수 있다.) 1작은술을 첨가하면 된다.

**병아리콩 가루**chickpea flour(이집트콩, 가르반조garbanzo 가루라고도 한다)는 병아리콩을 갈아서 만든 것으로, '파니스 퍼프Panisse puff'(245쪽)에 사용했다. 이 가루에는 글루텐이 들어 있지 않으며, 자연식품 상점, 인도와 중동 수입 식료품 전문점에서 구할 수 있다.

## 마늘

프랑스인들은 모두 마늘을 좋아한다는 오해가 있다. 남부에서는 마늘을 아낌없이 쓴다. 하지만 파리 사람들은 마늘을 요리할 때 나는 냄새에 입을 비죽거리는 경향이 있고, 완성된 요리에서 나는 마늘 냄새도 좋아하지 않는다. 내가 드물게 생마늘을 넣은 요리를 내놓았을 때 파리 사람들은 선뜻 먹지 못했다. 결국에는 모두가 별

어려움 없이 접시를 깨끗이 비웠지만 말이다. 미국인들은 프로방스 사람들처럼 마늘을 많이 넣는 것을 좋아한다. 마늘을 요리에 아낌없이 넣고 생으로도 즐겨 먹는다.

    마늘에도 제철이 있는데 바로 봄이다. 이때가 가장 달고 맛이 좋다. 시장에 첫선을 보이는 통마늘의 희고 촉촉한 껍질은 건조하거나 푸석푸석하지 않고 부드러워서 까기도 힘들다(하지만 수고할 가치가 있다). 그러다 곧 겉이 보라색을 띤 향기로운 마늘이 등장하는데, 바로 이때가 내가 요리에 마늘을 가장 많이 쓰는 시기, 마늘이 가장 좋을 때다.

    마늘은 알이 돌처럼 단단한 것을 고른다. 이게 신선함의 지표다. 나는 아주 신선한 것인지 확인하기 위해 가능하면 마늘을 사기 전에 통째로 세게 한 번 쥐어짜 본다. 멀리서 운송된 마늘을 기피하는 데는 여러 가지 이유가 있지만, 주된 이유는 마늘 맛이 덜 나기 때문이다.(보통 뿌리 끝을 보면 알 수 있는데, 뿌리와 흙의 흔적이 하나도 없이 너무 반질반질하면 대개 멀리서 운송된 마늘이다.) 다른 농산물도 마찬가지지만 제철을 염두에 두라고 강조하고 싶다. 비록 1년 내내 구할 수 있긴 하지만, 마늘은 봄이 제철이고 제맛을 유지하는 것은 초가을까지다.

    나는 마늘을 얇게 저미거나 다지는 두 가지 방법을 쓴다. 다진 마늘은 빨리 익고 금세 향을 터뜨리는(그리고 색을 내는) 반면, 저민 마늘은 금방 타지 않는다. 신선한 마늘을 손질할 때는 손으로 쪽을 분리하고 거친 밑동을 다듬는다. 칼날이 도마와 평행이 되도록(날이 몸 쪽을 향하지 않게) 마늘쪽 위에 대고, 마늘쪽이 약간 부서져 껍질이 헐거워질 때까지 주먹으로 두드린다.

    껍질을 까서 마늘쪽을 길이로 절반 가른 뒤, 초록색 싹이 보이면 그것도 제거하고, 부엌칼이나 클리버cleaver(주로 고기 써는 데 쓰는 큰 사각형 식도—옮긴이)로 얇게 저미거나 다진다(칼 옆면으로 마늘쪽을 짓이겨서 '다지는' 것을 좋아하는 사람들도 있는데, 이렇게 하면 쓸쓸한 성분이 나올 수 있기 때문에 나는 칼날을 세워서 잘게 다지는 편을 선호한다). 생마늘을 쓰는 마늘 비네그레트(의 응용은 96쪽의 '생채소 콜슬로와 부드러운 마늘 드레싱' 참조) 같은 드레싱을 만들 때, 제스터 강판이 있으면 제스터의 예리한 날에 마늘을 대고 갈아도 된다. 그러면 아주 곱게 갈릴뿐더러 도마를 마늘 냄새로부터 구할 수 있다.

### 허브

프랑스 요리는 허브를 아낌없이 쓴다. 가장 흔히 쓰이는 허브는 **타임, 월계수 잎, 이탈리아 파슬리, 고수, 처빌, 민트, 차이브**다. 이는 시장 좌판과 청과물 가게에서 언제나 구할 수 있다. **로즈메리, 사철쑥, 딜, 쌜비어**(세이지), **세이버리**는 파리 요리사들이 그보다는 덜 쓰지만 나름의 쓸모가 있다.(어떤 이유에선지 오레가노와 마조람은 찾기 힘들다.) 여름에는 잎이 풍성한 **바질**을 작은 단으로 묶어서 파는 좌판이 등장하는데, 나는 큰 단으로 싸게 파는 바질을 발견할 때마다 최대한 많이 사들였다가 페스토와 '피스투 수프Soupe au pistou'(92쪽)를 만들어 실컷 먹어치우곤 한다.

생허브는 물에 헹구어 흙을 제거해야 하지만, 나는 타임, 쌜비어, 로즈메리는 헹구지 않는다. 기름기(그러니까 향)가 씻겨나가기 때문이다. 손가락으로 한 번 슥 쓸어보면 헹구어야 할지 말지를 판단할 수 있다. 바질 잎은 줄기에서 떼어내 찬물에 씻은 후 완전히 말려야 하는데, 나는 채소 탈수기를 쓴다.

허브를 계량하는 프랑스 요리사는 본 적이 없는 것 같지만, 대개의 경우 나는 정량을 명시했다. 코를 써서(11쪽 '코를 쓰세요' 참조) 좀 더 추가하거나 덜어내도 무방하다.

프랑스 요리는 다른 나라 요리보다 허브 향에 더 의존하기 때문에, 나는 거의 항상 생허브를 쓴다. 이를 말린 허브로 대체하고 싶다면 지시된 양의 절반만 쓰면 된다. 말린 허브의 질과 향은 천차만별이니, 말린 허브를 쓸 때는 품질이 좋은 것으로 구입해야 한다. 언젠가 어느 향신료 회사에서 말린 허브를 시식해본 적이 있는데, 브랜드 간의 차이가 너무 커서 깜짝 놀랐다. 말린 허브는 포장을 개봉한 지 1년 이내에 다 쓰고 빛이 들지 않는 수납장에 보관한다.

### 고기

여러분이 프랑스에 산다면 예외 없이 푸주한에게 홀딱 반하게 될 것이다. 설령 채식주의자라고 해도 말이다. 그들에게는 맹렬히 섹시한 구석이 있다. 한쪽에만 어깨끈이 달린 푸주한용 면직 앞치마 때문일까? 내가 자세히 살펴볼 수 있도록 양 어깻살을 들어서 가늠해 보일 때 그들이 취하는 도도한 태도 때문일까? 그들이 부드럽고 육즙이 풍부한 안심에서 나만을 위해 '프티 필레un petit filet(작은 살코기 조각)'를 우아하게 도려낼 때, 예리한 칼을 한 치의 오차도 없이 정확히 다루는 노련함 때문일까? 나는 고기를 그리 많이 먹진 않지만, 그래도 구실을 만들어 필요한 횟수보다 자주 푸주한을 찾아가곤 한다. 프랑스 여자들은 푸주한과 특별한 관계를 맺고 있는 것 같다. 내 생각에는 그들이야말로 가벼운 추파를 대놓고 편안하게 던질 수 있는 유일한 남자들인 것 같다. 그리고 솔직히 말하자면, 나도 그 방면에선 별 어려움을 느끼지 않는다.

프랑스 사람들은 고기를 많이 먹는다. 그들은 철분이 풍부한 붉은 고기가 건강에 필수라고 믿는다.(말고기도 인기가 있다. 나는 아직 그 장애물을 뛰어넘지 못했지만.) 프랑스에서 고기viande란 쇠고기를 말하기 때문에, 프랑스를 방문한 채식주의자들은 고기를 뺀 식사를 주문했다가 양고기나 베이컨이 든 요리가 나오는 걸 보고 화들짝 놀라기 일쑤다. 프랑스에서는 고기를 먹지 않는다는 게 오랫동안 상상도 할 수 없는 일이었다. 이제는 그 개념이 자리잡기 시작했지만, 여전히 프랑스인들은 다른 문화권처럼 채식 요리에 창의적이지 못하다. 프랑스에서는 이것을 창의성의 범주에 포함된다고 보지 않는다.

나는 오랫동안 채식주의자였지만, 최근 들어서는 집에서 때때로 '스테크 프리트steak frites'(206쪽)를 열심히 먹거나 이 요리를 제대로 선보이는 비스트로를 찾곤 한다. 프랑스인이 아닌 친구들과 함께 비스트로에 갈 때마다 이 요리가 미국 쇠고기의 어느 부위에 해당하는지 설명하느라 진땀을 뺐다. 하지만 고기를 발골하고 분리하는 방식이 다르기 때문에 어차피 설명 자체가 불가능하다는 걸 깨달았다. 그래서 이제 점선으로 어디가 어떻게 분리되는지를 표시한 소 그림을 건네주고 친구들이 알아서 이해하게 맡겨둔다.

스테이크도 인기가 있지만, 프랑스인들은 그보다 저렴한 쇠고기 부위도 즐겨 먹는다. 안심이나 다른 주요 부위보다 더 감칠맛이 나기 때문이다. 양고기와 돼지고기도 이와 비슷하게 어깻살, 정강잇살, 갈빗살이 다른 부위 못지않게 인기 있다.

나는 고기 전문가는 아니라서, 여느 프랑스인들처럼 우리 동네 푸주한의 전문성에 의존한다. 좋은 푸주한은 주문을 받은 뒤에 고기를 자르며, 미리 알려놓고 가면 원하는 부위를 얼마든지 얻을 수 있다. 좀 덜 매력적인 부위를 구한다면 찜용과 조림용 고기를 취급하는 아시아나 멕시코 시장에 가보기를 권한다.

### 머스터드

겨자를 갈아 식초와 향신료를 첨가한 디종 머스터드는 없어서는 안 될 양념이자 소스로, 프랑스의 모든 부엌과 모든 비스트로의 테이블에서 찾아볼 수 있다. 약간의 디종 머스터드는 비네그레트(335쪽)에 예외 없이 추가되며, 머스터드 치킨(169쪽)과 '카르보나드 플라망드Carbonade flamande'(198쪽) 같은 요리의 양념이기도 하다. 이것은 장기간 보관할 수 있을 것 같지만 병을 개봉한 뒤에는 그 매력이 급속히 사라진다. 머스터드는 냉장고에 보관해야 하며, 신선해야 최상의 맛을 낸다. 디종 머스터드 중 일부 브랜드는 실제로 디종에서 생산되지 않는다는 데 유의하자. 이 명칭은 양념을 강하게 하고 많은 경우 화이트와인을 넣은 머스터드의 한 종류를 가리킨다.

## 기름

몇 년 전의 연구에서 결정적으로 입증된 사실을 뒤집어엎는 연구가 몇 년에 한 번씩 꾸준히 발표되는 것 같다. 특정한 기름은 악마 취급하고, 다른 특정한 기름은 건강에 엄청나게 좋다며 떠받드는 연구들 말이다. 그리고 몇 년 뒤에는 또 그와 정반대되는 사실을 입증하는 또 다른 연구가 발표된다. 여러분은 어떤지 몰라도 나는 도저히 못 따라가겠다!

나는 수년간 오로지 올리브유만을 사용했었다. 자신의 전 레스토랑에서 유명했던 샐러드드레싱의 맛을 내가 모방하고 있다고 주장하는 식당 주인과 일하기 전까지는 말이다. 몇 주 동안 이리저리 끙끙댄 끝에(그렇다. 간단해 보이는 샐러드드레싱을 위해), 나는 내가 쓰는 올리브유가 다른 재료들의 맛을 압도해버린다는 사실을 깨달았다. 내가 평범한 샐러드유로 1회분의 드레싱을 만들어 가져오자 그의 얼굴은 곧바로 환해졌고, 나는 마침내 마법 같은 한마디가 나왔다. "바로 이거야."

파리에서는 맛이 담백한 기름을 사용한 탁월한 드레싱을 많이 만났다. 그리고 거기서 힌트를 얻어 **해바라기유**, **홍화씨유**, 혹은 파리 근교에서 재배하는 겨자 비슷한 식물을 압착한 **카놀라유**로 비네그레트(335쪽)를 만들곤 한다. 이런 것들은 기름을 순수 저온 압착하는 지역 생산자에게서 구입한다.

나는 최소한 두 종류의 **엑스트라 버진 올리브유**를 상비해놓는다. (비교적 저렴한) 하나는 요리용이고 또 하나는 드레싱과 소스용이다. 올리브유를 판별하는 가장 좋은 방법은? 직접 맛보는 것이다. 생산 국가, 예쁜 병, 어디서 '블루리본'을 받았다는 스티커 따위는 무시하라.(그런 경진대회 중 일부는 최고의 상품을 가리기보다는 마케팅을 위한 것이다.) 온갖 왈가왈부가 난무해도 '내' 마음에 드는 것이 가장 좋은 올리브유다. 그리고 품질 좋고 순수한 올리브유를 얻는 가장 좋은 방법은 생산자나 평판이 좋은 판매처에서 직접 구입하는 것이다. 참고로 나는 항상 엑스트라 버진 올리브유를 쓴다.

해바라기유, 홍화씨유, 카놀라유와 마찬가지로 올리브유도 시원하고 어두운 곳에 보관해야 한다. 열기가 닿으면 품질이 급속히 떨어지므로 스토브나 오븐 근처에 두는 것은 피한다.

이따금은 나도 호두유와 헤이즐넛유 같은 **견과유**를 쓴다. 수북이 쌓은 시금치에 박편형 소금 flaky salt(가공 처리를 최소화한 천일염으로 주로 육수용이나 절임용으로 쓴다 — 옮긴이)을 살짝 치고 둘 중 한 가지 기름을 살짝 뿌려주기만 하면 완벽한 속성 샐러드가 완성된다. 견과유는 쉽게 부패하기 때문에 재고 순환이 빠른 매장에서 작은 병에 든 것으로 산다. 최고의 브랜드는 부르고뉴에서 소량씩 압착해 생산하는 J. 르블랑 J. Leblanc이다. 견과유는 냉장고에 보관하고 되도록 개봉 후 6개월 이내에 사용한다.

## 후추와 고추

**검은후추**는 항상 통후추 형태로 구입해 쓰기 직전에 갈아야 한다. 만약 요리를 아주 많이 한다면 한 줌 정도를 절구로 빻아놓고 필요할 때마다 쓸 수 있다.

검은후추는 종류가 수도 없이 많은데, 여러분도 나처럼 향신료 가게에 가서 직접 냄새를 맡아볼 것을 권한다.

고백하자면 나는 요리에 화끈한 맛이 약간 도는 것을 좋아해서 대부분의 프랑스 요리사들보다 **마른 홍고추**를 훨씬 많이 쓴다. 검은후추 대신 이것을 쓰는 어느 이탈리아 요리사에게 배운 습관이다.(그녀 말로는 이것이, 고추는 국내에서 재배되고 건조되지만 통후추 같은 수입 향신료에는 무거운 관세가 붙던 시절의 유습이라고 한다.) 신중하게 양을 조절해서 쓰면 미묘한 효과를 내고 다른 맛들과 근사한 대조를 이룬다.

명칭이 다소 혼란을 줄 수 있는데, 칠리 파우더chili powder는 말린 고추를 빻아서 만들고 때때로 다른 향신료들이 첨가되어 있다. 반면 **레드 칠리 파우더**red chile powder는 빻은 고추로만 만들고, 사용된 고추에 따라 매운맛과 훈증 향의 정도가 다르다. **카옌 고춧가루**Cayenne pepper가 가장 유명한데, 이는 딱 한 종류의 고추로만 만들며 대단히 맵다. 프랑스산은 아니지만, 나는 '훈제 바비큐식 돼지고기'(190쪽)처럼 약간 훈연한 맛을 내고 싶을 때 카옌 고춧가루 대신 안초ancho나 치포틀레chipotle 고춧가루를 자주 쓴다. 레드 페퍼 플레이크Red pepper flakes 역시 (씨와 함께) 말려서 빻은 고추라고 알려져 있다.

파리와 좀 더 가까운 바스크 지방에서 생산되는 고춧가루인 **에스펠레트 고춧가루**piment d'Espelette도 선호한다. 이것은 아주 훌륭한 고추지만 (심지어 프랑스에서도) 비싸다. 그리고 바스크 요리에 사용했을 때 너무 맵지 않고 진한 풍미를 낸다. 병을 개봉하면 몇 개월 이내에 색과 맛이 바래는 경향이 있기 때문에 빨리 사용해야 한다.

고춧가루는 브랜드에 따라, 또 사용된 고추의 종류에 따라 다양하다. 나는 그중 몇 가지 종류를 쓰는데, 일부는 프랑스의 향신료 가게에서 사고 일부는 스페인, 멕시코, 캘리포니아 같은 곳에 여행 갔을 때 구입해 온다. 그중 몇몇은 훈연 향을 띤 단맛이 나고, 몇몇은 굉장히 맵다. 카옌 고춧가루는 어디서나 구하기 쉽기 때문에 레시피의 대부분에 명시했지만, 그 양은 각자의 입맛에 맞게 자유롭게 조절할 수 있다.

**흰후추**는 대다수 사람들이 향신료 찬장에 구비해놓지 않는 품목이다. 내가 흰후추를 좋아하게 된 이유는 검은후추보다 더 날카롭게 톡 쏘는 맛을 지녔고, 으깬 감자(216쪽)나 셀러리악 수프(106쪽)처럼 색이 옅은 요리에 잘 어울리기 때문이다. 하지만 그렇게 자주 쓰진 않기 때문에 흰색 통후추를 조금씩만 구입해 필요할 때마다 갈아서 쓴다. 카메룬의 펜자 지방에서 나는 흰후추는 발품을 팔아서라도 구할 가치가 있다.

### 석류 농축액

석류 농축액은 새큼한 석류즙을 조려 진하고 톡 쏘는 시럽으로 만든 것이다. 나는 비트 후무스Beet hummus(58쪽)와 '라디치오, 뿌리채소, 석류를 넣은 통밀 샐러드'(240쪽)에 약간 넣어서 은근하면서도 분명히 느낄 수 있는 달콤한 맛을 더했다. 석류 시럽이라는 이름으로도 통용되며, 중동 식료품 전문점이나 칼루스티안스 Kalustyan's(339쪽)에서 구할 수 있다. 무타발Moutabal(64쪽), 후무스(60쪽), 그리고 놀랄지 모르지만 살구씨 아이스크림(312쪽) 위에 뿌려도 훌륭하다.

### 소금

내가 요리를 처음 시작했을 때, 훗날 내가 소금 한 상자에 39센트가 넘는 가격을 지불하게 될 거라고 누가 말해주었다면 아마 미친 것 아니냐고 받아쳤을 것이다. 하지만 지금 내가 요리하는 조리대 위에는 적어도 여섯 종류의 소금이 놓여 있고, 찬장에도 내가 여행 가서 수집해 온 소금이 최소한 열 종류 이상 들어 있다.

소금의 품질 차이에 대해 내가 처음 '감을 잡은' 것은, 노르망디에 살며 요리 교실을 운영하는 내 친구 수전 루미스의 부엌에서였다. 그녀는 게랑드산 플뢰르 드 셀의 미세한 입자 몇 개와 식당 테이블의 소금통 안에 흔히 들어 있는 평범한 식탁염table salt(염화나트륨에 약간의 첨가물을 넣어 부엌이나 식탁에 두고 쓰기 좋게 제조한 정제염—옮긴이) 결정 몇 개를 우리에게 맛보여주었다. 그때 식탁염의 화학 성분 같은 쓴맛에 너무 충격을 받았다. 그후 내가 더 이상 먹거나 쓰지 않는 드문 재료 중 하나가 되었다.

나는 소금을 쟁여놓고 살지만, 일반인들은 사실 요리용과 양념용의 두 가지 소금만 있으면 된다.

나는 요리에는 **천일염**sea salt을 쓴다. 프랑스에는 미네랄이 풍부하고 결정이 굵거나 고운 회색 소금이 있다. 이것과 똑같지는 않지만 **코셔 소금**kosher salt(유대 식단 규칙에 따라 고기를 준비하는 코셔링 과정에 사용되는 소금으로, 요오드 등의 첨가물이 포함되지 않았으며 알갱이가 거칠고 불규칙하다—옮긴이)도 요리에 쓰기에 좋다.

나는 샐러드, 채소, 심지어 (올리브유를 곁들여 간식으로 먹는) 초콜릿에도 종종 소금을 뿌려서 마무리한다. 영국 맬던 지방 같은 곳에서 생산되는 **박편형 천일염**flaky sea salt은 프랑스에서 매우 인기 있다. 소금 결정이 불균질하고 납작하며 상자에 담아 판다. 나도 이것을 쓰지만 **플뢰르 드 셀**만큼 자주 쓰진 않는다. 매우 높은 평가를 받는 플뢰르 드 셀은 썰물 때 염전 표면을 조심스럽게 걷어내어 손으로 채취한다. 그중 최고로 치는 것은 날씨 조건이 딱 맞을 때 대서양 해변에서 채취한 플뢰르 드 셀 드 게랑드fleur de sel de Guérande다. 다른 나라들도 '플뢰르 드 셀'이라는 명칭을 따갔기 때문에, 포르투갈이나 스페인 등지에서도 생산된 비슷한 소금들을 구할 수 있다.

### 냉동 음식

아마 내가 레시피와 관련해 가장 많이 받는 질문은 "그거 냉동 가능한가요?"일 것이다. 비록 파리에 냉동식품 매장이 있긴 하지만, 냉동 음식을 집에서 먹는 사람들이 있다는 말은 거의 못 들어봤다.(한 친구의 어머니는 내가 빵을 냉동할 수 있다고 하자 도저히 못 믿겠다는 표정으로 나를 바라보았다.) 몇몇 예외가 있긴 하지만, 디너파티 때 나오는 모든 음식은 당일에 만든다. 나는 자신이 먹거나 손님에게 대접하기로 한 음식을 (최대한으로 잡아도) 하루 전에 미리 만들어놓는 사람은 한 번도 보지 못했다.

냉장고에 묵혀서 더 좋아지는 음식은 거의 없기 때문에, 나도 프랑스인들처럼 냉장고에 덜 의존하고 되도록 신선한 상태로 음식을 내곤 한다. 하지만 우리는 흔히 시간에 쫓기고, 모두가 식사 준비에 마음껏 시간을 쓰는 사치를 누리지는 못한다. 그래서 이 책에선 미리 준비해도 되는 것이나 경우에 따라 냉동할 수 있는 것은 따로 명시해놓았다.

보통 사람들이 익숙한 습관을 깨고 소금에 비싼 돈을 들이기란 힘든 일이다. 요리를 많이 하는 나도 1년치 소금 구입 예산이 밀크커피 몇 잔 값을 넘기진 않는다.

나는 여러분이 집에 있는 소금들의 종류를 익히고, 음식을 맛본 뒤 자기 입맛에 맞게 소금 간을 할 것을 권한다. 의심스러울 때는 레시피에 지시된 것보다 소금을 적게 넣으면 된다. 나중에 얼마든지 더 넣을 수 있기 때문이다. 일단 소금이 음식에 섞이면 그 자잘한 알갱이를 하나하나 집어내기란 매우 힘들다.

### 샬롯과 리크

프랑스인들은 샬롯을 흔히 쓰기 때문에 프랑스의 모든 부엌 어딘가에는 샬롯이 담긴 조그만 망이 걸려 있다. 프랑스 샬롯은 대부분 자두보다 크지 않다. 샬롯은 즙이 풍부하고 달콤하며, 양파 특유의 강한 맛 없이 음식에 은은한 양파 맛을 내주어 날것으로도 쓸 수 있다. 전형적인 샬롯은 무게가 3/4온스(20그램) 정도인데, 그보다 큰 샬롯밖에 없다면 이 무게를 기준으로 레시피에 적용하면 된다. 특별한 언급이 없다면 샬롯은 항상 껍질을 벗기고 저며서 잘게 다져야 한다.

리크(우리나라 대파와 같은데, 크기는 두 배 이상 크고 초록 부분은 훨씬 질기다—옮긴이)는 많은 고전적인 프랑스 수프와 스튜의 기본 재료다. 양파보다 더 풍부하게 아우르는 맛을 내주며, 흔히 리크에 버터를 더해서 단맛을 낸다. 프랑스의 가장 유명한 리크 요리는 '머스터드-베이컨 비네그레트를 곁들인 리크'(88쪽)로, 찐(혹은 데친) 리크 한 접시에 머스터드를 넣은 소스를 흠씬 끼얹은 요리다. 프랑스 요리의 대표 음식 중 하나다.

리크를 손질하려면, 우선 몸통은 놔두고 뿌리와 밑동이 만나는 지점을 잘라 뿌리를 제거한다. 그리고 짙은 초록색 잎과 뻣뻣한 연초록 잎을 잘라낸다. 리크를 씻기 전에 길이로 네 가닥이 되게 칼집을 넣는데, 리크가 완전히 쪼개지지 않도록 몸통과 뿌리 부분은 놔두고 중간까지만 가른다. 리크를 찬물에 담그고 간간이 물속에서 휘휘 돌려 흙과 모래를 떨어내면서 약 15분간 담가둔다. 흐르는 물에 헹구고 타월로 두드려서 말린다.

### 스톡

파리에 처음 온 사람들이 예외 없이 묻는 말이 있다. "통조림 스톡은 어디서 살 수 있어요?" 그러면 나는 대답한다. "살 수 없어요!" 프랑스 사람들은 손수 스톡을 만들거나 부용 큐브bouillon cube에 의지한다.

나는 모든 음식을 라면 수프 맛으로 만들어버리는 '르 퀴브le cube'로는 도저히 갈아탈 수가 없어 나만의 스톡을 만드는 편을 택했다(326쪽). 만들기도 아주 쉽고 냉동했다가 나중에 쓸 수도 있다.

만약 좋은 스톡이 없다면, 통조림 스톡보다는 차라리 물을 넣는 게 낫다. 나는 써보지 않았지만 어떤 사람들은 대다수의 통조림 스톡 브랜드보다 (무균 처리해) 상자에 포장한 브랜드를 깊이 신뢰한다. 내가 보기에는 미국 슈퍼마켓에서 파는 퐁 블랑fond blanc(조려 만든 스톡)인 '베터 댄 부용Better Than Bouillon'도 나쁘지 않다.

## 설탕

레시피에 들어가는 설탕은 일반 **백설탕**granulated sugar(그래뉴당)을 의미한다. 미국 이외의 나라에서는 그보다 입자가 작은 정제당castor sugar/caster sugar이 이에 해당한다. (미국 밖에서는 아이싱 슈거라고 부르는) **가루 설탕**powdered sugar(분말 설탕) 혹은 **제과용 설탕**confectioners' sugar은 설탕을 곱게 분쇄하고 뭉침을 방지하기 위해 소량의 옥수수 전분을 첨가한 것이다. **갈색 설탕**brown sugar은 색이 옅은 것(황설탕)과 짙은 것(흑설탕)이 있는데 어느 쪽이든 레시피에 지시된 대로 써야 한다. 특히 갈색 설탕을 계량하거나 무게를 달 때는 눈금이 있는 계량컵에 꾹꾹 눌러 담아야 한다.

## 식초

좋은 비네그레트에 기름만큼이나 중요한 것이 식초다. 올리브유의 품질은 기사로 많이 다뤄지지만 식초는 대수롭지 않게 취급된다. 다행히 식초는 올리브유와 달리 아주 좋은 것도 그리 비싸지 않고, 질 좋은 식초를 쓰면 요리가 극적으로 향상된다.

내가 샐러드드레싱에 가장 자주 쓰는 식초는 **셰리 식초**sherry vinegar다. 스페인에서 생산되며 최소 6개월간 오크통에서 숙성되는데, 프랑스에서 가장 인기 있는 식초다. 레드와인 식초보다 약간 순하고, 기분 좋게 부드러운 나무 향을 띤다. 일상적인 요리에는 굳이 오래 숙성된 것을 쓰지 않아도 된다.

내가 자주 집어드는 또 다른 병은 **레드와인 식초**다. 셰리 식초보다 날카로운 신맛을 내며 상쾌한 맛으로 좀 더 강한 드레싱을 만들어준다. 단 한 스푼으로도 코코뱅(177쪽) 같은 스튜에서 농후한 소스와 대조를 이루며 음식에 생기를 불어넣는다.

약간의 과일 맛을 원할 때는 **사과즙 발효 식초**cider vinegar를 쓰는 것도 좋다. 파리 주변에는 사과 농장이 많은데, 나는 즐겨 찾는 시장의 사과 좌판에서 산다.

발사믹 식초는 심지어 프랑스에서도 샐러드의 베이스로 무시로 등장하는 통에 그 끈적끈적한 단맛이 싫어졌다. 값싼 브랜드들은 색과 맛을 대부분 인공적으로 낸다. 진짜 **발사믹 식초**는 최소한 12년은 숙성시킨 것으로, 가격을 알면 그 조그만 병을 꽉 움켜쥐고 결코 놓고 싶지 않을 것이다. 나는 보통 때는 슈퍼마켓 물건을 멀리하지만, '데친 채소, 소시지, 수란을 곁들인 메밀 폴렌타'(158쪽)처럼 약간의 무게감을 주면서 살짝 새콤한 맛을 내고 싶을 때는 가끔씩 소스에 넣기도 한다.

# 조리 도구

프랑스 음식을 요리하기 위해 조리 도구 창고까지 갖출 필요는 없지만, 손쉽게 장만할 수 있는 쓸 만한 조리 도구 '한 벌'쯤 있으면 좋다. 다행히 필요한 물품 대부분은 이미 여러분의 부엌에 있을 것이다. 다음은 내가 파리의 부엌에 구비해둔 물품—냄비, 팬, 그리고 이 책의 레시피에서 사용한 도구들—이다.

## 구이접시

구이접시는 얇고 널찍하고 내열 처리가 되어 있으며 측면 높이가 적어도 2인치(5센티미터) 정도 된다. 전 세계에서 주로 판매되는 구이접시는 르쿠르제, 에밀앙리, 스타우브와 같은 프랑스 브랜드들이다. 괜찮은 구이접시를 만드는 미국 회사로는 파이렉스와 코닝웨어가 있고, 다른 브랜드도 있다. 구이접시의 재질은 세라믹, 도기, 무쇠에 에나멜 코팅 입힌 것, 자기, 유리 등 다양하다. 되도록 측면이 높은 구이접시를 쓰는 것이 좋고, 넓은 것일수록 토핑이 좀 더 노릇노릇하게 된다. 굽는 도중에 흘러넘치는 것을 방지하기 위해 구이판에 알루미늄 호일을 깔고 그 위에 구이접시를 놓는 것도 좋은 아이디어다.

일부 재질은 다른 재질보다 빨리 뜨거워지므로 구이접시의 재질에 따라 굽는 시간이 달라질 수 있음을 염두에 두어야 한다. 규격은 레시피에 지시된 대로 쓰고, 내열 최고 온도는 제조사의 권고치를 확인해야 한다.

## 구이판

내가 가진 구이판들은 미국 제빵사들이 '하프시트 팬half-sheet pan'의 표준 규격으로 여기는 13×18인치(33×45센티미터)다. 프랑스에 와서 구이판을 새로 장만했는데 얼마나 마음에 쏙 들던지, 이 구이판에 맞는, 일반 오븐보다 큰 유럽산 오븐을 다시 구입해야 했다! 쿠키와 비스킷 같은 대부분의 응용 제과에는 여러분이 가진 규격의 구이판을 그냥 쓰면 된다. 한 가지 예외는 '뷔슈 드 노엘Bûche de Noël'(319쪽)인데, 이 케이크는 특정한 규격의 구이판이 필요하다. 쿠키와 빵 등이 달라붙지 않도록, 레시피에서 지시하는 대로 구이판 위에 유산지나 실리콘 베이킹 매트를 깐다.

## 케이크 팬

이 책의 케이크 레시피에서는 '프렌치 치즈케이크'(302쪽) 같은 섬세한 케이크를 꺼내기 좋도록 바닥과 옆면이 분리되는 스프링폼 케이크 팬springform cake pan이 필요하다. 표준 규격의 케이크 팬은 9~10인치(22~25센티미터)다. 내가 가장 선호하는 케이크 팬은 바닥이 유리로 된 것으로, 케이크를 바닥에서 억지로 떼어낼 필요가 없기 때문에 쉽게 서빙할 수 있다. '새지 않는' 스프링폼 케이크 팬을 쓰라는 지침은 무시할 것. 새지 않을 거라 아무리 믿고 싶어도 대개는 샌다. 스프링폼 케이크 팬을 쓸 때는 그 바닥과 옆면을 큼직한 알루미늄 호일 한 장(혹은 두 장)으로 싸라고 조언하는 바다.

## 더치오븐

프랑스의 모든 부엌에는 더치오븐과 비슷한 커다란 코코트cocotte 냄비가 하나씩 있다.(프랑스 밖에서는 이를 '프렌치 오븐'이라고 부르기도 한다.) 나는 최소한 1리터들이의 큰 냄비를 사용할 것을 권한다. 튼튼한 스테인리스스틸이나 에나멜 코팅을 한 무쇠 재질이 가장 좋다. 구리 냄비도 괜찮지만, 상당한 투자와—특히 입힌 구리가 닳기 시작하면—일정한 유지 관리가 필요하다.

냄비와 팬은 반응성이 적은 재질이어야 한다. 나는 양극산화 처리를 한 것(겉면과 안쪽이 어두운 색을 띤다)을 제외하면 알루미늄 팬은 쓰지 않는다. 양극산화 처리를 안 한 알루미늄은 특정한 음식—대표적으로 감귤류, 토마토, 식초, 와인, 신맛 나는 기타 식재료—과 만나면 유해한 화학반응을 일으키기 때문이다.

## 전기 블렌더

핸드 블렌더(스틱 블렌더 또는 이머전 블렌더라고도 한다)는 수프를 퓌레purée(육류나 채소류를 갈거나 체로 걸러 묽은 페이스트 또는 진한 농도의 액체로 만든 것. 페이스트는 퓌레의 두 배 정도의 농도다—옮긴이)로 만들 때 흔히 사용한다. 미국보다는 유럽에서 오랫동안 인기를 누려온 부엌 도구다. 나는 일반 블렌더도 가지고 있는데 이는 재료를 최고의 부드러운 질감으로 만들어준다. 핸드 블렌더는 사용하기도 쉽고, 냄비에서 바로 퓌레를 만들 수 있어 설거짓감도 줄어든다. 그래도 일반 블렌더로 얻을 수 있는 부드러운 질감을 내기에는 역부족인 것 같다. 일반 블렌더를 쓸 때는 수프 같은 뜨거운 재료로 용기의 절반 이상을 채우면 안 된다. 뜨거운 김 때문에 용기를 덮은 뚜껑이 튕겨나와 부상(과 난장판)을 초래할 수 있다.

## 푸드프로세서

나는 후무스(60쪽)나 가지 캐비아(66쪽) 같은 퓌레를 만들 때 흔히 푸드프로세서를 쓴다. 푸드프로세서는 날을 날카롭게 유지하는 게 중요하다. 날이 무뎌졌을 때마다 갈아주면 적은 비용으로 최신 푸드프로세서를 얻은 것 같은 효과를 낼 수 있다!

## 칼

부엌에 없어서는 안 될 세 종류의 칼이 있다. 부엌칼, 작은 과도, 그리고 톱니 모양의 빵칼이다. 좋은 빵칼이 없다면 프랑스에서 쫓겨나기 십상이다. 잘 드는 칼은 재료를 썰거나 자를 때 잘 미끄러지지 않기 때문에 요리를 한결 즐겁고 안전하게 만들어준다. 날이 무뎌졌을 때는 전문 칼갈이한테 연마를 맡길 수도 있고, 연마봉이나 그 밖의 가정용 칼갈이로 날을 날카롭게 유지할 수도 있다.

칼은 손잡이가 편안한 것으로 고르고, 무슨 일이 있어도 절대로 식기세척기에 넣으면 안 된다. 내 부엌에서 그런 짓을 하는 사람은 영원히 출입 금지다.

## 절구와 절굿공이

절구와 절굿공이는 최상의 피스투pistou(92쪽)를 요리하는 데 거의 필수적인 도구이며, 아이올리aïoli(145쪽)와 타프나드tapenade(57쪽)를 만드는 고전적인 기구이기도 하다. 또 향신료를 빻는 용도로도 훌륭하다. 절구는 두툼하고, 대리석이나 화강암 같은 무거운 석재로 된 것이 마구 재료를 빻아댈 때도 안정감을 유지하기 때문에 좋다. 아시안 마켓에서 저렴한 태국산 절구와 절굿공이를 고를 수 있다.

## 페이스트리 블렌더

페이스트리 블렌더는 철사로 되어 있어 페이스트리 반죽을 만들 때 버터를 으깨서 밀가루에 섞기에 간편한 도구다. 프랑스에서는 널리 쓰이지 않지만, 나는 손으로 페이스트리 반죽을 만들고 싶을 때 활용한다.

## 래머킨과 커스터드 컵

'둘세 데 레체dulce de leche와 플뢰르 드 셀을 넣은 1인용 초콜릿 케이크'(261쪽)와 '치즈, 베이컨, 아루굴라를 넣은 수플레'(139쪽)를 굽는 데 쓰인다. 나는 고전적인 흰 도자기 재질의 4온스(125밀리리터)들이 래머킨을 쓰지만, 오븐에 넣을 수 있는 비슷한 용량의 커스터드 컵도 쓸 만하다. 유사시에는 내열 커피 잔을 써서 커스터드(우유나 달걀노른자에 설탕, 향미료 따위를 섞어 굽거나 쪄서 크림처럼 만든 것—옮긴이)와 1인용 케이크를 구운 적도 있다.

일반적으로 래머킨은 크렘 브륄레crème brûlée를 만드는 데 사용되어왔다. 하지만 나는 (원형이나 달걀형의) 얕은 1인용 구이접시에 담겨 나오는 프랑스식을 더 선호한다. 이런 접시는 표면이 널찍해서 커스터드 대비 바삭바삭한 캐러멜의 비율이 더 높기 때문이다.

### 소스팬과 프라이팬

평생 많은 조리 도구를 써봤지만, 파리에 살게 된 이후 전문적인 부엌에서 조그만 일반 가정의 부엌으로 옮겨오면서 내게 진정 필요한 것에만 집중하는 법을 터득했다.(게다가 몇 차례의 이사, 특히 해외 이사를 하고 나면 내게 진짜로 필요한 물건을 재고해보게 된다.) 부엌을 어떤 식으로 갖추기로 했든, 자신의 예산 범위 안에서 가장 품질 좋은 조리 도구를 구입하라. 그렇게 고른 냄비와 팬은 더 나은 성능을 발휘하고 더 오래 가고 씻기도 더 쉽고 장기적으로는 돈도 더 절약해준다. 그리고 요리와 제과 제빵도 훨씬 즐겁게 만들어줄 것이다.

전통적으로, 훌륭한 프랑스 요리사들은 에나멜을 입힌 무쇠 또는 구리로 된 조리 도구를 사용해왔다. 두 가지 다 성능이 뛰어나고 우리 집 부엌에도 이런 재질로 된 것이 몇 점 있긴 하지만, 이것들은 꾸준히 잘 관리해야 한다. 올클래드 All-Clad 같은 다중 구조의 냄비와 팬도 성능이 좋고 스토브 위에 올려도 손잡이가 뜨거워지지 않는다. 이 책의 레시피에 쓰인 소형 소스팬 saucepan(주로 소스 재료를 끓일 때 쓰는 작은 편수 냄비―옮긴이)의 용량은 1~2리터이고, 중형은 2~4리터, 대형은 4리터 이상이다.

스토브 위에서 재료를 볶을 때는 프라이팬을 쓴다. 중형 프라이팬의 지름은 10~12인치(25~30센티미터)이고 그보다 큰 것은 다 대형이다. 특별한 언급이 없을 경우 일반 프라이팬이나 코팅 프라이팬 둘 다 쓸 수 있다. '친환경' 프라이팬을 구입하기로 했다면 튼튼하고 묵직한 것을 찾아라. 얇은 금속 프라이팬은 뒤틀릴 수 있어 표면이 빨리 손상된다.

### 스탠드믹서

파리에서 처음으로 얻은, 조그만 부엌이 딸린 아파트에서 나는 스탠드믹서 없는 삶을 시도해보았다. 그로부터 1년 뒤, 여유 공간이 아무리 아쉬워도 스탠드믹서 한 대를 둘 구석만은 마련해야 함을 깨달았다.

대부분의 스탠드믹서에는 세 가지 부속 기기가 딸려 있다. (재료를 휘저어 부드럽게 하거나 크림 상태로 만들어주는) 주걱, (빵 반죽용) 후크(갈고리), (달걀을 풀어 거품을 내는) 거품기다. 손으로도 레시피대로 만들 수 있는 경우에는 그렇게 하도록 명시했다.

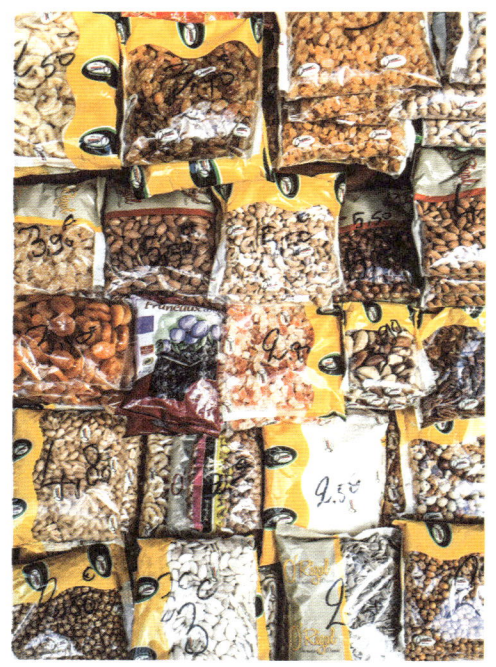

# 전채 前菜

## 미장부슈
Mis-en-bouche

내가 하루 중 가장 좋아하는 때는 '뢰르 드 라페로'l'heure de l'apéro'(식전주인 아페리티프를 마시는 시간—옮긴이)가 시작되는 시점이다. 이때가 몇 시로 정해져 있지는 않지만, 하루가 서서히 마무리되고 저녁 식탁 앞에 앉기 전에 술이나 주전부리로 긴장을 풀 준비를 하는 때를 의미한다.

파리에서 처음으로 만찬에 초대받았을 때 집주인은 파티가 저녁 8시에 시작될 거라고 말한 뒤 이렇게 덧붙였다. "아시겠지만 파리에서는 정시에 도착하면 안 돼요. 그건 아주 무례한 거예요. 항상 20분 늦게 와야 해요." 평생 타이머에 집착하며 베이킹을 직업으로 삼아온 사람이, 칼같이 시간을 지키지 '않는' 데 익숙해지기란 힘들었다. 20분을 겨우 넘겨 마침내 초인종을 누를 수 있게 되기만을 기다리며 내가 파리의 거리를 정처 없이 배회한 게 여태껏 몇 번이나 되는지 모르겠다.

파리에서 10년을 살면서 나는 많은 파리 친구들을 사귀고 자주 식사를 대접했다. 그러면서 20분 늦는 것은 사실상 지각의 절대적 최소치로 간주됨을 터득했다. 상습적으로 너무 심하게 늦는 친구들 몇 명한테 이제 이렇게 말한다. "저녁 9시 정각에 식탁 앞에 앉을 거야." 지각대장들을 기다리며 오븐 안에 들어앉은 요리를 지켜보다가 내가 그만 퍼져버렸기 때문이다. 어떤 경우에는 한 시간이 몇 시간으로 바뀌어, 그사이 아페리티프로 다소 과음을 하게 된다. 그러다 마침내 모두가 도착했을 때는 이미 누구한테 뭘 접대할 수 없는 지경이 되기도 한다.

식전주로 내는 술은 와인이나 맥주 또는 칵테일이다. 파리 사람들은 식전주로 가끔 화이트 포트와인을 마시며, 위스키, 친차노Cinzano, 마티니 앤 로시Martini & Rossi도 인기가 매우 높아졌다. 마티니 앤 로시는 간단히 '마티니'라고 부르는데, 차고 깔끔한 칵테일이 아닌 레드 베르무트(와인에 향료를 넣어 우려 만든 혼성주—옮긴이)가 땅딸막한 잔에 담겨 나오면 외국인들은 당황하곤 한다. 맥주는 카페 문화에 상당히 많이 침투해, 이른 저녁 시간, 특히 젊은이들이 앉은 카페 테이블 위에서는 거품이 없힌 잔들을 흔하게 볼 수 있다. 나의 선택은 그래도 여전히 와인이다. 여름에는 주로 차갑게 식힌 잔에 담긴 로제, 나머지 계절에는 루아르산 화이트와인이나 그리 부담스럽지 않은 레드와인이 좋다. 샴페인은 물론 연중 어느 때나 어울린다. 프랑스의 스파클링 와인 크레망 달자스Cremant d'Alsace는 부담 없는 가격으로 가벼운 모임도 축제 분위기로 만들어준다.

한 카페 바텐더가 반쯤 먹다 만 프레첼 사발을 내 쪽으로 밀어주면서 말했던 것처럼, "술에는 안주를 곁들여야 제맛"이다. 나는 그의 호의에 감사를 표했지만, 내 손님들에게는 좀 더 세련된 것을 내는 편을 선호한다. 물론 바쁠 땐 (방금 포장을 뜯은) 프레첼 한 사발이나 소금을 친 견과류가 될 수도 있다. 하지만 그렇지 않다면 말린 소시지를 얇게 저며 뤼크 올리브를 곁들여 내거나, 래디시와 플뢰르 드 셀과 얇게 저민 컨트리 햄 한 접시를 낼 것이다. 프랑스에는 엄밀히 말해 '간식' 문화가 없기 때문에(내가 끼니 중간에 뭘 먹는 걸 보고 한 프랑스 친구의 아버지가 충격을 받았던 일이 기억난다!), 이 장에 나오는 소스와 스프레드는 나만큼이나 주전부리를 좋아하는 다른 문화권에서 들어와 프랑스에 정착한 것이다.

좀 이국적인 기분을 내고 싶을 때는 상비해둔 두카dukkah(81쪽)와 올리브유를 섞어 즉석 소스를 만들고 얇은 바게트 조각이나 당근, 오이 스틱을 함께 낼 것이다. 만약 미리 준비해두었다면(혹은 냉장고에 보관해둔 게 있다면), 버터 맛이 나는 둥근 '콩테 치즈와 햄 웨이퍼'(45쪽) 짭짤한 올리브 크로케(42쪽)도 좋다.

친구들이 내 부엌 조리대 앞에 모여들었을 때는 '인도식 치즈 브레드'(50쪽)나 피살라디에르pissaladière를 만들어줄 것이다. 인도식 치즈 브레드는 치즈로 속을 채운 빵으로 구이용 철판에서 내리자마자 뜨겁게 내는 것이 가장 좋고, 피살라디에르는 양파, 올리브, 안초비를 올린 피자로 따뜻하게 혹은 상온으로 내는 것이 좋다. 안초비가 머금은 약간의 소금—과 그로 인한 갈증을 푸는 데 필요한 와인—은 대화에 활기를 불어넣고, 이 간식을 놓친 지각 대장들에게는 다음번에는 제시간에 도착해야겠다는 동기를 불어넣는다.

짭짤한 올리브 칩 Salted olive crisps  **42**
짭짤한 올리브 크로케 Croquets salés aux olives

콩테 치즈와 햄 웨이퍼  **45**
Comté and ham wafers
콩테 치즈와 햄 사블레 Sablés au comté et au jambon

해초 버터를 바른 메밀 롤  **47**
Buckwheat rolls with seaweed butter
해초 버터를 바른 메밀 갈레트
Galettes au sarrasin au beurre aux algues

인도식 치즈 브레드  **50**
Indian cheese bread
난 오 프로마주 Naan au fromage

로즈메리유를 넣은
아티초크 타프나드  **53**
Artichoke tapenade with rosemary oil
Tapenade d'artichaut,
huile d'olive aromatisée au romarin

그린 올리브, 바질, 아몬드 타프나드 **53**
Green olive, basil, and almond tapenade
Tapenade d'olives vertes au basilic et aux amandes

블랙 올리브 타프나드 **57**
Black olive tapenade
Tapenade noire

비트 후무스 Beet hummus **58**
Houmous de betteraves

후무스 Hummus **60**
Houmous

바바 가누쉬 Baba ganoush **64**
무타발 Moutabal

가지 캐비아 Eggplant caviar **66**
Caviar d'aubergines

양파 타르트 Onion tart **69**
피살라디에르 Pissaladière

타르타르소스를 곁들인 자반 대구 튀김 **73**
Salt cod fritters with tartar sauce
타르타르소스를 곁들인 대구 아크라
Accras de morue à la sauce tartare

스리라차 소스를 곁들인 매운 미트볼 **74**
Spiced meatballs with Sriracha sauce
스리라차 소스를 곁들인 메르게즈 불레트
Boulettes de merguez à la sauce sriracha

정어리 스프레드 Sardine spread **78**
정어리 리예트 Rillettes de sardines

이집트식 향신료와 견과류 믹스 **81**
Egyptian spiced nut mix
두카 Dukkah

# 짭짤한 올리브 칩 Salted olive crisps
**짭짤한 올리브 크로케** Croquets salés aux olives

파리로 이사 올 때 내 빵칼을 챙겨 왔다. 빵칼이 없으면 어쩔 줄 모르고 허둥댈 것이 뻔했기 때문이다. 좋은 빵칼은, 특히 빵이 종교인 나라에 살고 있다면 누구나 한 개쯤 가져야 할 필수 품목이다. 하지만 칼을 얻는 방법에 주의해야 한다. 프랑스에서는 다른 사람에게 칼을 주면 불운이 닥친다고 여기며, 칼이 우정을 끊는다는 속설도 있다. 이를 방지하려면 칼을 받은 사람이 준 사람에게 약간의 돈을—주로 동전 한두 개를—지불해야 한다. 이 관습 덕에 대단한 소득을 올리지는 못했어도 나는 많은 사람들에게 빵칼을 선물했다. 사람들이 무딘 칼로 빵을 찍어대는 걸 볼 때마다 미쳐버릴 것 같았기 때문이다.

프랑스 남부에서는 올리브 크로케 같은 간식에 보통 와인 한 잔을 곁들이는데, 약간 짭짤한 맛 때문에 한 잔을 더 (그리고 또 한 잔을 더) 따르게 된다. 보기 좋은 크로케를 만들려면 아몬드와 올리브를 빵칼로 깔끔하게 다진다. 앞뒤로 마구 썰어대면 가장자리가 부스러진다. 뭐, 그런다고 세상의 종말이 오는 건 아니지만 이건 여러분이 가진 멋진 빵칼의 올바른 사용법이라 할 수 없다.

이 레시피에서는 좋은 빵칼과 더불어 좋은 올리브에도 투자할 가치가 있다. 나는 니옹산의 주름진 건조 올리브를 쓰는데, 이것은 프로방스의 향을 마술처럼 크로케에 불어넣는다. 너무 눅눅하지만 않다면 칼라마타 kalamatas 올리브를 비롯해 다른 올리브를 써도 상관없다. 올리브 겉면에 소금물이나 습기가 있으면 종이타월로 닦아낸다.

---

**40개**

**중력분** 1/2컵(70g)
**통밀가루** 1/2컵(70g)
**백설탕** 1큰술
**에르브 드 프로방스** herbes de Provence (다양한 건조 허브를 섞은 허브 믹스–옮긴이) 1작은술이나
**말린 타임** 1/2작은술
**천일염이나 코셔 소금** 1/2작은술
**베이킹소다** 1/2작은술
**으깬 검은후추** 1/2작은술
**버터밀크** 1컵(250ml)
**(굵게 다진) 아몬드** 1/3컵(45g)
**올리브**(씨를 빼고 굵게 다져 꾹꾹 눌러 담는다) 1/3컵(60g, 약 20개)

---

1. 오븐을 180도로 예열한다. 9인치(23센티미터)짜리 빵틀에 눌어붙음 방지 스프레이를 뿌리거나 살짝 기름을 두른다. 빵틀 바닥에 유산지 1장을 깐다.
2. 볼에 중력분, 통밀가루, 설탕, 말린 허브, 소금, 베이킹소다, 검은후추를 한데 넣고 거품기로 휘젓는다. 여기에 버터밀크를 넣고 주걱으로 젓는다. 아몬드와 올리브를 섞는다. 반죽을 긁어서 준비한 빵틀에 담고, 가운데 부분이 익어서 자리 잡힐 때까지 30분간 굽는다.
3. 오븐에서 빵을 꺼내어 5분간 식힌다. 빵 가장자리를 칼로 도려내어 틀에서 꺼낸 뒤 식힘망 위에 올려놓고 식힌다.
4. 오븐 온도를 160도로 낮춘다. 구이판 2개에 유산지나 실리콘 베이킹 매트를 깐다.
5. 빵 가장자리가 부스러지지 않게 손으로 단단히 붙들고, 두께가 1/4인치(0.75센티미터)를 넘지 않도록 최대한 얇게 가로로 썬다. 썬 단면이 바닥에 닿도록 구이판에 올린 뒤, 갈색으로 고르게 익게끔 중간에 빵 조각을 뒤집고 오븐 망 위의

구이판을 돌려주면서 30~35분간 굽는다. 진한 금갈색을 띠어야 식혔을 때 알맞게 바삭바삭해지므로 마지막 10분간은 주의 깊게 지켜본다. 먼저 갈색이 된 크로케는 나머지 크로케를 마저 굽는 동안 식힘망에 옮겨놓는다.

**6** 오븐에서 꺼낸 뒤에는 완전히 식혀서 낸다. 크로케는 상온에서 밀폐 용기에 담아 일주일까지 보관할 수 있다.

# 목숨 걸어도 좋은 치즈

프랑스에서의 삶이 멋진 이유 중 하나는 식재료가 생산되는 곳을 방문할 기회가 있기 때문이다. 나는 이런 기회를 절대 놓치지 않는다. 콩테 치즈 생산자들과 함께 일하는 친구 장 루이가 한겨울 쥐라산맥에서 이 유명한 치즈가 생산되는 전 과정을 견학할 수 있는 여행에 나를 초대해주었다.

우리가 그곳에 갔을 때는 특히 눈이 많이 오고 추웠는데, 이런 날씨가 이 지방의 풍부한 음식에 탐닉할 구실을 한 가득 제공해주었다. 그중에는 생우유 치즈의 성배인 몽도르 Mont d'Or도 있었는데, 이것은 아주 묽어서 이 치즈가 숙성되는 가문비나무 통에 담겨 숟가락과 함께 나온다. 누가 나한테 이 치즈의 냄새를 묘사해달라고 한 적이 있는데, 내가 "농가 마당과 오래 입은 속옷을 교배한 듯한" 냄새라고 대답해주자 왜인지는 몰라도 간절히 맛보고 싶어하지는 않는 것 같았다. 나의 묘사는 항상 내 바람만큼 유혹적이지 않으니, 여러분이 프랑스에 온다면 한번 시도해보는 편이 좋을 것이다.

쥐라 지방 사람들은 넘쳐나는 치즈에 둘러싸여 사는 만큼 치즈를 많이 먹는다. 우리가 체류하는 동안 하도 치즈를 먹어댄 탓에, 마지막 날 이곳 카페에서 점심을 먹을 때 나는 생선을 주문했다. 그런데 우리와 함께 점심을 먹은, 치즈 협동조합에서 일하는 한 여성은 타르틴 오 프로마주 tartine au fromage를 주문했다. 트리플 버거만 한 높이의 오픈 치즈 샌드위치가 나왔는데, 두툼하고 푸짐한 구운 시골 빵 두 겹 사이에 녹은 치즈가 듬뿍 끼어 있고 그 위에 얹힌 것도 치즈요 옆구리로 삐져나온 것도 치즈였다. 내 두 손안에 들어올 만큼 가는 그녀의 허리를 보고 나는 그녀가 몇 입 베어 먹고 말겠거니 했는데, 웬 조화인지 그녀는 그걸 전부 먹어치우더니 디저트까지 깨끗이 비웠다!

어쨌거나 나는 어떻게 치즈가 만들어지는지 보고 싶어 죽을 지경이었고, 내 꿈은 체류 마지막 날 밤에 현실 그 이상의 현실이 되었다. 치즈가 숙성되는 산꼭대기 동굴에서 집으로 돌아오는 길에 얼음 낀 도로에서 차가 미끄러져 눈 쌓인 낮은 벼랑 밑으로 굴러떨어졌다.

다행히 친구와 나는 둘 다 무사했다. 몇몇 현지 사람들(나중에 그들이 들려준 말에 따르면, 산길에서 차가 구른 사람들을 구조하는 일이 그들의 '일상'이라고 했다)이 우리를 집으로 초대해 콩테 치즈 조각과 감미로운 몽도르 치즈—달리 무엇이겠는가?—와 높이 평가받아 마땅한 쥐라 와인 몇 잔으로 이루어진 만찬을 차려주었다. 쥐라 와인은 타 지역에서는 과소평가되지만 이 지역의 치즈와 완벽한 짝을 이룬다.

이제 나는 콩테 치즈 덩어리를 썰 때마다 그 눈 덮인 산에서의 밤을 떠올리곤 한다. 현지 사람들의 손에 차에서 끌려나온 뒤 그들 집으로 안내되어 그들의 환대(와 산악 구조 기술)만큼이나 따뜻하게 타닥거리며 타오르는 불 곁에 앉아 그 지방의 치즈와 와인으로 기운을 차리던 그 밤을 말이다.

## 콩테 치즈와 햄 웨이퍼 Comté and ham wafers
**콩테 치즈와 햄 사블레**Sablés au comté et au jambon

미국에서는 모든 치즈를 주사위 모양으로 썰어서 식전에 낸다고 말했을 때 몇몇 파리 친구들이 도저히 못 믿겠다는 반응을 보였던 기억이 난다(이쑤시개 끝에 붙인 색색의 주름 장식에 대해서는 말하지 않았다). 하지만 파리 사람들도 내가 보기에 다소 저급한 먹을거리를 흔히 내놓곤 한다. 마트의 '아페로apéro'(아페리티프apéritif의 줄임말로, 식전에 먹는 술과 안주―옮긴이) 코너에서 판매하는, 치즈를 끼운 크래커와 몇 가지 미심쩍은 파티용 스낵들 말이다. 그런 것들이 왜 그렇게 인기 있는지 도무지 이해할 수 없지만 내 부엌에서는 나만의 치즈 사블레를 만든다. 사블레는 버터 맛 나는 웨이퍼wafer(기포를 다량 함유한 얇고 가벼운 과자. 흔히 웨하스라고 부른다―옮긴이)로, 그 모래sable 같은 식감에서 이름이 유래했다.

이 웨이퍼는 입맛을 돋우고 약간 짭짤해서 식전에 술과 함께 내기에 이상적이다. 언젠가 한 제빵사가 내게 털어놓기를, 손님들이 술을 더 마시게 하려고 식당 주인들이 빵에 넣는 소금의 양을 늘리라고 지시한다고 했다. 뭐, 꼭 그렇다는 건 아니지만, 햄과 치즈 때문에 이 요리에는 곁들일 술을 많이 준비해야 할 것이다.

---

**55개**

**무염버터** 8큰술(4온스/115g)(상온으로 준비한다)
**으깬 검은후추** 1작은술
**천일염이나 코셔 소금** 1/2작은술
**다진 생차이브** 2큰술,
  혹은 다진 생타임 2작은술
**굵게 간 콩테 치즈, 혹은 숙성시킨 고다나 체다 같은 날카로운 맛의 경질 치즈**
  2¼컵(7온스/210g)
**중력분** 1컵(140g)
**옥수숫가루**cornmeal(옥수수 전분cornstarch과 다르다―옮긴이)**나 고운 폴렌타 가루**
  1/4컵(45g)
**2조각 분량의 햄 칩**(106쪽)
  1/2컵(50g)(부수거나 잘게 다진다)

---

**1** 주걱이 달린 스탠드믹서 용기(손으로 섞을 경우에는 큰 볼)에 버터, 후추, 소금, 차이브를 넣고 부드러워질 때까지 중간 속도로 돌린다.

**2** 굵게 간 치즈를 부엌칼로 더 잘게 다져서 **1**의 재료에 넣는다. 밀가루와 옥수숫가루를 넣고 젓는다. 햄을 넣고 반죽이 뭉칠 때까지 돌린다.(채식주의자라면 햄은 생략한다.)

**3** 반죽을 반으로 나누고, 밀가루를 살짝 뿌린 평대 위에서 반죽을 굴려 각각 7인치(18센티미터) 길이의 원통형으로 만든다. 랩에 싸서 1시간 동안 차게 둔다. 굽지 않은 반죽은 냉장실에서 일주일, 냉동실에서 2개월까지 보관할 수 있다.

**4** 사블레를 굽기 위해 오븐을 180도로 예열한다. 구이판 2개에 유산지나 실리콘 베이킹 매트를 깐다.

**5** 잘 드는 부엌칼로 사블레 반죽을 1/4인치(0.75센티미터) 두께로 썬 뒤, 자른 단면이 바닥에 닿도록 구이판 위에 일정한 간격으로 배열한다. 사블레의 윗부분이 금갈색이 될 때까지 오븐 망 위의 구이판을 중간에 돌려주면서 12분간 구운 뒤 식혀서 낸다. 사블레는 밀폐 용기에 넣어 상온에서 3일까지 보관할 수 있다.

# 캘리포니아 스타일의 프렌치 크레이프

열렬하고 광범위한 독자층을 갖게 되면서 나는 글을 쓸 때 신중을 기해야 한다는 걸 배웠다. 파리에서 내가 꿈꾸던 크레프리crêperie(크레이프 가게)인 '브레이즈 카페Breizh Café'를 발견하고는 그 설렘을 사람들과 곧바로 나누고 싶었다. 모퉁이 크레이프 가게들이 즐비한 이 도시에서 그저 또 하나의 크레이프 가게려니 했는데, 이곳이 우연찮게도 완벽하게 창조한 ('갈레트galette'라는) 메밀 크레이프를 내놓고 있었으니 말이다. 이 가게 1호점은 일본에서 창업했는데, 그 음식의 매력적인 단순함과 최상의 재료에 대한 고집으로 볼 때 자연스러운 일이다. 팬에서 갓 들어내어 뜨겁고, 보르디에 버터(프랑스뿐 아니라 전 세계에서 종교에 버금가는 지위를 얻은 브르타뉴산 버터)를 바르고 사보이 햄과 노른자가 바르르 떨리는—밝은 오렌지색의 반구가 완벽해서 포크로 찌르기가 망설여지는—농장 달걀을 올려서 접은 갈레트 콩플레트galette complète를 한 입 베어 물면, 왜 너도나도 이 카페의 좌석을 탐내는지 대번에 알 수 있다. 하지만 소문이 퍼져 이 작은 가게가 손님들로 미어터지게 되면서, 정작 나 자신이 앉을 자리는 찾을 수 없게 되었다.

그래서 내 손으로 갈레트 만드는 법을 배우기로 결심했다. 브레이즈 카페를 운영하는 장뤼크 코르벨Jean-Luc Corbel에게 들은 설명에 따르면, 메밀가루와 물이라는 단 두 가지 재료의 반죽만 가지고 진짜 메밀 갈레트를 만드는 비결은 바로 갈레트가 익는 동안 그것을 '공격'하는 것이란다. 첫번째 강습은 장뤼크와 함께 빌리그billig(사진에 보이는 둥근 크레이프용 팬) 앞에 서서 받았다. 그는 점심 대목 장사를 끝낸 뒤 부엌으로 나를 초대해주었다. 빌리그 전문가의 손놀림만 보면 쉬운 듯했는데 쉬울 리 없는 게 확실했다. 그 시간에 손님이 없는 게 천만다행이었다. 나는 반죽 윗면을 매끄럽게 훑어 크레이프 전문 요리사처럼 완벽한 원형을 만들기 위해 최선을 다했지만, 내 반죽은 팬에 닿자마자 수프로 된 산불처럼 걷잡을 수 없이 퍼져나갔다. 반죽이 순식간에 퍼져버리는 데 기겁해 평평한 나무 고무래로 어찌어찌 막아보려고 안간힘을 썼다. 하지만 유감스럽게도 반죽이 팬 한쪽 끝으로 흘러넘치는 걸 겨우 막았을 뿐이다. 그렇게나마 갈레트를 팬에 가둬둘 수 있게 되었을 때쯤, 문득 캘리포니아가 그리워졌다. 좌절감에 고향 생각이 난 게 아니라, 내가 만든 갈레트가 내가 살던 캘리포니아 주의 길쭉한 땅 모양과 비슷했기 때문이다… 그 길이를 따라 쩍쩍 갈라진 겁나는 균열까지 닮은 꼴로.

장뤼크는 적어도 일주일 동안 매일같이 연습하면 이 기술을 습득할 수 있다고 장담했지만, 나는 순수한 메밀 갈레트를 구워내는 기술을 끝내 터득하지 못했다. 그래서 지금은 갈레트와 나의 정신 건강을—그리고 눈앞에 흘러들어 나를 덮칠지 모를 내 고향 음식에 대한 오마주를—지키기 위해 반죽에 달걀을 넣는다.

# 해초 버터를 바른 메밀 롤
Buckwheat rolls with seaweed butter

해초 버터를 바른 메밀 갈레트 Galettes au sarrasin au beurre aux algues

**롤 12개**

### 메밀 갈레트
**메밀가루** 1½컵(210g)
**천일염 또는 코셔 소금** 1/2작은술
**물** 2¼컵(530ml)(필요하면 더 준비한다)
**큰 달걀** 2개

### 해초 버터
**김** 1½장(6g)
**무염버터** 8큰술(4온스/115g)(상온으로 준비한다)
**천일염 또는 코셔 소금** 1/2작은술

**튀김용 버터** (되도록 정제한 것, 327쪽)
**소금** (내기 전에 뿌릴 용도의 플뢰르 드 셀 같은 박편형 천일염)

브레이즈 카페의 뿌리가 일본에 있다는 건 첫번째 코스인 '초밥식' 갈레트에서 명백히 드러난다. 이는 다양한 재료의 소를 채워 돌돌 만 메밀 갈레트를 브르타뉴산 버터로 부친 뒤 초밥집의 초밥처럼 단면이 둥글게 썬 것이다.

크레이프 또는 갈레트는 얇고 하늘하늘한 것이 좋다. 반죽은 쓰기 몇 시간 전에 미리 만들어놓는 것이 가장 좋고, 반죽의 농도는 생크림 정도가 적당하다. 반죽을 팬에 부었을 때 팬 바닥을 다 덮을 정도의 두께이되, 너무 두꺼우면 갈레트가 고무처럼 질겨진다. 팬은 충분히 달궈서 반죽을 붓자마자 갈레트 표면에 작은 구멍이 많이 형성되어야 한다. 여기까지 작업이 순조로웠다면 제대로 된 것, 여기서부터는 만사형통이다.

첫번째 반죽은(내 경우에는 두번째까지) 실패작이 되기 쉬운데 그리 걱정할 것 없다. 연습용까지 감안한 분량이라, 이 레시피로는 여분의 갈레트를 두 개 더 만들 수 있다.

**1** 갈레트를 만들기 위해 메밀가루를 볼에 담고 소금, 물, 달걀을 넣는다. 거품기로 충분히 휘저은 뒤 뚜껑을 덮고 반죽을 최소 1시간 동안 차갑게 식혀둔다.(밤새 냉장고에 넣어두어도 된다.) 반죽을 냉장고에서 꺼내 몇 차례 빠르게 저어 생크림 농도로 만든다. 농도가 맞지 않을 경우 물을 1~2큰술 더 넣고 거품기로 휘젓는다.

**2** 10인치(25센티미터) 크기의 눌어붙지 않는 프라이팬이나 크레이프용 팬의 바닥을 소량의 녹인 버터나 기름으로 닦아내고(나는 버터나 기름이 담긴 접시와 함께 이것을 묻혀 바를 종이타월을 뭉쳐서 스토브 옆에 놔둔다) 중불이나 센불에서 달군다.

**3** 반죽 1/4컵(60밀리리터)을 달궈진 팬에 붓고 팬을 들어서 (필요하다면 많이 기울여) 돌려가며 반죽이 고루 퍼지게 한다. 약 1분 뒤 밑면이 짙은 금갈색이 되면 갈레트를 뒤집어 30초간 더 익힌 다음 미끄러뜨려 접시에 담는다. 다음 갈레트도 같은 방법으로 부쳐서 접시에 차곡차곡 포개 담는다. 반죽이 팬에 눌어붙기 시작하면 부치는 사이사이 버터나 기름으로 팬 바닥을 좀 더 닦는다. 갈레트를 바로 쓸 게 아니라면 랩으로 싸서 냉장고에 넣어 이틀까지 보관할 수 있다.

**4** 해초 버터를 만들기 위해 김을 부젓가락으로 들고 약한 가스불에 1장씩 굽는다. 색이 약간 진해지고 주글주글해질 때까지 최대 약 15초씩 구운 뒤 식힌다. (가스레인지가 없을 땐 김을 오븐 망 위에 바로 올리고 오븐 브로일러나 그릴에서 같은 시간 동안 구워 바삭바삭하게 만들 수 있다. 굽는 동안 주의 깊게 지켜볼 것.)

**5** 구운 김을 손으로 부숴서 볼에 담는다. 버터와 소금을 넣고 포크로 으깨어 잘 섞는다.

**6** 해초 버터를 갈레트 밑면(덜 맛있어 보이는 쪽)에 1장당 2작은술씩 얇게 펴 바른다. 갈레트의 가장자리부터 마는데, 말면서 옆면이 둥글지 않고 평평해지도록 누른다.

**7** 뜨겁게 달군 프라이팬에 버터를 두른 뒤, 접어놓은 갈레트들을 서로 겹치지 않게 최대한 많이 늘어놓고 데운다. 한쪽 면이 바삭바삭해지면 뒤집어서 반대쪽 면도 바삭하게 익힌다. 양쪽 면을 다 부치려면 몇 분이 걸리는데, 제대로 된 결과물을 얻기 위해 인내심을 발휘할 가치가 있다. 다 부친 갈레트를 도마에 올리고 추가로 소금을 약간 뿌린 뒤 가로로 4등분해서 서빙 보드에 담아 낸다.

**응용** | 12인치(30센티미터)짜리 프라이팬을 쓴다면 갈레트 1장당 반죽을 1/3컵(80밀리리터)씩 붓는다. 이렇게 하면 큼직한 갈레트 6~8장을 만들 수 있다.

### 헷갈리는 이름, '크레프'와 '갈레트'

파리의 노천 시장에서 장을 볼 때, 손님의 주문을 받고 즉석에서 뜨거운 팬에 부쳐 내는 버터 향 도는 크레이프의 유혹에 발길이 절로 이끌리지 않는 사람이 있을까. 나는 프랑스어로 '갈레트 오 사라쟁'이라는 메밀 갈레트를 더 좋아한다. 얼마 전에 시장에서 이 메밀 갈레트를 주문했더니 크레이프 팬 앞에 서 있던 젊은 여자가 약간 놀란 듯 보였다. 왜냐고 묻자 그녀가 대답했다. "미국인이 메밀 갈레트를 주문하는 건 본 적이 없어서요."

여러분에게 알려드리자면, 크레이프는 거의 예외 없이 흰 밀가루farine de blé로 만드는데 이건 '크레프 드 프로망crêpe de froment'이라고도 부른다. 만약 메밀로 만든 크레이프를 원한다면 '갈레트 오 사라쟁'을 달라고 해야 한다. 크레이프 요리사들은 이를 줄여서 흔히 '갈레트'라고 부른다. 그게 뭐 그리 헷갈리나는 독자를 위해 한 가지 더 귀띔하자면, '크레프 오 블레 누아르crêpe au blé noir' 역시 메밀 크레이프다. 갈레트와 같은 것이지만 명칭은 전혀 다르다. 이해했는가?

프랑스의 어느 크레이프 가게에서든 주요리로 '갈레트 오 사라쟁'(이나 '크레프 오 블레 누아르')을 주문할 수 있지만, 디저트로 메밀 크레이프를 주문한다는 말은 거의 못 들어봤다. 하지만 나는 한다. 물론 묘한 시선을 감수해야 한다. 하지만 이제는 나도 업계 용어를 습득한 덕에 그런 시선을 받는 일이 점점 더 줄어들고 있다. 여러분도 그렇게 되길(혹은 되지 않길?) 바란다.

## 파리를 거쳐 인도로 가는 길

다소 의외의 얘기로 들릴 수 있지만 나는 파리에서 인도 음식을 처음 접했다. 파리 북부역 뒤편에는 관광객들이 발걸음하기를 꺼리는 꽤 큰 규모의 인도인 밀집 구역이 있다. 이곳에는 파리 폭주족들의 본거지뿐만 아니라 온갖 종류의 인도 음식을 파는 상점과 식당이 줄지어 선 거리가 있고, 그중 많은 음식에는 설령 내 목숨이 달려 있다 해도 내가 구분해낼 길이 없는 재료가 들어 있다.(폭주족들이 거기 있는 이유가 초심자들을 보호하기 위해서일까?) 내가 도사dosa에 대해 알게 된 것도 바로 이곳에서였다. 도사는 크리켓 배트만 한 크기의 크레이프인데 향신료를 넣은 감자로 속을 채워서 돌돌 말아 갖가지 풍성한 소스와 딥을 곁들여 낸다. 별로 신기한 일은 아니지만 여기서 나는 베이킹소다, 당밀, 오트밀 같은 영국산 식재료도 찾을 수 있었다. 여기 또 내가 처음으로 난naan을 먹어본 곳이기도 하다.

전통적인 난은 군데군데 기포가 있는 납작한 빵으로, 재빨리 밀어서 용광로 같은 화덕 내벽에 붙여 굽는데 여기서 부풀어 올랐다가 따끈하고 쫄깃한 맛을 얻는다. 그 다음 버터를 발라서 모두가 한자리에 모여 손으로 찢어가며 먹어치우는 음식이다. 나는 중간에 끼워 넣는 따뜻한 치즈를 좋아해서 항상 난 오 프로마주naan au fromage를 주문한다.

난 오 프로마주는 인도 요리에는 존재하지 않는 음식이다. 비나 파라딘Beena Paradin의 얘기로는 그렇다. 집에서 난을 재현해보려고 시행착오를 거듭한 끝에 비나에게 간절한 애원의 편지를 썼다. 비나는 파리에서 교육과정을 마쳤고, 요리 교실에서 가르치고, 책을 쓰고, 심지어 프랑스에서 인도 음식에 대한 텔레비전 시리즈까지 진행하고 있다. 그러니까 이 도시에서 인도 음식 전문가를 꼽으라면 그건 다름 아닌 비나다.

그녀의 부엌에 '래핑카우'(프랑스어로는 '라 바슈 키 리La vache qui rit'—옮긴이) 치즈를 들고 가는 일이 조금 쑥스러웠지만, 약간의 탐문 조사를 통해 파리의 인도 음식점들에서 난 주머니에 어떤 치즈를 넣어 빠르고 부드럽게 녹여내는지를 알아낸 터였다. 치즈의 나라에서 가공 치즈 제품을 쓰는 일이 신성모독처럼 보일 수 있지만(물론 '라 바슈 키 리'가 프랑스 것이 아니라고는 누구도 말 못 할 것이다), 마지막에 버터를 사치스러울 정도

로 듬뿍 추가하고 나면 이게 파리에서 왜 이렇게 인기 있는지를 분명히 알 수 있다.

내 부엌에서 몇 차례의 실패를 겪고 난 뒤, 비나가 그 아름다운 손가락으로 반죽을 다루고 입으로는 한가롭게 잡담을 하면서 무쇠 웍에서 그리 힘들지 않고도 몇 장의 난을 뚝딱 구워내는 것을 보고 절로 머리가 조아려졌다. 그녀는 웍이 전통적인 탄두리 화덕을 모방한 형태라고 했는데, 내가 파리 시내를 가로질러(또 그전에는 대서양을 건너) 끙끙거리며 날라 온 무쇠 프라이팬에서도 다행히 잘 구워졌다. 나는 요리의 결과만큼이나 그 준비 과정을 느긋하게 즐기는 것이야말로, 가령 팬에서 구운 빵 같은 흥미진진한 결과물을 자주 내놓는 인도 요리의 크나큰 일부분임을 깨달았다.

비나의 설명에 따르면, 인도는 서로 다른 수백 개의 문화가 부대끼며 살아가는 나라라고 했다. 그래서 인도 사람들은 변형과 개조에 관대하다고. 난 오 프로마주는 인도인들이 자기네 요리를 프랑스인의—그리고 나의—입맛에 맞게 성공적으로 변형해낸 근사한 예다.

# 인도식 치즈 브레드 Indian cheese bread
### 난 오 프로마주 Naan au fromage

인도 요리가 대개 그렇듯이 난도 매우 너그러운 음식이어서, 심지어 초보 제빵사도 평범한 웍이나 무쇠 프라이팬만으로 군데군데 기포가 있고 둥근 가장자리가 들쭉날쭉한 빵 모양을 쉽게 만들어낼 수 있다는 사실을 알면 흥분할 것이다.

내가 비나의 레시피를 적용해 만든 반죽은 격하게 혹은 오랫동안 치대지 않아도 되기 때문에 스탠드믹서 없이도 손으로 쉽게 만들 수 있다. 보통 나는 난 한 장을 굽는 동안 다음 반죽을 밀지만, 이 기술은 약간의 멀티태스킹을 요구한다. 난을 미리 전부 밀어놓은 다음 유산지를 깐 구이판 위에 놓고 한 장씩 차례로 부쳐 낼 수도 있다. 난은 팬에서 내리자마자 뜨거울 때 먹어야 제맛이다. 치즈를 넣지 않은 난은 가지 캐비아(66쪽)나 비트 후무스(58쪽)에 찍어 먹는 빵으로 낼 수 있다. 파리에서는 래핑카우 치즈를 흔히 쓰지만 스위스 스타일의 치즈를 써도 된다.

충고: 레인지 위에 후드 팬이 있다면 돌리고, 없다면 가까이 있는 창문을 열어놓을 것. 빵을 구울 때 다소 연기가 날 수 있다.

1  반죽용 갈고리가 부착된 스탠드믹서 용기에 물, 설탕, 이스트, 밀가루 3/4컵(110그램)을 넣고 섞는다. 30분간 그대로 두면 거품이 생긴다.

2  남은 밀가루 1컵(140그램), 베이킹파우더, 요구르트, 정제 버터 3큰술, 소금을 넣고 중간 속도로 5분간 돌린다. 그러면 부드러운 반죽이 되는데, 만졌을 때 손가락에 들러붙으면 밀가루 1~2큰술을 더 넣는다.(손으로 반죽할 경우 밀가루를 살짝 뿌린 평대 위에서 5분간 치대면 된다.) 용기를 수건으로 덮고 30분간 놓아둔다.

3  무쇠 프라이팬이나 웍을 센불에 달구고 뚜껑을 덮는다. 반구형 뚜껑이 있는 것이 좋다.

4  반죽을 6등분한다. 조리대 위에 밀가루를 얇게 뿌리고, 반죽이 손에 들러붙지 않을 때까지 각각의 반죽을 소량의 밀가루에 치댄다. 각각의 반죽을 지름 4인치(10센티미터)의 원반이 되게끔 차례로 민다. 포장을 벗긴 치즈 2조각(42그램)을 반죽 중앙에 나란히 놓는다. 가장자리의 네 귀퉁이를 차례로 접은 다음, 난이 치즈를 완전히 감싼 사각형이 되게끔 꾹 누른다. 나머지 반죽도 모두 이런 식으로 접는다.

5  접힌 부분이 아래로 가게끔 난을 뒤집어놓고, 밀가루를 친 평대 위에서 밀개로 밀어 한 변이 약 6인치(15센티미터)인 정사각형으로 만든다.

6  달군 프라이팬 바닥에 정제 버터를 얇게 바른다. 달궈진 표면에 난 1개를 올리고 다시 뚜껑을 덮은 다음, 난이 우툴두툴하게 부풀어 오르고 밑면이 갈색이 될 때까지 약 1분간 익힌다. 뒤집개로 난을 뒤집고 다시 뚜껑을 덮은 다음, 반

---

**납작빵 6장**

**미지근한 물** 2/3컵(160ml)
**백설탕** 1자밤
**건조 이스트** 1팩(7g)
**중력분** 1¾컵(250g)(필요하면 더 준비한다)
**베이킹파우더** 3/4작은술
(되도록 알루미늄 성분 없는 것으로)
**플레인 요구르트**(일반 혹은 저지방) 2큰술
**녹인 정제 버터**(327쪽) 5큰술(75ml)
(팬에 굽고 서빙할 때 좀 더 추가한다)
**천일염이나 코셔 소금** 3/4작은술
**플레인 래핑카우 치즈** 12조각(개당 21g)

대쪽도 갈색이 될 때까지 약 1분간 계속 익힌다. 까만 기포 몇 개가 돋는 것은 정상이고 바람직한 현상이다.

**7** 치즈로 속을 채운 난을 미끄러뜨려 접시에 담고 표면에 정제 버터를 살짝 바른다. 나머지 난에도 버터를 발라서 낸다.

**응용** | 다진 마늘을 따뜻하게 데운 버터와 섞어서 완성된 난의 표면에 바를 수도 있다.

# 올리브 투덜이

타프나드가 단순히 올리브 페이스트의 일종이라고 오해하는 사람들이 있는데, 타프나드는 프로방스어로 '케이퍼caper'를 뜻하는 '타프노tapeno'에서 유래했다. 때로는 으깬 올리브로 만든 모든 것의 통칭으로도 쓰이는데, 진짜 타프나드는 반드시 케이퍼가 들어가야 한다. 까칠하게 굴려는 건 아니고, 이는 쇠고기로 쇠고기 버거를 만들고 과일 샐러드에 과일을 넣어야 하는 것과 같은 이치다. 케이퍼가 빠진 타프나드는 타프나드가 아니다.

나보다 더 까칠한 프로방스 출신 친구 자크는 여러 해 동안 우리 동네 시장에서 올리브를 취급했다. 나는 그의 최고 단골일 뿐만 아니라 나도 모르는 사이에 절친한 친구가 되다시피 했다. 내가 올리브를 사려고 그의 좌판 앞에 발길을 멈출 때마다 그는 내게 푸념을 줄줄 늘어놓곤 했는데, 그중에서 올리브에 대한 이야기는 거의 없었다.

입만 열면 불평을 쏟아내는 그에게 나는 '투덜이râleur'라는 별명을 붙여주었다. (프랑스에서 불평이 많다는 건 흠이 아니라, 항상 내가 불리한 처지에 놓이게 되는 삶에 대한 정상적인 반응으로 여겨진다.) 하지만 올리브에 대해서라면, 그의 좌판에서는 불평거리를 찾을 수 없었다. 소금물 통에서 그가 골라낸 올리브 한 알 한 알은 과육과 과즙이 꽉 들어찬 이상적인 올리브의 표본이었다. 그때까지 나는 올리브가 그렇게 훌륭할 수 있다는 걸 알지 못했다.

내 부엌으로 돌아온 뒤, 손가락으로 올리브를 하나씩 눌러 즙을 사방으로 튀겨가면서 씨를 빼낸 다음(그래서 앞치마를 둘러야 함을 배우게 되었다) 절구에 빻아 기름진 올리브 페이스트를 만들었다. 다소의 정력이 필요한 작업이었고, 잠시 후—그러니까 수도 없이 빻아대고 난 후—나는 그가 올리브와 함께 판매하는 타프나드가 내가 집에서 만드는 것만큼이나 훌륭하다는 사실을 깨달았다. 게다가 씨를 빼고 빻을 (그리고 셔츠에 올리브 얼룩을 묻힐) 필요도 없었다. 결국 그가 장사를 접고 은퇴했을 때, 나는 그를—그의 불평을, 그리고 물론 그의 올리브를—얼마나 그리워하는지 비로소 깨닫고 적이 놀랐다.

내가 일주일에 두 번씩 자크의 가게를 찾던 시절이 그립기는 하지만, 그 많은 올리브의 씨를 빼던 일은 그립지 않다. 하지만 세 살 버릇 여든까지 간다고, 나는 어쩌다 한 번씩 절구와 절굿공이를 끄집어내고 작은 마대에 담긴 올리브를 사다가 씨 빼는 일에 착수하곤 한다. 그리고 자크에게 경의를 표하는 뜻에서 내내 투덜거리는 걸 잊지 않는다.

## 로즈메리유를 넣은 아티초크 타프나드
Artichoke tapenade with rosemary oil
Tapenade d'artichaut, huile d'olive aromatisée au romarin

6~8인분

**아티초크 하트**(아티초크 꽃 안쪽, 꽃대 위의 부드러운 부위―옮긴이) **14온스**(400g)**들이 통조림** 1개
(물기를 빼고 4등분한다)

**씨를 뺀 그린 올리브** 1/2컵(60g)

**올리브유** 1/3컵(80ml)

**케이퍼** 1큰술(10g)(물에 헹구고 꼭 짜서 다진다)

**레몬즙** 1큰술

**마늘** 2쪽(껍질 벗겨 다진다)

**카옌 고춧가루** 1/8작은술

**천일염이나 코셔 소금**

**로즈메리유**(332쪽)

**곁들여 낼 바게트**(썰어서 구운)**나 크래커**

올리브 씨를 빼는 게 성가셔서 불만이라면 자크가 통에서 덜어 팔던 스프레드인 아티초크 타프나드를 만들면 좀 더 수월할 것이다. 아티초크 타프나드는 통조림에 든 아티초크와 케이퍼를 가지고, 씨를 뺄 필요 없이 모든 재료를 푸드프로세서에 넣고 돌려서 손쉽고 빠르게 만들 수 있다. 설마 이 정도의 일을 갖고도 투덜댈 사람이 있을까?

**1** 푸드프로세서 용기에 아티초크, 올리브, 올리브유, 케이퍼, 레몬즙, 마늘, 카옌 고춧가루를 넣고 돌려서 부드러운 퓌레로 만든다. 맛을 보고 필요하면 소금을 조금 넣어 간한다.

**2** 내기 전에 로즈메리유를 듬뿍 뿌리고, 썰어서 구운 바게트나 크래커를 곁들여 찍어 먹는다. 이 타프나드는 냉장고에 4일까지 보관할 수 있다.

## 그린 올리브, 바질, 아몬드 타프나드
Green olive, basil, and almond tapenade
Tapenade d'olives vertes au basilic et aux amandes

1999년에 개인 웹사이트를 처음 열었을 때만 해도 레시피에 집중할 생각이 전혀 없었다. 그건 내 요리책을 보완해 추가 정보와 뒷이야기를 싣고 독자들과 소통하기 위한 것이었다. 하지만 그 후 파리로 이사를 오게 되었고, 시장에 가서 장을 보며 내가 맛보고 배우는 온갖 훌륭한 것들을 공유하는 데 너무 들뜬 나머지 방금 요리한 레시피들을 바로 올리고픈 유혹을 뿌리칠 수 없었다. 하지만 크루아상 한 바구니라든지, 어느 빵집에서 보고 감탄한 호화롭게 장식된 생토노레 케이크gâteau Saint-Honoré의 사진을 올리면 레시피 요청의 대공습에 응해야 한다는 사실을 곧 깨달았다.(유감스럽지만 파리 일류 제과점들의 레시피를 140자로 축약할 수도 없을뿐더러, 나도 지하철을 타고 집에 오는 길에 내 스마트폰의 깨알만 한 키보드로 퍼프 페이스트리puff pastry 만드는 법을 쳐 올리는 데 소질이 없다.)

    그리고 또 깨달았다. 블로그에 무엇에 대해 쓰든, 버밍엄에선 구할 수 있는 재료를 브리즈번이나 방콕에서는 구할 수 없다는 것을. 그리고 내가 올린 모든 레시

피에는 대체 재료를 알려달라는 요청이 무수히 덧붙는다는 것을 말이다. 올리브나 통조림 아티초크처럼 프랑스와 미국에서는 흔한 재료가 피지나 아르헨티나에서는 구하기 힘들 수도 있기 때문에, 전 세계의 독자들을 위한 레시피를 쓸 때 상상할 수 있는 온갖 재료를 포괄하는 법을 익혀야 했다. 사람들의 미각과 알레르기와 호불호가 다양함은 두말할 필요도 없다. 나의 오징어 공포증이 한 예다. 오징어라면 나는 혼비백산한다(그래서 그들을 100퍼센트 이해한다).

다행히 이 레시피로는 어디에 사는 누구든지 요리할 수 있으며 이 레시피에는 두려워할 게 전혀 없다고 확신한다. 올리브는 강인한 식물이고 병이나 통조림으로도 구할 수 있다. 아몬드를 구할 수 없는 나라에도 가본 적이 없는 것 같다. 또 바질은 실외 경작이 적합하지 않은 기후에서는 온실에서 재배할 수 있다. 그러니 내가 모든 경우를 염두에 두었으며 이걸 만들지 못할 구실은 없다고 생각한다. 물론 여러분이 올리브를 싫어하거나 견과류 알레르기가 있거나 마늘 혐오 반응을 보이는 경우는 제외하고 말이다. 그런 경우라면 나도 어쩔 도리가 없다.

**6~8인분**

**씨를 뺀 그린 올리브** 2컵(260g)
**굽지 않은 통아몬드** 1/3컵(35g)
**작은 마늘** 1쪽(껍질 벗겨 다진다)
**레몬즙** 1½작은술
**케이퍼** 1큰술(헹구어 꼭 짠다)
**생바질 잎** 대충 담아서 1/2컵(15g)
**올리브유** 1/2컵(125ml)
**천일염이나 코셔 소금**

1. 올리브, 아몬드, 마늘, 레몬즙, 케이퍼를 푸드프로세서 용기에 넣는다.(이 단계에서 나는 절구와 절굿공이를 쓰지 않는다. 완성된 타프나드에 살짝 도톰한 아몬드 조각이 들어 있는 게 좋기 때문이다.)
2. 바질 잎을 굵게 다져서 푸드프로세서에 넣고 몇 차례 순간 작동 pulse 기능으로 적당히 부순다.
3. 올리브유와 약간의 소금을 뿌린다. 푸드프로세서의 순간 작동 기능으로 완전히 부서지지 않은 아몬드의 질감이 아직 조금 느껴질 정도의 거친 페이스트로 만든다. 이 타프나드는 냉장고에 일주일까지 보관할 수 있다.

# 푸드프로세서 vs 절구

푸드프로세서는 우리 시대의 그 어떤 부엌 도구보다도 프랑스 요리에 큰 혁신을 일으켰다. 요리 연구가 줄리아 차일드Julia Child는 이 기계가 고된 부엌일의 일부를 대신해줄 수 있음을 발견한 얼리어답터였다. 많은 고전적인 프랑스 요리들이 채소를 으깨어 부드러운 퓌레로 만들거나 순식간에 마법처럼 매끄러운 소스를 만들어내는 일 같은 힘든 노동에 의존해왔다. 프랑스 최초의 푸드프로세서에는 '자르는 기계'라는 뜻의 '로보 쿠프Robot Coupe'(회사명이기도 하며, 서구권에서는 필수 조리 도구다—옮긴이)라는 이름이 붙었는데, 이를 프랑스에서 보고 감명을 받은 한 남자가 미국 시장용 모델을 개발하는 모험을 하기로 결심하고 '퀴진아트Cuisinart'라는 이름으로 미국에 소개했다. 퀴진아트가 인기를 얻기까지는 다소 시간이 걸렸다. 줄리아 차일드 같은 유명 인사들이 이것을 칭송하고, 〈뉴욕 타임스〉에 기고하는 영향력 있는 평론가 크레이그 클레이본Craig Claiborne이 이를 가리켜 "음식에서 이쑤시개 이후의 최고 발명품"이라고 일컬었을 때까지 말이다. 그 뒤로 곧 판매량이 급상승했고, 오늘날에는 전 세계에서 수많은 다양한 제품과 모델의 푸드프로세서를 구입할 수 있다.

나한테도 푸드프로세서가 한 대 있다. 하지만 고백하는데 거추장스러운 코드를 매단 채 부엌 찬장 구석에서 몇 년째 먼지를 뒤집어쓰고 있었다. 그러던 어느 날 어떤 프로젝트 때문에 이걸 써봤는데, 다 쓰고 나니 도로 찬장에 집어넣고 싶지가 않았다. 그 뒤로는 조리대 위에 올려놓고 예전보다 훨씬 자주 사용하게 되었다.

매일 쓰지 않을 것 같은 부엌용품에 소중한 부엌 부동산을 할애하기란 분명 쉽지 않지만, 이것을 손닿는 곳에 두고 그때그때 쓰면 얼마나 편리한지 깨닫게 되었다. 지금은 푸드프로세서를 그 어느 때보다 자주 사용한다. 아직 절구와 절굿공이를 내버리진 않았지만 말이다. 절구는 절구대로 또 다른 결과물을 준다.

손으로 찧어 만든 피스투(92쪽)는 올리브유 위에 다진 바질 한 줌이 둥둥 떠다니는 것과는 다른 페이스트를 만들어 준다. 내가 만든 과카몰레guacamole(아보카도에 갖가지 양념과 허브를 넣어 만드는 멕시코 소스—옮긴이)에 아보카도 조각이 살아 있는 것을 보는 게 특징 없는 녹색 퓌레를 찍어 먹는 것보다 낫다. 그리고 나는 아이올리(145쪽)를 만드는 첫 단계로 마늘에 소금을 넣고 찧을 때 절구에서 솔솔 올라오는 냄새를 사랑한다. 마늘을 짓찧으면 그 향과 맛이 흘러나오는데, 이는 크림 같은 마요네즈 전체에 스며들며 찧고 찧고 또 찧을수록 점점 더 강해진다.

# 블랙 올리브 타프나드 Black olive tapenade
**Tapenade noire**

블랙 올리브 타프나드는 내가 처음으로 만든 타프나드이고 요즘도 즐겨 쓰는 레시피다. 이 레시피에 쓰기에 가장 좋은 올리브는 살짝 주름진 니옹산 블랙 올리브다. 자잘한 니수아즈 올리브 Niçoise olives의 씨를 빼낼 인내심만 있다면, 이것도 놀라우리만큼 기름진 훌륭한 타프나드의 주재료가 된다. 다른 올리브도 괜찮지만, 너무 짜면 사용하기 전에 찬물에 헹구고 타월로 두드려서 물기를 없애야 한다.

올리브 씨를 빼는 한 가지 방법은 손가락이나 넓은 칼의 옆면으로—칼날을 세우지 말고 도마와 평행이 되게 눕혀서—으깬 다음 올리브 과육에서 씨가 빠져나오도록 탁 내려치는 것이다. 이때 올리브 씨가 '아주 멀리까지' 자신의 '자유'를 선포하니 꼭 어두운 색의 셔츠나 앞치마를 입어야 한다.

타프나드는 '허브 염소젖 치즈 토스트'(121쪽)에 발라 먹을 수 있다. 여기에 고전적으로 곁들이는 술이 파스티스 pastis인데, 나는 이 아니스 향 나는 묘약을 즐기는 미각을 개발하지 못했다. 그래서 나는 차게 식힌 로제를 곁들여 마신다. 여기에 물을 타서 그 고품질의 맛과 도수를 희석하면 묘하게도 탁하게 변한다.

1 푸드프로세서 용기에 올리브, 마늘, 케이퍼, 타임, 안초비, 레몬즙, 머스터드를 넣고 순간 작동 기능으로 몇 차례 적당히 으깬다.
2 올리브유를 넣고 재료가 살짝 몽글몽글한 페이스트 형태가 될 때까지 푸드프로세서를 돌린다. 타프나드는 소금을 칠 필요가 없지만 간을 보고 필요하면 약간 넣는다. 타프나드는 냉장고에 일주일까지 보관할 수 있다.

---

**6~8인분**

**씨를 뺀 블랙 올리브** 1½컵(210g)
**마늘** 2쪽(껍질 벗겨 다진다)
**케이퍼** 1큰술(물에 헹구어 꼭 짠다)
**잘게 다진 생타임** 1작은술,
   **혹은 말린 타임** 1/2작은술
**안초비 필레**fillet(뼈를 발라낸 안초비에 정향 등의 향신료를 넣고 올리브유에 절인 것—옮긴이) 2쪽
**레몬즙** 1큰술
**디종 머스터드** 1작은술
**올리브유** 1/3컵(80ml)
**천일염이나 코셔 소금**(선택 재료)

## 본 아드레스

내가 후무스를 처음 접한 것은 업스테이트 뉴욕(뉴욕 대도시권을 제외하고 그 북부와 서부에 위치한 뉴욕 주의 나머지 지역을 가리키는 말―옮긴이)의 한 채식 레스토랑에서 일할 때였다. 이 요리가 하도 인기가 좋아서 너도나도 주문하는 통에, 우리는 (좀 안 어울리지만) 부엌 조리대에 고정된 오래된 고기 분쇄기로 병아리콩을 갈아 날마다 대량의 후무스를 만들었다. 손님이 발음을 잘못해서 샌드위치에 '휴무스humus'(부엽토, 그러니까 토양 구조를 개선하는 데 쓰이는 부패 물질)를 올려달라고 했다는 말을 종업원한테 전해 들을 때마다 요리사는 낙담했지만 말이다.

하지만 나 역시 이를테면 동정녀 마리아를 성기 이름과 헷갈린다든지 하는('vierge'와 'verge'―사전을 찾아보는 일은 독자 여러분에게 맡기겠다) 나름의 외국어 실수들을 저질러온 바 있다. 내가 사는 거리 이름을 발음하는 데도 몇 년씩 애를 먹기도 했다. 많은 택시 기사들이 내가 '보마르셰Beaumarchais' 대로에 있는 코딱지만 한 하녀 방이 아니라, 파리에서 '본 아드레스bonne adresse'(쇼핑하거나 먹고 마시기에 좋은 곳)로 통하는 센 강 좌안의 멋지고 세련된 백화점 '봉마르셰Bon Marché'에 산다는 말에 깜짝 놀라곤 했다. 그랬다면 얼마나 좋았을까!

파리에는 후무스가 흔치 않지만, 수많은 아랍 향신료 가게와 심지어 슈퍼마켓에서도 작은 플라스틱 용기에 담아 파는 후무스를 찾아낼 수 있다. 하지만 나는 언제나 직접 만든다(60쪽). 그리고 봉마르셰로 '귀가'하는 일만큼이나 놀라운 사실은, 후무스에 비트를 넣어 밝은 빨간색의 페이스트로도 만든다는 것이다. 이는 특히 시장에 가장 선명한 색깔의 비트가 나오는 한겨울의 파리에서 가장 환영받는다. 특히 릴레Lillet 한 잔을 곁들여 토스트에 발라 먹으면 좋다. 릴레는 오렌지를 넣은 식전 와인으로, 내 집이 파리의 어느 동네에 있건 항상 기운을 북돋워준다.

## 비트 후무스 Beet hummus
**Houmous de betteraves**

비트 후무스의 비밀 재료는 석류 농축액이다. 이는 석류즙을 조려서 만드는 새콤달콤한 시럽으로, 지금은 내 다국적 조미료 찬장의 필수 품목이 되어 미국 바비큐 소스, 레바논 참깨 페이스트(타히니tahini), 스페인 식초, 프랑스 올리브유 사이에서 당당히 자리를 차지하고 있다. 그 톡 쏘는 과일 향미는 비트의 흙냄새(또는 땅 냄새)를 보완해주면서도 그 풍부한 맛과 살짝 대조를 이룬다. 이게 없다면 발사믹 식초를 약간 넣어도 된다. 이것을 위에 살짝 부어주면 자타르za'atar와 근사하게 어울린다. 자타르는 타임이 주재료인 양념으로 아랍 시장에서 구할 수 있다. 비트 후무스는 당근, 콜라비, 방울토마토, 입맛대로 골라 담은 생채소 한 접시에 곁들여 찍어 먹으면 좋다.

1. 모든 재료를 푸드프로세서 용기에 담고 후무스가 거의 부드러워질 때까지 돌린다. 맛을 보고 입맛에 따라 소금이나 레몬즙을 추가한다. 비트 후무스는 냉장고에 4일까지 보관할 수 있다. 만든 다음 날 먹는 게 제일 맛있다.

---

**6~8인분**

**삶은 비트** 12온스(340g)(깎아서 작게 깍둑썰기한다. 통조림 비트의 물기를 빼고 써도 된다)

**삶거나 통조림에 든 병아리콩** 2/3컵(115g)(물기를 뺀다)

**큰 마늘** 2쪽(껍질 벗겨 다진다)

**타히니** 6큰술(120g)

**천일염이나 코셔 소금** 2작은술(필요하면 더 준비한다)

**레몬즙** 1/4컵(60ml)(필요하면 더 준비한다)

**카옌 고춧가루나 훈제 고춧가루** 넉넉하게 1자밤

**석류 농축액** $1\frac{1}{2}$큰술

# 고추와 병아리콩

사람들은 파리를 딱히 다문화 요리의 용광로로 여기지는 않는다. 나는 그 이유를 두 가지로 본다. 첫째로 프랑스에서는 전통적으로 '용광로' 문화를 장려하지 않았으며 이민자들이 현지 전통에 맞춰 살아갈 것을 기대하기 때문이다. 둘째로 프랑스인의 미각은 맛의 균형과 조절을 선호해서 타이, 쓰촨, 한국, 멕시코 음식처럼 맵거나 양념이 강한 요리들은 열외로 취급되기 때문이다. 프랑스 사람들은 음식에 있어서는 모험을 즐기지 않는다고 알려져 있으며, 조금이라도 자극적인 것에는 손사래를 친다. 식성이 좋아서 새로운 것을 기꺼이 시도하는 사람들은 어떠냐 하면, 조심스럽게 한 입 먹어보고는 입을 벌리고 미친 듯이 부채질을 한다든지 이마에 솟는 (난생처음 보는) 땀방울을 다급히 닦아낸다든지 하며 한바탕 요란을 떨곤 한다.

그래도 외국 음식은 침투하는 중이고, 때때로 이곳 입맛에 맞게 자극이 순화되긴 해도, 파리 사람들은 카르네 아사다carne asada('구운 고기'라는 뜻의 멕시코식 양념 바비큐—옮긴이) 타코, 인도 커리, 심지어 김치까지 음미하기 시작했다. 나는 우리 집 근처에 문을 연 쓰촨 음식점을 찾는 사람들에게 박수를 보낸다. 그곳 음식은 너무 매워서 심지어 나도 몇 입만 먹으면 눈물이 그렁그렁해지고 목구멍에 불이 난다. 그래도 그곳을 찾는 사람들이 있다. 그들은 빨갛게 달아오른 얼굴로 열기를 식히기 위해 맥주를 연신 들이켜가며 꿋꿋이 자리를 지킨다.

북아프리카와 중동 요리의 최근 역사는 현대 프랑스와 엮여 있다. 나는 파리에서 훌륭한 중동 음식들을 나름대로 먹어봤지만, 그야말로 깜짝 놀랄 만한 후무스를 맛본 것은 바로 후무스를 제2의(혹은 제3의, 제4의…) 종교로 삼고 있는 예루살렘에 갔을 때였다. 분쟁에 시달리는 이 나라에서, 누가 최고의 후무스를 만들어내는가를 판별하는 일이—이 나라에서 논의되는 모든 주제가 그렇듯이—또 다른 논쟁거리가 되는 것은 놀랄 일이 아니다.

이스라엘을 방문했을 때 후무스 공장을 견학한 일이 있다. 그곳에서는 도무지 만족할 줄 모르는 이스라엘 사람들의 입맛에 맞추기 위해 매일 톤 단위의 병아리콩이 가공되고 있다. 좀 더 자세히 관찰하기 위해 안으로 들어갔더니, 일꾼들이 선별용 통에서 껍질이 없는 부드러운 병아리콩 한 줌을 들어 보이며 불가리아산 품종이라고 알려주었다. 나는 그 껍질 없는 아름다운 콩을 있는 대로 잔뜩 집어서 주머니에 쑤셔 넣고픈 유혹을 느꼈다. 하지만 차후에 탁월한 후무스를 한 통 이상 갖고 싶다면 내 집에서 그와 똑같은 것을 만들어내야만 했다. 그리고 그러려면… 껍질도 까야 할 테고. 나도 안다, 안다고. 병아리콩 까기가 지루한 일 같지만, 일반적으로 한 번 만드는 분량은 바짝 집중하면 10분 이상 걸리지 않는다.(공장에서 삶아내는 그 엄청난 양의 병아리콩을 보면 그들이 껍질 없는 품종을 찾아 헤맸던 것도 놀랄 일이 아니다.) 집에서 몇 차례 실험을 해본 결과, 병아리콩이 따뜻할 때 물기를 빼고 철망 소쿠리에 담아 흐르는 찬물에서 두 손으로 살살 저어주면 껍질이 상당 부분 쓸려나간다는 사실을 알아냈다. 또 다른 방법은 찬물에 담가놓는 것이다. 그러면 상당량의 껍질이 물 표면으로 떠올라 걷어낼 수 있다. 껍질 까기가 의무 사항은 아니지만, 껍질을 많이 벗겨낼수록 더 부드러운 후무스가 된다. 그리고 이 노동의 결실—혹은 병아리콩—을 한번 맛보면 그 차이를 깨달을 것이다. 후무스를 향한 허기가 이 작업을 좀 더 신속히 끝내게 해줄 것이다.

# 후무스 Hummus
**Houmous**

예루살렘에서 내가 보았던 후무스는 단 한 그릇도 예외 없이 올리브유를 무한정 들이붓고, 추가로 병아리콩알과 석류 농축액과 향신료와 다진 아몬드 또는 (내가 가장 좋아하는) 반들반들한 잣이 한가운데 기름 웅덩이에 수북이 얹힌 채 숟가락이 꽂히기만을 기다리고 있었다.

이스라엘의 많은 것이 그렇듯이 후무스의 저장법 역시 커다란 논쟁의 불씨가 된다. 누구는 냉장고에 넣으면 맛을 제대로 망치니 절대 냉장고 보관은 안 된다고 말한다. 또 누구는 먹기 전에 최소 한 시간 동안은 차게 식힌 상태로 두어야 한다고 말한다. 두 가지를 다 해본 나는 그 절충안을 내놓고 싶다. 차게 식힐 경우에는 상온으로 낼 수 있도록 미리 꺼내놓는 것이 좋다.

1. 말린 병아리콩은 물에 헹구고 이물질을 골라낸다. 큰 소스팬에 담고 잠기도록 찬물을 부은 다음 밤새 불린다.(밤새 물에 담가놓으면 그다음 날 더 빨리 익힐 수 있다.) 이튿날 불린 물을 버리고 병아리콩을 다시 소스팬에 담은 다음 부피의 3배만큼 물을 붓는다. 베이킹소다를 넣고 냄비를 중약 정도의 불 위에 올린다.

2. 뚜껑을 비스듬히 열어놓고, 병아리콩이 물러질 때까지 1~2시간 동안 약하게 끓인다. 불에서 내린 다음, 밑에 볼을 받친 철망 소쿠리에 삶은 병아리콩을 부어 국물을 볼에 받아둔다. 병아리콩을 흐르는 찬물에 넣고 두 손으로 살살 저으면 껍질이 쉽게 벗겨진다. 떨어진 껍질은 걷어내 버린다.

3. 푸드프로세서에 타히니, 레몬즙, 마늘, 소금을 넣고 부드러운 퓌레 상태로 만든다.(병아리콩 삶은 물 1/3컵, 약 80밀리리터를 타히니와 함께 블렌더에 넣고 돌려도 된다.) 병아리콩 한 줌은 고명용으로 남겨놓고, 나머지 병아리콩은 푸드프로세서에 넣고 후무스가 완전히 부드러워질 때까지 돌린다. 맛을 보고 입맛에 따라 레몬즙이나 소금을 추가한다. 너무 되면 받아둔 병아리콩 삶은 물을 조금 더 넣어 국자로 뜰 수 있을 정도의 농도로 만든다.

4. 후무스를 긁어서 볼에 담고 윗면을 평평하게 고른다. 숟가락 뒷면으로 윗면에 오목한 웅덩이들을 만든다. 따로 남겨둔 병아리콩을 후무스 위에 흩어 뿌리고 두카와 구운 견과류도 넉넉히 뿌린다. 수막과 올리브유를 골고루 뿌린다.

---

6~8인분

**말린 병아리콩** 1컵(150g) 혹은 **통조림 병아리콩** 2컵(350g)(물기를 빼고 통조림 국물은 따로 덜어둔다)
**베이킹소다** 1/2작은술
**타히니** 9큰술(180g)
**레몬즙** 4작은술(필요하면 더 준비한다)
**마늘** 2쪽(껍질 벗겨 다진다)
**천일염이나 코셔 소금** 1½작은술(필요하면 더 준비한다)
**고명용 두카**(81쪽) **혹은 구운 견과류나 씨앗**
**고명용 수막** sumac*
**가루나 파프리카**
**고명에 뿌릴 올리브유**

***수막** sumac
옻나무 열매 씨로 만든 향신료.
붉은빛이 진할수록 향도 진하며,
파프리카 파우더를 대신 쓰기도 하지만
수막의 향미가 훨씬 좋다 — 옮긴이

# 가지에 대한 다양한 생각

블로그를 운영한다는 것은 내가 한 말을 면밀히 뜯어보거나 오류와 일관성 없는 부분을 찾아내는 수백 수천 명의 교정자를 두는 일이다. 어떤 이들은 사람과 사람의 입맛(과 가장 좋아하는 빵집)은 시간이 흐르면 변한다는 것을 잊고 나의 머나먼 과거까지 거슬러 올라가길 좋아한다. 파리에서 내가 좋아하는 크루아상, 바게트, 타르트 오 쇼콜라tarte au chocolat를 만드는 빵집, 또는 내가 아침식사용 바게트에 바른 버터의 종류를 엑셀 파일로 정리한 사람들의 연락을 받은 적도 있다. 사람들이 내 입맛을 파리의 좋은 음식을 판별하는 기준으로 여긴다는 건 뿌듯한 일이지만, 나도 결함이 있는 한 인간일 뿐이고 때때로 (요리와 관련된) 사소한 부정不正에 가담하기도 한다.

파리에 대한 글을 쓰고 프랑스 요리법을 공유하는 것 말고도, 나는 자주 다른 나라 요리로 방향을 틀곤 한다. 나는 미국이라는 다문화 국가 출신인 까닭에 때때로 한국 비빔밥 한 사발을 비우거나 돼지고기 카르니타스carnitas 한 냄비를 타코로 싸서 먹어주어야 한다. 나중에 이에 대한 글을 쓰게 될지도 모르니까. 그리고 작가, 편집자, 교정교열자, 푸드 스타일리스트, 프럽스타일리스트prop stylist(조리 전의 식재료나 식기구를 아름답게 배치하는 사람—옮긴이), 포토 에디터, 코딩의 달인, 출판인, 문화 대사, 그리고 종종 말다툼의 심판으로서, 블로그의 '공개하기' 버튼을 누르기 전에 내 손가락이 얼마나 오랫동안 허공에서 주저하는지 여러분은 모를 것이다. 하지만 내가 아무리 최선을 다해도, 가령 카르니타스가 유래한 멕시코의 특정 지방에서 정확히 어떤 품종의 돼지로 카르니타스를 만드는지에 대해 아무리 철저히 조사해도, 누군가가 어김없이 나타나 내가 돼지고기를 잘못 썼다는 둥, 이러이러한 푸에르코(돼지)로 만들지 않은 것을 어찌 감히 카르니타스라고 부르느냐는 둥, 혹은 미초아칸의 고대 신들이 관할하고 축복하는 어느 외딴 습지에서 공인된 숫처녀들이 채취한 소금을 써야 비로소 카르니타스라고 부를 수 있다는 둥의 지적을 해대곤 했다.

국제적인 규모로 그토록 면밀한 모니터링의 대상이 되는 일의 긍정적인 면은, '당신이 우리나라의 특정 음식을 즐긴다는 게 참 흐뭇한데, 음⋯ 아무래도 무엇무엇의 이름을 잘못 기재한 것 같다'고 (친절히) 알려주는 사람들이 있다는 것이다.

예를 들어 바바 가누쉬baba ganoush는 미국에서 타히니(참깨 페이스트)를 섞은 가지 퓌레를 말한다. 이것은 나처럼 1970년대나 1980년대에 채식주의자였던 사람에게는 익숙한 요리다. 하지만 확고한 잡식성으로 복귀한 뒤에도 나는 동네 시장에서 가지 몇 개를 사다가 굽는 것을 좋아한다. 가지를 스토브의 가스버너로 그을리고 오븐에서 마무리한 다음 타히니를 넣고 갈아 부드러운 페이스트로 만든다. 이게 '무타발moutabal'이라는 이름의 스프레드라는 사실을 미처 몰랐다. 하지만 중동의, 그리고 온라인의 많은 것들이 그렇듯이, 무타발과 바바 가누쉬의 차이점에 대해서는 약간의 의견 충돌이 존재한다. 나는 어떠냐고? 논쟁하느니 그냥 먹겠다.

# 바바 가누쉬 Baba ganoush
**무타발 Moutabal**

이제 나는 (친절하게 지적해준 독자들 덕분에) 이 요리가 실은 '무타발'이라는 걸 알기에, 이 무타발 한 사발을(바바 가누쉬라고 부르면서) 손님들 앞에 내놓을 때도 더 이상 이상한 눈길을 받지 않는다.

이 레시피는 각자 좋아하는 향신료를 조금 넣어 현지화할 수 있다. 터키의 블로거, 젠크 쉰메즈소이 Cenk Sonmezsoy(cafefernando.com)가 파리에 왔을 때 내게 선물 봉투를 주었는데, 그 안에는 '이소트 isot' 또는 '알레포 페퍼 Aleppo pepper'라고도 부르는 곱고 검은 고춧가루가 들어 있었다. 훈연한 듯한 달콤한 뒷맛이 신기해서 내가 이 레시피에 즐겨 넣는 것이다. 일반 소금 대신 훈제 파프리카 가루, 바스크산 에스펠레트 고춧가루, 혹은 훈연한 소금을 써도 다양하게 맛을 낼 수 있다.

날씬한 일본 가지를 쓰고픈 유혹도 들지만, 그 안의 수분량 때문에 좀 더 크고 통통한 둥근가지를 썼을 때 더 좋은 결과물이 나온다.

1. 오븐을 190도로 예열한다. 구이판에 유산지를 깔고 올리브유를 바른 뒤 소금을 뿌린다.
2. 잘 드는 칼로 가지에 칼집을 몇 군데 낸다. 가지를 가스버너나 그릴 위에서 직화로 1개씩 굽되 필요할 때는 뒤집어가며 겉면을 고르게 그을린다. 훈연한 맛을 얼마나 내고 싶으냐에 따라 짧게는 5분, 최대 10분간 굽는다.
3. 가지가 손댈 수 있을 정도로 식으면 꼭지를 잘라내고 길이로 가른다. 자른 면이 밑으로 가게 구이판 위에 놓고 완전히 부드러워질 때까지 30~40분간 오븐에서 굽는다. 오븐에서 꺼내어 식힌다.
4. 과육을 긁어서 푸드프로세서 용기에 담는다. 타히니, 소금, 레몬즙, 마늘, 카옌 고춧가루, 큐민 가루, 올리브유, 파슬리를 넣고 돌려서 부드러운 퓌레 상태로 만든다.(가지를 다른 재료들과 함께 큰 볼에 담고 포크로 으깨도 된다.) 얕은 볼에 담고 올리브유와 생허브 또는 씨앗을 뿌린다. 무타발은 냉장고에서 4일까지 보관할 수 있다.

---

**6~8인분**

**둥근가지** 2개(2½파운드/1.25kg)
**타히니**(참깨 페이스트) 1/2컵(130g)
**천일염이나 코셔 소금** 1¼작은술
**레몬즙** 3큰술
**마늘** 3쪽(껍질 벗겨 다진다)
**카옌 고춧가루 또는 그 밖의 훈증하거나 말린 고춧가루** 1/8작은술
**큐민 가루** 1/8작은술
**올리브유** 1큰술(내기 직전에 뿌릴 용도로 조금 더 준비한다)
**다진 이탈리아 파슬리** 2큰술
**생허브 또는 씨앗류**(고명용으로 굵게 다진다)

# 스트레스를 주는 슈퍼마켓

나는 파리의 슈퍼마켓에 들어갈 때마다 마음을 단단히 먹는다. 그 안에 들어갔다 하면 꼭 뭔가 안 좋은 일이 생긴다는 걸 알기 때문이다. 프랑스의 슈퍼마켓들은 쇼핑을 최대한 힘들게 만들기 위해 온갖 수단을 동원하는 것 같다. 내 생각에는 프랑스 사람들이 전통적으로 먹을거리 쇼핑을 노천 시장이나 청과물 가게에서 하기 때문인 것 같다. 그리고 인간미가 결여된 슈퍼마켓의 특성은 (그곳에 오고 싶지 않은) 고객과 (역시 그곳에 있고 싶지 않은) 점원들 사이에 전투적인 행동 양식을 조장한다. 그래서 아예 지나갈 수 없게 막아놓은 통로나 설탕, 밀가루, 오렌지주스 같은 기본적인 품목이 빠진 물품 선반을 보는 일이 드물지 않다. 그리고 만약 정확한 액수의 거스름돈을 챙겨 오지 않았다면 그저 하늘의 도우심을 빌 수밖에 없다. 설령 계산대 서랍이 동전으로 가득 차 있더라도, 계산대 직원이 그걸 꺼내서 건네주려면 엄청난 수고를 감내해야 하기 때문이다.

내가 슈퍼마켓에서 최초로 소동을 겪은 것은 내가 골라온 오렌지주스가 계산대에서 세일 가격으로 찍히지 않았을 때였다. 계산대 직원은 그게 '행사 중'인 상품임을 믿지 않으려 했다. 약간의 실랑이 끝에 나는 다시 주스 진열대로 가서 벽에 붙은 세일 표지판을 떼어다가 그녀의 눈앞에 들이댔다. 그렇게 해서 결국 할인을 받긴 했지만, 그 계산원과 슈퍼마켓 매니저로부터 그들의 말을 의심했다는 이유로 싫은 소리깨나 들었다(그게 적반하장으로 느껴졌는데, 왜인지는 몰라도 잘못한 쪽은 그들이라는 생각이 들었기 때문이다). 몇 달 뒤 어느 슈퍼마켓에서 나는 거스름돈을 5유로 지폐 대신 1유로 동전 다섯 개로 달라고 부탁했다. 어떤 정부 서류에 필요한 증명사진을 찍기 위해 그곳에 설치된 즉석 사진기를 이용해야 했기 때문이다. 그런데 계산대 직원이 동전이 하나도 없다면서 (동전이 가득 담긴) 서랍을 쾅 소리가 나게 닫았다. 내 뒤에 서 있던 파리 사람조차 눈알을 굴리며 어이없다는 표정을 지었다. 때로는 이런 모든 우스꽝스러운 일들을 그저 웃어넘겨야 한다. 나는 모든 거스름돈을 반드시 챙겨 갖고 다녀야 한다는 것을 배웠다. 언제 어디서 뭘 사게 될지 모르고, 또 계산대 직원을 귀찮게 하고 싶지도 않기 때문이다.

슈퍼마켓에서의 경험을 좀 더 쾌적하게 만들어준 한 가지 큰 변화는 바로 무인 계산대다. 이는 계산대 직원의 짜증을 감당할 필요가 없음을 의미한다. 이런 계산대는 현금인출기가 뱉어내는 겁나는 50유로짜리 지폐를 잔돈으로 바꿀 수 있는 이상적인 장소이기도 하다. 계산대 직원들에게 잔돈을 바꿔준다는 것은 자기가 틀렸음을 고객들 앞에서 인정하는 것만큼이나 힘겨운 일이다. 내 느낌에 그들은 돈을 받는 건 좋아하지만 돌려주는 건 싫어하는 것 같다.

평일에 직장에 매여 있는 대부분의 파리 사람들은 노천 시장에서 매일 장을 보는 사치를 누릴 수 없지만, 나는 운 좋게도 물건을 산다는 이유로 핀잔 들을 두려움 없이 느긋하게 시장을 찾을 수 있다.

일단 어떤 시장의 단골이 되면 상인들과 안면을 트게 되고, 그들과—어떤 경우에는 막역한—친구 사이가 된다. 다른 좌판의 상인 또는 이웃의 근황이나 그 밖의 (특히 청과물에 대한) 화젯거리가 궁금하면 시장 상인에게 물어보는 게 답이다.

유일한 문제점은 이런 온갖 잡담 때문에 장보는 속도가 너무 느려진다는 것이다. 예를 들어 오렌지 딱 몇 개 또는 가지 두 개만 필요한 경우에는 최근 감자 장사가 어떤지, 왜 요즘은 꽃양배추를 사는 사람이 없는지에 대한 잡담을 미연에 방지하고자 다른 상인들의 시선을 요리조리 잘 피해 달음박질쳐야 한다. 왜 이렇게 피곤하게 사나 싶어도 대안(예를 들어 슈퍼마켓에서 7상팀을 놓고 말다툼하는 것)이 무엇일지를 고려한다면, 역시 쇼핑은 시장에서 한다는 방침을 계속 고수해야 할 것 같다.

# 가지 캐비아 Eggplant caviar
**Caviar d'aubergines**

내 꿈 하나는 언젠가 누군가가 파리에 '스모크 하우스'를 개장하는 것이다. (아, 뻐끔뻐끔 담배를 피워대는 사람들로 꽉 찬 카페테라스를 말하는 게 아니다. 그런 거라면 이미 있을 만큼 있다.) 이건 그렇게 급진적인 생각이 아니다. 중세 파리에는 사람들이 자기가 먹을 것을 들고 와서 굽는 공동 화덕four이 있었다. 이를테면 파리 6구의 '뤼 뒤 푸르Rue du Four'('화덕 거리'라는 뜻)처럼 이름도 적절하기 그지없는 장소에 말이다. 내 생각엔 누군가 사업 감각이 있는 사람이, 인근 주민들이 생선, 고기(갈빗살!), 채소를 가져와서 훈연해 먹을 수 있는 가게를 열어야 할 것 같다.

그날이 올 때까지는 우리 집 가스스토브로 계속 가지를 구울 것이다. 그렇게 하면 가지가 근사하게 그을리고 내가 갈구하는 훈연 향이 스며든다.

가지 캐비아는 파리 음식점에서 인기 있는 전채 요리로, 발라 먹을 토스트를 곁들여 낸다.

1. 오븐을 190도로 예열한다. 구이판에 유산지를 깔고 올리브유를 바른 뒤 소금을 뿌린다.
2. 잘 드는 칼로 가지에 칼집 몇 개를 낸다. 가지를 가스버너나 그릴 위에서 1개씩 굽되 뒤집어가며 겉면을 고르게 그을린다. 훈연한 맛을 얼마나 내고 싶으냐에 따라 짧게는 5분, 최대 10분간 굽는다.
3. 꼭지를 잘라내고 길이로 가른다. 자른 면이 밑으로 가게 구이판 위에 놓고 완전히 부드러워질 때까지 30~40분간 오븐에서 굽는다. 오븐에서 꺼내 식힌다.
4. 과육을 긁어서 푸드프로세서 용기에 담는다. 올리브유, 레몬즙, 마늘, 소금, 파프리카, 약간의 후추를 넣는다. 재료가 거의 부드러워질 때까지 푸드프로세서를 몇 차례 순간 작동으로 돌린다. 허브를 넣고 몇 번 더 순간 작동으로 돌린다. (아니면 가지를 다른 재료들과 함께 큰 볼에 담아 포크로 으깨도 된다.) 간을 보고 입맛에 따라 레몬즙이나 소금을 더 넣는다.
5. 볼에 담아서 낸다. 가운데 부분에 얕은 웅덩이를 만들고 올리브유와 파프리카를 그 위에 뿌린다. 가지 캐비아는 냉장고에 4일까지 보관할 수 있다. 내기 전에 미리 상온에 꺼내둔다.

**6~8인분**

**둥근가지** 2개(2¾파운드/1.25kg)
**올리브유** 1큰술
(내기 직전에 뿌릴 용도로 조금 더 준비한다)
**레몬즙** 2큰술(필요하면 더 준비한다)
**마늘** 2쪽(껍질 벗겨 다진다)
**천일염이나 코셔 소금**
1½작은술(필요하면 더 준비한다)
**훈증한 파프리카나 훈증한 고춧가루**
1/2작은술(내기 직전에 뿌릴 용도로 조금 더 준비한다)
**으깬 검은후추**
**민트나 이탈리아 파슬리나 바질** 2큰술
(생으로 다진다)

# 얼음이 좋아

신기하게도 미국인들은 프로방스 음식을 파리 사람들보다 더 좋아하는 것 같다. 여기에는 프로방스의 소박한 아름다움, (영어로 된 수많은 베스트셀러 서적에서 묘사된) 괴팍한 관습, 온화한 기후도 한몫하겠지만, 가장 중요한 이유는 올리브유와 타임과 풍부한 마늘의 활기찬 풍미를 지닌 음식들로 가득한 자유분방한 식탁이 미국인들의 마음을 끌기 때문인 것 같다. 아직까지도 안초비의 매력을 이해하지 못하는 사람들이 많지만 나는 예외다. 나는 안초비, 특히 지중해안의 콜리우르 마을에서 생산되는 조그맣고 근사한 안초비 필레를 사랑한다. 나도 사람들이 내가 뭘 싫어하는지 알면서 '꼭' 먹어봐야 한다고 종용하는 게 짜증스럽지만, 이곳 안초비는 안초비에 대한 여러분의 생각을 바꿔놓을 거라는 정보를 슬쩍 던져본다. 그냥 여기까지만 하겠다.

로제 역시—파리에서든 다른 나라에서든—어떤 사람들에게는 사랑하기까지 좀 시간이 걸리는 술이다.(맛보자마자 마음을 뺏긴 나는 이례적인 경우다.) 하지만 내가 파리에 사는 동안 프랑스에서의 로제 판매량이 화이트와인을 넘어섰다. 얼음을 채운 큰 피처나 유리병에 로제를 부어 마시는 프로방스 사람들에게 그 공을 일부 돌려야겠지만 말이다.

하지만 파리에서는 로제에 얼음 조각을 떨굴 때마다 도저히 믿을 수 없다는 시선을 받곤 한다. "어떻게 감히 저런 식으로 와인을 더럽힐 수 있지?" 하고 말하고 싶어하는 것 같다. 하지만 니스에 사는 내 친구 로자 잭슨은 말했다. "여기서는 로제를 와인 취급하지 않아. 음료수지." [프랑스의 기타 지역에서 얼음을 넣은 음료수는 '방트르 콩줄레 ventre congelé'(직역하면 "배가 차다", 즉 배탈이라는 뜻이다)"을 비롯한 많은 질병의 주범으로 취급된다.] 그 위험성에도 불구하고 로제는 피살라디에르 같은 프로방스의 간식과 찰떡궁합이다. 피살라디에르는 얇은 타르트 위에 푹 익힌 양파, 타임, 안초비, 그리고 물론 다량의 마늘을 바른 것이다.

내게는 못마땅한 시선을 끌어 모으는 재주가 있어서, 내가 피살라디에르에 얼음 넣은 로제를 곁들여 전채로 내놓을 때마다 파리 사람들은 마늘과 양파를 잔뜩 얹은 타르트와 얼음을 넣은 로제를 우려 섞인 눈빛으로 쳐다보곤 한다. 거친 마르세유 지방에서는 이런 식으로 먹는다고 내가 말해주면 그들 눈빛에는 약간의 두려움마저 스친다. 하지만 주저하면서 타르트를 한 입 먹어본 다음에는 모두가 수긍한다. 얼음은? 음, 이 부분에 대한 반응은 여전히 냉랭하다고만 말해두겠다… 그냥 여기까지만 하겠다.

# 양파 타르트 Onion tart
**피살라디에르 Pissaladière**

피살라디에르는 바삭바삭하고 아주 얇아야 한다. 두꺼운 빵처럼 만들면 안 된다. 풍미가 강한 양파를 안초비 조각과 니수아즈 올리브와 함께 윗면에 뿌린다. 니수아즈 올리브는 힘들여 구할 가치가 있지만 만약 구할 수 없을 때는 기름기가 풍부한 다른 프랑스 올리브를 써도 되고, 심지어 칼라마타 올리브를 다져서 넣어도 괜찮다—단, 프로방스 사람들에게는 그들이 사랑해 마지않는 양파 타르트에 그리스 올리브를 쓴다고 말하지 마라. 아마 그들은 니수아즈 올리브의 대부분이 스페인에서 재배된다는 사실도 알고 싶지 않을 것이다. 프랑스인들은 일반적으로 올리브의 씨를 빼지 않는데, 사실 잘디잔 니수아즈 올리브는 씨를 빼면 굽는 동안에 말라버릴 수도 있으니 그냥 놔둬도 괜찮다. 하지만 아무것도 모르고 먹는 손님들에게는 씨를 (그리고 여기에 얼음 넣은 로제를 곁들일 경우에는 얼음도) 조심하라고 경고해주어야 한다.

---

8~10인분

**크러스트**
미지근한 물 3/4컵(180ml)
건조 이스트 1작은술
중력분 2컵(280g)
올리브유 3큰술
천일염이나 코셔 소금 1작은술

**토핑**
올리브유 4큰술(60ml)(필요하면 더 넣어도 된다)
양파 3파운드(1.25kg)(껍질 벗겨 가늘게 채 썰어둔다)
타임 잔가지 10개
마늘 4쪽(껍질 벗겨 얇게 저민다)
천일염이나 코셔 소금 1/2작은술
백설탕 1/2작은술
으깬 검은후추
니수아즈 올리브 30개 혹은 그보다 큰 올리브 20개(씨는 빼도 되고 안 빼도 된다)
기름에 포장한 안초비 필레(품질 좋은 것으로) 16쪽

---

1. 타르트의 크러스트(껍질)를 만들기 위해 반죽용 갈고리가 부착된 스탠드믹서 용기에(손으로 할 경우에는 큰 볼에) 물, 이스트, 밀가루 1/2컵(70그램)을 넣고 섞는다. 표면에 작은 거품이 생길 때까지 15분간 놔둔다.

2. 나머지 밀가루 1½컵(210그램), 올리브유, 소금을 넣고 젓는다. 반죽이 부드러운 공 모양이 될 때까지 중간 속도로 5분간 돌린다. 볼에 기름을 바르고 반죽을 넣은 다음 기름이 묻은 면이 위로 가게 뒤집는다. 수건으로 덮고 따뜻한 곳에서 약 1시간 동안, 혹은 반죽의 부피가 2배가 될 때까지 둔다.

3. 반죽이 부푸는 동안 토핑을 만들기 위해, 큰 프라이팬이나 더치오븐에 올리브유 3큰술을 넣고 중불에서 데운다. 양파, 타임, 마늘, 소금, 설탕을 넣는다. 처음 30분간은 이따금씩만 젓고, 양파가 줄어들면 좀 더 자주 저으면서 양파가 진한 금갈색이 될 때까지 약 1시간 동안 볶는다.(바닥이 타려고 하면 올리브유를 좀 더 넣는다.) 후추를 몇 번 갈아 넣고 저은 다음 불에서 내린다. 다 식으면 타임 가지를 골라낸다.

4. 피살라디에르에 토핑을 올려 굽기 위해, 오븐을 200도로 예열하고 (13×18인치/33×45센티미터 크기의) 구이판에 유산지를 깐다.

5. 반죽을 꺼내 살짝 밀가루를 친 평대에 올려놓고 손으로 얇게 펴서 길이 약 12인치(30센티미터)의 타원형으로 만든다. 15분간 그대로 둔다.

6. 반죽을 구이판으로 옮긴다. 반죽이 구이판 가장자리까지 닿도록 손으로 더 늘인다. 캐러멜화된 양파를 반죽의 테두리 부분만 아주 얇게 남기고 반죽 위에 골고루 펼쳐 올린다. 올리브를 점점이 놓고 안초비를 되는 대로 혹은 장식적

인 십자 형태로 배치한 다음 남은 올리브유 1큰술을 뿌린다. 크러스트가 노릇노릇해질 때까지 20분간 굽는다. 오븐에서 타르트를 꺼내 구이판에서 식힘망으로 미끄러뜨려 담는다. 크러스트 위에 약간의 올리브유를 바른 뒤 정사각형이나 직사각형으로 잘라 따뜻하게 혹은 상온으로 낸다. 얼음 넣은 로제 와인을 곁들이는 건 기본이다.

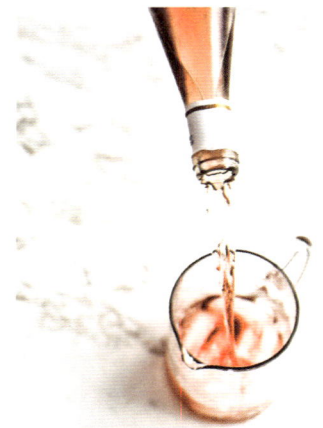

# 피시 스틱과 너겟

내가 프랑스 초등학교의 급식을 실제로 먹어본 건 아니지만, 미국 텔레비전에서는 종종 고급스러운 입맛을 지닌 프랑스 유아들이 즐겨 먹는 바다 고둥bulot이나 푸아송 파네poisson pané(흰 살 생선의 살을 한입 크기로 뭉쳐 빵가루를 입혀 튀긴 것으로 주로 어린이용 냉동식품으로 판매된다. 영어권의 피시 핑거나 피시 스틱에 해당한다—옮긴이) 등의 별미를 보여주는 방송이 나오는 모양이다. 자녀가 있는 독자들은 프랑스 어린이들이 바다 고둥을 먹는다고 놀랄지도 모르겠다. 피시 스틱이야 (특히 타르타르소스를 곁들인다면) 모든 나라의 어린이에게 보편적으로 사랑받는 음식 같지만 말이다.

언제 이런 프로그램들이 방송되는지를 내가 어떻게 아느냐고? 프랑스 어린이들이 이런 대단한 식사를 학교 식당에서 일상적으로 즐긴다는 데 놀란 다른 나라 사람들이 내게 메시지와 링크를 전달해주기 때문이다. 하지만 프랑스 친구들에게 학교 다닐 때 급식이 어땠느냐고 물어보면 정작 그들의 얼굴은 뚱한 표정으로 일그러지며, 질척하고 걸쭉한 토마토소스에 잠긴 암소 혓바닥을 억지로 먹어야 했던—아이든 어른이든 미국인에게도 그리 상쾌하게 들리지 않는—이야기를 자세히 듣다 보면 내가 불쾌한 기억을 일깨웠음을 깨닫게 된다.

내 기억에 뉴잉글랜드에서는 꽤 괜찮은 점심을 먹었다. (다행히) 혓바닥은 전혀 들어 있지 않았고, 해산물을 많이 먹었다. 그중에는 그 지역에서 나는 대구 살을 작은 공 모양으로 뭉쳐 바삭바삭하게 튀긴 다음 타르타르소스를 곁들여 먹는 대구 퍼프codfish puffs도 있었다. 학생 식당에 줄 서서 목을 빼고 내 차례가 오기만을 이제나저제나 기다리다가, 따끈한 스테인리스 선반에서 덥석 집어 내 식판에 덜어놓은 퍼프가 행여나 굴러 떨어질까봐 식판을 단단히 움켜쥐고 조심조심 테이블로 발걸음을 옮기던 기억이 난다.

크림을 넣은 자반 대구 퓌레를 구워서 그라탱으로 만든 프랑스 요리인 브랑다드 드 모뤼brandade de morue(144쪽)를 발견했을 때 그 대구 퍼프의 맛있었던 기억이 떠올랐다. 파리에서도 앤틸리스제도 출신의 노점상들이 그와 비슷한 음식인 아크라 드 모뤼accras de morue(아크라는 저민 생선이나 채소를 밀가루에 묻혀 기름에 튀긴 크레올 요리이고, 아크라 드 모뤼는 자반 대구가 주재료인 아크라다—옮긴이)를 많이 판다. 하지만 내가 집에서 직접 만든 것이 시장 좌판에서 파는 것보다 훨씬 맛있다.

다행히 파리 학생들의 급식 상황은 나아지고 있는 것 같다. 나는 학교 앞을 지나칠 때마다 그 바깥에 게시해놓은 점심 식단을 확인해보는데, 요즘은 유기농 과일, 생채소 샐러드, 프랑스 치즈… 그리고 종종 풀레 파네un poulet pané(치킨 너겟)가 적혀 있다. 뭐, 어디에 살든지 애들은 애들이니까.

# 타르타르소스를 곁들인 자반 대구 튀김
## Salt cod fritters with tartar sauce
**타르타르소스를 곁들인 대구 아크라** Accras de morue à la sauce tartare

아크라는 카페에서 '해피 아워happy hours'(카페나 식당에서 마케팅의 일환으로 음료 값을 할인해주고 무료 안주를 제공하는 시간. 일반적으로 평일 오후 4~7시경이다—옮긴이) 시간대의 인기 간식이다. 이때 퇴근하고 카페에 모여든 파리 사람들은 와인이나 맥주 한 잔에 간단한 안주를 곁들여 마시며 긴장을 푼다. 그린 샐러드를 곁들인 아크라는 근사한 점심이 되기도 한다. 겉은 뜨겁지 않더라도 속은 녹을 정도로 아주 뜨거워야 한다. 이걸 먹을 때는 손님에게 꼭 조심하라고 당부해야 한다.

---

**튀김 18개**

### 자반 대구 볼
**브랑다드 드 모뤼 레시피** 144쪽 레시피 분량의 1/2, 약 2컵(370g)

**신선한 빵가루 혹은 건조 빵가루** 1/4컵(30g)

### 타르타르소스
**수제 마요네즈**(331쪽) **혹은 시판 마요네즈** 3/4컵(180g)

**다진 코르니숑**cornichon(새끼손가락만 한 오이로 담근 프랑스 피클—옮긴이) 2큰술

**다진 샬롯** 2큰술

**케이퍼** 1½큰술(물에 헹구고 물기 빼서 다진다)

**이탈리아 파슬리** 1큰술(잘게 다진다)

**레몬즙 혹은 화이트와인 식초** 1작은술(필요하면 더 준비한다)

**천일염이나 코셔 소금**

**으깬 검은후추**

**백설탕** 1자밤

### 튀김 반죽
**중력분** 1/2컵(70g)

**옥수수 전분** 3큰술(25g)

**베이킹파우더** 2작은술(알루미늄 성분 없는 것으로)

**천일염이나 코셔 소금** 3/4작은술

**으깬 검은후추** 1/2작은술

**카옌 고춧가루** 1/2작은술

**맥주** 3/4컵(180ml)

**이탈리아 파슬리** 1큰술(잘게 다진다)

**고수나 차이브** 1큰술(잘게 다진다)

---

1  자반 대구 볼을 만들기 위해 브랑다드를 빵가루와 섞은 다음 재료를 꽉꽉 뭉쳐서 지름 약 1인치(3센티미터)의 공 모양으로 빚는다. 단단해질 때까지 최소한 1시간 동안 차게 둔다.(냉장고에 24시간까지 보관할 수 있다.)

2  모든 재료를 한데 섞어 타르타르소스를 만든다. 간을 보고 입맛에 따라 소금, 후추, 레몬즙을 더 넣는다.

3  튀김을 하기 약 30분 전에 밀가루, 옥수수 전분, 베이킹파우더, 소금, 후추, 카옌 고춧가루를 볼에 섞어 반죽을 만든다. 맥주, 파슬리, 고수를 넣고 젓는다. 큰 덩어리가 남지 않을 정도로만 젓고 너무 많이 젓지는 않는다(작은 덩어리가 있는 것은 괜찮다). 뚜껑을 덮고 상온에서 30분간 그대로 둔다.

4  크고 튼튼한 냄비나 소스팬에 튀김용/당과용 온도계를 부착하고 땅콩유를 3인치(8센티미터) 깊이가 되게 붓는다. 기름을 185도로 데운다. 접시에 종이타월 몇 겹을 깐다.

5  기름이 데워지면 자반 대구 볼을 한 번 튀길 분량씩—한 번에 약 6개씩(혹은 냄비 크기에 따라 꽉 차지 않을 정도의 개수로)—냉장고에서 꺼내 반죽을 입힌다. 각각의 볼을 반죽에 담그고 살살 굴리면 된다. (완벽하게 할 필요는 없다. 속도가 더 중요하다.) 반죽에 담갔던 볼을 뜨거운 기름에 넣는다.

6  표면이 골고루 노릇노릇해지도록 자주 돌려가면서 볼을 2~3분간 튀긴다. 충분히 노릇노릇해졌으면 구멍 뚫린 슬로티드스푼이나 거름망으로 튀김을 건져 종이타월을 깐 접시에 옮겨놓고 기름을 뺀다. 필요하면 기름을 더 붓고 뜨거워질 때까지 기다렸다가 나머지 반죽을 튀긴다.

7  튀김에 타르타르소스를 곁들여 낸다.

## 스리라차 소스를 곁들인 매운 미트볼
### Spiced meatballs with Sriracha sauce
**스리라차 소스를 곁들인 메르게즈 불레트** Boulettes de merguez à la sauce sriracha

10여 년 전에 한 친구가 내게 말했다. "새벽 3시에 길거리에서 소시지와 감자튀김을 끼운 메르게즈 샌드위치를 먹어보기 전까지는 파리 사람이라 할 수 없지." 10년이 넘는 세월이 흘렀지만 나는 아직 이 심야의 경험을 해보지 못했다. 어쩌면 그래서 내 체류증 발급이 10년 넘게 계속 보류되고 있는 건지도 모르겠다. 그래도 메르게즈만큼은 실컷 먹어봤다.

파리에 북아프리카 사람들이 많이 들어와 있는 덕분에 어느 동네에 가든 그릴에 구운 고기를 따끈한 피타 빵에 싸서 파는 쿠스쿠스couscous 가게와 노점을 많이 볼 수 있다. 이 샌드위치를 변형해서 그릴에 구운 고기로 속을 채우고 그 위에 감자튀김을 얹은 '라메리캥'(l'américain'(이름은 '미국인'이지만 미국에서는 이런 걸 한 번도 본 적이 없다)도 있고, 라탱 지구에서는 소스를 치지 않은 스파게티 더미를 얹어서 파는 것도 봤다(이건 별로 보고 싶지 않은 광경이었다).

북아프리카 레스토랑과 노점 음식의 공통점은 메르게즈 소시지다. 그 맹렬한 빨간색은 이 줄줄이 소시지에 매운 향신료가 좀—아니, 좀 많이—들어 있다는 경고로 받아들여야 한다. 나는 이걸 사랑하지만 말이다. 구운 양고기와 양고기 꼬치 옆에 말라빠진 메르게즈 소시지 몇 조각이 놓여 있고 하리사harrisa 소스(330쪽) 한 종지를 곁들여 활기를 돋우지 않은 쿠스쿠스는 내가 보기에 제대로 된 쿠스쿠스가 아니다.

나는 메르게즈를 너무 좋아한 나머지 집에서 만들어 전채로 내는 법을 연구했다. 일반적으로 전통적인 길쭉한 소시지 모양으로 만드는데, 손으로 말면 유감스럽게도 파리의 길바닥에서 볼 수 있는 거시기와 비슷한 모양을 띠게 된다. 그래서 나는 불레트boulette, 즉 미트볼 모양으로 빚는다. 이렇게 만들면 빚기도 쉽고 먹기 직전에 바로 익혀서 찍어 먹을 소스를 곁들여 낼 수도 있다.

스리라차 소스는 미국인의 식탁에 거의 필수 요소가 되어 아무 데나 다 뿌려 먹는다. 파리에서도 한 병씩 구비해놓았는데, 조국을 너무 사랑해서 너무 매운 것은 먹기를 주저하는 내 프랑스인 파트너도 중독되었기 때문이다. 하지만 프랑스 사람들은 플라스틱 핫소스 병에 그려진 수탉의 힘 앞에 속수무책인 것 같기도 하다. 어쩌면 프랑스의 비공식 마스코트인 수탉의 매력과 관계가 있는지도 모르겠다.

메르게즈는 다진 쇠고기나 양고기로 만들며 지방이 적당히 있는 고기를 쓰는 것이 중요하다. 그렇지 않으면 메르게즈가 퍽퍽해진다. 수막은 꼭 넣을 필요는 없지만 과일 향을 더하고 이국적인 기운을 불어넣는 매혹적인 양념이다.

여기에 내가 가장 좋아하는 소스 두 가지를 곁들였다. 하나는 단순한 마요네즈를 스리라차 핫소스와 섞은 것이다(330쪽의 하리사 소스를 써도 된다). 또 하나는 플레인 요구르트를 타히니와 생마늘과 섞은 것이다(이것은 아래 레시피의 '응용' 부분에서 소개했다). 이 둘 중 하나 또는 두 가지 모두를 곁들일 수 있다.

**1** 미트볼을 만들기 위해 뜨겁게 달군 프라이팬에 회향 씨, 고수 씨, 큐민을 향이 날 때까지 1~2분간 볶는다. 불에서 내려 식힌 다음 양념 분쇄기spice mill나 절구로 빻아 가루로 만든다. 혹은 튼튼한 비닐봉지에 넣고 망치로 으깨도 된다.

**2** 빻은 향신료를 고수 잎, 마늘, 파프리카, 하리사 소스, 소금, 계핏가루, 올스파이스 가루, 수막 가루와 함께 볼에 담는다. 다진 쇠고기를 넣고 골고루 섞는다. (미트볼 재료는 냉장고에서 3일까지 보관했다가 빚어서 쓸 수 있다.)

**3** 소시지 재료 1개 분량씩을 떼어 굴려 호두알 크기의 미트볼로 빚는다. 큰 프라이팬(눌어붙지 않게 코팅된 것이 좋다)에 올리브유 1큰술을 두르고 중강 세기의 불로 데운다. 미트볼을 넣고 고르게 익도록 팬을 흔들어주면서 8~10분간 튀긴다.(코팅 팬을 쓰지 않는 경우 기름을 좀 더 넣어야 할 수도 있다.) 그릴이 있다면 직화로 구울 수도 있고, 기름을 바른 구이판 위에 놓고 180도로 데운 오븐에서 12~15분간 구울 수도 있다.

**4** 작은 볼에 마요네즈와 스리라차 소스를 섞어 스리라차 마요네즈를 만든다.(마요네즈는 3일 전에 미리 만들어 냉장 보관할 수 있다.)

**5** 따뜻한 상태의 미트볼에 스리라차 마요네즈를 곁들여 낸다.

**응용** | 차게 식힌 요구르트-타히니 소스를 미트볼에 곁들여 낼 수도 있다. 지방을 제거하지 않은 플레인 요구르트 1/2컵(120g), 타히니(참깨 페이스트) 1/4컵(60g), 다진 마늘 2작은술, 잘게 다진 이탈리아 파슬리 2작은술, 레몬즙 4작은술, 물 1½작은술, 천일염이나 코셔 소금 1/2작은술을 한데 넣고 고루 섞으면 된다. 간을 보고 입맛에 따라 양념을 추가할 수 있다.

---

**미트볼 20개**

**메르게즈 미트볼**

**회향 씨** 1½작은술
**고수 씨** 1작은술
**큐민** 1작은술
**다진 고수 잎** 2큰술
**마늘** 3쪽(껍질 벗겨 다진다)
**스위트파프리카** 2작은술
**하리사 소스**(330쪽), **스리라차 소스 또는 고추장** 2작은술
**천일염이나 코셔 소금** 1½작은술
**계핏가루** 1/4작은술
**올스파이스 가루** 1/4작은술
**수막 가루** 1/2작은술(선택 재료)
**다진 쇠고기나 양고기, 혹은 2가지를 섞은 것**
　(지방이 있는 부위) 1파운드(450g)

**스리라차 마요네즈**

**수제 마요네즈**(331쪽) **혹은 시판 마요네즈**
　3/4컵(180g)
**스리라차 소스나 하리사 소스**(330쪽)
　1큰술(입맛대로 가감한다)

## 버터 전쟁

여러 해 동안 우리는 요리, 특히 제과 제빵에 무염버터를 써야 한다는 말을 들어왔다. 나 또한 여러 해 동안 이를 실천하고 심지어 주변 사람들에게 설파하기까지 했다. 하지만 프랑스에 살고부터는 뵈르 살레beurre salé(가염버터)로 개종하게 되었다. 황금빛 덩어리에 바삭바삭한 천일염 결정이 점점이 박힌 프랑스의 가염버터는 버터라는 게 믿어지지 않을 정도로 훌륭하다.

가염버터를 옹호하는 행렬에 가담한 게 내가 처음은 아니었다. 페이스트리셰프 피에르 에르메Pierre Hermé의 진한 초콜릿 코로바Korova 쿠키에는 대서양 해변에서 손으로 채취한 반짝이는 플뢰르 드 셀 조각이 점점이 박혀 있다. 그리고 브르타뉴의 제과장 앙리 르 루Henri Le Roux(마침내 파리에 그의 상점이 개점했다)는 자신이 개발한 C.B.S.caramel-beurre-salé 캐러멜에 가염버터를 쓴다. 그는 프랑스─와 세계─를 사로잡은 한 장르를 만들어낸 장본인이다. 요즘 파리의 디저트 메뉴들을 훑어본다면, 소스든 수플레든 아이스크림이든 그중 최소한 한 가지 메뉴에는 예외 없이 '카라멜-뵈르-살레'(가염버터 캐러멜)라는 문구가 들어 있는 걸 확인할 수 있다.

짠맛을 추구하는 입맛으로의 급격한 변화는 내가 아침식사용 토스트에 바를 가염버터를 구입하면서부터 시작되었다. 하지만 아침에 먹을 수 있는 버터 양에는 한계가 있고, 큼직한 버터 덩어리가 항시 구비되어 있는데 이걸 요리에 쓰면 안 될 이유라도 있단 말인가? 가염버터의 맛은─특히 제과에 쓸 때─좀 더 강하고, 나는 특히 캐러멜이나 초콜릿에서 예상치 못한 소금 맛이 살짝 느껴지는 것을 좋아한다. 이는 다른 재료들의 맛과 대조를 이루며 그 맛들을 더 강화해준다.

여러분이 일반적인 가염버터를 구입한다면 가염한 사실이 명백히 드러나지 않도록 소금이 용해된 것일 가능성이 높다. 하지만 그 맛의 차이는 뚜렷하며, 자주 쓰다 보면 아마도 그 맛의 차이를 느끼게 될 것이다. 내가 보기에 가염버터는 버터 맛이 좀 더 강하다. 우리 입속에는 자연적으로 이미 소금이 존재하기 때문에, 소금이 든 것을 먹으면 충격이 덜하고 좀 더 수월하게 목으로 넘길 수 있다.

옛날에는 무염버터가 더 좋다는 게 상식으로 통해서 소금은 열등한 맛을 숨기기 위해 첨가하는 것이라고들 했다. 하지만 나는 버터를 구입해본 경험을 통해(나는 이 분야의 경험이 아주 풍부하다, 정말이다) 가염이든 무염이든 신선도에는 차이가 없음을 발견했다. 다음번에 요리나 제과를 할 때는 무염버터 대신 가염버터를 써보길 바란다. 나는 이 두 가지를 바꿔가며 사용한다. 그리고 '랜드 올 레이크스Land O'Lakes' 낙농 협동조합의 버터 웹사이트에도 쓰여 있기를, 가염버터를 써도 레시피에 추가된 만큼의 소금을 덜어내야 하는 것 아닌가 걱정할 필요가 없단다. 그러니 걱정하기 말고 바꿔보라.

# 정어리 스프레드 Sardine spread
### 정어리 리예트 Rillettes de sardines

프랑스 의사들의 한 가지 특징은 세심하다는 것이다. 그들은 모든 질문에—하지 않은 질문에까지—빠짐없이 대답해준다. 의사들이 최대한 빨리 환자들을 들이고 내보내려고 하는 미국과 달리, 파리의 내 주치의는 대기실에 아무리 많은 환자가 있어도 아랑곳없이 '치즈 케이크'의 레시피부터 내가 선호하는 섹스 체위에 이르기까지 온갖 질문을 하면서 나와 많은 시간을 함께한다.

최근에 받은 건강검진에서 모든 것이 정상으로 나오자 주치의는 인정의 뜻으로 고개를 끄덕였다. 여러 해 전부터 그녀가 청취자들에게 전화로 섹스 상담을 해주는 라디오 프로그램에 출연하고 있었기 때문에 나는 안도의 한숨을 쉬었다. 하지만 비타민D 수치를 확인하자 고개를 저으면서 말했다. "이건 무슨 조치가 필요하겠군요."

그녀는 얼굴과 팔을 더 오랜 시간 햇볕에 노출하라고 권고했다. 내가 파리는 거의 1년 내내 흐리고 구름이 끼어 있다는 사실을 지적하자, 이에 동의하면서 조그만 유리병에 든 비타민D를 처방해주었다. 내가 약을 받으러 약국에 가서 내 결핍증에 대해 약사에게 말하자(의사와 나눈 다른 이야기에 대해서는 말하지 않았다), 약사는 모든 파리 사람들이 비타민D 결핍증이 있다고 말했다. 그러니까 센 강을 산책하는 저 모든 파리 사람들은 멋진 경치를 감상하거나 데이트 장소를 물색하기 위해서가 아니라 비타민D 비축량을 늘리기 위해 그러고 있는 것이다.

나는 (여러 가지 활동을 하느라) 실내에 주로 처박혀 있는 유형이기 때문에, 주로 고등어나 정어리 같은 작은 생선류를 좀 더 많이 먹기 시작했다. 둘 다 비타민D가 풍부한 식품이다. 어시장에서 신선한 정어리를 쉽게 구할 수 있지만, 통조림에 든 것으로도 아주 훌륭한 리예트rillettes(조리한 고기나 생선을 찢거나 으깨어 주로 빵에 발라 먹는 음식—옮긴이)를 만들 수 있고, 그것도 10분도 안 걸려 준비할 수 있다.

전통적으로 프랑스에서 이런 스프레드는 버터로 만든다. 그런데 내가 '웨스트 컨트리 걸West Country Girl' 크레이프 가게에서 저녁을 먹고 있을 때 그곳 주인장이 수제 정어리 리예트를 작은 그릇에 담아 내왔다. 그걸 바게트에 발라 먹으니 다른 것들과 확실히 다르지만 어딘지 모르게 익숙한 맛이 났다. 그 비밀은 바로 크림치즈였는데, 내가 알아맞히자 주인장이 깜짝 놀랐다. 그 크림치즈를 넣은 스프레드에 반해서 이제는—프랑스에서는 '르 필라델피아le Philadelphia'라고 하는—크림치즈 '프로마주 아 타르티네fromage à tartiner'를 버터와 같이 쓴다.

**1** 크림치즈와 버터를 한데 넣고 부드러워질 때까지 포크로 으깬다. 정어리의 물기를 뺀다. 정어리의 배 부분(대개는 이 부분이 쉽게 벌어진다)에 엄지손가락을 넣고 길이

6~8인분

**일반 혹은 저지방 크림치즈** 1/4컵(110g)(상온으로 준비한다)
**가염버터 혹은 무염버터** 3큰술(상온으로 준비한다)
**정어리 통조림** 2개(3¾온스, 115g)
**파** 2줄기(흰 부분과 연초록 부분을 다져둔다)
**케이퍼** 1큰술(물에 헹구어 물기를 빼고 다진다)
**라임즙 혹은 레몬즙** 1큰술
**천일염이나 코셔 소금** 3/4작은술
**으깬 검은후추**
**카옌 고춧가루** 1/8작은술
**발라 먹을 크래커, 바게트, 얇게 썰어 구운 시골빵**pain de campagne(밀가루에 호밀, 보리, 귀리 등을 함께 넣어 만든 짙은 색 빵—옮긴이)**이나 호밀빵**

로 쓸어서 뼈를 발라낸다. 뼈를 바른 정어리를 크림치즈 재료에 넣고 으깨어 섞는다.

2 **1**의 재료에 파, 케이퍼, 라임즙, 소금을 넣고 검은후추를 몇 번 갈아 넣고 카옌 고춧가루를 넣는다. 간을 보고 입맛에 따라 소금이나 라임즙이나 레몬즙을 더 넣는다.

3 리예트는 냉장고에서 4일까지 보관할 수 있다. 내기 전에 미리 상온에 두었다가 크래커, 바게트, 또는 얇게 썰어 구운 시골빵을 곁들여 낸다.

## 절구가 필요한 이유

파리에서 처음 부엌을 마련할 무렵 나는 절구와 절굿공이를 찾아 헤맸다. 친구들의 부엌에서 근사하게 길이 든 프로방스산 절구를 본 적이 있는데, 묵직한 대리석 절구 안에 큼직한 나무 절굿공이가 딸린 것이었다. 나는 그런 게 갖고 싶었다. 문제는 내가 쇼핑하러 다니는 동안 그 두 물건을 가리키는 프랑스어가 무언지 자꾸 까먹는다는 거였다. 나는 늘 하던 대로 몸짓에 의존했는데, 그 때문에 많은 사람들이 처음에는 나를 이탈리아인으로 오해하곤 했다. 그러다 판매 여직원 앞에 서서 눈에 안 보이는 원통형 물체를 빠르게 찧어대는 시늉을 하자 그녀가 하얗게 질린 얼굴로 나를 쳐다보는 경험을 한 뒤, 나는 '모르티에mortier'(절구)와 '필롱pilon'(절굿공이)이야말로 내 프랑스어 실력을 높이기 위해 당장 익혀야 할 단어임을 비로소 깨닫게 되었다.

프랑스에서 절구와 절굿공이를 찾는 데 관심 있는 사람이 나 하나뿐은 아니었던 것 같다. 벼룩시장에서 우연찮게 절구를 발견할 때마다 최초의 흥분은 250유로(지금 환율로 약 325달러)에 달하는 엄청난 가격표를 보고 급격히 식었다. 나는 임시방편으로, 그리고 또 다른 판매 여직원을 질리게 만드는 사태를 방지하기 위해, 차이나타운에서 20유로도 채 안 되는 돈을 주고 큼직한 태국산 절구와 절굿공이를 구입했다. (내가 그것을 팔이 빠질 정도로 힘들게 지하철에 실어 날라가지고 집에 왔을 때 이웃 사람이 말했다. "내 것도 하나 사 오지그랬어요?")

나는 절구와 절굿공이를 흔히 향신료 빻는 용도로 쓴다. 그리고 확실히 파리에는 훌륭한 향신료 시장들이 있다. 사프란과 일급 향신료를 전문적으로 취급하는 에피스리épicerie(향신료 상점)인 '구마냐Goumanyat'에 처음 갔을 때는, 온갖 향으로 머리가 폭발해버릴 것 같았다. 그리고 벨빌에는 아랍 시장이, 북부역 뒤편에는 인도와 스리랑카 시장이 있다. 나는 그 상점들의 선반을 구경하면서 며칠이고 보낼 수 있다. 또 거기 갈 때마다 이를테면 길이가 1.2미터에 녹색 잎이 무성한 뿌리채소는 난생처음 본다는 이유만으로 기이한 채소들을 사 들고 집에 돌아온다.(덕분에 만원버스에서도 자리에 앉아 갈 수 있었다. 아무래도 그 채소를 좀 더 자주 사게 될 것 같으니 이름을 익혀놓는 게 좋을 것 같다.) 또 견과류도 이런 상점에서 구입한다. 슈퍼마켓에서는 보통 견과류를 (헤이즐넛 12알 하는 식으로) 12알씩 포장해서 팔기 때문이다. 그래서 나는 견과류를 대량으로 구입해야 할 때면 재래시장으로 달려가곤 한다.

이 견과류의 일부는 두카를 만드는 데 쓴다. 두카는 이집트에서 유래한, 맛있게 자극적인 혼합 양념이다. '두카dukkah/duqqa'라는 이름은 '빻는다'라는 뜻의 아랍어에서 왔다. 혹시 내가 이집트로 이주할 경우 더 이상의 낯 뜨거운 오해를 피하기 위해 알아두면 좋을 단어다.

헤이즐넛 대신 아몬드나 땅콩을 넣거나 향신료의 양을 조절해서 이 양념에 손쉽게 변화를 줄 수 있다. 큐민 따위를 들이붓다시피 하는 레시피가 많은데 내가 보기에 이는 견과류의 맛을 완전히 가려버린다. 내 레시피는 다른 것보다 견과류 맛이 더 풍부하다.

이제는 절구와 절굿공이, 몇 병의 견과류와 향신료로 무장했으니 두카를 견실히 쟁여놓을 수 있다. 두카야말로 세계에서 가장 빨리 만들 수 있는 딥소스의 훌륭한 주재료다. 두카와 올리브유를 섞으면 즉석에서 페이스트를 만들 수 있다. 나는 이것을 곡물 바게트나 갓 구운 피타 빵조각에 곁들이기도 하고, 다양한 생채소를 찍어 먹기 좋게끔 길쭉하게 썰어서 곁들이기도 한다.

## 이집트식 향신료와 견과류 믹스
Egyptian spiced nut mix
두카 Dukkah

향신료를 볶으면 향이 우러나는데, 여러분의 부엌을 중동의 향으로 가득 채우고 싶다면 두카 한 사발을 빻는 것만 한 방법도 없을 것이다. 향신료는 종류별로 따로 따로 볶아야 한다. 고수 씨는 다른 것보다 볶는 데 시간이 더 오래 걸리고, 향신료가 타면 쓴맛이 날 수 있기 때문이다. 하지만 방법은 아주 쉽다. 뜨겁게 달군 프라이팬에 한 가지씩 차례대로 볶으면 된다.

두카에 넣을 재료는 절구나 양념 분쇄기나 미니 푸드프로세서로 빻을 수 있다. 완전히 고운 가루가 되어선 안 되고, 완성된 두카 안에 작은 견과 알갱이가 눈에 보일 정도로, 거친 옥수숫가루와 비슷한 정도로 까칠한 질감이 살아 있어야 하니 너무 열심히 빻으면 안 된다.

1 오븐을 180도로 예열한다.
2 구이판 위에 헤이즐넛을 깐 뒤, 헤이즐넛이 노릇노릇해지고 껍질이 대부분 헐거워질 때까지 8~10분간 굽다가 오븐에서 꺼낸다. 헤이즐넛이 손댈 수 있을 정도로 식으면 수건으로 감싸 빠르게 비벼서 껍질을 최대한 많이 제거한다. 볼에 담는다.
3 프라이팬을 중불에 달군다. 참깨를 팬에 고루 깐 뒤 자주 흔들고 저어주면서 탁탁 소리가 나고 노릇노릇해질 때까지 볶는다. 긁어서 헤이즐넛과 함께 담는다. 그다음으로 호박씨, 고수 씨, 큐민 씨, 회향 씨 순서로 같은 방식으로 볶아서 같은 볼에 담고 마지막으로 통후추를 볶는다. 각각의 재료를 볶는 시간은 대부분 1분이 넘지 않는다. 소금을 넣는다.
4 견과류와 씨와 향신료를 절구나 양념 분쇄기나 미니 푸드프로세서 용기에 (필요하면 여러 번 나누어) 담고 충분히 빻되 너무 고운 가루가 되지 않게 한다. 두카는 밀폐된 병에 담아 상온에서 약 1개월까지 보관할 수 있다.

응용 | 헤이즐넛 대신 구운 아몬드나 땅콩이나 캐슈넛을 쓸 수도 있다. 작은 볼에 두카 3/4컵(75g)과 올리브유 6큰술(90밀리리터)을 넣고 한데 저으면 즉석 딥소스가 완성된다.

---

1½컵(150g)

헤이즐넛 1/2컵(50g)
참깨 1/3컵(50g)
껍질 깐 호박씨 1/4컵(35g)
통 고수씨 2큰술
큐민 씨 1작은술
회향 씨 1작은술
통검은후추 1½작은술
천일염이나 코셔 소금 1작은술

# 전식 前食

## 앙트레 Entrées

지난 수십 년간 프랑스 요리에 다양한 변화가 일어났지만, 프랑스인들은 여전히 끼니를 코스로 먹는다. 심지어 부담 없는 카페나 모퉁이 식당 앞을 지나칠 때도 그 앞에 어김없이 여러 코스로 구성된 '포르뮐formule' 또는 '므뉘menu'가 게시되어 있는 걸 볼 수 있다.

(덧붙이자면, 그런 카페나 식당에 들어간 많은 관광객들이 '메뉴'를 보여달라고 했다가 종업원의 멀뚱한 시선을 받곤 한다. '메뉴'는 가게 앞 칠판에 적힌 '포르뮐'을 달리 이르는 말이고, 종업원이 테이블로 가져다주는 실제 메뉴판은 '라 카르트(la carte)'라고 한다.)

'뢰르 드 라페로'(식전주 마시는 시간)에 나오는 안줏거리는 거실 탁자 주변에 모여서 혹은 선 채로 집어 먹을 수 있게 준비하는 반면, 전식은 언제나 식탁에 차린다. 전식은 살라드 콩포제salade composé(재료를 섞지 않고 따로따로 나눠 담은 샐러드—옮긴이)부터 '수프 뒤 주르soup du jour'(오늘의 수프), 살라드 드 크뤼디테salade de crudités(생채소 샐러드), 혹은 기름진 맛을 덜기 위해 코르니숑(오이 피클) 종지를 곁들인, 육질 풍부한 테린 한 조각에 이르기까지 다양하다. 하지만 식사를 시작할 때 채소 이파리로 만든 샐러드가 나오는 일은 드물다. 프랑스에서 살라드 베르트salades vertes(그린 샐러드)는 외따로 혹은 치즈 코스에 곁들여 식사 마지막 단계에 나온다.

고칼로리 음식은 메뉴에서 여전히 따뜻한 환영을 받으며, '외 마요'(103쪽)와 '머스터드 베이컨 비네그레트를 곁들인 리크'(88쪽) 같은 프랑스 요리의 변함없는 고전들은 전통적인 카페와 비스트로의 식탁을 꿋꿋이 지키고 있다. 예외적으로 유일하게 현대적인 입맛에 양보한 음식으로는 타르타르 드 소몽tartare de saumon(생연어를 작게 깍둑썰기해서 양념한 요리) 정도인 것 같다. 이는 몸매를 걱정하는 손님들 때문에 마지못해 메뉴에 도입된 음식이다.

프랑스인들이 '앙트레entrée'라고 부르는 전식은 식사로 들어가는 '입구entrance'를 열어주는 것이다. 나는 왜 미국인들이 이 단어를 주요리를 가리키는 말로 차용했는지 모르겠다. 어쩌면 이는 과식하는 식습관으로 유명한 미국인들이 주요리 이후에 또 다른 코스가 나올 가능성을 열어놓고 싶어하기 때문인 걸까?

식당이나 가정에서 코스 메뉴를 접했을 때 주로 고려해야 할 것은 균형 잡힌 선택이다. 아무도 고기 테린 조각을 내놓은 직후에 또다시 기름진 쇠고기 스튜를 대접하지는 않을 것이다. 또 따뜻한 청어 감자 샐러드에 브랑다드 드 모뤼(144쪽)를 곁들여 먹으려면 생선을 그야말로 일편단심으로 좋아하는 사람이든지, 자기 이미지 따윈 신경 쓰지 않는 사람이라야 할 것이다. (프랑스 대선 후보인 한 여성이 식당에서 고기가 아니라 생선을 주문했다가 언론의 도마 위에 올랐던 적이 있다. 아마 그녀의 능력에 대해 다소 의구심이 제기되었던 것 같다. 그로부터 몇 달 뒤, 날씬한 몸매에 비키니 수영복을 입은 그녀의 사진이 한 잡지에 게재되었다. 그녀는 낙선했지만, 그다음 선거에서 그녀의—부르르 떨리는 프렌치 커스터드를 연상시키는 몸매인—전 동거남이 대통령으로 당선되었다.).

레스토랑에서 일할 때 내가 도무지 이해할 수 없었던 것은 식사가 다 끝났는데도 배가 빵빵하게 부른 느낌이 안 든다는 이유로 식당의 흠을 잡는 손님들이었다.

프랑스에서는 식탁에서 일어설 때 심지어 세 코스가 넘어가는 식사를 한 뒤에도 과식했다는 느낌이 든 적이 없다. 식사가 끝났을 때 딱 적당한 양을 먹었다는 느낌이 들게끔 조절되어 있다.

코스 요리는 과식하기 위한 것이 아니다. 이는 코스별로 어떤 음식을 내놓을지 선택해 서로 다른 식감과 맛의 균형을 맞추고, 삶의 가장 큰 즐거움을 좀 더 오랫동안 누리기 위한 것이다. 카페에서든 식당에서든 집에서든, 친구나 가족과 함께 식탁에 모여 앉아 한 병의 와인과 좋은 음식을 나누어 먹는 즐거움 말이다.

머스터드 베이컨 비네그레트를 곁들인 리크 88
Leeks with mustard-bacon vinaigrette
머스터드-베이컨 비네그레트를 곁들인 대파
Poireaux vinaigrette à la moutarde et aux lardons

회향, 래디시, 오렌지, 게살 샐러드 90
Fennel, radish, orange, and crab salad
Salade de fenouil, radis, orange, et crabe

바질 퓌레를 넣은 야채수프 92
Vegetable soup with basil puree
피스투 수프 Soupe au pistou

타불레 Tabbouleh 95
Taboulé

생채소 콜슬로와
부드러운 마늘 드레싱 96
Raw vegetable slaw with creamy garlic dressing
채썬 생채소 샐러드와 부드러운 마늘 소스
Salade de crudités râpées, sauce crémeuse à l'ail

겨울 샐러드 Winter salad 98
Salade d'hiver

베이컨, 달걀, 마늘 토스트를 넣은
치커리 샐러드 99
Frisée salad with bacon, egg, and garlic toasts
리옹 샐러드 Salade lyonnaise

처빌 마요네즈를 곁들인 완숙 달걀 103
Hard-cooked eggs with chervil mayonnaise
외 마요 Œufs mayo

머스터드소스에 버무린
셀러리악 샐러드 105
Celery root salad with mustard sauce
셀러리 레물라드 Céleri rémoulade

호스래디시 크림과 햄 칩을 넣은
셀러리악 수프 106
Celery root soup with horseradish cream
and ham chips
Soupe de céleri-rave à la crème de raifort
et chips de jambon

수제 허브 염소젖 치즈를 얹은
방울토마토 크로스티니 110
Cherry tomato crostini
with homemade herbed goat cheese
수제 허브 염소젖 생치즈를 얹은 방울토마토 타르틴
Tartines de tomates cerises, chèvre frais maison aux herbes

무화과를 넣은 오리고기 테린 113
Duck terrine with figs
Terrine de canard aux figues

파투슈 Fattoush 116
Fattouche

프렌치 양파 수프 118
French onion soup
양파 수프 Soupe à l'oignon

가스파초와 허브 염소젖
치즈토스트 121
Gazpacho with herbed goat cheese toasts
가스파초와 허브 염소젖 치즈 크루통
Gaspacho, croûtons au chèvre aux herbes

당근제 샐러드 Grated carrot salad 123
당근 라페 Carottes râpées

# 나의 리크 요리 강습

프랑스인들은 고전을 훼손하지 않는다는 확고한 원칙을 지킨다. 한편으로는 자신들의 역사와 문화에 대한 깊은 애착 때문이고, 또 한편으로는 "틀 밖에서 생각하는 것"을 프랑스에서는 그리 장려하지 않기 때문이다. 내 파트너인 로맹을 처음 만났을 때 나는 그가 여느 파리 사람들과 너무 다르다는 데 깊은 인상을 받았다. 그는 웃음과 미소를 잘 짓고 낙천적이며 주위 사람들과도 잘 어울렸다. 또 프랑스인답지 않게 새로운 발상에 대해 개방적이었다. 그런 태도가 리크에 대해선 예외라는 사실을 나중에 깨닫긴 했지만.

하루는 그가 내게 리크 비네그레트를 만들어주기로 했다. 그는 리크를 준비하고 나는—그의 지도 아래—소스를 만들었다. 그가 리크를 씻고 찌는 동안 나는 재료를 썰고 저었다. 모든 일이 순조로웠다. 내가 지금 만드는 머스터드 드레싱과 잘 어울리겠다는 생각이 들어서 베이컨을 조금 썰기 전까지는 말이다.

그런데 그걸 보고 그가 눈살을 찌푸리면서 엄한 말투로 물었다. "세 푸르쿠아, 데이비드? C'est pourquoi, Daveed?(그건 왜 하는데, 데이비드?)" 베이컨이 리크와 다진 삶은 달걀에 잘 어울릴 것 같다고 내가 설명하자 그가 대답했다. "아 봉? Ah bon?(아 그래?)" 이건 한번 해볼 의향은 있지만 솔직히 그러고 싶진 않다는 모순된 두 가지 생각을 한마디로 전달하는, 프랑스인들만의 특별한 표현이다.

그는 맛을 본 뒤 자신의 입장을 굽혔다. 하지만 내가 완성된 요리 위에 바삭바삭한 빵 부스러기를 뿌리자고 제안했을 때 그는 어딘가에 선을 그어야 한다는 것을 깨달았다. 그 위에 빵을 뿌린다는 건… (샐러드에, 그리고 나의 고전 훼손에 대한 그의 인내심에) 재를 뿌리는 행위나 마찬가지였던 것이다.

# 머스터드 베이컨 비네그레트를 곁들인 리크
## Leeks with mustard-bacon vinaigrette
**머스터드 베이컨 비네그레트를 곁들인 대파** Poireaux vinaigrette à la moutarde et aux lardons

전통적으로 리크는 큰 냄비에 물을 끓여서 삶는다. 하지만 물을 잔뜩 머금어 질척해지는 것을 방지하려면 찌는 편이 더 낫다. 이 요리에는 봄철에 파리 시장에 모습을 드러내는 작은 리크가 부드러워서 더 좋지만 큰 리크도 괜찮다. 리크를 꼼꼼히 씻어내고(30쪽) 완전히 부드러워질 때까지 잘 익히는 데만 신경 쓰면 된다.

로맹과 함께 이것을 요리해 접시에 올리면서 나는 푸아로(리크)를 담아 내는 법에 대해 뜻밖의 강습을 받았다. '쾨queue'(꼬리, 즉 초록색 이파리 부분)와 '테트tête'(머리, 흰 줄기 부분)가 교대로 오게끔 배열해야 한다는 것이다. 파리 사람들의 눈살을 찌푸리게 하고 싶지 않다면 여러분도 이 방법대로 할 것을 권한다.

1. 비네그레트를 만들기 위해 프라이팬을 중불에 올리고 베이컨을 거의 바삭바삭해질 때까지 굽는다. 베이컨을 종이타월 위에 놓고 기름기를 뺀다. 베이컨이 식으면 작은 완두콩 정도의 크기로 썬다.
2. 식초, 머스터드, 소금을 한데 넣고 거품기로 휘젓는다. 기름을 한번에 1큰술씩 넣어가면서 휘저은 다음(이때 소스가 유화되는 것은 바람직한 현상이다), 파슬리 1큰술과 베이컨 2/3를 넣고 젓는다. 그대로 둔다.
3. 리크를 준비하기 위해, 찜기를 끼운 큰 냄비에 약 5센티미터 깊이로 물을 붓는다. 센불에 올리고 물이 끓기 시작하면 리크를 넣는다. 리크가 부드러워질 때까지 찐다. 뿌리 끝부분을 예리한 과도로 찔렀을 때 걸리는 것 없이 쑥 들어가야 한다. (작은 리크는 익는 데 15분, 큰 것은 30분 정도 걸린다.)
4. 리크를 건져 종이타월을 깐 접시 위에서 물기를 빼고 식힌다. 리크를 가로로 반 나눈 뒤 서빙용 접시 위에 꼬리와 머리 부분이 교대로 오도록 배열한다.
5. 완숙 달걀의 껍질을 벗기고 작게 깍둑썰기해서 리크 위에 뿌린다. 리크 위에 비네그레트를 끼얹고 리크와 달걀 조각이 드레싱에 완전히 덮이게끔 뒤적인다. 그 위에 나머지 베이컨 조각과 파슬리를 뿌린다.

---

4~6인분

**베이컨 비네그레트**
**두툼한 훈제 베이컨** 2컵(200g)(손가락 한 마디 크기로 썬다)
**셰리 식초나 레드와인 식초** 1큰술
**디종 머스터드** 1큰술
**천일염이나 코셔 소금** 1/2작은술
**담백한 식물성 기름** 3큰술
**올리브유** 2큰술
**다진 이탈리아 파슬리** 2큰술

**큰 리크** 5줄기 혹은
**작은 리크** 10줄기(깨끗이 씻는다)
**완숙 달걀**(328쪽) 2개

# 어디서 오셨나요?

프랑스 사람을 만났을 때 처음 듣게 되는 질문은 항상 "부제트 두?Vous-êtes d'où?"(어디서 오셨나요?)다. 한편 미국에서 처음 듣는 질문은 "무슨 일을 하시나요?"다. 프랑스에서 이는 무례한 질문으로 여겨지는데, 이 질문이 돈을 번다는 불쾌한 일과 연관되어 있기 때문이기도 하다.

프랑스인들은 자신의 출신 지역에 대해 애착이 깊으며 자신이 속한 데파르트망départment(주)의 유명한 특징(이나 음식)으로 분류되는 경향이 있어 이와 결부된 일정한 고정관념이 통용된다. (한번은 한 호주인이 공항에서 세관을 통과하면서 여권을 내밀자 경비원이 굳은 표정을 일그러뜨리고 갑자기 얼빠진 미소를 짓더니 캥거루처럼 가슴 앞에 두 손을 모으고 펄떡거리며 의자에서 방방 뛰기 시작한 광경을 본 적이 있다.) 나 역시 미국인이라고는 한 명도 모르고 미국에 전혀 가본 적이 없으면서도 (나의 세세한 식습관을 비롯해) 미국과 미국인에 대한 자신의 지식을 떠벌리는 사람들을 숱하게 만났다.

프랑스에서 사람이 그 출신 지역으로 규정되는 것처럼 감귤류 과일도 마찬가지인데, 파리에서 이는 특별한 중요성을 띤다. 잎이 달린 레몬은 시칠리아나 프랑스 남부의 망통산일 가능성이 높다. 오렌지는 몰타나 모로코에서 들어오며, 코르시카에서 온 작고 반짝이는 감귤이 좌판에 쏟아지기 시작할 때의 시장은 손에 잡힐 듯한 활기를 띤다. 플로리다산 자몽을 광고하는 전철역의 거대한 간판을 나는 늘 무심히 보아넘기곤 했다. 라파예트 백화점의 호화로운 스위스 시계와 유명 디자이너의 정장 광고판들 사이에 그것이 당당히 끼어 있는 광경을 볼 때까지는 말이다.

내가 1980년대 초반에 캘리포니아에서 일했을 때는 감귤류 하나하나가 특별한 위상을 차지한 듯한 느낌을 받았던 기억이 난다. 특히 이탈리아에서 날아온 블러드오렌지(과육이 붉은 오렌지의 일종—옮긴이)를 하나씩 가를 때는 [그때는 '로커보어locavore'(자기가 사는 지역에서 나는 먹을거리를 즐겨 먹는 사람— 옮긴이)라는 말이 생기기 한참 전이었다] 방금 가른 것이 그 직전에 가른 것보다 항상 더 아름다워 보였다. 그것을 샐러드에 담아 내면 놀란 손님들이 다가와 이렇게 루비처럼 강렬한 붉은색의 오렌지 조각이 어디서 났느냐고 물어보곤 했다. 요즘 프랑스에서는 블러드오렌지가 너무 흔해서 슈퍼마켓에 '쥐 도랑주 상긴jus d'orange sanguine'(블러드오렌지 주스)이 '쥐 도랑주jus d'orange'(오렌지주스) 팩과 나란히 진열되어 있는데, 이제는 미국에서도 재배되고 있다.

특히 겨울에 블러드오렌지를 샐러드에 넣으면 그 신맛이 샐러드에 활기를 돋우며 회향, 게살, 래디시처럼 강한 재료와 함께 써도 제맛을 잃지 않는다. 나는 손님들에게 개인용 샐러드를 따로 내는 대신, (소위) 미국식으로 커다란 접시에 '샐러드 콩포제'를 담아 각자 덜어 먹게끔 한다.

# 회향, 래디시, 오렌지, 게살 샐러드
## Fennel, radish, orange, and crab salad
### Salade de fenouil, radis, orange, et crabe

이 샐러드는 라디치오, 벨기에 엔다이브, 물냉이 같은 억센 겨울 채소 잎을 활용한 것이다. 원한다면 게살 대신 껍질을 벗겨 익힌 새우나 가재를 쓸 수도 있다. 완성된 샐러드는 1인분씩 나누어 내거나 큰 접시에 한데 담아 낼 수 있다.

1. 식초, 레몬즙, 소금을 볼에 넣고 한데 섞는다. 올리브유를 넣고 잘 섞일 때까지 젓는다. 이 드레싱에 게살과 파슬리를 넣고, 후추를 넉넉히 갈아 넣어 양념해 따로 놔둔다.
2. 회향 알뿌리의 잎 부분을 잘라내고 뻣뻣한 겉껍질을 제거한다. 회향 알뿌리를 길이로 반 가르고 심 부분을 도려낸다. 칼이나 채칼로 최대한 얇게 저민다.
3. 오렌지의 꼭지 부분과 그 반대편 밑바닥을 잘라낸다. 오렌지의 자른 부분이 밑으로 가게 도마에 놓고, 잘 드는 과도나 톱날 칼로 오렌지의 굴곡을 따라 위에서 아래로 칼질해서 껍질을 베어낸다. 오렌지의 과육 부분(쉬프렘suprêmes)만 도려내고 남은 속껍질은 버린다.
4. 접시 4개(혹은 큰 접시 1개)에 샐러드 잎들을 담는다. 샐러드 잎 위에 얇게 채 친 회향을 뿌리고, 회향과 샐러드 잎 사이사이에 오렌지 과육과 래디시를 박아 넣는다.
5. 샐러드 위에 게살과 파슬리를 뿌리고 나머지 드레싱을 부은 뒤 박편형 천일염을 뿌려서 낸다.

---

**4인분**

**화이트와인 식초** 2작은술
**레몬즙** 4작은술
**천일염이나 코셔 소금** 3/4작은술
**순한 맛 올리브유** 6큰술(90ml)
**덩어리 게살** lump crabmeat(미국에서는 주로 통조림이나 냉동 상태로 판매한다—옮긴이) 8온스(230g)
**이탈리아 파슬리** 1컵(10g)
**으깬 검은후추**
**회향 알뿌리** 1대
**네이블오렌지 혹은 블러드오렌지** 2개
**찢거나 썬 라디치오 혹은**
**벨기에 엔다이브** 6컵(230g),
**또는 물냉이** 6컵(100g)
**래디시** 10개(얇게 저민다)
**박편형 천일염**(내기 전에 뿌릴 용도로)

# 바질 퓌레를 넣은 야채수프
Vegetable soup with basil puree

**피스투 수프** Soupe au pistou

서로 이웃한 이탈리아와 프랑스는 껄끄러운 관계를 이어오고 있다. 니스가 프랑스 영토가 된 것이 1860년인데, 이탈리아인들은 아직까지도 화가 풀리지 않은 것 같다. 그게 아니라면 그들은 왜 훌륭한 이탈리아 커피를 국경 너머로 전해주지 않아 계속 우리를 골탕 먹이는 것인가? 프랑스에서 유감스럽게도 이탈리아 요리에 못할 짓을 하는 것은 아마도 그 복수일 것이다. 통조림 옥수수를 얹어서 구운 피자라든지 밍밍하기 짝이 없는 리조토를 이탈리아의 여느 할머니가 본다면 당장 요리사를 밀치고 제대로 된 시범을 보여주리라. 그리고 카페 메뉴에는 샐러드 카프레제 Salade Caprese가 1년 내내 올라와 있다. 잘 익은 여름 토마토가 생명인 요리인데 말이다.

파리의 카페에서 뻔뻔스럽게 내놓는 끔찍한 커피에 대해 내가 품고 있는 원한만 제외한다면, 이러한 상처들은 최근 들어 거의 치유되었다. 그중 아직까지도 살아남아 번성 중인 한 가지 유물이 있다면 바로 피스투 pistou다. 피스투는 견과류를 뺀 프랑스식 페스토 pesto(바질, 마늘, 올리브유, 잣 등을 갈아 만들어 파스타에 뿌려 먹는 이탈리아 소스—옮긴이)다. 피스투가 수프에 잘 퍼지고 풀리게끔 토마토를 섞어서 만들 때도 있기는 하다.

파리에서 생바질은 심지어 여름에도 귀한 식품이다. 나는 프로방스 사람들이 이걸 나눠 먹기 싫은 게 아닌가 하는 의구심마저 든다! 수프에 넣을 피스투를 만들면 제한된 자원인 생바질을 좀 더 오랫동안 즐길 수 있다. 프로방스 사람들은 피스투를 수프에 넣고 마구 휘젓는 것을 좋아하지만, 나는 수프 한가운데 피스투를 한 순갈 떨구고 살살 저어서 생바질의 여름 향과 따뜻한 수프의 대조를 살리는 편을 더 선호한다.

토마토 껍질을 벗기려면 먼저 토마토를 뜨거운 물에 1분 정도 데친다. 슬로티드스푼으로 건져서 찬물에 담갔다가 껍질을 벗기면 된다. 절구가 없을 경우, 모든 재료를 블렌더나 푸드프로세서에 넣고 돌려도 되지만 너무 오래 돌리지 않도록 주의한다. 피스투가 크림처럼 되거나 너무 부드러워지면 좋지 않기 때문이다. 수프에 넣고 저었을 때 바질 잎의 질감이 남아 있고 작은 잎사귀 조각이 눈에 보여야 한다.

여기까지가 피스투 수프의 전형적인 레시피이지만 이건 '어디까지나 가이드라인일 뿐'이다. 프로방스의 많은 음식이 그렇듯 피스투 수프에 어떤 야채를 넣어야 하는지에 대해서도 논란이 있지만, 여러분은 각자 사는 지역에서 그 계절에 구할 수 있는 것을 쓰면 된다. 나는 저민 깍지콩 green beans부터 잘게 썬 토마토와 호박,

(생)옥수수알에 이르기까지 온갖 재료를 다 넣어보았다. 변함없는 단 한 가지 사실은 피스투는 모두가 돌려 먹을 만큼 넉넉해야 한다는 것이다.

**1** 콩을 물에 씻어서 잡티를 골라낸다. 찬물에 밤새 담가둔다.

**2** 피스투를 만들기 위해 절구에 마늘과 소금을 넣고 빻아 페이스트처럼 만든다. 바질 잎을 굵게 다져 넣고 재료가 어느 정도 부드러워질 때까지 마늘과 함께 빻는다. 올리브유를 천천히 부으면서 계속 빻는다. 그다음으로 토마토와 파마산 치즈를 넣고 빻는다. 좀 더 묽게 만들고 싶다면 올리브유를 약간 더 넣는다. 피스투는 변색을 방지하기 위해 표면을 랩으로 싸서 4일까지 보관할 수 있다.
(푸드프로세서에 재료를 넣고 돌려서 피스투를 만들 수도 있다.)

**3** 불린 콩을 물에서 건진 뒤 월계수 잎과 함께 큰 냄비나 더치오븐에 담고 물을 붓는다. 콩이 완전히 잠기게끔 필요하면 물을 더 부어가면서 약 1시간 동안, 혹은 부드러워질 때까지 삶는다.

**4** 수프를 만들기 위해 양파, 마늘, 소금을 콩 냄비에 넣고 약한 불에서 10분간 뭉근히 끓인다. 당근과 주키니 호박을 넣고 10분간 더 뭉근히 끓인다. 다음으로 완두콩과 파스타를 넣고 10분 더, 혹은 파스타가 부드러워질 때까지 뭉근히 끓인다. 검은후추를 넉넉히 뿌리고 필요하면 소금을 더 넣어 간한다.

**5** 수프를 낼 때는 월계수 잎을 건져내고 수프를 국자로 퍼서 볼에 담는다. 각각의 볼에 숟가락으로 피스투를 넉넉히 끼얹어 내거나 혹은 손님이 직접 끼얹어 먹게 한다. 여분의 피스투는 각자의 입맛에 따라 더 덜어 먹을 수 있게끔 손닿는 곳에 내놓는다. 프로방스에서는 곱게 간 에멘탈 혹은 파마산 치즈를 수프 위에 뿌려 먹을 수 있게끔 볼에 담아 내놓곤 한다. 수프는 냉장고에서 5일까지 보관할 수 있다. 시간이 갈수록 되직해지는데 이때는 물을 좀 더 넣어서 묽게 만들면 된다.

**응용** | 피스투 대신 하리사(330쪽)를 약간 넣어서 매운 야채수프를 만들 수도 있다.

---

6~8인분

**콩**

**마른 콩** 1컵 (200g)
(그레이트노던 Great Northern 이나 볼로티 Borlotti 콩)

**월계수 잎** 2장

**물** 3ℓ (필요하면 더 넣을 수 있다)

**피스투**

**큰 마늘** 1쪽 (껍질을 벗긴다)

**천일염이나 코셔 소금** 1/2작은술

**생바질 잎 꾹꾹 눌러 담아서** 4컵 (100g)

**올리브유** 3큰술 (45ml)

**작은 토마토** 1개 (껍질 벗기고 씨 빼고 작게 깍둑썰기한다)

**파마산 치즈 가루** 1컵 (3온스/90g)

**수프**

**양파** 1개 (껍질 벗겨 작게 깍둑썰기한다)

**마늘** 6쪽 (껍질 벗겨 다진다)

**천일염이나 코셔 소금**
1큰술 (필요하면 더 넣을 수 있다)

**당근** 2개 (껍질 벗겨 작게 깍둑썰기한다)

**주키니 호박** 2개 (작게 깍둑썰기한다)

**말리거나 냉동한 완두콩** 1컵 (130g)

**엘보**elbow(마카로니)**나 디탈리니**ditalini**처럼 아주 작은 종류의 건조 파스타** 3/4컵 (80g)

**으깬 검은후추**

**고명용의 곱게 간 에멘탈**(혹은 다른 종류의 스위스) **치즈나 파마산 치즈**(선택 재료)

# 파리의 파슬리 파라다이스

내가 레바논에서 먹었던 타불레tabbouleh는 다른 나라에서 먹어본 타불레와 전혀 달랐다. 뜻밖의 발견이었다. 레바논의 타불레는 드레싱을 잔뜩 들이부어 질척한 벌거bulgur(밀을 쪄서 말렸다가 빻은 것—옮긴이) 무더기에 다진 허브 몇 쪼가리가 간간이 섞여 있는 것이 '아니다'. 이는 생파슬리와 민트 잎을 풍성하게 소복소복 쌓고 토마토 몇 개를 점점이 박고 빻은 밀을 뿌려서 약간 바삭한 질감을 준, 생기 넘치고 신선하고 파릇파릇한 샐러드다. 사실 어떤 경우에는 벌거를 전혀 넣지 않기도 한다. 다행히도 파리의 시장에서는 이탈리아 파슬리와 생민트가 언제나 싸고 풍부해서, 나는 항상 그 둘 중 한 가지는 최소한 한 단씩—대개는 그 이상을—장바구니에 담아가지고 돌아온다.

여기 소개한 타불레는 파리에서 여러 해 살았고 요리책을 쓰기도 한 내 친구 아니사 에일루Anissa Helou의 레시피를 응용한 것이다. 흔히 쓰이는 레바논 향신료 혼합물을 재현해내기 위해 여기서는 올스파이스와 계피를 약간 넣었다. 이 혼합물에 정확히 뭐가 어떻게 들어갔는지는 내가 파악하지 못했는데, 아니사가 준 포장 봉투에 쓰인 꼬불꼬불한 아랍어 글자들 사이에서 그나마 읽을 수 있는 영어 단어가 '혼합 향신료mixed spices'뿐이었기 때문이다.

리모델링 경험의 부족으로 초래된 부엌 시공상의 실수(파리에서는 누구나 이런 일화 하나쯤 갖고 있을 것이다. 이로써 파리 사람이 되기 위한 일종의 통과의례를 거친 기분이 든다)를 바로잡기 위해 레바논인 설비업자 모하메드가 우리 집에 왔던 날, 나는 이 타불레를 만들고 있었다. 내 부엌에 유독한 연기를 뿜어대는 파이프를 틀어막고 잠시 휴식을 취하던 모하메드는 내가 커다란 볼 안에 다진 허브와 토마토를 넣고 뒤적이는 모습을 들여다보더니 거기에 석류 농축액을 조금 넣어보라고 종용했다. 그러니까 그는 일급 전기기사이자 목수이며 내 정신 건강(그리고 어쩌면 생명)을 구해주었을 뿐만 아니라, 타불레를 양념하는 데도 훌륭한 감각을 지닌 다재다능한 영웅이었다.

## 타불레 Tabbouleh
**Taboulé**

이 타불레를 만들려면 칼질을 아주 많이 해야 한다. 이 점은 확실하다. 그런데 한 가지 더 일러두어야겠다. 처음 이것을 만들 때 나는 재료를 섞으면서 계속 '간을 보는' 일을 도저히 멈출 수 없었고, 손님들이 먹을 것을 남겨놓기 위해 자제해야 했다.

타불레는 식탁에 내기 전 몇 시간 이내에 만드는 것이 가장 좋다. 여기에는 파슬리가 많이 들어간다. 최근 레바논을 방문했을 때는 파슬리의 잎 부분만 써야 한다는 것이 모두의 주장이었지만, 실제로 내 눈앞에서 타불레를 만들었던 거의 모든 사람들은 파슬리 단을 붙들고는 뻣뻣한 줄기 아랫부분만 버리고 부엌칼로 잘게 다지는 식으로 그냥 다 썰어 넣었다.

타불레 재료를 미리 준비해놓고 싶다면, 파슬리와 민트 조각을 차게 식혀두되 내놓기 직전까지는 드레싱을 뿌리면 안 된다. 레바논에서는 타불레가 나오면 로메인이나 양배추 잎으로 샐러드를 퍼 먹는데, 처음에는 이상하게 들렸지만 직접 해보니 괜찮았다.

---

**4~6인분**

고운 벌거 밀 2큰술
따뜻한 물 2½큰술
토마토 2개
이탈리아 파슬리 잎과 줄기 윗부분
　꾹꾹 눌러 담아서 10컵(250g)
생민트 잎 가볍게 눌러 담아서 2컵(20g)
파 3줄기(흰 부분과 연한 초록 부분을 얇게 저민다)
올리브유 6큰술(90ml)
레몬즙 1/4컵(60ml)
천일염이나 코셔 소금 1작은술
올스파이스 가루 1/4작은술
계핏가루 1/4작은술
으깬 검은후추
석류 농축액 1~2작은술(선택 재료)
곁들여 낼 로메인이나 양배추 잎

---

**1** 커다란 샐러드 볼에 벌거 밀과 물을 섞고 그대로 두어 불린다.

**2** 토마토를 수평으로 반 가른 뒤 즙과 씨를 짜낸다. 토마토를 작게 깍둑썰기해서 체에 밭쳐 물기를 뺀다.

**3** 파슬리와 민트 잎을 가늘게 채 친다. 한 움큼을 단단히 말아서 한 손으로 움켜잡고 부엌칼로 얇은 리본처럼 썬다.(깔끔하게 단번에 썬다. 여러 번 칼을 대면 흠집이 생기고 쓴맛이 난다.) 이렇게 썬 허브를 벌거 밀이 담긴 볼에 넣고 파와 물기 뺀 토마토도 넣는다.

**4** 허브 위에 올리브유와 레몬즙을 뿌린다. 소금, 올스파이스 가루, 계핏가루를 뿌리고 후추를 몇 번 갈아 넣는다. 석류 농축액을 넣고 잘 섞는다. 아삭아삭한 로메인 잎을 숟가락 대용으로 곁들여 낸다.

# 생채소 콜슬로와 부드러운 마늘 드레싱
## Raw vegetable slaw with creamy garlic dressing
**채썬 생채소 샐러드와 부드러운 마늘 소스** Salade de crudités rapées, sauce crémeuse à l'ail

프랑스어에는 콜슬로 coleslaw/slaw(양배추, 당근, 양파 등을 채 썰어 마요네즈에 버무린 샐러드—옮긴이)에 해당하는 말이 없어서 이 단어가 프랑스 메뉴에 올라올 가능성은 별로 없다. 좀 부끄럽지만 이 요리의 드레싱은 나의 점심 외식 메뉴 중 하나인 아이올리(145쪽)에서 착상한 것이다. 인정하는데 나도 가끔은 원칙을 어기고 시판 마요네즈를 쓸 때가 있다. 하지만 때로는 알레제 allégé (저지방) 마요네즈를 구입하기도 한다. 프랑스 사람들이 마요네즈에 무슨 짓을 하는지는 몰라도 프랑스의 시판 마요네즈는 다른 나라에서 병에 담아 파는 것보다 맛이 훨씬, 훨씬 더 좋다. 내 생각에는 여기에 큼직하게 한 덩이 첨가하는 디종 머스터드 덕분이 아닐까 싶다. 소심한 사람들을 위한 양념 무첨가 마요네즈도 있는데 이는 은은한 맛을 내준다. 마일드 디종 머스터드도 판매하지만, 나는 그런 불순한 재료를 장려하고 싶지 않기 때문에 한 번도 써보지 않았다(라고 저지방 마요네즈를 구입하는 사람이 말했다).

채소를 알뤼메트 allumette (성냥개비 크기와 모양으로 채 써는 것-옮긴이)로 써는 가장 좋은 방법은 껍질을 벗기고 부엌칼로 얇게 썬 다음 포개놓고 채 치는 것이다.

나는 허브는 간단하게 준비한다. 하지만 타라곤 tarragon 이 있다면 잎을 조금 다져 넣어 톡 쏘는 맛을 낼 것이다. 그리고 호박씨나 구운 아몬드 슬라이스를 샐러드에 살짝 뿌려서 오도독거리는 식감을 내곤 한다. 먹다 남은 꼬치구이 통닭이 있을 때는 그것도 넣는다.

드레싱은 두 가지 중에서 택한다. 하나는 마요네즈를 기본으로 해서 콜슬로와 비슷한 샐러드를 만들어주는 드레싱이다. 이것은 마늘 향이 아주 강한데 딱 내가 좋아하는 식이다.(그래서 붐비는 지하철을 타게 될 것 같은 날에는 먹지 않는다.) 다른 하나는 마늘 비네그레트('응용' 참조)인데 좀 더 가벼운 드레싱의 샐러드를 만들어주며, 다른 사람들과 가까이 붙어서 이동할 계획이 있는 경우에 먹어도 별 탈이 없다.

1. 작은 볼에 마요네즈, 식초, 마늘, 머스터드, 후추를 넣고 부드러워질 때까지 섞어서 드레싱을 만든다. 뚜껑을 덮고 (가능하면) 몇 시간 동안 차게 둔다.
2. 큰 볼에 생채소들을 담아 샐러드를 만든다. 다진 파슬리와 차이브를 넣고 드레싱을 뿌린 다음 고루 버무린다. 다진 파슬리와 차이브를 고명으로 얹는다.

**응용** | 이 드레싱 대신 마늘 비네그레트를 만들 수도 있다. 다진 마늘 1½작은술, 디종 머스터드 1작은술, 천일염이나 코셔 소금 3/4작은술, 레드와인 식초나 셰리 식초 1큰술을 포크로 섞는다. 올리브유 1/4컵(60밀리리터)을 붓고 잘 젓는다.

---

사이드 샐러드로는 4인분,
주요리로는 (넉넉하게) 2인분

**드레싱**
**수제 마요네즈**(331쪽) 혹은
**시판 마요네즈** 1컵(240g)
**레드와인 식초** 4작은술
**다진 마늘** 2큰술
**디종 머스터드** 1½작은술
**으깬 검은후추** 1작은술

**생채소** 6컵(460g)
(다음 재료 중 일부를 취사선택해 썰거나 손으로 찢는다)
- **양배추 혹은 붉은양배추**(손으로 잘게 찢는다)
- **라디치오나 벨기에 엔다이브**(손으로 찢는다)
- **당근**(깎아서 알뤼메트로 썬다)
- **비트**(깎아서 알뤼메트로 썬다)
- **(단단하고 아삭아삭한) 사과**(껍질 벗겨 알뤼메트로 썬다)
- **브로콜리나 콜리플라워의 꽃 부분**(얇게 저민다)
- **래디시**(얇게 저미거나 4등분한다)
- **회향**(얇게 저민다)
- **콜라비**(깎아서 알뤼메트로 썬다)
- **아보카도**(깎아서 저미거나 주사위 모양으로 썬다)
- **완숙 달걀**(328쪽, 껍질 벗겨 주사위 모양으로 썬다)
- **이탈리아 파슬리나 처빌 잎**

**다진 이탈리아 파슬리** 2큰술(고명용으로 조금 더)
**다진 생차이브** 2큰술(고명용으로 조금 더)

# 엔다이브

파리 시장에서 벨기에 엔다이브를 볼 때마다 다른 지역에 비해 터무니없을 정도로 싼 가격에 헛웃음이 나온다. 나는 농담 삼아 프랑스의 '쓰레기' 상추라고 부르곤 한다. 내가 왜 이 채소에 이처럼 품위 없고 솔직히 부정확한 이름을 붙였는지는 모르겠지만 말이다. 아마 미국에서 저급 샐러드 재료라고 농담하는 아이스버그 상추 한 포기를 살 돈으로 파리에서 벨기에 엔다이브 여남은 포기를 살 수 있다는 사실이 재미있어서 그런 것 같다. 더 재미있는 건 다른 지역에서는 벨기에 엔다이브가 마치 귀중한 보석처럼 우아한 상자에 담긴 채 진열되어 보석처럼 비싼 가격에 팔린다는 거다!

나는 벨기에 엔다이브와 아이스버그 상추를 참 좋아한다. 둘 다 맛이 강한 블루치즈와 잘 어울리며, 둘 다 특히 겨울에 즐겨 먹는 채소이기도 하다. 겨울에는 끈덕진 추위를 이기기 위해 좀 더 기름진 음식이 요구되지만, 그럼에도 우리는 샐러드를 갈망하고 또 필요로 한다.

프랑스 여성들의 요리법에 대해 쓴 글과 책은 많이 나와 있지만, 프랑스 남성들의 가정 요리법에 대한 이야기는 지금 여러분이 읽고 있는 이 글(과 이 책) 이전에는 거의 없었다. 이제는 고인이 된 내 파트너의 부친은 매우 훌륭한 요리사였다. 그분은 재료를 전혀 계량하지 않았고, 당신의 요리법을 확실히 알려준 적도 거의 없으며 칼을 다루는 그분의 기술은 그 어떤 요리 학교 교재에도 실리지 않을 것이다. 하지만 90대에 이르도록 요리를 멈추지 않았고 언제나 탁월한 음식을 만드셨기에 우리는 그분을 쉽게 용서할 수 있었다.

한번은 이분이 식탁에 내오신 겨울 샐러드(98쪽)를 한입 먹어보았는데 너무 훌륭해서 믿기지 않을 정도였다. 어쩜 이렇게 맛이 좋을 수 있느냐고 여쭤보자, 그분은 느릿느릿 부엌으로 들어가 잘 부스러지는 촉촉한 로크포르 치즈 한 조각을 보여주고는 이게 많이 들어갔다고 알려주셨다. 물론 내가 알아야 할 게 그것 말고도 많이 있었기 때문에, 나는 따로 기회를 만들어 그분과 함께—남녀를 막론하고 누구나 손쉽게 따라 할 수 있게끔 재료를 계량해가면서—그 샐러드를 만들어보았다.

# 겨울 샐러드 Winter salad
**Salade d'hiver**

로크포르Roquefort는 양젖으로 만들고 호밀빵의 곰팡이를 주입해 독특한 맛—다른 블루치즈와 구별되는 톡 쏘는 진한 향이 섞인 부드럽고 달콤한 맛—이 나는 특별한 블루치즈다. 이는 1926년 최초로 AOC(원산지 명칭과 품질을 통제하기 위한 등급)를 부여받은 치즈로, 그 품질이 지금까지도 잘 통제되고 있다. 로크포르는 프랑스 남서부의 드넓은 로크포르 동굴 속에서 숙성·생산된다. 동굴 밖으로 꺼내기 전에 푸른색 곰팡이가 속속들이 스며들었는지 확인하기 위해 반으로 가르기 때문에 우리는 원형 그대로의 로크포르를 볼 수 없다. 로크포르는 향이 다른 블루치즈보다 훨씬 두드러지므로, 되도록 이 치즈를 구해서 쓸 것을 강력히 권한다. 겨울 샐러드는 내기 직전에 버무리는 것이 가장 좋지만 최장 한 시간 전에 미리 섞어놓아도 무방하다. 드레싱은 미리 만들어서 냉장고에서 3일까지 보관할 수 있다.

**4인분**

**손으로 으깬 로크포르 치즈** 1컵(5온스/130g)
**그릭 요구르트** 1컵(240g)
**생차이브** 2큰술(고명용으로 조금 더, 잘게 다진다)
**레몬즙** 1큰술(필요하면 더 넣을 수 있다)
**천일염이나 코셔 소금**
　　1작은술(필요하면 더 넣을 수 있다)
**벨기에 엔다이브** 1파운드(450g, 6~8포기)
**으깬 검은후추**

1. 큰 볼에 로크포르 치즈를 요구르트, 차이브, 레몬즙, 소금과 함께 넣고 포크로 으깬다.
2. 엔다이브 포기에서 겉면의 시든 잎을 제거하고 뿌리 끝을 잘라낸 뒤 1/4인치(0.75센티미터) 두께가 되도록 길이 방향으로 썬다. 썬 것을 납작하게 눕혀놓고 다시 길이로 얇게 채썬다.
3. 엔다이브를 드레싱에 골고루 버무린다. 후추를 넉넉히 뿌리고 필요하면 레몬즙과 소금을 좀 더 넣는다. 내기 전에 다진 차이브를 솔솔 뿌린다.

**응용** | 단단하고 잘 익은 배 또는 신맛이 나는 사과 2개의 껍질을 벗기고 씨 부분을 도려낸 뒤 4등분한다. 4등분한 조각을 저미고, 저민 조각을 다시 엔다이브와 같은 굵기가 되게 알뤼메트로 썰어서, 내기 직전에 샐러드에 넣고 버무린다. 취향에 따라 구운 호두나 피칸을 고명으로 얹는다.

# 베이컨, 달걀, 마늘 토스트를 넣은 치커리 샐러드
## Frisée salad with bacon, egg, and garlic toasts
**리옹 샐러드** Salade lyonnaise

리옹 샐러드는 내가 처음으로 사랑에 빠진 프랑스 요리다. 프랑스 사람들이 자기네 음식을 두고 다소 텃세를 부리긴 하지만["부야베스bouillabaisse(지중해식 해산물 스튜—옮긴이)를 찾는다고요? 그럼 마르세유로 가보시죠!" "아이올리? 마늘이 너무 많아. 그건 프로방스 사람들이나 먹는 거야…"], 리옹 샐러드는 프랑스 전역은 물론 해외에서도 보편적으로 사랑받는다. 하지만 이 말만은 해야겠다. 최고의 리옹 샐러드를 찾는다면 리옹에 가야 한다.

파리 여행은 많이들 좋아하지만 리옹으로 향하는 사람은 드물다. 파리에서 테제베TGV 고속 열차로 두 시간이면 닿을 수 있는데도 말이다. 이 도시 주변에는 배가 터지게 먹을 수 있는 식당들이 산재해 있다. 부숑bouchon이라고 부르는 이런 식당에서는 음식을 큼지막한 도기 대접과 투박한 단지에 담아 내놓는데, 손님들은 원하는 만큼 몇 번이고 더 가져다 먹을 수 있다.(이곳이 파리가 아님을 일깨워주는 첫번째 신호다.) 식사가 끝나고 자리를 뜨기 전에 대부분의 식당에서는 최소한 한 잔의 오드비eau-de-vie를 어김없이 대접한다. 고농도로 증류한 브랜디로, 배 속의 어떤 음식도 소화할 수 있도록(그리고 그다음 날쯤에는 깨끗이 잊을 수 있도록) 도와준다.

이 정도 얘기로도 기차에 몸을 싣고픈 마음이 생기지 않는다면, 한 가지 더 말해야겠다. 리옹에는 유일하게 카카오 씨를 직수입해 블렌딩하고 분쇄하고 녹여서 초콜릿과 케이크를 만드는, 세계적으로 유명한 초콜릿 가게 '베르나숑Bernachon'이 있다는 거다. 그중에서도 내가 홀딱 반한 것은 바로 가염 캐러멜로 속을 채운 초콜릿 바의 최고 모범이라 할 수 있는 이 가게의 '칼루가 바Kalouga bar'다. 나는 이 가게에서 파는 제품을 종류별로 몽땅 다 사들여 파리의 내 아파트에 쟁여놓는 기행奇行으로 잘 알려져 있다.

훌륭한 초콜릿이 그렇듯, 리옹 샐러드도 훌륭하지만 소박한 재료들을 한데 결합해 개별 재료들이 가진 것보다 더 중요한 무엇을 만들어낸다. 치커리는 아삭아삭하고 신선해서 다른 샐러드 채소들을 곤죽 더미로 만들어버릴 따뜻한 재료들 속에서도 제 개성을 잃지 않아야 한다. 베이컨 조각은 노릇노릇하고 너무 바삭하지 않아서 육즙을 품은 쫄깃한 식감이 약간 남아 있어야 한다. 핑거링 감자는 샐러드를 버무릴 때 드레싱의 머스터드 향미가 잘 흡수되게끔 따뜻해야 한다. 수란을 넣었을 때 흘러내리는 노른자는 샐러드 속에 섞여 비네그레트를 풍성하게 해준다. 좀 더 간단하게 만들고 싶다면 완숙 달걀을 사용하는 레시피도 있다.

리옹 샐러드는 보통 한 끼 식사로 먹기에 충분할 만큼 푸짐하지만, 이것이 유래한 지역에서는 전식 요리로 취급된다. 리옹 사람들은 브루이Brouilly나 보졸레Beaujolais 같은 과일 향이 풍부한 레드와인을 약간 차게 식혀서 이 샐러드에 곁들여 마신다. 혹시 이 샐러드의 원조 도시에서 이것을 맛볼 기회가 생긴다면, 그다음에는 베르나숑에 들러서 가염버터 캐러멜로 속을 채운 초콜릿 바를 꼭 맛보길 권한다. 감사는 나중에, 이 초콜릿 바를 먹고 나서 해도 늦지 않다.

1. 크루통을 만들기 위해 프라이팬에 기름을 두르고 중불에서 달군다. 마늘을 넣고 타지 않게 주의하면서 진한 금갈색이 될 때까지 익힌다. 마늘을 꺼내서 따로 놓아둔 뒤 이번에는 빵조각을 기름에 넣고 자주 뒤집으면서 굽는다. 필요하면 소금을 뿌리고 기름을 조금 더 부으면서 빵의 모든 표면이 갈색이 될 때까지 약 5분간 굽는다. 따로 모아서 서빙 준비가 끝날 때까지 그대로 둔다.

2. 샐러드를 만들기 위해 감자를 소스팬에 담고 감자가 잠길 정도로 찬물을 넉넉히 붓는다. 소금을 조금 넣고 센불에서 한소끔 끓인다. 끓어오르면 불을 약하게 줄인 다음 감자가 예리한 칼로 찔러서 쑥 들어갈 정도로 부드러워질 때까지 15분간 더 삶는다.(미리 준비해놓을 경우에는 이보다 약간 덜 익힌 다음 더운 물에 최대 45분까지 담가둔다.)

3. 감자가 익는 동안, 프라이팬을 중불에 올리고 베이컨을 바삭해지기 시작할 때까지만 굽는다. 종이타월을 깐 접시에 베이컨 조각을 올려서 기름을 뺀다.

4. 커다란 샐러드 볼에 식초, 머스터드, 소금 1/4작은술, 기름, 물, 마늘을 넣고 거품기로 휘젓는다.(마늘을 좋아한다면 크루통을 만들 때 구워두었던 마늘쪽을 다져서 같이 넣는다.)

5. 샐러드를 만들기 위해 감자를 썰어서 베이컨과 함께 **4**의 볼에 넣고 살살 뒤적인다. 치커리, 파슬리, 약간의 검은후추를 넣는다. 크루통과 완숙 달걀을 (쓴다면) 넣고 잘 버무린다. 샐러드 볼 4개에 나누어 담는다. 수란을 쓸 경우에는 개인용 샐러드마다 수란을 하나씩 얹어서 낸다.

**응용** | 전통적인 방식은 아니지만, 나는 가끔 이 샐러드에서 달걀을 빼고 그 대신 손으로 으깬 블루치즈 2컵(260그램)을 마지막 순간에 넣어서 내놓기도 한다.

---

4~6인분

### 마늘 크루통

**올리브유** 2½큰술(필요하면 더 넣을 수 있다)

**마늘** 1쪽(껍질 벗겨 살짝 눌러서 으깬다)

**빵조각** 1½컵(65g)(2cm 크기로 찢거나 주사위 모양으로 썬다)

**천일염이나 코셔 소금**

### 샐러드

**햇감자** 8~12개(12온스/360g)

**천일염이나 코셔 소금**

**두툼한 베이컨** 2컵(300g)(훈제든 아니든 상관없다. 작게 깍둑썰기한다)

**레드와인 식초** 4작은술

**디종 머스터드** 1½큰술

**올리브유나 담백한 맛의 식물성 기름** 5큰술

**물** 1큰술

**다진 마늘** 2작은술

**치커리나 에스카롤** escarole (꽃상추의 일종—옮긴이) 헐겁게 담아서 8컵(150g)

**이탈리아 파슬리나 차이브** 2큰술(잘게 다진다)

**으깬 검은후추**

**수란**(329쪽) 4개 혹은 **완숙 달걀**(328쪽) 4개(4등분한다)

# 달걀 협회

프랑스 사람들이 먹는 일보다 더 열심히 하는 일이 딱 한 가지 있는데, 바로 서류 정리다. 그들이 이 일을 얼마나 즐기는지는 확실치 않지만 모든 거래, 납부, 지불, 합의, 문서, 그리고 지극히 중요한 인증(내가 제출하는 서류가 실제로 합당한 서류임을 입증하는 것)에 대해 증거 기록을 확실히 남겨놓고 체계화하는 일은 필수다. 당장은 아무리 사소하게 여겨지는 일이라도, 언젠가는 그 증거 기록을 내놓아야 하는 상황이 반드시 닥치기 때문이다.

서류 정리는 프랑스에서 명실상부한 나의 부업으로 자리 잡았다. 이 점은 내 아파트에 열지어 꽂혀 있는—세 부씩 복사하고 서명하고 소인 찍고 공식 인증을 거친, 필시 숲 몇 개에 해당하는 나무들을 학살했을—공무 관계 서류철들을 통해 확실히 말할 수 있다.

이 모든 서류를 정리해놓는 일만큼이나 엄청난 도전은 바로 이 서류철에 붙는, 프랑스 사람들도 헷갈릴 정도로 여러 단어로 이루어진 기관 명칭들이다. 너무 길어서 URSAFF, AGESSA, CLEISS, RNCPS, CPAM, AMELIE, ONDAM, UCANSS 하는 식으로 머리글자를 따서 축약되어 있는데, 이는 우리가 세퀴리테 소시알 sécurité sociale (의료보험) 혜택을 받기 위해 알아두어야 하는 기관들의 명칭 중 일부에 불과하다.

물론 '세퀴리테 소시알'도 '세퀴 le sécu'로 줄여서 부른다. 그러지 않았다면 우리는 이 모든 명칭을 일일이 입에 올리느라 바빠서 먹을 시간도 없을 것이다!

먹는 문제로 말하자면, 심지어 프랑스 비스트로 요리의 아주 소박한 음식 중 하나를 옹호하는 단체마저도 ASOM Association de sauvegarde de l'oeuf mayonnaise (외 마요네즈 보호협회) 이라는 머리글자로 되어 있다. 이는 완숙 달걀에 마요네즈를 뿌린 고전적인 비스트로 전채 요리의 유산과 문화를 보존하기 위해 설립된 단체다. 지금쯤 여러분도 짐작했겠지만, 이 요리의 명칭 역시 '외 마요 oeufs mayo'라고 줄여서 부른다. 아무래도 파리에서 이 음식을 파는 식당들에 대한 '서류철'을 작성하는 일에 착수해야 될 것 같지만, 당분간은 '알 라 비슈 오 부아 A la Biche au Bois'(숲의 암사슴을 찾아서) 식당을 찾을 것이다. 이 식당에서는 달걀에 마요네즈를 꽃 모양으로 짜 얹은 다소 장식적인 외 마요를 내놓는다.

데이비드 리보비츠식 외 마요에 대해 ASOM이 어떻게 생각하는지는 아직 확인해보지 않았지만, 이 단체의 목록에 선정되기 위해 필요할 온갖 서류 절차를 거칠 만한 시간은 아무래도 없을 것 같다. 하지만 내가 이 요리를 매우 즐긴다는 사실은 개인적으로 인증할 수 있다. 여기까지만 하겠다.

# 처빌 마요네즈를 뿌린 완숙 달걀
Hard-cooked eggs with chervil mayonnaise

**외 마요** Oeufs mayo

6인분

**처빌 마요네즈**
**큰 달걀** 1개(상온으로 준비한다)
**천일염이나 코셔 소금** 1/2작은술
**레몬즙** 2작은술
**디종 머스터드** 1/4 내지 1/2작은술
**담백한 맛의 식물성 기름** 3/4컵(180ml)
**다진 샬롯** 1큰술
**다진 처빌 잎** 1큰술(고명용으로 몇 개 남겨둔다)
**백설탕** 1자밤

**버터 레터스**(보스턴 상추)
**토마토**(웨지 모양으로 썬다)
**완숙 달걀**(328쪽) 9개

파리의 한 요리사에게 이런 말을 들은 적이 있다. "15년쯤 전까지만 해도 나는 올리브유를 전혀 쓰지 않았어요. 그건 상상도 할 수 없는 일이었죠. 언제나 버터만 썼다고요!" 지금은 파리 전역에 올리브유를 파는 상점이 있고, 올리브유가 이국적인 재료로 취급되지도 않는다. 하지만 나는 처빌 마요네즈에는 여전히 담백한 맛의 기름을 더 선호한다. 올리브유의 향미가 달걀을 압도하고 아니스와 비슷한 처빌의 미묘한 향을 덮어버리기 때문이다. 처빌이 없을 경우 생타라곤, 바질, 차이브, 혹은 이 허브들을 조합해서 대신 쓸 수 있다.

처빌 마요네즈에는 달걀노른자만 넣지 않고 달걀 한 개를 전부 넣었는데, 이 경우 블렌더나 푸드프로세서를 사용해야 제대로 된 결과물이 나온다. 달걀흰자는 마요네즈에 산뜻함을 어느 정도 부여한다.

**1** 마요네즈를 만들기 위해 달걀을 깨서 블렌더나 푸드프로세서 용기에 넣고 소금, 레몬즙, 그리고 머스터드 1/4작은술을 넣는다.

**2** 주둥이가 있는 계량컵에 기름을 담는다. 블렌더나 푸드프로세서를 돌리면서 그 위로 기름을 천천히 조금씩 붓는다. 반쯤 부었을 때부터 마요네즈가 걸쭉해지기 시작한다. 모터를 계속 돌리면서 기름을 끝까지 다 붓는다. 샬롯과 처빌을 넣고 설탕을 손가락으로 아주 조금 집어서 뿌린 다음, 모든 재료가 잘 혼합될 때까지 블렌더나 푸드프로세서를 몇 차례 순간 작동으로 돌린다. 간을 보고 필요하면 입맛에 따라 남은 머스터드 1/4작은술을 넣는다. (마요네즈는 만들어서 바로 먹어도 되지만, 냉장고에 하룻밤 넣어두면 샬롯 향이 소스에 근사하게 스며든다. 갓 만든 마요네즈는 냉장고에서 2~3일간 보관할 수 있다. 냉장고에 두면 약간 빽빽해질 수 있는데 세게 휘저으면 다시 부드러워진다.)

**3** 접시 6개에 상추 몇 잎과 웨지 모양으로 썬 토마토 1~2조각씩을 놓는다. 삶은 달걀을 까서 길이로 반 가른다. 접시에 깐 상추 위에 달걀 반쪽을 3개씩 올려놓는다. 마요네즈를 퍼서 달걀 위에 넉넉히 얹고 그 위에 처빌 잎을 몇 개씩 놓는다.

# 셀러리악 제대로 알기

나는 매년 한 번씩 파리 투어를 인솔한다. 처음에는 전적으로 초콜릿에만 집중하는 투어였지만, 가장 열렬한 초콜릿 애호가라도 사흘째쯤 되면 피로를 호소하기 시작한다는 사실을 깨달았다. 그래서 치즈와 가공육 상점을 포함시켜 일정을 다양화하고, 배 속에 들어간 것을 씻어낼(또 가이드를 진정시킬) 수 있도록 중간에 몇 차례의 와인 시음 프로그램을 넣기에 이르렀다.

또 채식 위주의 식사도 포함시켰다. 미국인들은 어느 시점에서 예외 없이 신선한 과일과 채소를 갈구하는데, 파리의 레스토랑 메뉴에는 이런 것이 흔하게 등장하지 않기 때문이다. 설령 샐러드가 나오더라도 그 안에는 고기와 치즈가 잔뜩이고 아삭아삭한 것은 보기 드물다. 센 강 좌안의 고전적인 카페 '르 넴로드 Le Nemrod'에서 내놓는 '살라드 오베르냐트 Salade Auvergnate'는 베이컨 무더기인데, 그 주위에 베이컨 기름에 튀긴 빵조각을 두르고 위에는 따뜻한 수란을 얹어 드레싱 대신 진한 황금빛 노른자가 사방으로 퍼질 만반의 준비를 갖추고 있다. 물론 그 밑에 상추 몇 조각이 깔려 있긴 하지만, 그건 기본적으로 그저… 음, 왜 있는 건지 아직 정확히 파악하지 못했다.

그래도 관광객들은 채소가 들어 있을 가능성을 희미하게 암시하는 무언가를 보기만 하면 덥석 달려들곤 한다. 그중에서도 특히 유혹적인 음식이, 말 그대로 옮기면 '생채소 샐러드'라는 뜻인 '살라드 드 크뤼디테'다. 하지만 그때마다 나는 이것이 '양념하지 않은 자연 그대로의' 텃밭 채소를 큼지막한 서빙 접시에 푸짐하게 담은 것이 아니라, 때때로 크림 같은 드레싱을 뒤집어쓰고 개인 접시에 조막만 하게 담겨 나오는 샐러드임을 폭로해야 한다. 3종 샐러드가 전식 코스에 배정되어 있기 때문에, 관광객들은 그 이후에 원하든 원치 않든 다른 요리를 또 주문해야 한다. 센 강 좌안의 한 브라스리는 그냥 샐러드만 달라고 하는 손님들에게 학을 뗀 나머지, 메뉴 꼭대기에 커다란 붉은 글씨의 영어로 "샐러드는 식사가 아닙니다"라고 게시해놓았다.

하지만 사람들은 셀르리 레물라드 céleri rémoulade를 포크로 한번 찍어 맛보고 나면, 드레싱을 뿌리지 않은 생채소를 향한 갈망은 그 자리에서 까맣게 잊은 채 접시를 싹싹 비우곤 한다. 셀러리악(셀러리 뿌리—옮긴이)은 미국에서 그리 인정받지 못하는 채소 중 하나다. 사람들은 끝에 지저분한 털뿌리가 엉겨붙은, 이 괴상하게 생긴 둥근 덩어리를 가지고 도대체 뭘 할 수 있을까 하는 의구심으로 쇼핑 바구니에 넣기를 꺼린다. 하지만 나는 언제나 산다. 프랑스의 셀러리악은 거대하기 때문에(볼링공만 한 것도 있다!), 시장 상인들은 기꺼이 반으로 갈라서도 판다.

그리고 나는 셀러리악으로 뭘 할 수 있는지도 잘 안다. 집으로 가져와 껍질을 벗기고 알뤼메트로 채 친 뒤 크림 드레싱에 버무리면 된다. 드레싱에는 두 종류의 머스터드를 넣어 샐러드에 활기를 북돋운다. 때때로 이 샐러드를 집에서 그냥—식사 대신—먹기도 한다. 집에서는 아무도 뭐라고 하지 않으니까.

## 머스터드소스에 버무린 셀러리악 샐러드
Celery root salad with mustard sauce

**셀르리 레물라드** Céleri rémoulade

셀러리악을 준비할 때는 날이 굵은 강판을 사용해도 되지만, 나는 손으로 채 썰어 만든 샐러드를 더 좋아한다. 그렇게 썰어야 채가 더 굵직하고 크림 드레싱 안에서도 아삭아삭한 식감을 잃지 않는다.

나는 가끔 이것을 큰 접시에 담아 점심(끼니)으로 먹기도 하고, 여기에 당근채 샐러드(123쪽), 그리고 래디시 몇 개와 래디시에 발라 먹을 가염버터를 곁들여 살라드 드 크뤼디테를 만들기도 한다. 셀러리악 샐러드는 '무화과를 넣은 오리고기 테린'(113쪽)에 사이드 디시로 곁들여 먹어도 근사하다.

### 6인분

**수제 마요네즈**(331쪽) **혹은 시판 마요네즈** 1/2컵(120g)
**크렘 프레슈 혹은 사워크림** 1/4컵(60g)
**홀그레인 머스터드** 2큰술
**레몬즙** 2큰술
**디종 머스터드** 1큰술
**천일염이나 코셔 소금** 1작은술
**셀러리악** 2파운드(1kg)
**이탈리아 파슬리** 2큰술(생으로 잘게 다진다)

1 커다란 볼에 마요네즈, 크렘 프레슈, 홀그레인 머스터드, 레몬즙, 디종 머스터드, 소금을 넣고 섞어서 드레싱을 만든다.

2 부엌칼로 셀러리악의 윗동과 밑동을 쳐내고 평평한 한쪽 면이 아래로 가게 도마 위에 놓는다. 알맹이 부분을 최대한 많이 살리기 위해 셀러리악의 곡면을 따라 돌려 가면서 거친 껍질을 깎아낸다. 껍질을 깎아낸 셀러리악을 (다루기 수월한 크기로) 2등분 혹은 4등분한다. 알맹이를 얇게 저민다. 저민 조각을 몇 개 포갠 다음 알뤼메트로 썰거나 가늘게 채 치고, 다시 몇 개를 포개어 써는 식으로 여러 차례로 나누어 채 친다. 셀러리악은 공기 중에 노출되면 쉽게 변색되므로 썰자마자 바로 드레싱에 버무린다.

3 다진 파슬리를 넣고 샐러드에 잘 섞이게끔 버무린다. 드레싱에 버무린 샐러드는 냉장고에서 2일까지 보관할 수 있다. 보관 시간이 길어질수록 아삭한 맛이 줄어든다.

# 호스래디시 크림과 햄 칩을 넣은 셀러리악 수프
## Celery root soup with horseradish cream and ham chips
### Soupe de céleri-rave à la crème de raifort et chips de jambon

카페에 무리지어 들어와 채 자리에 앉기도 전에 테이블 위에 턱 내려놓는 담뱃갑과 (이제는 어딜 가든 존재하는) 휴대폰—지난날처럼 회화적이지만은 않은 풍경—말고도, 파리 사람들은 작은 티슈를 항상 가지고 다닌다. 특히 기온이 떨어져 코가 볼썽사나운 반응을 보이기 시작하는 겨울에 필수 휴대품이다.

숨을 좀 더 편하게 쉬고 코를 시원하게 뚫기 위해 내가 가장 애용하는 처방은 호스래디시horseradish(서양고추냉이—옮긴이)다. 나는 호스래디시를 먹으며 자랐기 때문에 언제나 이것을 코감기 약으로 상비해둔다. 코감기에 걸릴 때마다 호스래디시 병뚜껑을 열고 깊이 들이마시면 마법 같은 효과가 나타난다. 하지만 누가 식당 부엌에서 생호스래디시를 푸드프로세서에 갈고 있을 때 들이마신 냄새는 그리 상쾌하지 않았다. 요란한 재채기로 비강 내벽을 홀랑 태워 없앨 뻔했기 때문이다. 게다가 호스래디시로 인한 화상이 프랑스 의료보험 적용을 받을 수 있을지 확실치 않아서 요즘에는 이것도 자중하는 편이다.

이 레시피에는 크렘 프레슈가 필요한데, 그 견고한 유지방 맛이 수프에 넣어도 잘 살아 있기 때문이다. 크렘 프레슈 대신 일반 생크림을 쓸 수도 있다. 생크림을 쓸 경우에는 아주 뻑뻑해지도록, 버터가 되기 일보 직전까지 충분히 휘저어야 한다.

1 호스래디시 크림을 만들기 위해 크렘 프레슈를 금속제 볼에 넣는다. 크렘 프레슈가 되직해져서 거품기를 들어 올리면 뾰족한 형태가 그대로 유지될 때까지 휘젓는다. 소금과 레몬즙을 넣고 거품기로 휘저은 다음 호스래디시를 넣고 젓는다. 최소 1시간 동안 차게 식혀서 향이 우러나게 한다. (호스래디시 크림은 먹기 3~4시간 전에 미리 만들어놓는 것이 가장 좋다.)

2 햄 칩을 만들기 위해 오븐을 180도로 예열한다. 구이판에 유산지를 깔고 얇은 햄 조각을 고르게 배열한다. 중간에 햄 조각을 뒤집으면서 7~10분간 굽는다. 실제로 굽는 데 드는 시간은 햄의 두께에 따라 다르므로 5분이 경과하면 주의 깊게 지켜본다. 단단하고 건조해진 느낌이 들면 오븐에서 꺼내어 바삭바삭해질 때까지 식힌다. 햄 칩은 쓰기 전까지 밀폐 용기에 담아 보관한다.

3 수프를 만들기 위해 리크를 1/4인치(1센티미터) 두께로 썬다. 큰 냄비나 더치오븐을 중불에 올리고 버터를 녹인다. 썰어놓은 리크를 넣고 중간중간 소금을 뿌려가며 약 10분간, 혹은 리크가 완전히 부드러워질 때까지 익힌다.

4 리크가 익는 동안 셀러리악의 껍질을 깎아낸다. 부엌칼로 셀러리악의 윗동과 밑동을 쳐내고 평평한 면이 아래로 가게 도마 위에 놓는다. 알맹이를 최대한

---

6인분

**호스래디시 크림**
크렘 프레슈(327쪽) 1½컵(360g) 혹은 생크림
 1컵(250ml)(휘저어 뻑뻑하게 만든다)
천일염이나 코셔 소금 넉넉히 1자밤
레몬즙 2작은술
(소스용으로 가공한) 호스래디시 2큰술

**햄 칩**
컨트리 햄이나 프로슈토 6장(아주 얇게 저민다)

**수프**
큰 리크 4줄기
가염버터 혹은 무염버터 6큰술(3온스/85g)
천일염이나 코셔 소금
 2½작은술(필요하면 더 넣을 수 있다)
셀러리악 1½파운드(680g)
월계수 잎 1장
타임 가지 6개
물 6컵(1.5l)
으깬 흰후추 1/2작은술
다진 생차이브 (고명용으로)

많이 남기려면 셀러리악의 곡면에 맞춰 거친 껍질을 깎아낸다. 껍질을 벗긴 셀러리악은 약 3/4인치(2센티미터) 두께로 썬 다음 다시 깍둑썰기한다. 셀러리악 썬 것을 월계수 잎, 타임, 물과 함께 리크 냄비에 넣고 한소끔 끓인다. 물이 끓어오르면 불을 약하게 줄이고 뚜껑을 비스듬히 덮은 다음 셀러리악이 부드러워질 때까지 30~40분간 은근히 끓인다. 예리한 과도로 셀러리악을 찔러서 끝까지 쑥 들어가면 다 익은 것이다.

**5** 월계수 잎과 타임을 걷어내고 수프를 미지근하게 식힌다. 흰후추를 뿌린다. 수프를 블렌더에 넣고 완전히 부드러워질 때까지 돌린다(수프가 아직 뜨거우면 블렌더 용량의 반 이상 채우지 않는다. 혹은 핸드 블렌더나 푸드프로세서를 쓴다). 간을 보고 입맛에 따라 필요하면 소금을 더 넣는다. (이 단계에서 수프에 뚜껑을 덮어 냉장고에 넣으면 4일까지 보관할 수 있다.)

**6** 수프를 낼 때는 다시 데워서 개인용 볼에 국자로 퍼 담는다. 호스래디시 크림을 넉넉히 한 숟가락씩 떠 넣고 햄 칩을 부수어 얹은 뒤 다진 차이브를 뿌린다.

# 방울토마토

내가 이제껏 파리에서 참석했던 파티에서는 어김없이 커다란 볼에 방울토마토가 담겨 나왔다. 물론 와인과 다른 간식거리도 있지만, 방울토마토는 이제 여흥의 '필수 요소'가 되었다. 내가 장담하는데, 이 작고 빨갛고 반짝이고 완벽하게 매끈한 구체들은 어느 계절이든 상관없이 입안으로 튀어들어올 만반의 준비를 갖추고 한가득 담겨 나온다.

파리 사람들이 방울토마토를 얼마나 진지하게 다루는지 보려면, 파리의 최고급 슈퍼마켓인 '라 그랑드 에피스리'의 농산물 코너를 거닐어보면 된다. 거기선 방울토마토가 끝없이 들어찬 선반을 만나게 된다. 내가 그곳에 진열된 (저렴한 것부터 다리가 후들거릴 정도로 비싼 것까지 천차만별인) 여러 종의 방울토마토를 들여다보고 있을 때 농산물 담당 직원이 세심하게도 그중 어떤 종류가 가장 좋고 왜 그런지를 알려주었다.

어떤 방울토마토는 '피전 하트Pigeon Heart'(비둘기 심장) 같은 멋진 이름을 지녔다. 나는 비둘기의 심장을 실제로 본 적이 없어서 이게 정확한 이름인지는 잘 모르겠다. 또 어떤 방울토마토는 덩굴에 가지런히 줄지어 매달려 있는데, 너무 완벽하게 가지런해서 그중 하나를 따는 것이 전체 모양새를 흐트러뜨리는 야만적인 행동으로 느껴질 정도다.

파리 사람들에게 방울토마토는 많은 의미를 지닌다. 우선 방울토마토는 비싸고 또 다이어트에 좋기도 하지만, 파리의 소믈리에인 내 친구 올리비에 마니Oliver Magny가 이를 가장 잘 표현한 것 같다. 그는 자신의 책 《파리지앵이 좋아하는 것Stuff Parisians Like》에서, 파리 사람들이 방울토마토에 매력을 느끼는 이유는 "토마토의 결점을 제외한 모든 특성을 갖추었기" 때문이라고 말했다.

하지만 그보다 더 중요한 것은, 이 조그만 토마토가 파리 사람들에게 '프티petit'(조그만, 약간의)라는 단어를 충분히 활용할 기회를 제공한다는 사실이다. 파리에서 이 단어는 모든 명사 앞에 선행하는 것 같다. 내가 '프티 악상petit accent'(약간의 악센트)을 띤 프랑스어를 구사한다는 말을 들었을 때, 나는 미국식 악센트라는 힘거운 장애물을 마침내 극복했다고 생각하고 며칠 동안 뜬구름 속에 떠 있었다… 파리의 모든 사람이 모든 사물에 '프티'라는 말을 붙인다는 사실을 깨닫기 전까지는 말이다. 욍 프티 데세르un petit dessert(약간의 디저트), 욍 프티 베르 드 뱅un petit verre de vin(약간의 포도주), 욍 프티 부아야주un petit voyage(짧은 여행), 윈 프티트 프로블렘une petite problème(조그만 문제), 그리고 레 프티 바캉스les petits vacances. 프랑스의 바캉스 기간은 5주이고 그 누구의 기준으로 보아도 '프티p'tit' 하지 않은데 말이다.('프티'조차 파리 사람들이 발음하기에는 너무 긴 탓인지 이 단어 마저도 '조그맣게' 줄여서 '프티'로 만들었다.)

나는 방울토마토는 되도록 여름에 구입하려고 한다. 여름의 방울토마토는 노천 시장 좌판에서 말 그대로 굴러 떨어질 정도로 넘쳐난다. 그런데 다음에 소개한 레시피의 멋진 점은 연중 어느 때나 만들 수 있다는 것이다. 어디에 살든 어느 계절이든 대개는 맛 좋은 방울토마토를 구할 수 있기 때문이다. 인정하기 조금 부끄럽지만, 이 레시피에 쓴 치즈 스프레드는 1970년대 미국의 칵테일파티 단골 메뉴였던, 허브를 가미한 프랑스 치즈인 부르쟁Boursin에서 영감을 얻었다. 나는 수십 년 동안 이것을 입에 댄 적이 없었는데, 어느 날 한 파리 친구가 디너파티에 '프티' 부르쟁을 들고 나타났다. 우리는 알루미늄 호일 포장을 벗기고 그 부드러운 허브 치즈 스프레드를 열심히 퍼먹으면서, 우리가 어떻게 이 음식을 다시금 사랑하게 되었는지에 적이 놀랐다.

세계 최고의 치즈를 보유한 나라에 거주하는 나로서는 아직 호일에 싼 슈퍼마켓 치즈로 충성의 대상을 바꿀 준비가 되어 있지 않다. 그래서 다진 마늘, 허브, 샬롯을 넣은 나만의 부르쟁을 만든다. 이 작업을 할 때 쓰는 치즈 거르는 무명천을 미국에서 연 단위로 끊어 주문하곤 했다. 몽마르트르에 있는 생피에르 시장의 한 대형 포목점에서 에타민étamine을 발견하기까지는 말이다. 젤리를 만드는 데 쓰이는 이 부드럽고 얇은 아이보리색 무명천은 너무 저렴해서, 1~2유로라는 '프티'한 돈으로 무려 1년치를 구입할 수 있다. 그리고 그렇게 절약한 돈은 내가 미각을 한 단계 업그레이드하기로 결심할 경우를 대비해, 센 강 좌안의 최고급 방울토마토를 구입하기 위해 아껴둘 수 있다.

# 수제 허브 염소젖 치즈를 얹은
# 방울토마토 크로스티니
Cherry tomato crostini with homemade herbed goat cheese

**수제 허브 염소젖 생치즈를 얹은 방울토마토 타르틴**
Tartines de tomates cerises, chèvre frais maison aux herbes

나는 토마토를 미리—최대 8시간 전에—구워놓는 것을 좋아하는데, 그러면 살짝 캐러멜 상태가 된 맛좋은 토마토 과즙에 재워둘 시간을 확보할 수 있기 때문이다. 이는 위에 뿌려줄 근사한 소스가 된다.

1. 허브 염소젖 치즈를 만들기 위해, 거름망 위에 무명천이나 모슬린 천을 몇 겹 깔고 볼 위에 걸친다. 천을 깐 거름망에 요구르트를 긁어 담고 천을 접어서 덮은 뒤 냉장고에 24시간 동안 둔다.
2. 거른 요구르트를 볼에 담고 허브, 샬롯, 마늘, 소금, 카옌 고춧가루를 섞는다. 요리에 쓰기 전까지 냉장고에 둔다.
3. 방울토마토를 굽기 위해 오븐을 180도로 예열한다. 방울토마토를 올리브유, 마늘, 허브에 버무리고 소금과 후추를 뿌려 잘 섞은 뒤 구이접시나 구이판 위에 꽉 차게 한 겹으로 펼쳐 담는다.
4. 토마토를 중간에 한두 번 저으면서, 토마토의 숨이 죽고 구이판 바닥에—약간 갈색의—즙이 고이기 시작할 때까지 약 45분간 굽는다. 토마토와 즙을 전부 긁어서 볼에 담고 상온으로 식힌다. 그 상태로 8시간까지 둘 수 있고, 오래 놓아둘수록 더 맛이 든다.
5. 서빙할 준비가 되면 토스트를 만든다. 오븐을 180도로 예열한다. 빵조각에 올리브유를 고루 바른 뒤 구이판에 놓고 노릇노릇해질 때까지 약 5분간 굽는다. 오븐에서 꺼내어 빵조각에 손을 댈 수 있을 정도로 식으면 마늘쪽을 충분히 문질러 향이 배게 한다. 상온으로 식힌다.
6. 내기 직전에 토스트 조각 위에 허브 생치즈를 두텁게 바른다. 토마토에서 허브를 걷어낸 뒤 즙과 함께 스푼으로 덜어 토스트 위에 얹는다. 고명으로 허브를 굵게 다져서 윗면에 뿌린다.

---

**4인분**

**허브 염소젖 생치즈**

**지방을 제거하지 않은 염소젖**(혹은 우유) **요구르트** 2컵(480g)

**아주 잘게 다진 혼합 생허브**(차이브는 필수 재료, 그 외에 타임, 샐비어, 바질, 이탈리아 파슬리 등을 섞어 넣을 수 있다) 넉넉히 1큰술

**다진 샬롯** 1큰술

**다진 마늘** 1작은술

**천일염이나 코셔 소금** 3/4작은술

**카옌 고춧가루** 넉넉히 1자밤

**구운 방울토마토**

**방울토마토** 1½파운드(680g)
(꼭지 제거하고 반으로 가른다)

**올리브유** 3큰술

**마늘** 2쪽(껍질 벗겨 얇게 저민다)

**생허브** 1줌
(로즈메리나 타임 가지, 월계수, 바질, 샐비어 잎 중에서 적당히 섞는다)

**천일염이나 코셔 소금**

**으깬 검은후추**

**토스트**

**치아바타나 시골빵, 혹은 속이 너무 꽉 차지 않은 사워도우**(프랑스에서는 르뱅levain이라고 한다)
(두툼하게 썬다)

**올리브유**

**마늘** 1쪽 (껍질 벗긴다)

**고명용 생바질, 샐비어, 이탈리아 파슬리 몇 잎**

# 테린

사람들이 문화적인 우월 의식을 들먹이고 싶을 때 흔히 쓰는 단어가 '아루굴라arugula'(향긋하고 쌉쌀한 맛이 나는 잎채소. 루콜라라고도 한다—옮긴이)와 '파테 애호가pâté-eater'다. 이는 샴페인을 홀짝거리며 고급스러운 카나페를 우아하게 베어 먹는 유럽 엘리트들의 이미지를 연상시킨다. 사실 테린과 파테는 농민들이 껍질 딱딱한 사워도우 빵 한 조각 위에 얹어 투박한 단지에 담긴 그 지역의 적포도주와 함께 점심으로 먹는, 프랑스에서 가장 시골스러운 음식에 속한다. 그리고 우리 동네 시장의 샤르퀴트리charcuterie(돼지고기 상점) 앞에 줄을 선 평범한 사람들의 겉모습으로 판단할 때, 나는 그들이 파테나 테린을 사 먹지 않는 사람들보다 더 시크하다거나 덜 시크하다고 섣불리 말 못 하겠다.(보라색 실크 스타킹과 벨벳 부츠에 보라색 메이크업으로 색을 맞추고 항상 담배 연기를 내뿜으며 나타나는 한 여자만 빼고 말이다. 나는 훈제한 소시지를 집에 가져가고 싶은 거지 나 자신을 훈제하고 싶지는 않기 때문에 되도록 그녀 뒤에는 서지 않으려고 애쓴다.)

파리의 노천 시장에 가면—몇몇 흥미로운 인물들과 더불어—온갖 종류의 테린과 파테가 담긴 묵직한 질그릇 단지들이 줄줄이 진열된 샤르퀴트리 매대와 예외 없이 마주치게 된다. 좀 이상하지만 '파테pâté'라는 말은 '반죽'이라는 뜻의 '파트pâte'에서 유래했으며, 말 그대로 '빵 속의 반죽'이라는 뜻의 '파테 앙 크루트pâté en croûte'도 간혹 볼 수 있다.

테린은 빵으로 감싸는 것이 아니고 이 요리를 안에 담아서 굽는 그릇을 가리키는 말인데, 거칠고 기름진 것부터 지극히 부드럽고 정제된 것까지 다양해서 모든 입맛을 만족시킬 수 있다. 나는 그중에서 주로 내가 가장 좋아하는 종류를 한 덩이 사가지고 온다. 돼지고기와 오리고기를 한데 포개고 말린 무화과 조각을 넣은 것인데, 오도독거리는 무화과 씨가 염치없을 정도로 기름진 고기 조각과 훌륭한 대조를 이룬다.

집에서 테린에 도전하는 데는 염치를 차릴 필요가 없다. 사실 테린 만들기는 간단하다. 나라면 손님이 왔을 때 샬롯 마멀레이드(335쪽)를 바른 토스트와 함께 테린을 애피타이저로 내놓고, 남은 것은 주말까지 점심으로 먹을 것이다. 그런데 테린과 파테가 흔한 프랑스에서도, 손님들은 자기가 썰어서 빵 위에 얹은 테린 조각이 내 부엌에서 손수 만든 것임을 알면 언제나 감탄한다. 비록 내가 문화적 엘리트라고 자처하지는 않지만, 정확히 프랑스 영역에 속하는 무언가를 (미국인인) 내가 꽤 훌륭하게 만들어낸다는 데 대해서는 약간의 자부심을 느낀다.

대부분의 테린은 몇 종류의 고기를 혼합해서 만드는데, 대개는 들어간 고기 중에서 가장 고급스러운 것을 따서 이름을 붙인다. 다음의 레시피에서는 돼지고기와 베이컨을 기본으로 썼지만 이 테린에 근사한 풍미를 부여하는 것은 바로 오리고기와 말린 과일이다. 내가 좋아하는 점심 메뉴 중 하나는 갓 구운 바게트 트라디시옹baguette tradition(전통 바게트, 일반 바게트보다 숙성 시간이 길고 겉껍질이 딱딱하며 안쪽은 기공이 많고 쫄깃하다—옮긴이)을 반 갈라서 홀그레인 머스터드를 듬뿍 바르고 코르니숑과 테린 조각을 끼운 것이다. 나는 모든 재료의 맛이 잘 어우러지도록 먹기 전에 꾹 눌러주는데, 여러분에게도 권하고 싶은 방법이다.

# 무화과를 넣은 오리고기 테린
Duck terrine with figs
**Terrine de canard aux figues**

---

**1덩어리**(23cm)

**말린 무화과** 3/4컵(100g)(작게 깍둑썰기한다)

**코냑이나 브랜디** 1/2컵(125ml)

**뼈와 껍질을 제거한 오리고기 또는 닭다리살**
　12온스(340g)(깍둑썰기한다)

**훈제하지 않은 두툼한 베이컨이나 판체타**
　1⅜컵(170g)(깍둑썰기한다)

**닭간** 8온스(225g)

**다진 돼지고기 목살** 1⅘파운드(800g)

**작은 샬롯** 4개 혹은 작은 양파
　1개(껍질 벗겨 다진다)

**마늘** 2쪽(껍질 벗겨 다진다)

**디종 머스터드** 2큰술

**천일염이나 코셔 소금** 2작은술

**다진 생타임** 1작은술
　혹은 **말린 타임** 1/2작은술

**올스파이스 가루** 3/4작은술

**정향가루** 1/4작은술

**생강가루** 1/4작은술

**으깬 검은후추**

**큰 달걀** 2개

**코르니숑이나 피클** 1/3컵(40g)(굵게 다진다)

**코르니숑 병조림 국물** 1/4컵(60ml)

**샬롯 마멀레이드**(335쪽)

---

오리고기는 가슴살이나 안심(프랑스에서는 별미로 취급되며 많이 팔린다) 또는 넙적다리 몇 덩이를 구입해 뼈를 제거한다. 고기를 깍둑썰기한 뒤 베이컨과 함께 살짝 얼려서 잘 갈리게끔 표면을 단단하게 만든다. 다른 나라에서는 프랑스에서만큼 오리고기를 쉽게 구할 수 없으니 오리 대신 닭다리의 뼈와 껍질을 제거한 살코기를 써도 된다. 또 무화과 대신 살구나 자두를 쓰는 식으로 말린 과일에도 변화를 줄 수 있다. 여기에 셀러리악 샐러드(105쪽)를 조금 곁들여서 전식으로 내면 좋다.

1. 작은 소스팬에 말린 과일과 코냑을 넣고 데운다. 국물이 끓기 시작하면 불에서 내리고 뚜껑을 덮어둔다.
2. 오리고기와 베이컨을 접시에 늘어놓은 다음, 고기 겉면이 얼 때까지 접시를 냉동실에 넣어둔다.
3. 오븐을 180도로 예열한다.
4. 닭간을 푸드프로세서에 넣고 퓌레로 만든다. 살짝 언 오리고기와 베이컨을 넣고 재료가 거의 부드러워지되 약간은 덩어리진 질감이 느껴질 정도로 돌린다.
5. 푸드프로세서의 재료를 긁어 큰 볼에 담고 돼지고기, 샬롯, 마늘, 머스터드, 소금, 타임, 올스파이스 가루, 정향 가루, 생강가루를 넣고 후추를 몇 번 갈아 넣는다. 달걀, 코르니숑, 피클 국물, 코냑에 불린 말린 과일과 그 국물을 넣는다. 골고루 잘 섞는다.
6. 테린 재료를 가로 23센티미터, 세로 13센티미터 크기의 깊은 빵틀(114쪽 '메모' 참조)에 눌러 담는다. 유산지 1장을 빵틀 윗면에 딱 맞는 크기로 잘라서 덮은 뒤 그 위를 알루미늄 호일로 봉한다. 빵틀을 그보다 큰 구이판 위에 놓고 구이판에 아주 뜨거운 물을 (빵틀 옆면의 절반을 약간 넘기는 높이로) 붓는다.
7. 약 1시간 30분 동안, 혹은 중앙에 꽂은 조리용 온도계의 눈금이 71도를 가리킬 때까지 굽는다. 오븐에서 꺼낸다. 테린을 물에서 들어내고 뜨거운 물을 조심해서 따라 버린다. 다시 테린을 큰 접시에 놓은 다음, 테린을 싼 호일 위에 벽돌(이나 평평하고 묵직한 물체)을 올려놓고 상온으로 식힌다. 테린이 식는 동안 여기서 흘러넘치는 즙은 따로 모아 차게 식혀둔다. 이렇게 생긴 젤리는 먹을 때 샬롯 마멀레이드와 함께 곁들여 내면 훌륭한 사이드 디시가 된다.
8. 테린이 다 식으면 이틀 동안 냉장고에 넣어 맛을 들인다. 먹을 때는 틀에서 직접 썰어 내는데, (덩어리가 쉽히는) 시골풍의 테린이어서 약간 부스러질 수도 있다. 테린은 냉장고에서 10일까지 보관할 수 있다. 테린의 식감이 변하기 때문

에 냉동은 권하지 않는다.

**메모** | 이 레시피의 테린 재료 분량은 2.5리터들이 빵틀에 딱 맞지만, 충분히 깊기만 하면 어떤 종류의 틀에 담아서 구워도 무방하다. 금속, 유리, 도기, 세라믹 재질 모두 괜찮다. 테린 재료를 채우고 남으면 이를 작은 용기에 담아서 큰 용기 옆에 나란히 놓고 구울 수도 있다. 재료 내부의 온도가 71도가 될 때까지 구우면 된다.

# 정직은 내 최선의 정책

1980년대 초에 '셰 파니스'에서 일하려고 지원했을 때 오너 셰프인 앨리스 워터스와 인터뷰를 하게 되었다. 당시 '셰 파니스'는 그야말로 엄청난 주목을 받고 있던 식당이라 거기서 일한다는 건 굉장한 일이었다. 나로서는 그곳에 들어가고 싶은 마음이 간절했다.

이 식당에서 시험 근무를 하는 동안 절친해진 몇몇 직원들이 인터뷰에서 무슨 말을 할지에 대해 코치해주었다. "네가 어떤 요리책을 갖고 있냐고 물어볼 거야. 그러면 꼭 리처드 올니Richard Olney의 《심플 프렌치 쿠킹Simple French Cooking》이나, 엘리자베스 데이비드Elizabeth David의 책을 대야 해." 나는 정말로 그 책들을 가장 좋아한다고, 또 꼭 그렇게 말할 거라고 다짐했다.

그러고는 리처드 올니와 엘리자베스 데이비드가 도대체 누구인지를 알아보려고 동네 서점으로 직행했다.

고백하지만 나는 그 책들을 조금 뒤적이다가 내려놓았다. 일단 글자가 너무 많았고, 요즘 요리책 같은 예쁜 음식 사진도 별로 없었기 때문이다. 게다가 정신 쏙 빠지게 분주한 레스토랑을 이리저리 뛰어다니며 하루 종일 서서 일한 뒤라 너무 피곤해서 집에 가서 누워 〈사랑의 유람선〉 재방송이나 보고 싶을 따름이었다. 그리고 마침내 인터뷰 날, '셰 파니스'의 그 유명한 아래층 식당에서 그곳의 상징인 수제 구리 램프와 촛대와 장인의 목공예품에 둘러싸인 채 앨리스 워터스와 마주 앉게 되었다. 그리고 보시라, 그녀의 입에서 나온 첫 번째 질문을. "그래, 어떤 요리책을 갖고 있나요?"

나는 잠시 동안 그 자리에 얼어붙은 채 내 양심과 짧은 토론을 벌였다. 거짓말을 하고 일자리를 얻느냐, 진실을 말하고 집으로 가서 유람선 총감독과 사무장이 마침내 사랑을 확인하고 첫날밤을 치를지 확인하느냐를 결정해야 했다.

"《요리의 기쁨The Joy of Cooking》이 있고요… 또 어…"

잠시 불편한 침묵의 순간이 지나간 뒤, 그녀는 다음 질문으로 넘어갔다. "집에서는 주로 어떤 음식을 먹나요?" 이 질문은 쉽게 대답할 수 있었다. "보통은 샐러드를 먹습니다. 있는 재료를 다 커다란 볼에 섞어서 볼에 담긴 채로 바로 먹어요." 친애하는 독자들이여, 바로 그 대답이 잭팟이었다. 나는 우리 두 사람이 공통적으로 가장 좋아하는 음식을 정확히 맞혔던 것이다. 실제로 그녀는 매일 아침 인근 농장에서 도착한 상추를 씻는 일이야말로 이 레스토랑에서 자기가 가장 좋아하는 일이라고 내게 말한 적이 있다. 정직이 성공한다. 그 후로 2년간, 나는 페이스트리 부서로 옮길 때까지 그 식당에서 일하며 매일 밤 수백 그릇의 샐러드를 만들어냈다.

# 파투슈 Fattoush
**Fattouche**

나는 커다란 볼에 수북이 담긴 샐러드라면 종류를 막론하고 다 사랑한다. 특히 톡 쏘는 레몬 맛이 나는 마늘 드레싱을 뿌리고 억센 로메인 속잎이나 리틀 젬Little Gem 상추 같은 재료가 섞인 것이라면 금상첨화다. 파투슈는 흥미로운 샐러드 중 하나로, 약간의 과일 맛과 신맛이 나는 수막 가루를 뿌리고 파테fatteh를 넣어 버무린 중동 음식이다. 파테는 구운 피타 빵조각을 가리키는 아랍어 단어로, 이 샐러드의 이름이 바로 여기서 유래했다.

수막은 아마 여러분의 찬장에 없는 향신료일 테지만, 이 레시피에 쓰기 위해서라도 구비해두어야 한다. 수막은 후무스(60쪽)나 무타발(64쪽)에 뿌려도 근사하다. 아랍 식재료 전문 시장에 가면 대부분 팔고, '칼루스티안스Kalustyan's'나 '펜지스Penzeys'에서 온라인으로 주문할 수도 있다(339쪽 참조).

1 오븐을 180도로 예열한다. 구이판에 피타 빵을 놓고 올리브유를 골고루 바른 뒤 오븐에서 5~8분간, 혹은 바삭바삭해질 때까지 굽는다. 오븐에서 꺼내 완전히 식힌다.

2 큰 샐러드 볼에 레몬즙, 소금, 마늘, 머스터드를 넣고 거품기로 휘젓는다. 올리브유 1/2컵(125밀리리터)을 넣고 휘젓는다.

3 2에 상추, 파, 오이, 토마토, 파슬리, 민트, 래디시를 넣는다. 수막 가루 1작은술을 넣고 후추를 몇 번 넉넉히 갈아 넣은 뒤 버무린다. 피타 빵을 한입 분량보다 약간 큰 크기의 불규칙한 조각으로 바스러뜨린 뒤 드레싱이 골고루 묻도록 부드럽게 버무린다. 나머지 수막 가루 1/2작은술을 샐러드에 뿌려서 낸다.

**6인분**

**피타 빵 큰 것** 2개 혹은 작은 것 4개
**올리브유** 1/2컵(125ml)(피타 빵에 바를 용도로 조금 더)
**레몬즙** 1/3컵(80ml)
**천일염이나 코셔 소금** 1작은술
**마늘** 2쪽(껍질 벗겨 다진다)
**디종 머스터드** 1작은술
**로메인 속잎이나 리틀 젬 상추** 8컵(300g)(찢거나 가로로 널찍널찍하게 썬다)
**파** 4줄기(흰 부분과 연한 녹색 부분을 얇게 저민다)
**오이** 1개(껍질 벗겨 씨 부분을 도려낸 뒤 큼직하게 깍둑썰기한다)
**방울토마토** 20개(반으로 가른다)
**이탈리아 파슬리** 1/2컵(30g)(굵게 다진다)
**생민트** 1/2컵(30g)(굵게 다진다)
**래디시** 1/2단(약 7~8개, 얇게 썬다)
**수막 가루** 1½작은술
**으깬 검은후추**

# 만찬을 위한 수프

프렌치 양파 수프에는 파리의 방문객들을 끌어당기는 형언할 수 없는 매력이 존재한다. 어쩌면 그들은 밤새 흥청댄 취객들이 파리 심장부에 수백 년간 자리했던 '레알' 농수산물 시장에서 새벽 4시에 피 묻은 앞치마를 두른 푸주한들과 팔꿈치를 부비며 프렌치 양파 수프로 해장했던 시절에 대해 향수를 느끼는 건지도 모른다. 아니면 그저 캐러멜화 된 양파를 넣고 빵 껍질과 노릇노릇한 치즈를 듬뿍 얹은, 김이 모락모락 나는 푸짐한 수프 한 대접에 저항할 수 없는 건지도. 비록 이제 시장은 사라졌고 그 고전 음식을 예전처럼 재현해내는 곳도 거의 남아 있지 않지만 말이다.

향수에 대해 말하자면, 수프를 가리키는 프랑스어 단어는 프랑스 일부 지역에서 저녁식사를 뜻하기도 한다. 파리의 오래된 비스트로들 외벽에 간혹 '부용Bouillon'(수프, 국물)이라는 단어가 들어간 빛바랜 간판이 달려 있는 것은 그 때문이다. 혹은 '라 수프la soupe'를 먹으러 오라고 손님을 초대하기도 하는데, 이건 딱 수프 한 그릇만 주겠다는 게 아니라 저녁을 대접하겠다는 제안이다. (프랑스어로 '수페souper'는 메뉴와 상관없이 '저녁을 먹다'라는 뜻이다.)

그런데 프렌치 양파 수프가 레스토랑에서 쫓겨난 주된 이유는 이것을 먹을 때 일말의 품위마저 유지하기가 불가능하기 때문이다. 움푹 팬 구덩이마다 펄펄 끓는 국물이 고인 빵조각을 떠먹느라 쩔쩔매거나, 그 위에 용암처럼 덮인 치즈를 베어 물고 입에서 숟가락을 뗄 때마다 치즈가 침 줄기처럼 길게 늘어지는 광경은 공공장소에서의 우아한 식사에 어울리지 않으니까. 그래서 나는 이것을 집에서 즐긴다. 점심으로, 혹은 '수프'로.

## 프렌치 양파 수프 French onion soup
**양파 수프** Soupe à l'oignon

이 수프에는 전통적으로 비프 스톡을 넣는다는 게 통념이지만, 내게는 너무 진하고 느끼한 평소에 잘 갖춰놓지 않는 재료라 주로 치킨 스톡(326쪽)을 쓴다. 좀 더 진한 스톡을 원한다면, 닭뼈를 구이판에 놓고 200도의 오븐에서 충분히 갈색이 될 때까지 30~45분간 구웠다가 이 뼈를 가지고 스톡을 만들 수도 있다.

1. 큰 냄비나 더치오븐을 중불에 올리고 버터를 녹인다. 양파와 설탕을 넣고 이따금 저으면서 부드럽고 반투명해질 때까지 20분간 볶는다.
2. 마늘, 소금, 후추를 넣고 양파가 타지 않도록 불을 줄인 다음 아까보다 덜 저으면서 1시간 30분간 계속 볶는다.(레인지의 불을 충분히 약하게 줄이기 힘들 경우에는 불꽃확산기 flame diffuser를 쓸 수도 있다.) 양파를 볶는 동안 냄비 바닥이 갈색으로 눌어붙기 시작하면 주걱으로 긁어서 양파에 더해 풍미를 준다. 양파가 뭉그러져서 걸쭉한 호박빛 갈색 페이스트처럼 변하면 다 된 것이다.
3. 밀가루를 넣고 부지런히 저으면서 약 1분간 볶는다. 와인을 붓고 냄비 바닥과 옆면에 갈색으로 눌어붙은 것을 평평한 주걱으로 긁어서 양파에 섞는다. 스톡을 붓고 한소끔 끓인 다음 약불로 줄여서 45분간 더 뭉근히 끓인다. 불을 끄고 식초를 넣는다. 간을 보고 입맛에 따라 식초, 소금, 후추를 더 넣는다.
4. 오븐을 200도로 예열한다. 유산지나 알루미늄 호일을 깐 구이판에 내열 용기 6개를 놓는다.
5. 뜨거운 수프를 용기에 나눠 담는다. 구운 빵조각의 양면에 마늘을 문지른다. 빵을 수프 위에 얹고 그 위에 치즈 가루를 뿌린다. 수프를 오븐 위쪽 망 위에 놓고 치즈가 진한 갈색이 될 때까지 약 20분간 굽는다. 내열 용기를 쓸 경우 치즈를 얹은 수프를 뜨거운 브로일러 밑에 놓고 치즈가 녹아서 갈색이 되기 시작할 때까지 그을릴 수도 있다. 오븐에서 꺼내어 곧바로 식탁에 낸다.

**6인분**

**무염버터** 4큰술(2온스/55g)
**껍질이 희거나 노란 양파**
  2½파운드(1.2kg)(껍질 벗겨 아주 얇게 썬다)
**백설탕** 1작은술
**마늘** 2쪽(껍질 벗겨 다진다)
**천일염이나 코셔 소금** 2작은술
  (필요하면 더 넣을 수 있다)
**으깬 검은후추** 1작은술(필요하면 더 넣을 수 있다)
**중력분** 2작은술
**화이트와인이나 셰리주** 3/4컵(180ml)
**치킨 스톡** 2ℓ
**셰리 식초나 발사믹 식초**
  1~2작은술(필요하면 더 넣을 수 있다)
**속이 꽉 찬 흰 식빵 두툼하게 썬 것** 6장, 또는
  **두툼하게 썬 바게트** 약 18조각(충분히 굽는다)
**토스트 겉면에 문지를 마늘**
  1~2쪽(껍질 벗겨 통째로 둔다)
**에멘탈, 콩테, 혹은 그뤼에르 치즈 가루**
  3컵(255g)

# 삼복더위

샌프란시스코의 여름은 스웨터(와 재킷)를 챙겨 나가지 않아도 되는 날들이 가끔 있는 계절을 의미하는 까닭에, 샌프란시스코에서 파리로 이주한 나에게 파리의 여름 날씨는 그야말로 충격이었다. 2003년 내가 도착한 직후 파리에서는 폭염이 일주일이나 기승을 부렸는데, 내가 사는 집에서는 기온이 글자 그대로 지붕을 뚫고 올라갔다.

당시 내가 살던 곳은 지붕 밑 방이었는데, 그 집은 극도로 불쾌한 섭씨 40도까지 치솟았다. 내가 아껴서 꼭꼭 쟁여둔 초콜릿들이 처참하게 녹아버렸고 나도 그 꼴이 되었다. 심지어 옷을 입고 있는 것조차 불가능한 지경에 이르렀고, 조금이라도 신선한 바람을 쐴 수 있을까 싶어 창밖으로 몸을 내밀 때마다 내 이웃들도—나이(와 몸무게와 키)를 불문하고—똑같은 처지임을 깨닫곤 했다.

그 악명 높은 삼복더위는 프랑스의 몇 가지를 바꿔놓았다. 왜인지는 몰라도 사람들이 그 폭염을 놓고 정부에게 책임을 물은 것을 보면 정부를 보는 사람들의 관점은 바뀌지 않았다. 그런데 그 이듬해에 상점에 에어컨이 눈에 띄게 늘어났다. 대부분의 프랑스인은 에어컨을 틀어놓은 실내에 있는 것을 사형선고나 다름없는 형벌로 보는데도 말이다. 그리고 정부도 그에 대한 대책을 좀 더 강화했다. 날씨를 바꾸었다는 말이 아니라, 또다시 폭염이 닥칠 경우 하루 "2~3시간"씩 냉방이 되는 장소에 가 있을 것을 권하는 지침을 발표했다는 말이다. (파리에서 냉방 장치가 가동되는 유일한 장소는 슈퍼마켓이다. 내가 식료품을 쇼핑하는 데 시간을 꽤 들이기는 하지만 그런 나한테도 하루 2~3시간은 좀 과하다.)

또 하루에 최소 2리터의 물을 마시라는 권고도 있었는데, 파리에서 화장실을 찾아 헤매본 사람이라면 증언할 수 있겠지만 이 물을 빼낼 장소가 파리에는 거의 없기 때문에 이 권고는 곧 집에만 있어야 함을 의미했다. 하지만 알코올음료를 섭취하지 말라는 권고에 대한 내 견해에 비하면 이는 어디까지나 사소한 불만에 불과했다. 얼음을 넣은 로제와인이야말로 내 유일한 생명줄이었기 때문이다.

나는 폭염에 대처하는 효과 만점 전략을 찾아냈는데, 그건 바로 파리 사람들이 좋아하는 수프인 가스파초gazpacho를 잔뜩 만드는 것이다. 나는 되도록 즙이 가장 풍부한 여름 토마토를, 농익을 대로 익어서 터지기 일보 직전인 것을 찾아서 쓴다. 상인들은 이런 토마토를 가져가주기만 하면 언제나 반가워하며 싼 값에 담아준다. 그 답례로 나는 이 토마토들이 상쾌한 여름 수프 속에서 소용돌이치며 밝은 미래를 맞이하게 될 거라고 그들에게 약속해준다.

# 가스파초와 허브 염소젖 치즈 토스트
Gazpacho with herbed goat cheese toasts

**가스파초와 허브 염소젖 치즈 크루통** Gaspacho, croûtons au chèvre aux herbes

내가 보기에 가스파초는 토마토 주스 비슷한 걸쭉한 음료라기보다는 얼음처럼 차가운 액상 샐러드 쪽에 가깝다. 즙이 풍부하고 잘 익은 토마토가 가장 좋은 맛을 내며, 나머지 채소들은 잘게 썰어서 넣는 편을 선호한다. 이마에 흐르는 땀을 좀 닦아낼 수만 있다면 이는 칼질 기술을 연마할 좋은 기회이기도 하다. 하지만 가스파초를 부드럽게 해서 먹는 편을 선호한다면 모두 섞어서 그냥 퓌레로 만들어도 상관없다.

나는 수프의 맛을 더 시원하게 만들기 위해 바스크산 고춧가루인 에스펠레트 고춧가루 약간과 보드카 한 잔을 넣는다. 그리고 프랑스에서는 어느 계절이 되었든 치즈가 빠진 식사를 상상할 수 없으므로, 마늘 향이 나는 크루통에 허브를 섞은 염소젖 생치즈를 발라서 곁들인다.

가스파초와 염소젖 치즈 스프레드는 최대 3일 전에 미리 만들어서 냉장고에 보관할 수 있다.

### 6인분

**가스파초**

- 잘 익은 토마토 3파운드(1.5kg)
- 희고 단단한 시골풍 빵 1장(껍질을 잘라낸다)
- 오이 1개(껍질 벗겨 씨 부분을 도려내고 아주 잘게 깍둑썰기한다)
- 붉은양파 1개(껍질 벗겨 아주 잘게 깍둑썰기한다)
- 빨강, 초록, 노랑 피망 1/2개(씨를 빼고 아주 잘게 깍둑썰기한다)
- 마늘 2쪽(껍질 벗겨 다진다)
- 올리브유 1/4컵(60ml)
- 레드와인 식초 1½큰술
- 천일염이나 코셔 소금 2½작은술 (필요하면 더 넣을 수 있다)
- 에스펠레트 고춧가루(혹은 훈제 파프리카 가루나 다른 종류의 고춧가루) 1/2작은술
- 으깬 검은후추
- 보드카 1큰술

**허브 염소젖 치즈 토스트**

- 바게트 조각 16개(약 1cm 두께)
- 올리브유
- 마늘 2쪽(껍질을 벗긴다)
- 염소젖 생치즈('메모' 참조) 2컵(8온스, 225g) (손으로 으깬다)
- 바질, 딜, 처빌, 혹은 민트 1큰술(생으로 다진다)
- 천일염이나 코셔 소금

1 가스파초를 만들기 위해, 큰 냄비에 물을 가득 붓고 끓인다. 토마토 꼭지를 제거하고 밑동에 X자로 칼집을 낸다.

2 끓는 물에 토마토를 넣고(한 냄비에 다 안 들어가면 분량을 몇 차례로 나눠서) 약 30초간, 혹은 껍질이 느슨해질 때까지 데친다. 체에 밭쳐 찬물에 헹군 다음 토마토의 껍질을 벗긴다. 제거한 껍질은 버린다.

3 토마토를 가로로 반 가른다. 굵은체를 볼 위에 얹은 뒤 토마토의 즙과 씨를 짜내고 과육을 체에 거른다. (토마토와 토마토 즙은 두고 씨는 버린다.)

4 작은 볼에 찬물을 담아서 빵을 그 안에 1분간 담갔다 건진 뒤 빵을 꼭 짜서 남은 물기를 뺀다.

5 토마토 과육과 즙을 빵과 함께 푸드프로세서나 블렌더 용기에 담고 순간 작동으로 돌려서 거의 액체 상태이되 토마토 조각이 아직은 눈에 띌 정도까지 돌린다. 토마토의 양이 많으므로 분량을 몇 차례로 나누어 돌린다.

6 거의 퓌레 상태가 된 토마토를 오이, 양파, 피망, 마늘과 함께 큰 볼에 넣고 섞는다. 올리브유, 식초, 소금, 에스펠레트 고춧가루를 넣고 젓는다. 후추로 간하고 보드카를 넣는다. 간을 보고 필요하면 소금을 더 넣는다. 완전히 차갑게 식힌다.

7 토스트를 만들기 위해 오븐을 180도로 예열한다. 구이판에 바게트 조각을 놓고 윗면에 올리브유를 살짝 바른다. 토스트가 노릇노릇해질 때까지 5~8분간

굽는다. 토스트를 오븐에서 꺼내 손댈 수 있을 정도로 식자마자 마늘을 양껏 문지른다.

**8** 작은 볼에 염소젖 치즈, 허브, 올리브유 1작은술을 넣고 포크로 으깬 뒤 소금으로 간한다. 토스트 1개당 치즈 1큰술씩을 바른다.

**9** 차갑게 식힌 볼 6개에 수프를 나눠 담고 토스트를 곁들이거나 수프 위에 띄워서 낸다.

**메모** | 염소젖 생치즈가 없을 경우, 케소 프레스코 queso fresco(생우유로 만든 멕시코 치즈―옮긴이)나 페타 feta(양젖 또는 우유로 만들어 신선한 상태로 먹는 그리스 치즈―옮긴이) 치즈에 우유를 약간 넣어서 부드럽게 만들어 쓴다.

## 당근채 샐러드 Grated carrot salad
### 당근 라페 Carottes rapées

당근채 샐러드를 빼고 프랑스 요리에 대한 책을 쓰기란 불가능하다. 이 나라에는 당근채 샐러드를 좋아하지 않는 사람이 없으며, 실은 너무 흔해빠져서 전통적인 프랑스 요리를 다룬 책에서 이 요리를 언급한 예를 찾기가 오히려 힘들다. 프랑스인이라면 이 샐러드를 만드는 방법이 당연히 DNA에 새겨져 있으니, 프랑스인 6천만 명에게 이 샐러드 조리법을 물어본다면 아마 6천만 개의 레시피가 나올 것이다.

내 레시피 파일의 용량이 꽉 찬 관계로, 마음에 쏙 드는 당근채 샐러드와 굉장히 훌륭한 비네그레트 리크(88쪽)를 요리해낸 한 프랑스 남자에게 그 비결을 물어봤다. 그는 오로지 프랑스에서만 구할 수 있는 물리넥스Moulinex(프랑스 주방 가전 브랜드—옮긴이)의 '물리쥘리엔Mouli-julienne'이라는 강판을 꺼내 보여주었다. 이 간편한 도구는 당근채 샐러드의 트레이드마크인 가늘고 길고 끝이 살짝 말린 당근채를 만들어준다. (물리넥스와 공동 브랜드 사업을 추진해볼까 생각 중이다. 프랑스에서 이 샐러드를 먹어본 모든 지인들이 집에 돌아가서는 이 프랑스 강판을 구하려고 백방으로 수소문했다는 편지를 보내오기 때문이다.)

내가 프랑스의 신성한 전통에 속하는 것을 멋대로 훼손할 위인은 결코 아니지만, 이 샐러드에 아보카도나 생비트채를 넣으면 당근의 맛이 한층 좋아진다. 또 완숙 달걀을 4등분해서, 닭가슴살을 구워서, 혹은 블루치즈나 페타 치즈를 큼직하게 부숴서 넣으면 점심 대신 먹는 샐러드로서 더욱 완벽해진다.

**6인분**

**당근** 2파운드(900g)
**올리브유** 1/4컵(60ml)
**레몬즙** 2큰술
**천일염이나 코셔 소금** 1작은술
**디종 머스터드** 1작은술
**백설탕이나 꿀** 1/2작은술
**다진 이탈리아 파슬리, 처빌, 혹은 차이브**
  3큰술(완성된 요리에 뿌릴 용도로 조금 더)

1  상자형 강판 box grater(사각 통 모양의 각 면에 각기 다른 크기의 칼날이 달린 강판—옮긴이)의 굵은 칼날이나, 스탠드믹서나, 채썰기용 디스크 칼날이 부착된 푸드프로세서를 사용해 당근을 채 친다.
2  큰 볼에 올리브유, 레몬즙, 소금, 머스터드, 설탕을 넣고 섞는다. 채 썬 당근을 다진 허브와 함께 드레싱에 버무린다. 접시에 담고 추가로 생허브를 뿌려서 낸다.

**응용** | 당근 비트 샐러드를 만들려면, 당근 1파운드 대신 껍질을 벗겨 채 썬 생비트 1파운드를 넣는다. 혹은 잘 익은 아보카도 2개의 껍질을 벗기고 깍둑썰기 해서 넣어 당근 아보카도 샐러드를 만들 수도 있다.

# 주요리

## 플라 Plats

파리에 있는 어느 별 세 개짜리 고급 레스토랑 주인의 말을 빌리면, "우리 레스토랑에 처음 오는 사람은 이방인이다. 두 번 오는 사람은 손님이다. 세 번 오는 사람은 우리 가족의 일원이다". 이 말은 이방인, 손님, 친구와 가족에 대한 파리 사람들의 태도를 잘 보여준다. 단골 고객이 되면 많은 일들이 해결되며, 일단 직원들이 나를 알게 되면 나는 확대 가족의 일원이 된다. 파리의 일부 오래된 비스트로에서는 아직도 단골손님들 전용 천 냅킨을 벽감 모양의 서랍에 보관해둔다.

하지만 처음으로 왔든 다섯번째로 왔든, 프랑스 식당에서 손님과 직원의 관계는 '고객은 언제나 옳다'는 일반적인 태도보다는 50 대 50에 더 가깝다. 요리사와 종업원은 어디까지나 요리를 준비하고 손님에게 음식을 가져다주기 위해 존재하며, 우리는 긴장을 풀고 이를 즐기기만 하면 된다. 식당을 둘러보면 지배인과 종업원과 그 조수와 잔심부름꾼이 주위에 잔뜩 대기한 모습을 볼 수 없을 것이다. 대개 식당에는 많아야 두 명의 종업원이 검고 기다란 앞치마를 두른 채 바삐 움직이며 와인을 따고, 주문을 받고, 요리를 내오고, 부엌 스태프와 농담을 주고받고, 테이블을 정리하고(또 치우고), 물론 어떤 경우에는 손님들의 시선을 피하기 위해 극도의 주의를 기울이는 일까지 다 해낸다.

내게는 이 모든 것이 매력적으로 여겨진다. 그리고 파리의 레스토랑 하나하나는 나름의 개성이 있다. 내가 관광객들에게 강조하는 요점은 이방인으로 남기보다는 갔던 식당에 또 가서 단골손님이 돼라는 것이다. 물론 그보다 더 좋은 일은 친구가 되는 것이다.

파리 가정집에서 접대를 받는 일은 친구와 가족에게만 주어지는 특권이며, 초대받는 것도 이미 알고 지내는 사람들에게만 한정된 일이다. 잘 알지 못하는 사람과 만날 때는 카페가 중립적인 사교의 장소로 널리 이용되는데, 그런 이유로 나는 카페를 파리의 "거실"이라고 자주 일컫는다.

하지만 나는 파리의 가정집 초대에 대한 수많은 무언의 규칙에 구애받지 않는다. 나는 사람들을 우리 집에 불러서 '아페로'나 만찬을 대접하기를 좋아한다. 방문객들은 '꼭 가야 할' 레스토랑 목록을 정리한 엑셀 파일로 무장하고서 나타나곤 하는데, 나는 손사래를 치며 대신 그들을 우리 집으로 초대한다. 나는 시장에 가서 만찬 재료를 사 모으고, 내 집의 빈 공간마다 닥치는 대로 쑤셔둔 와인 병들을 뒤져서 꺼내, 손님들이 들어서자마자 생기 넘치는 거품으로 축제 분위기를 내주는 '플루트 flûte' 한 잔으로 맞이할 수 있도록 샴페인이나 크레망을 차게 식혀두는 과정을 즐긴다. 그리고 하루 종일 요리하고 난 뒤에도 그 자리에서 술 한 잔을 마셔줘야 한다!

디너파티 준비는 장보기부터 시작된다. 우선 동네의 친한 단골 노점과 가게에 가서 최고 품질의 복숭아와 오렌지와 배를 골라 온다(그러면 저울 위에 놓인 상인의 손가락 값까지 지불하게 되는 일을 피할 수 있다). 내가 찾는 치즈 가게의 여점원들은 그날 가장 좋거나 흥미로운 특정한 치즈에 "제니알 génial!"(훌륭해요!)이라든지 "세 쉬페 C'est super!"(좋아요!)라는 꼬리표를 붙여놓는다. 푸주한이 닭고기 내장을 빼내준 덕에, 집에 돌아와서 빳빳한 종이 포장을 벗기면 완벽하게 손질된 풀레poulet(닭고기)가 요리되기만을 기다리고 있다. 또 바게트 트라디시옹을 사러 빵집에도 들른다. 페이스트리가 당기기는 하지만—또 내가 먹을 간식거리를 집을 때도 있지만(요즘 나는 에클레르에 푹 빠져 있다. 아무리 먹어도 성에 차지 않는다…)—디저트는 항상 내 손으로 만들고, 여기에 수제 아이스크림 또는 시장에서 고른 잘 익은 과일로 만든 셔벗을 곁들이곤 한다.

우리 집에는 식당이 따로 없는 대신 '미국식 부엌', 다른 말로 '오픈 키친'이 있다. 이런 식으로 먹는 것은 손님들과 동떨어진 닫힌 공간에서 하녀들이 요리를 했던 전통과 정반대의 문화다. 하지만 파리 아파트들의 면적을 감안해, 많은 이들이 '미국인들'의 승인을 받아 자기네 집 부엌을 열어젖혔고, 이제는 부엌 카운터에 스툴을 끌어다놓고 '바에 기대어' 식사를 하곤 한다. 우리 집에 만찬을 먹으러 온 사람들도 부엌 카운터 앞에 앉는다. 나는 샐러드드레싱을 휘젓거나 오븐에서 서서히 끓고 있는 조림 요리를 지켜보는 동안 사람들과 이야기를 나눌 수 있어 좋다. 프랑스 사람들은 다른 사람의 집에 초대받는 것이 특별한 일임을 알기 때문에 음식에 언제나 감탄해준다. 입맛이 까다로운 손님을 만나는 일은 없으며, 식당에서는 속내를 표현하지 않고 점잖게 행동하면서도 내 부엌에서 만찬을 들 때는 두 번(혹은 세 번)씩 음식을 덜어 먹는 사람들을 보곤 한다. 내 집을 찾아온 사람들이 닭다리를 들고 뼈 사이사이까지 쪽쪽 발라먹거나, 칼을 집어 빵을 더 썰어서 남은 카망베르 치즈를 싹싹 닦아 먹거나(접시를 들어서 핥아먹은 사람도 한 명 있었는데, 그건 그때 딱 한 번 그가 이성을 잃었던 탓이라 믿는다), 혹은 잔이 다 비어가는 것을 보고 먼저 일어나서 와인 한 병을 더 딸 정도로 편하게 행동하는 것이 나는 좋다.

혼자 혹은 둘이 먹을 때 나는 달걀을 몇 개 깨서 재빨리 생허브 오믈렛(133쪽)이나 갈레트 콩플레트galette complète(135쪽)를 만든다. 손님을 접대할 때는 카르보나드 플라망드carbonade flamande(198쪽), 코코뱅coq au vin(177쪽), 카슐레cassoulet(195쪽)처럼 오랫동안 서서히 끓인 요리를 좋아한다. 미리 만들어놓을 수 있고, 파티가 끝났을 때 다음 날 먹을 수 있는 맛난 음식이 남기 때문이다. 잽싸게 만드는 리보비츠식 오리 콩피duck confit(179쪽)는 계속 불 앞을 지키고 서 있을 필요가 없다. 또 나만의 소시지를 빚어 카예트caillettes(185쪽)로 만들 수도 있다. 카예트는 고기를 듬뿍 넣어 만들어서 사이드 디시로 오른편에 채소를 곁들여 한 끼니로 먹는 요리다.

접시를 핥는 건 그리 권하지 않지만, 우리 집 부엌에서 다 함께 식사를 즐기며—내가 요리를 할 때처럼, 그리고 물론 장을 볼 때처럼—좋은 시간을 보내는 것이야말로 내 삶의 가장 큰 행복이다.

---

파리식 뇨키 Parisian gnocchi **130**
Gnocchis à la parisienne

생허브 오믈렛 Fresh herb omelet **133**
오믈레트 오 핀 제르브 Omelette aux fines herbes

햄, 치즈, 달걀을 넣은
메밀 크레이프 **135**
Buckwheat crêpes with ham, cheese, and egg
갈레트 콩플레트 Galettes complètes

구운 햄 치즈 샌드위치 **137**
Fried ham and cheese sandwich
크로크무슈 Croque-monsieur

치즈, 베이컨, 아루굴라를 넣은
수플레 **139**
Cheese, bacon, and arugula soufflé
Soufflé à la roquette, lardons, et fromage

자반 대구와 감자 퓌레 **144**
Salt cod and potato puree
브랑다드 드 모뤼 Brandade de morue

모둠 채소를 곁들인
갈릭 마요네즈 **145**
Garlic mayonnaise with accompaniments
르 그랑 아이올리 Le grand aioli

감자, 페타 치즈, 바질을 넣은
토르티야 148
Potato, feta, and basil tortilla
Tortilla de pommes de terre
à la feta et au basilic

케일과 훈제 연어에 얹은
베이크드 에그 151
Baked eggs with kale and smoked salmon
Oeufs au four avec chou frisé et saumon fumé

샥슈카 Shakshuka 154
Chakchouka

햄, 블루치즈, 배를 넣은 키시 155
Ham, blue cheese, and pear quiche
햄, 블루치즈, 배를 넣은 타르트 살레
Tarte salée au jambon, au bleu, et aux poires

데친 채소, 소시지,
수란을 곁들인 메밀 폴렌타 158
Buckwheat polenta with braised greens, sausage, and poached eggs
Polenta au sarrasin, légumes braisées, saucisse, et oeufs pochés

소를 채운 채소 구이 160
Stuffed vegetables
Légumes farcis

버터넛 스쿼시 브레드 수프 163
Butternut squash bread soup
버터넛 파나드 Panade de butternut

치킨 팟 파르망티에 166
Chicken pot Parmentier
닭고기를 넣은 아시 파르망티에
Hachis parmentier au poulet

머스터드 치킨 Chicken with mustard 169
Poulet à la moutarde

치킨 레이디 치킨 173
Chicken lady chicken
카트린의 통닭 크라포딘
Poulet crapaudine façon Catherine

레드와인 소스에 조린 닭고기 177
Chicken in red wine
코코뱅 Coq au vin

가짜 오리 콩피 Counterfeit duck confit 179
Faux confit de canard

무화과를 넣은 뿔닭 조림 183
Braised guinea hen with figs
Pintade aux figues

돼지고기 근대 소시지 185
Pork and chard sausage
카예트 Caillettes

캐러멜 소스에 구운 돼지갈비 187
Caramel pork ribs
Travers de porc au caramel

훈제 바비큐식 돼지고기 190
Smoky barbecue-style pork
Porc fumé façon barbecue

흰콩, 소시지, 오리 콩피 캐서롤 195
White bean, sausage, duck confit casserole
카슐레 Cassoulet

맥주와 스파이스 브레드를 넣은
벨기에식 쇠고기 스튜 198
Belgian beef stew with beer and spice bread
카르보나드 플라망드 Carbonade flamande

양 사태 타진 Lamb shank tagine 199
Tagine de souris d'agneau

조린 채소, 살사베르데, 병아리콩
퍼프를 곁들인 양고기 구이 203
Roast lamb with braised vegetables, salsa verde, and chickpea puffs
채소, 소스 베르트, 파니스를 곁들인 양 어깻살 구이
Épaule d'agneau aux légumes, sauce verte, et panisses

머스터드 버터와 프렌치프라이를
곁들인 스테이크 206
Steak with mustard butter and French fries
머스터드 버터를 곁들인 스테이크 프리트
Steak frites au beurre de moutarde

# 다르냐, 틀리냐?

조롱과 불평은 프랑스인들의 스포츠다. 하지만 이 말을 프랑스인에 대한 비난으로 받아들이지 않으려면, 프랑스에서는 불평하는 일이 잘못이 아니라 누구나 으레 하는 일로 여겨진다는 사실을 알아야 한다. 누구에게나 불평거리나 이견은 있는 법이니까. 그렇지 않은가?

하늘이 아무리 아름다운 파란색일지라도, 하늘이 파랗다고 하면 그들은 분명히 "농non(아니요)—파란색이 아니라 감색이죠"—이라고 말할 것이다. 그러고는 아마 비가 올 것 같다고 덧붙일 것이다. 사람들이 (담배꽁초를 보도 위에 튕겨버리면서) 길거리가 너무 지저분하다고 불평하는 소리를 어깨 너머로 듣는 일도 드물지 않다. 그런 것을 보면서 나는 프랑스인들이 권위 의식을 내세우기 위해 언쟁한다는 것을 이해하게 되었다. 무언가에 대한 불평은 다른 사람에게는 없는 정보가 내게는 있음을 과시하는 수단이다. (하지만 물론 그에 대한 해결책은 거의 토론의 주제가 되지 않는다.)

나 또한 사소한 불평에 가담하고 삐딱한 말을 주고받는 데 익숙하며, 신랄한 공격에 나름대로 맞서는 법을 터득했다. 요리 교사인 폴 카야Paule Caillat와 처음 만났을 때 우리는 파리 토마토의 상태에 대해—이는 내가 매년 여름 투덜거리는 주제이기도 하다—열띤 설전을 벌였다. 내가 프로방스에는 놀라운 토마토들이 있지만 그중에서 파리까지 올라오는 토마토는 거의 없다고 툴툴거리자, 그녀는 내가 이해를 못 한다고 주장했다. 나는 내가 뭘 이해 못 한 건지—특히 그녀가 완벽한 영어로 말한 탓에—확실히 알 수 없었지만, 그 대화는 "세 콤 사c'est comme ça"(그냥 그런 거야)—그 어떤 논쟁도 이길 수 있는, 반박을 허용치 않는 프랑스인들의 대화 방식—라는 말을 들은 최초의 순간이었다.

어느 날 밤 폴의 부엌에서 저녁식사를 함께했을 때, 나는 그녀 집안의 장기인 파리식 뇨키gnocchis에 홀딱 반해서 접시를 싹싹 긁어 먹었다(하지만 핥아먹진 않았다). 폴과 나는 친구가 되었고, 성격 좋은 그녀를 힘들게 하는 것이 나의 스포츠가 되었다. 그녀가 며칠 후 뇨키 요리법을 가르쳐주기 위해 내 부엌에 와서 "그 딱딱하고 평평하고 플라스틱으로 된 미국 물건"이 있느냐고 물었을 때, 나는 '프랑스'에 있는 '프렌치' 페이스트리 스쿨에 다녔을 때 장만한 스크레이퍼 하나를 들어 보이면서 "이 '프렌치' 페이스트리 스크레이퍼를 말하는 거야?"라고 응수했다.

레시피를 준비하는 동안, 여기에는 어떤 종류의 치즈가 들어가냐고 물었더니 그녀가 대답했다. "그뤼예르." 나는 놀라움을 감추지 않았다. "그뤼예르? 그렇게 맛있었던 게 당연하군." 그녀가 말했다. "아, 진짜 그뤼예르는 아니야, 데이비드. 프랑스에서는 가루를 낸 치즈는 다 그뤼예르라고 해. 왜냐하면 뭐, 그냥 그런 거야." 프랑스인들이 자기네 치즈와 그 명칭에 대해 얼마나 방어적으로 구는지 잘 아는 까닭에, 나는 그건 마치 내가 슈퍼마켓에서 고무처럼 질긴 치즈 조각

하나를 집어 들고서 "뭐, 이걸 그냥 '브리 드 모'라고 부르기로 하지"라고 말하는 것과 비슷하다고 말했다. 하지만 나는 가볍게 무시당했고 우리는 요리를 계속했다. (그리고 몇 분 후, 나는 미국에서는 원산지가 어디든 상관없이 구멍 뚫린 치즈는 모조리 '스위스 치즈'라고 부른다는 사실을, 그리고 '그뤼예르' 또한 치즈의 종류를 가리킨다는 것을 깨달았다. 하지만 이 정보를 입 밖에 내지 않기로 했다. 나는 거의 프랑스인이 다 되었고, 훌륭한 프랑스인이 그렇듯이 나도 논쟁에 논리를 끌어들이고 싶지 않았기 때문이다.)

다음으로 그녀는 자기가 가는 식료품점이 아닌 다른 곳에서 내가 구입한 프랑스 중력분 봉투에 대해 한마디하면서 눈썹을 치켰다. 그리고 내가 달걀을 휘저으라고 포크를 건네주자 나의 모던한 세 갈래 포크를 보더니 이렇게 말했다. "데이비드, 진짜 포크는 없어?"

하지만 내가 네 갈래 포크를 어찌어찌 찾아서 모조리 꺼내 모으고, 치즈 크러스트를 얹은 뇨키가 보글보글 끓는 구이접시를 사이에 놓고 둘이 마주 앉으니 모든 것이 용서되었다. 나는 어떻게 해서 이 요리에 뇨키라는 이름이 붙게 되었는지 굳이 따져 묻지 않았다. 그건 대부분의 사람들이 뇨키를 생각할 때 궁금해하는 주제가 아니기 때문이다. 또 내 부엌에 있는 밀가루가 틀려먹은 슈퍼마켓에서 사온 것이라고 기를 죽여야 하느냐면서 툴툴거리지도 않았다. 내 "미국" 페이스트리 스크레이퍼가 실은 프랑스제이고 프랑스에서 구입한 것이라는 사실도 그냥 넘어갔다. 그 이름이야 어찌 됐든 간에 치즈를 얹은 먹음직스럽게 기름진 냄비 요리의 힘을 입증하듯, 또 우리의 의견 차이와 출신지에 상관없이, 폴과 나는 서로의 차이 따위는 제쳐놓고 달려들어 한 그릇에 담긴 음식을 열심히 퍼 먹었다. 요리사들의 공용어로 서로를 '진짜 친구'라고 추어올리면서 말이다.

# 파리식 뇨키 Parisian gnocchi
**Gnocchis à la parisienne**

파리식 뇨키는 대단찮은 끼닛거리로 취급되며 레스토랑에서는 전혀 찾아볼 수 없다. 그래서 프랑스 바깥에 사는 사람들에게는 거의 알려져 있지 않다. 이는 요리 교사인 폴 카야가 알려준 그녀 집안의 레시피를 (물론 허락받고) 살짝 응용한 것이다. 덤플링dumplings은 프로피테롤profiterole(속에 크림을 넣고 위에는 보통 초콜릿을 얹은 작은 슈크림—옮긴이)에 쓰이는 것과 비슷한 슈 반죽pâte à choux으로 만든다. 뇨키는 물에 삶아서 반쯤 익힌 다음 오븐에 굽는데, 오븐 안에서 근사하게 부풀렸다가 가라앉히면, 노릇노릇한 치즈를 한 겹 덮은 채 숟가락이 꽂히기만을 기다리는 상태가 된다. 매우 기름진 음식이어서 간단한 그린 샐러드와 함께 내놓는다.

1. 슈 반죽을 만들기 위해 물, 버터, 소금 1/2작은술을 소스팬에 넣고 중불에서 버터가 녹을 때까지만 데운다. 여기에 밀가루를 전부 쏟아붓고, 반죽이 부드러운 공 모양이 될 때까지 약 2분간 빠르게 휘젓는다. 소스팬을 불에서 내리고, 주걱이 부착된 스탠드믹서 용기에 반죽을 긁어서 옮겨 담는다.(스탠드믹서가 없을 경우 그냥 소스팬 안에 둔다.) 반죽을 가끔씩 저어 열을 식혀 가면서 3분간 놓아둔다.

2. 손으로 저으면서, 또는 믹서를 중고속으로 돌리면서 반죽에 달걀을 하나씩 넣되, 달걀 1개가 완전히 섞인 다음 또 1개를 넣는 식으로 한다. 드라이 머스터드를 넣고 반죽이 완전히 부드러워질 때까지 돌린다. 수건으로 덮어 그대로 둔다.

3. 모르네이 소스를 만들기 위해, 버터를 소스팬에 넣고 중불에서 녹인다. 밀가루를 붓고 계속 저으면서 반죽이 걸쭉해질 때까지(갈색이 되지 않을 만큼) 2분간 부글부글 끓인다. 우유를 조금씩부터 시작하여 서서히 넣으면서, 덩어리가 지지 않도록 거품기로 계속 젓는다.

4. 불을 약하게 줄이고 모르네이 소스를 자주 저으면서 6분간, 혹은 소스가 밀크셰이크 농도가 될 때까지 끓인다. 불에서 내려 소금과 카엔 고춧가루를 뿌리고 스위스 치즈 1/2컵(40그램)을 넣은 뒤 치즈가 녹을 때까지 젓는다.

5. 2.5~3리터들이의 얕은 구이접시에 버터를 바른다.(치즈 토핑을 노릇노릇하게 하려면 깊은 것보다 넓은 것이 더 좋다.) 바닥과 옆면에 파마산 치즈 가루 절반을 뿌린다. 구이접시 바닥에 모르네이 소스 1컵(250밀리리터)을 펴 바른다.

6. 큼직한 디너 접시에 종이타월을 몇 장 깐다. 소금물 한 주전자를 약한 불에 올려 끓인다. 수프용 큰 숟가락 2개—반죽을 뜨는 용도로 1개, 뜬 반죽을 긁어서 끓는 물에 넣는 용도로 또 1개—또는 스프링이 달린 아이스크림 스쿠프로 넉넉히 1큰술의 반죽을 떠서 끓는 소금물에 넣는다.(아이스크림 스쿠프는 폴에게 다소 생소한 도구였다. 이것이 더 편리하고 더 훌륭한 뇨키를 만들어준다는 데—마지못해—동의하기는

---

6인분

**슈 반죽**
물 1¼컵(310ml)
무염버터 7큰술(3½온스/100g)
(상온으로 깍둑썰기해둔다)
천일염이나 코셔 소금 1/2작은술
중력분 1¼컵(175g)
큰 달걀 4개(상온에 꺼내둔다)
드라이 머스터드 혹은 머스터드 가루 2작은술

**모르네이 소스**
가염버터나 무염버터 5큰술(2½온스/70g)
중력분 1/3컵(45g)
전유 또는 저지방 우유 3컵(750ml)
(따뜻하게 데운다)
천일염이나 코셔 소금 1작은술
카엔 고춧가루 넉넉히 1자밤
에멘탈, 그뤼에르, 콩테 등 스위스 치즈 가루
1⅜컵(140g)
파마산 치즈 가루 1/3컵(1온스/30g)

했지만 말이다.) 이런 식으로 한 번에 8~10개씩 뇨키를 여러 차례로 나누어 삶는다. 뇨키를 2분간 삶은 뒤 (안쪽까지 완전히 익지는 않은 상태로) 물에서 건져 종이타월 위에 놓고 물기를 뺀다. 나머지 뇨키도 같은 식으로 삶는다.

**7** 오븐 위쪽(위에서 1/3 이내의 높이)에 선반을 걸치고 180도로 예열한다.

**8** 반쯤 익은 뇨키를 구이접시의 모르네이 소스 위에 한 겹으로 펼쳐 담은 뒤 남은 모르네이 소스를 떠서 뇨키 위에 매우 고른 두께로 얹는다. 남은 스위스 치즈 가루 1¼컵(100그램)과 남은 파마산 치즈를 그 위에 뿌린다. 알루미늄 호일을 깐 구이판 위에 구이접시를 놓고 15분간 굽는다. 오븐 온도를 200도로 높이고, 윗면의 치즈가 충분히 노릇노릇해질 때까지 15~20분간 더 굽는다. 꺼내서 몇 분간 식힌 다음, 구이접시째로 내놓아 각자 덜어 먹을 수 있게 한다.

**응용** | 뇨키를 구이판에 담기 전에, 작게 깍둑썰기한 햄 또는 익힌 베이컨 1컵(130그램)을 모르네이 소스 위에 펼쳐 올린다. 아니면 굵게 다져서 빠르게 볶은 아루굴라, 케일, 겨자 잎, 혹은 라디치오를 뇨키 밑에 깔아줄 수도 있다.

# 오믈렛이 맺어준 인연

파리에서 내가 최초로 눈이 뜨인 순간, 이 도시의 마법을 진정으로 느낀 순간은 바로 내 파트너인 로맹을 처음 만났을 때였다. 우리는 서로를 잘 알지 못했다. 그는 영어를 거의 하지 못했고, 내 프랑스어 실력은 형편없었다. 때는 늦은 저녁이었고 우리는 그가 사는 구역을 거닐고 있었다. 우리는 허기를 느끼고 간단히 끼니를 때우려고 몽마르트르 부근의 어느 붐비는 카페에 자리를 잡았다.

활기 넘치는 젊은 파리지앵들이 한잔하며 떠들어대는 테이블들에 둘러싸여 곧 부서질 것 같은 카페 의자에 앉았을 때, 불현듯 그 모든 광경이 내게 생생하게 다가왔다. 날카로운 금속 테두리를 도드라지게 두른 낡은 테이블들, 프랑스어 필기체 손글씨로 메뉴를 휘갈겨 쓴 유리창, 얼룩지고 닳아빠진 재떨이들, 종업원이 오믈렛을 가져다주기 전에 우리 앞에 탁 내려놓고 간, 머스터드와 소금과 후추가 담긴 조그만 통, 날을 세워 비스듬하게 썬 두툼한 바게트 조각이 담긴 바구니. 그리고 내가 바로 거기에 진짜 파리지앵과 함께, 사크레쾨르 대성당이 바로 눈앞의 언덕 위에서 빛나는 광경을 바라보며 앉아 있었다. 그 순간은 진짜 마법 같았고, 내 생애 두번째로, 오믈렛 오 핀 제르브 omelette aux fines herbes(모듬 허브 오믈렛)를 사이에 두고, 한 잘생긴 프랑스 남자 덕택에 꿈을 이룬 순간이었다.

'셰 파니스'의 페이스트리 부서에서 동료인 메리 조 토레센 Mary Jo Thoresen과 함께 일했을 때 우리는 같이 일하는 것을 즐겼고 아주 많이 웃었다. 실제로 어느 날 밤에는 모르긴 몰라도 우스울 정도로 바보 같은 일을 가지고 너무 심하게 웃음이 터져서, 주방 매니저가 우리한테 좀 진정될 때까지 주방 밖으로 나가 있으라고 요구한 적도 있었다. 그렇게 자주 웃어대긴 했어도 우리는 굉장히 열심히 일했다. 우리는 페이스트리 담당이라 거의 먹을 시간도 없었다. 주방 스태프가 손님들 서빙을 끝내고 비로소 식사하려고 앉았을 때, 우리는 그때부터 디저트를 내기 위해 발동을 걸어야 했기 때문이다.

어떤 이유에선지는 몰라도, 메리 조와 나는 '오믈렛 오 핀 제르브'라는 말에 꽂혀서 폭소 발작을 일으킨 적도 있었다. 프랑스어로 이 말은 '오믈레토핀제르브'라고 한 단어처럼 발음되는데, 우리에게는 이 발음이 멋지면서도 웃기고 지독하게 프랑스스럽게 들렸다. 그래서 우리는 또 한 명의 진짜 프랑스인인 주방장 장피에르 물레에게 '오믈레토핀제르브'를 만들어달라고 간청했다. 그 단어를 입 밖에 낼 때마다 키득거리면서 말이다. 그가 으쓱해져서 그랬는지, 아니면 그저 우리 입을 틀어막으려고 그랬는지는 모르지만, 결국 그는 오믈렛 팬을 불 위에 올리고 우리에게 한 판 만들어주었다.

프랑스에서 오믈렛은 특별히 대단한 것도, 우스운 것도 아니다. 오믈렛은 끼닛거리, 그것도 때때로 낭만적인 끼닛거리다. 무슨 허브를 넣을지는 넣는 사람 마음이다. 진짜 프랑스식 '오믈레토핀제르브'를 만들려면 재료에 처빌과 타라곤을 좀 넣으면 된다. 이 허브들은 향이 강하기 때문에 파슬리나 차이브를 좀 넣어서 향을 누그러뜨려준다. 아주 잘게 다진다는 것만 명심하면 된다. 로즈메리와 샐비어는 향이 너무 강렬하니 쓰지 않는 것이 좋다. 그런 강렬함은 여러분이 좋아하는 사람과 오믈렛을 나눠 먹을 때를 위해 아껴두는 편이 더 나을 것이다.

# 생허브 오믈렛 Fresh herb omelet
### 오믈레트 오 핀 제르브 Omelette aux fines herbes

훌륭한 오믈렛을 만드는 법에 대해 셰프들이 발표한 성명서를 여러 페이지 읽어 봤지만, 그중 가장 중요한 요소에 대해 언급한 것은 거의 보지 못했다. 가장 중요한 요소란 바로 좋은 달걀을 써야 한다는 것이다. 농장 직송 달걀의 가격을 알면 사람들은 움찔 놀라지만 뭐, 그렇게 터무니없을 정도로 비싼 지역에 살지만 않는다면 설마 좋은 달걀 몇 알 때문에 파산까지야 가겠나 싶다.

프랑스의 오믈렛은 반숙 baveuse (직역하면 '침 흘리는'이라는 뜻) 상태로 나오지만 나는 좀 더 익히는 편을 선호한다. 카페에서는 오믈렛을 그린 샐러드나 프리트 frites(219쪽)와 함께 내놓지만, 뭐니 뭐니 해도 '오리 기름에 볶은 감자'(220쪽)가 최고의 사이드 디시다. 만약 이 조합에 대해 누가 불평을 늘어놓는다면, '프렌치 패러독스 French paradox'(프랑스인들이 기름진 음식을 많이 먹으면서도 심장병 발병률이 상대적으로 낮다는 역설. 이는 식사 때 곁들이는 레드와인 덕분이라는 설명이 있다—옮긴이)에 대해 설명하면서 레드와인 한 잔을 넉넉히 부어주자.

나는 바삭바삭한 것이 좋아서 지름 12인치(30센티미터)짜리 코팅 팬을 쓴다. 프라이팬의 표면적이 넓으면 오믈렛 겉면이 좀 더 바삭바삭해지기 때문이다. 팬이 작으면 더 두툼하고 부드러운 오믈렛이 만들어진다.

나는 한 사람이—주로 내가—먹을 오믈렛에는 달걀 두 개만 넣어도 충분하다는 사실을 알아냈다. 덕분에 오리 기름에 볶은 감자를 즐길 수 있는 여분의 재량을 누리게 되었다. 하지만 세 개, 심지어 네 개의 달걀을 넣은 오믈렛도 두 사람이 즐길 근사한 저녁을 위해 자주 만들 것이다.

---

**1~2인분**

큰 달걀 2~3개
생크림이나 우유 1~2작은술
생허브 2~3작은술(고명용으로 조금 더, 잘게 다진다)
천일염이나 코셔 소금
으깬 검은후추
가염버터나 무염버터 1½작은술
곱게 간 그뤼예르 혹은 콩테 치즈 2큰술
(선택 재료)

---

1 볼에 달걀과 생크림(달걀 2개에 생크림 1작은술, 달걀 3개에 생크림 2작은술)을 한데 넣고 포크로 젓는다. 고명용으로 쓸 것을 제외한 나머지 허브(달걀 2개짜리 오믈렛에 허브 2작은술)와 소금을 넉넉히 한 자밤 집어 넣은 뒤 후추를 분쇄기로 몇 번 갈아 넣고 포크로 섞는다.

2 넓적한 코팅 팬(두툼한 오믈렛이 좋다면 작은 팬)을 중강 세기의 센 불에 올리고 버터를 녹인다. 버터가 지글지글 끓으면서 약간 거품이 생기면 팬 전체에 주걱으로 펼쳐서 팬의 바닥과 옆면 일부까지 버터를 골고루 입힌다.

3 뜨겁게 달군 팬에 달걀 섞은 재료를 넣고 가장자리가 자리 잡힐 때까지 익힌다. 이렇게 익기까지 1분이 채 걸리지 않는다. 팬을 들어 몸 쪽으로 기울인 뒤 내열 뒤집개로 오믈렛의 몸 쪽 가장자리를 들어 올리고, 채 익지 않은 액체 상태의 달걀이 중앙에서 아래쪽으로 흘러내리게 한다. 팬을 다시 불 위에 올려놓고 오믈렛의 중앙을 가로질러 한 줄로 치즈를 뿌린다.

4 오믈렛이 완전히 굳기 전에(달걀의 굳기는 입맛대로 정한다) 반으로 접어서 따뜻한 접시 위에 미끄러뜨려 담는다. 남겨둔 다진 허브를 고명으로 뿌린다.

# 프랑스 길거리 음식을 변호하며

많은 이들이 파리의 길거리에서 따끈한 크레이프를 먹어본 기억을 행복하게 간직하겠지만 나는 예외다. 얼마 전 나는 일에 몰두하고 있었다. 다시 말해 인도변의 크레이프 노점 옆에 서서 치즈로 속을 채우고 기름종이로 감싼 따끈한 크레이프를 즐기고 있었다. 그런데 이 광경을 보고 충격을 받은 한 여자 관광객이 나한테 오더니 대뜸 이렇게 소리쳤다. "어떻게 그런 걸 먹을 수 있죠?!" 나는 너무 놀라서 대답도 못하고 그 자리에서 얼어버렸다. 그리고 이날 이때까지 그녀가 왜 그렇게 경악했는지 영문을 모르겠다. 하지만 노점이나 크레이프 가게에서 크레이프를 사 먹건 집에서 직접 만들어 먹건, 지금 누군가 나한테 와서 어떻게 그런 걸 먹을 수 있느냐고 묻는다면, 내 대답은 이럴 것이다. "쉬우니까요."

크레프리(크레이프 가게)마다 (흰 밀가루를 재료로 한) 크레이프와 (메밀을 재료로 한) 갈레트를 만드는 나름의 독특한 방식이 있다. 어떤 곳에서는 크레이프를 건축가들이 시기할 정도로 네 각이 칼같이 딱 잡힌 사각형으로 접는다. 또 어떤 곳에서는 4분의 1의 부채꼴로 느슨하게 접은 뒤 기름종이로 싸서 바쁠 때도 간편하게 먹을 수 있게 따끈한 꾸러미를 만들어 건네준다. 또 어떤 곳에서는 사각형으로 만든 뒤 통째로 뒤집어서 양면을 모두 부쳐 내기도 한다.

프랑스인들은 노른자를 터뜨리지 않은 달걀 프라이를 얹은 고전적인 크레프 콩플레트 crêpe complète 를 좋아하는데, 먹기 직전에 노른자를 터뜨리면 그게 바로 소스가 된다. 콩테나 그뤼에르 같은 고급 치즈를 쓸 수도 있지만, 프랑스의 대다수 크레프리에서 선호하는 치즈는 에멘탈(스위스 치즈)이다. 장봉 드 파리 jambon de Paris (대표적인 보일드 햄)를 쓰는 것이 관습이지만, 내가 집에서 만드는 크레이프에는 품질 좋은 건염 dry-cured 햄이나 프로슈토를 몇 조각 끼워 넣는다.

나는 미리 갈아서 파는 후추를 좋아하지 않지만 이걸 뿌리면 진짜 파리의 '노점' 맛이 난다. 만약 있다면 즉석에서 갈아 쓰는 검은후추 대신 이것을 뿌려보라. 돌이켜 보면 내가 길거리에서 한 소리 들었을 때 그 여자가 경악한 이유가 바로 이것이었을지도 모르겠다.

## 햄, 치즈, 달걀을 넣은 메밀 크레이프
Buckwheat crêpes with ham, cheese, and egg

**갈레트 콩플레트** Galettes complètes

일반적으로 갈레트는 한 번에 한 장씩 만들지만, 팬 두 개를 동시에 쓴다면 한 번에 두 장을 준비할 수도 있다. 하지만 갈레트는 금방 익기 때문에 나는 두번째 것을 구울 만반의 준비를 마친 뒤에 한 장을 부치고 바로 또 한 장을 부치는 식으로 조리한다.

---

**2장**

**가염버터나 무염버터**
(미리 만들어둔 갈레트를 데우는 용도)

**메밀 갈레트** 2장(47쪽)

**프로슈토 혹은 얇게 썬 건염 햄이나 보일드 햄** 4장

**에멘탈 치즈 가루** 1컵(3온스/85g)

**달걀** 2개(상온으로 준비한다)

**천일염이나 코셔 소금**

**검은후추**

---

1. 뚜껑 있는 프라이팬을 중불에 올리고 약간의 버터를 녹인다. 버터에 거품이 생기면 메밀 갈레트 1장을 밑면(기포가 더 큰 쪽)이 위로 가도록 팬에 올린다.

2. 프로슈토 2장을 갈레트 중앙에 나란히 놓는다. 에멘탈 치즈 가루 절반을 뿌린다. 달걀을 깨서 갈레트 중앙에 올리고 포크 뒷면으로 흰자를 넓게 펼쳐서 고르게 익힌다.(이때 노른자가 망가지거나 터지지 않게 조심한다.) 프라이팬의 뚜껑을 덮고, 달걀흰자는 굳었지만 노른자는 액체 상태를 유지할 정도까지 (혹은 취향에 따라) 익힌다.

3. 뚜껑을 열고 뒤집개로 갈레트의 위쪽 가장자리를 1인치(3센티미터)만큼 접는다. 나머지 세 변도 같은 식으로 접어 사각형을 만든다. 갈레트 콩플레트를 따뜻한 디너 접시에 미끄러뜨려 담고, 위와 같은 순서로 두번째 갈레트를 만든다. 소금과 검은후추를 곁들여 낸다.

# 구운 햄 치즈 샌드위치 Fried ham and cheese sandwich
**크로크무슈** Croque-monsieur

내게 크로크무슈는 '꼭 먹어줘야 하는' 음식 중 하나다. 매일같이 간절히 원하는 건 아니지만, 먹고 싶은 날에는 어쨌든 꼭 먹어줘야 한다. 잘 만든 크로크무슈를 찾기란 의외로 힘들다 — 길거리 아무 카페에서나 근사한 크로크무슈를 만들어내던 시절은 지났다. 운이 없다면 미국의 흰 식빵과 비슷한 '아리스Harry's' 식빵으로 만든 것을 먹게 될 수도 있다. 아리스는 프랑스에서 널리 인기 있는 식빵으로, 미국인들이 미군 기지에서 먹는 빵을 보고 매료된 한 프랑스인이 1970년에 시작한 브랜드다. 〈뉴욕 타임스〉에 따르면 현재 아리스는 1년에 1억 3천만 장의 빵을 생산해낸다고 하며, 내 친구들 중에도 자기 프랑스인 파트너나 배우자가 아침 토스트로 오로지 이것만 먹는다고 말하는 친구들이 있다.

다행히도 많은 카페에서 '르 크로크무슈'에 쓰는 흰 식빵이나 천연 효모 빵은 선택의 여지가 있으며, 운이 좋다면 그중에서도 푸알란 빵pain Poilane으로 만든 것을 맛볼 수도 있다. 이는 셰르슈미디 가의 유명한 빵집 '푸알란'의 지하에 위치한 장작 오븐에서 매일 아침 구워내는, 놀랄 만큼 껍질이 단단한 사워도우 빵이다. 내게 이것은 선택하고 말고 할 문제조차 아니다. 언제고 간에 내 선택은 무조건 푸알란 빵이다.

이 샌드위치는 쉽게 '크로크마담croque-madame'으로 변신시킬 수 있다. 크로크마담은 크로크무슈 위에 노른자를 터뜨리지 않은 달걀 프라이를 얹은 것이다. 프랑스 사람들은 식탁에 앉았을 때 샌드위치를 손으로 들고 먹지 않으므로, 이걸 먹을 때 그들이 첫번째로 취하는 행동은 달걀노른자를 나이프로 갈라 샌드위치에 온통 흘러내리게 해서 포크 한입 분량의 샌드위치를 찍어 먹을 소스 실개천을 만드는

것이다.

집에서 크로크무슈를 만든다면 건염 햄이야말로 무슈(혹은 마담)를 위한 최선의 선택이다. 파리에서는 에멘탈 치즈를 제일 많이 쓰지만, 콩테나 그뤼예르 치즈를 넣으면 고급스러운 특별식이 된다. 빵으로 말하자면 속이 꽉 찬 사워도우 빵을 구할 수 있는지 한번 찾아보고, 빵조각을 너무 두껍게 썰지 않도록 주의한다. 두께는 최대 1/4인치(0.75센티미터)를 넘지 않는 것이 적당하다.

'르 크로크무슈'는 무절제하게 많은 양의 치즈가 들어가기 때문에 이를 보완하기 위해 항상 그린 샐러드에 머스터드가 듬뿍 든 비네그레트(335쪽)를 뿌려서 같이 내온다. 나는 카페에서 이것을 주문할 경우 여름에는 주로 차가운 오랑지나 Orangina(프랑스의 오렌지 탄산음료 브랜드—옮긴이)나 차게 식힌 로제 한 병을, 겨울에는 그 은은한 코트 뒤 론 Côte du Rhone(론 지방에서 생산되는 대표적인 와인—옮긴이)을 곁들이곤 한다. 물론 집에서도 그렇게 하지 않을 이유가 없다.

1. 베샤멜 소스를 만들기 위해, 소스팬에 버터를 넣고 중불에서 녹인 뒤 밀가루를 넣고 젓는다. 우유 1/4컵(60밀리리터)을 붓고 잘 저어서 덩어리가 다 풀어지면 나머지 우유 1/2컵(120밀리리터)을 붓고 거품기로 젓는다. 소스가 묽은 마요네즈 비슷하게 걸쭉하고 뽀얘질 때까지 약 1분간 더 끓인다. 불에서 내려 소금과 카옌 고춧가루를 넣고 젓는다. 소스가 약간 식어서 걸쭉해지도록 그대로 둔다.
2. 크로크무슈를 만들기 위해, 베샤멜 소스를 빵 4쪽에 고르게 펴 바른다. 빵 2쪽 위에 햄 조각, 치즈 조각, 나머지 햄 조각을 순서대로 차곡차곡 올린다. 그 위에 나머지 빵 2쪽을 베샤멜 소스를 바른 쪽이 아래(안쪽)로 가도록 얹어서 샌드위치를 완성하고, 샌드위치의 겉면에 녹은 버터를 듬뿍 바른다.
3. 브로일러를 켜고, 레인지의 불을 중강 세기로 맞춘 뒤 큼직한 오븐용 프라이팬이나 그릴 팬을 그 위에 올린다.(나중에 브로일러에 넣을 수 있도록 내열 손잡이가 달린 팬이어야 한다.) 샌드위치를 프라이팬에 놓고 알루미늄 호일을 덮은 뒤 그 위에 무쇠 프라이팬 같은 묵직한 팬이나 평평한 물체를 얹는다. 샌드위치의 밑면이 충분히 노릇노릇해질 때까지 익힌다. 팬과 호일을 들어내고 샌드위치를 뒤집은 다음 다시 호일과 팬으로 누른 상태에서 반대쪽도 노릇노릇해질 때까지 익힌다.
4. 무쇠 프라이팬과 호일을 들어내고 샌드위치 윗면에 치즈 가루를 뿌린다. 팬을 브로일러 밑에 집어넣고 치즈가 녹을 때까지 샌드위치를 굽는다. 꺼낸 즉시 식탁에 낸다.

**응용** | 크로크마담을 만들려면, 샌드위치를 브로일러에서 굽는 동안 노른자를 터뜨리지 않은 달걀 프라이를 샌드위치당 1개씩 만들어둔다. 샌드위치를 접시에 담은 뒤 그 위에 달걀 프라이를 1개씩 미끄러뜨려 얹는다.

---

2인분

**베샤멜 소스**
가염버터나 무염버터 1큰술
중력분 1큰술
전유 3/4컵(180ml)
천일염이나 코셔 소금 1자밤
카옌 고춧가루 1자밤

**크로크무슈**
사워도우 빵이나 시골빵 4쪽
프로슈토나 얇게 썬 건염 햄 4조각,
 혹은 두툼하게 썬 보일드 햄 2조각
얇게 썬 콩테나 그뤼예르 치즈 2조각
녹인 가염버터나 무염버터 4큰술(2온스/55g)
콩테나 그뤼예르 치즈 가루 3/4컵(60g)

# 치즈, 베이컨, 아루굴라를 넣은 수플레
Cheese, bacon, and arugula soufflé

**Soufflé à la roquette, lardons, et fromage**

나는 프랑스와 프랑스 요리의 죽음에 대한 글들을 많이 읽어보았다. 그중 한 기사는 전체적인 상황을 이런 말로 간단히 요약했다. "이제 그들은 사실상 그 어떤 것도 선도하지 못하고 있다."

그렇다. '영광의 30년les trente glorieuses', 프랑스가 대대적인 혁신과 번영을 경험했던 2차 대전 이후의 30년은 이미 끝난 지 오래다. 많은 사람들이 바로 그 현대화에 대한 저항 때문에 프랑스를 사랑하지만, 때때로 이는 시대에 뒤떨어졌다는 뜻이기도 하다. 이곳에 사는 우리(그리고 자고로 인터넷뱅킹이라면 내 계좌를 가지고 컴퓨터 화면에 뜬 내 은행 잔고를 아련히 바라보는 것 말고도 뭔가 다른 일을 할 수 있어야 한다고 믿는 사람들)에게 이 점이 불만스럽기는 해도 지금껏 그 누구도 넘어설 수 없었던 단 한 가지가 있는데, 바로 프랑스 치즈다.

아무 프로마주리에나 걸어 들어가 거기서 훅 풍기는 냄새를 맡으면 내가 말하는 뜻을 정확히 알게 될 것이다. 치즈 가게는 프랑스 음식 문화의 매우 견고한 보루 중 하나이며, 숱한 시도가 행해졌음에도 프랑스의 생우유 치즈는 그 어디서도 재현에 성공하지 못했다. 눈부신 오렌지색 껍질에 안쪽은 부드럽고 톡 쏘는 랑그르Langres 치즈를 바게트 조각에 발라보라. 혹은 딱 맞게 숙성되어 부드럽고 끈적하며 묵은 유지방과 버터스카치butterscotch(갈색 설탕과 버터를 조려 만든 당액糖液)와 잘 다져진 농가 마당의 향으로 입안을 가득 채우는 카망베르 드 노르망디Camembert de Normandie 조각을 부채꼴로 잘라내보라. 그러면 여러분은 현대화라는 가치가 과대평가되고 있다는 데 동의할 것이다.

치즈와 더불어 변하지 않은 또 한 가지는 바로 수플레다. 페이스트리 셰프일 때 나는 일일이 손으로 휘젓고 딱 알맞은 정도로 구워서 하룻저녁에 1백 그릇이 넘는 수플레를 만들어냈다. 그리고 웨이터가 뜨거운 오븐 옆에 끈기 있게 서서 기다리는 동안 내가 그 바르르 떨리는 디저트를 꺼내어 대기 중인 접시에 미끄러뜨려 담는 즉시, 후딱 사라져 손님 앞에 대령되었다.

나는 항상 수플레를 1인용으로 만든다. 겉이 바삭바삭한 자기 몫의 수플레가 모두에게 주어지기 때문에 그 편이 먹기에 더 재미있다(딱 맞게 구워 내기도 쉽다). 이것처럼 두 번 구워 내는 수플레는 만들기도 더 쉽다. 한 번 틀에 넣어 구운 다음 틀에서 꺼내 다시 구울 때 수플레가 좀 더 부풀어 오르며 겉이 골고루 금갈색으로 구워지기 때문에 요리하기가 덜 까다롭다.

**1** 뚜껑이 있는 넓은 소스팬이나 프라이팬을 중불에 올리고 베이컨을 거의 바삭

바삭해질 때까지 굽는다. 베이컨을 종이타월에 놓고 기름기를 뺀다.

2. 프라이팬에 남은 베이컨 기름을 닦아내고 아루굴라와 약간의 소금을 넣는다. 뚜껑을 덮고 중불에서 아루굴라가 완전히 숨이 죽을 때까지 몇 차례 뒤적이며 몇 분간 익힌다. 팬을 불에서 내리고 뚜껑을 연 다음 아루굴라를 완전히 식힌다. 아루굴라를 손으로 꼭 짜서 최대한 물기를 뺀 다음 잘게 다진다.

3. 오븐을 200도로 예열한다. 4온스(125밀리리터)들이 1인용 수플레 틀 8개에 버터를 넉넉히 바른다. 파마산 치즈 가루 일부를 수플레 틀 안쪽에 입힌다. 깊은 오븐 팬 위에 수플레 틀을 늘어놓는다. 구이판에 유산지를 깔고 유산지에 살짝 기름을 바른 다음 그대로 둔다.

4. 작은 소스팬에 우유와 소금 1/4작은술을 넣고 약한 불에서 따뜻해질 때까지 데운다. 한쪽에 치워둔다.

5. 다른 소스팬에 버터를 넣고 중불에서 녹인다. 밀가루를 붓고 거품기로 계속 저으면서 재료가 부드러워질 때까지 약 2분간 볶는다.

6. **4**의 따뜻한 우유를 **5**에 서서히 부으면서 덩어리가 지지 않도록 거품기로 젓는다. 덩어리가 완전히 풀리고 소스가 부드러워질 때까지 1~2분간 끓인다. 불에서 내린 다음 남은 파마산 치즈 가루의 대부분을 넣는다(수플레를 굽기 전에 그 윗면에 뿌릴 용도로 조금 남겨둔다). 콩테 치즈 가루의 절반을 넣는다. 달걀노른자, 나머지 콩테 치즈 가루, 카옌 고춧가루, 차이브를 넣고 세게 젓는다. 그리고 다진 아루굴라와 베이컨을 넣고 젓는다.

7. 볼에 달걀흰자를 넣고 거품이 뻑뻑해질 때까지 휘젓는다. 달걀흰자의 4분의 1을 **6**의 수플레 베이스에 섞고, 나머지 달걀흰자를 흰 줄 몇 개만 눈에 띌 때까지 살살 섞는다. 너무 완벽하게 섞지는 않는다. 수플레 재료를 준비된 수플레 틀에 나눠 담고 윗면에 남은 파마산 치즈 가루를 뿌린다.

8. 오븐 팬에 뜨거운 물을 수플레 틀 옆면의 절반 높이까지 붓는다. 20~25분간, 혹은 갓 익었다는 느낌이 들 때까지만 수플레를 굽는다. 중앙 부위를 만졌을 때 살짝 부드럽고 가볍게 흔들리는 느낌이 있어야 한다. 수플레를 물에서 건진 뒤 식힘망 위에 올려 식힌다(윗면이 약간 가라앉을 것이다). 손댈 수 있을 정도로 식으면 수플레 가장자리를 따라 칼을 집어넣고 돌려서 틀에서 분리한다. 틀을 기울여 수플레를 손바닥 위에 살짝 떨어뜨린다. 준비된 구이판 위에 수플레를 똑바로 1개씩 올린다.

9. 오븐 온도를 220도로 높이고 수플레를 다시 오븐에 넣어, 약간 부풀어 오를 때까지 10분간 굽는다. 후추를 뿌려서 낸다.

**응용** | 아루굴라 대신 작은 시금치 잎이나 물냉이를 쓸 수도 있다. 같은 방식으로 데쳐서 여분의 수분을 꼭 짜낸다.

---

8인분

**두툼한 훈제 베이컨** 1½컵(150g)(작게 깍둑썰기한다)
**아루굴라** 8온스(250g)
**천일염이나 코셔 소금**
**파마산 치즈 가루** 1컵(3온스/90g)
**전유나 저지방 우유** 1컵(250ml)
**가염버터나 무염버터** 3큰술
**중력분** 3큰술
**콩테나 그뤼에르 치즈 가루**
   1½컵(4½온스/125g)
**큰 달걀노른자** 4개
**카옌 고춧가루** 1/4작은술
**다진 생 차이브** 1/4컵(15g)
**큰 달걀 흰자** 5개(상온으로 준비한다)
**으깬 검은후추**

**메모** | 이 수플레를 미리 만들어놓고 싶다면, 첫번째로 구운 다음(8단계) 상온에서 약 1시간 동안 그대로 두었다가 내기 직전에 두번째로 구우면 된다(9단계). 콩테 대신 스위스 치즈 같은 다른 치즈를 대신 넣어도 무방하다. 샤프 체다Sharp Cheddar 치즈도 훌륭한 선택이다.

# 식재료 낚시

파리에서 장보기는 스케줄을 뭉텅이로 떼어 비워놓아야만 하는 길고도 늘어지는 일이 될 수 있다. 다행히도 장보기는 내가 아주 좋아하는 일 중 하나다. 시장에서 (내 앞에 선 아주머니가 포도가 자신만의 기준에 딱 들어맞는지 확인하기 위해 한 알 한 알 검사하고 승인을 거치는 동안) 줄 서서 기다리고, 꼭 필요한 재료를 찾아 시내를 횡단하길 (그리고 하필 딱 그때 예외 없이 재고가 바닥났음을 알게 되긴—나는 재료를 찾기 위해 이동해야 하는 거리가 재고가 없을 가능성과 정비례한다는 결론을 내렸다) 거듭한 끝에 결국 마음을 느긋하게 먹는 법을, 나는 오렌지 몇 개만 사면 되는데 내 앞에 선 아저씨는 귤 한 개를 갖고 가격을 흥정하고 있거나 프로마주리의 누군가가 프랑스의 치즈 246종(이는 샤를 드골이 산출한 숫자라고 알려져 있는데 실제로는 이보다 더 많다—어쩌면 그가 이 종수를 헤아렸던 그날에도 '재고가 바닥나' 있지 않았을까?)에 대해 일일이 묻고 있을 때 미쳐버리지 않는 법을 배우긴 했지만 말이다.

그 결과로 나는 음식 준비보다 식재료 구입에 (훨씬) 더 많은 시간을 들인다. 하지만 다행히도 프랑스에서 사는 기쁨 하나는 시간을 절약해주는 다양하고 훌륭한 가공식품을 쉽게 구할 수 있다는 것이다. 정육점에서는 미리 만들어져 나온 오리 콩피를 판매한다. 쇠고기 룰라드roulade(얇게 뜬 쇠고기 조각으로 속 재료를 말아서 익힌 미트롤—옮긴이)는 속을 채우고 단단히 말아서 그냥 굽기만 하면 되는 상태로 나와 있다. 그리고 볼라예volailler(가금류 상점)에서 파는 꼬치구이 통닭은 가져가서 먹기만 하면 된다.

파리에는 DIYDo-It-Yourself 정신이 그렇게 풍부하지 않다. 손바닥만 한 부엌과, 자기 아파트 뒤편에 닭장과 스모크 하우스를 짓는 이웃을 웃으며 용인하지 않는 주민들(그리고 파리에서 자기 뒤뜰을 가질 여유가 있는 사람들은 자기 손에 흙을 묻히는 유형이 아닐 가능성이 높다)과 이미 도처에 널린 훌륭한 샤르퀴트리(돼지고기 상점)의 조합은 로컬 푸드와 도시 농업이 힙스터들에게 각광받으며 부흥하고 있는 브루클린과 달리 벽장을 염지실로 개조할 만한 인센티브를 별로 제공하지 않는다. 그렇긴 해도 나는 나만의 브랑다드—자반 대구와 상당량의 마늘과 감자와 크림과 올리브유를 넣고 으깨어 만드는, 영양가 풍부한 스프레드—를 직접 만들어 먹는다. 시판 브랑다드에는 감자만 잔뜩 있고 대구(그리고 마늘!)는 그보다 적게 들어 있는 일이 허다하기 때문이다.

프랑스 밖에서는 주로 수산 시장이나 이탈리아·포르투갈 식료품 전문점에서 자반 대구를 구할 수 있다. 온라인 구매도 가능하다. (대구는 어획량이 줄고 있는 생선이므로, '절인 대구salt cod'라고 이름 붙여 파는 생선 중 일부는 사실 유사 어종으로 만든 것이다. 북대서양, 스칸디나비아, 혹은 아이슬란드에서 낚시로 잡은 것으로 만든 자반 대구를 구할 수도 있다. 여러분이 가는 생선가게에서 조언을 구하라.)

자반 대구는 그 품질과 육질이 천차만별이고 파리의 수산 시장, 심지어 슈퍼마켓에서도 다양한 등급(과 가격)의 자반 대구가 판매되고 있다. 어떤 것은 껍질과 뼈가 좀 있어서 돌처럼 딱딱한 반면 어떤 것은 부드럽고 연하고 깔끔하다. 고급 생선살일수록 껍질과 뼈가 적은데, 이를 발라내는 건 귀찮은 일이니 최고 품질의 대구를 써야 한다는 사실을 경험으로 터득했다. 정력을 기울여 식재료를 채집하고 집에 돌아왔을 때 할 일이 한 가지 줄어든다는 것은 기쁜 일이다. 대구를 물에 불리는 데는 보통 24시간 정도 걸린다. 프로방스 사람들은 말린 생선을 화장실 물탱크에 담가 불린다는, 물을 계속 갈고 새로 채우기 때문에 괜찮다는 이야기를 읽어본 적이 있긴 하지만, 내가 어디까지 갈 수 있느냐의 한계를 넘어서는 일이니, 나는 이제껏 그랬던 것처럼 냉장고를 활용하는 법을 고수하겠다.

# 자반 대구와 감자 퓌레 Salt cod and potato puree
## 브랑다드 드 모뤼 Brandade de morue

파리의 레스토랑에서는 브랑다드 드 모뤼를 개인용 접시에 담아 서빙하며, 아주 뜨겁고 윗면에 갈색이 도는 상태로, 토스트한 빵과 샐러드 채소를 곁들여 테이블에 내온다. 전통적으로는 빵가루를 뿌리지 않지만, 나는 윗면에 바삭한 맛이 더해지는 것이 좋기 때문에 여기서는 그런 선택지를 추가했다.

브랑다드를 자반 대구 튀김(73쪽)에 쓴다면 필요한 양보다 더 많이 만들어야겠지만, 절반은 냉동해두었다가 나중에 쓰거나, 작은 구이접시에 구워서 근사한 2인분의 점심을 준비할 수도 있다. 브랑다드를 발라 먹을 토스트한 빵을 넉넉히 곁들이고 간단한 그린 샐러드와 함께 낸다.

1. 자반 대구 조각에서 여분의 소금을 헹궈내고 찬물이 담긴 볼에 담가 24시간 동안 냉장고에 넣고 불린다. 중간에 물을 3번 갈아준다.
2. 작은 소스팬에 올리브유, 마늘, 타임을 섞어 넣고 기름이 막 보글보글 끓기 시작할 때까지 가열한다. 불을 끄고 뚜껑을 덮어서 그대로 둔다.
3. 자반 대구를 물에서 건져 감자와 함께 커다란 냄비에 담은 다음 재료가 잠길 만큼 찬물을 붓는다. 불에 올리고 물이 끓어오르면 약불로 줄인 다음, 생선과 감자 둘 다 아주 부드러워질 때까지 25~30분간 계속 끓인다.
4. 자반 대구와 감자를 물에서 건진다. 생선이 손댈 수 있을 정도로 식으면 뼈와 비늘과 껍질의 거친 부분을 전부 제거한다. 완성된 요리에 껍질이나 뼈가 조금이라도 남아 있으면 먹을 때 불쾌하니 꼼꼼히 다듬는다.
5. 자반 대구와 감자를 주걱이 장착된 스탠드믹서 용기에 옮겨 담는다.(감자 으깨는 도구를 써서 손으로 으깨거나, 제일 굵은 디스크 칼날을 장착한 푸드밀에 넣고 돌릴 수도 있다. 브랑다드가 끈적끈적해지기 때문에 푸드프로세서는 쓰지 않는다.) 2에서 타임을 걷어내고 기름을 긁어 믹서 용기에 넣는다. 생크림과 검은후추를 넣는다. 중간 속도로 부드러워질 때까지 돌린다. 원래 소금은 필요 없지만 간을 보고 조금 넣어도 무방하다.
6. 오븐 위쪽(위에서 1/3 이내 높이)에 선반을 걸치고 200도로 예열한다. 구이접시에 버터를 바르고, 브랑다드 전부를 최소한 1½인치(4센티미터) 이상의 두께로 펼쳐 담는다. 호일을 깐 구이판 위에 구이접시를 올린다.
7. 토핑을 만들기 위해, 빵가루와 파마산 치즈 가루를 작은 볼에 담고 올리브유를 약간—빵가루가 촉촉해질 정도로만—부은 다음 이를 브랑다드 윗면에 골고루 뿌린다. 브랑다드가 보글보글 끓고 윗면이 먹음직스러운 갈색이 될 때까지 20분간 굽는다. 토스트한 빵을 곁들여 낸다.

---

4인분

**자반 대구** 1파운드(450g)
**올리브유** 2/3컵(160ml)
**마늘** 6쪽(껍질 벗겨 다진다)
**타임 가지** 2개
**큰 감자** 2개
　(1½파운드/700g)(껍질 벗겨 3cm 너비로 깍둑썰기한다)
**생크림** 3/4컵(180ml)
**으깬 검은후추** 1/2작은술
**천일염이나 코셔 소금**(선택 재료)
**곁들일 빵**(토스트하거나 그릴에 굽는다)

**토핑**(선택 재료)
**빵가루** 2큰술
**으깬 파마산 치즈 가루** 2큰술
**올리브유**

# 모둠 채소를 곁들인 갈릭 마요네즈
Garlic mayonnaise with accompaniments

**르 그랑 아이올리** Le grand aïoli

파리의 레스토랑에서 채소는 아직 중심 무대로 올라오지 못했다. 구운 샬롯 반쪽이 널찍한 접시 중앙에 덩그러니 담겨 전식 코스로 나왔던 최고급 레스토랑만 빼고 말이다. 프랑스의 레스토랑들은 고기와 녹말에 비중을 많이 두고 레귐léumes(채소)은 조금만 내는 편을 선호한다. 그래서 채소가 당길 때면 나는 프로방스 사람들에게서 힌트를 얻은 르 그랑 아이올리—생으로 준비하거나 살짝만 익힌, 신선한 제철 채소 모둠—를 준비하고 자반 대구나 로스트 치킨, 그리고 갈릭 마요네즈를 곁들인다.(치킨을 곁들이는 건 전통 방식이 아니지만, 마늘 향이 강한 딥소스와 잘 어울리기 때문에 아무도 괘념치 않는 것 같다.)

르 그랑 아이올리는 개인의 입맛과 계절에 따라 상당 부분 달라지기 때문에 이 요리의 엄격한 레시피를 적는다는 건 옳지 않다. 저민 회향, 셀러리 줄기, 당근, 콜리플라워의 꽃 부분 등 대부분의 생채소를 여기에 쓸 수 있다. 깍지콩을 비롯해 너무 아삭아삭한 채소를 그리 좋아하지 않는 파리 사람들과 어울려 살다 보니, 나도 채소를 예전보다 좀 더 많이 익혀서 먹는 것을 즐기게 되었다. 이제는 대부분의 채소를 소금물에 몇 분간 재빨리 데쳐서 준비하는데, 그렇게 해도 맛을 끌어낼 수 있다. 내가 다음에 제시한 6~8인분용 지침에 따르면 1인당 약 12온스(340그램)의 채소를 준비한다고 계산해두었지만, 자신이 어떤 채소를 선호하는지 판단하거나 제철 채소를 고르는 일은 여러분에게 달려 있다. 마늘은 계절에 따라 맛이 달라질 수 있으니, 좀 소심한 성격이라면 갈릭 마요네즈를 만들 때 마늘을 적은 양부터 시작해 간을 봐가면서 더 추가하는 편이 좋다.

귤 샴페인 셔벗(317쪽)은 마늘을 과하게 섭취한 뒤의 디저트로 완벽하다.

1. 아이올리를 만들기 위해, 절구에 마늘과 소금을 넣고 빻은 다음 달걀노른자를 넣고 젓는다.(아이올리는 블렌더나 푸드프로세서로 만들 수도 있다.) 주둥이가 있는 계량컵에 2가지 기름을 부어 섞는다.

2. 절구를 계속 빻으면서 마늘에 기름을 1방울씩 떨어뜨려 충분히 잘 섞이게 한다.(기계를 쓸 경우 계속 돌리면서 재료 위에 기름을 천천히 조금씩 붓는다.) 계속 젓는다. 재료가 되직해지기 시작하면 붓는 기름의 양을 늘리면서, 기름을 모두 부을 때까지 계속 젓는다. 아이올리가 너무 되직하면 원하는 농도가 될 때까지 따뜻한 물을 넣는다. 뚜껑을 덮는다. 금방 먹을 계획이라면 상온에 놔두고 그렇지 않으면 냉장 보관한다.(아이올리는 냉장고에서 24시간까지 보관할 수 있다.)

**3** 사이드 디시를 만들기 위해, 냄비에 소금물을 넣고 약한 불에서 끓인다. 당근을 1분간 데친다. 구멍 뚫린 슬로티드스푼으로 건져서 마른 수건을 깐 구이판 위에 놓는다. 같은 물에 깍지콩을 3분간 데쳤다가 건져서 당근 옆에 놓고 물기를 뺀다. 같은 냄비에 감자를 넣고 부드러워질 때까지 (크기에 따라) 10~15분간 익힌다. 예리한 과도 끝으로 찔러서 푹 들어가면 다 익은 것이다. 감자를 체에 밭쳐 물기를 뺀다.

**4** 자반 대구를 익히기 위해, 불렸다가 건진 대구를 찬물이 담긴 냄비에 넣고 약한 불에서 끓인다. 15~20분간, 혹은 부드러워질 때까지 뭉근하게 끓인다. 물기를 빼고 상온에서 식힌다.

**5** 서빙용 큰 접시에 나머지 사이드 디시를 보기 좋게 배열하고 볼에 담은 아이올리를 곁들여 손님들이 각자 덜어 먹을 수 있게 내놓는다.

**응용** | 전통적인 방식은 아니지만, 자반 대구 대신 구운 통닭을—먹기 좋게 자르고 차게 식혀서—낼 수도 있다.

---

6~8인분

### 아이올리
**마늘 6~8쪽** (껍질 벗겨 다진다)
**천일염이나 코셔 소금** 1/4작은술
**큰 달걀노른자** 2개
**올리브유** 1컵(250ml)
**담백한 맛의 식물성 기름** 1컵(250ml)
**따뜻한 물** 1~2큰술(선택 재료)

### 사이드 디시
**당근 큰 것** 2개 혹은 중간 크기 3개(28g)
  (깎아서 가로로 반 가른 뒤 1.5cm 굵기의 스틱 모양으로 썬다)
**깍지콩** 12온스(320g)(꼭지를 제거한다)
**작은 햇감자** 2파운드(900g)
**자반 대구** 1½~2파운드(700~900g)
  (냉장고에서 24시간 동안 불리고, 중간에 3번 물을 갈아준다)
**완숙 달걀** 6개(328쪽)(껍질 벗겨 길이로 반 가른 뒤 윗면에 안초비 살을 얹고 검은후추를 몇 번 갈아서 뿌린다)
**비트 큰 것** 1개 혹은 작은 것 2개(230g)
  (깎아서 얇게 저민다)
**콜라비 큰 것** 1개 혹은 작은 것 2개(230~280g)
  (깎아서 얇게 저민다)
**다듬은 래디시** 2단
**토스트하거나 그릴에 구운 빵**

# 감자, 페타 치즈, 바질을 넣은 토르티야
Potato, feta, and basil tortilla

**Tortilla de pommes de terre à la feta et au basilic**

파리로의 이주를 위해 내가 가진 세간살이를 전부 포장하면서, 애지중지하는 요리책들 두 상자도 소포로 부쳤다. 그게 운송 중에 분실된 일은 이제 알 만한 사람은 다 아는 이야기다.(전에도 한두 번 이 일에 대해 푸념을 늘어놓은 적이 있다. 이 일 때문에 아직까지도 속상한 마음이 안 풀렸으니 여러분이 나를 좀 이해해주었으면 한다.) 이 고통이 특히 뼈저린 이유는 대부분의 요리책이 저자—줄리아 차일드, 리처드 올니, 매리언 커닝엄, 제임스 비어드—의 사인을 받은 것들이기 때문이다. 그들 모두가 내 영웅이며 지금은 고인이 된 분들이다. 그 무엇도 그 책들을 대신해줄 수 없을 것이다.

이 상실을 극복하기까지 다소 시간이 걸렸지만(정확히 9년하고도 7개월하고도 16일), 나는 대서양을 무사히 건너온 다른 요리책들을 소중히 여기기로 결심했다. 그런 요리책 중 하나가 바로 제럴드 히리고옌Gerald Hirigoyen의 《바스크 키친The Basque Kitchen》이다. 그는 프랑스와 스페인의 국경에 걸쳐 있는 바스크 지방 출신으로 지금은 샌프란시스코에서 활동 중인 셰프다.

나의 잃어버린 요리책들과 달리 여러분이 파리에서 찾을 수 있는 것 한 가지는 바로 토르티야다. 토르티야는 상온으로 썰어 먹는 스페인 오믈렛이다. 다음에 소개한 요리는 제럴드의 책에 나오는 토르티야에서 영감을 얻었다. 이 토르티야의 특징은 바스크 지방에서 나는 붉고 매콤한 고춧가루인 에스펠레트를 살짝 흩뿌린다는 것이다. 에스펠레트 고춧가루는 다른 고춧가루처럼 음식 맛을 압도하지는 않지만 몇 입 먹은 뒤에 슬슬 달아오르는 열기를 품고 있다.

다행히도 나의 무쇠 프라이팬은 운송 중에 분실되지 않았다. 비행기 수하물 허용량이 지금보다 좀 더 너그러웠던 시절에 미국에서 손수 끙끙 날라가지고 온 것이다. 이 무쇠 프라이팬이야말로 스페인 토르티야를 만드는 데 딱이며, 다음 번 이사 때도 내 손으로 직접 나를 생각이다.

**6~8인분**

**올리브유** 2큰술

**감자** 1파운드(450g)
(껍질 벗기고 한 변이 2cm가 되도록 깍둑썰기한다)

**천일염이나 코셔 소금** 1¼ 작은술

**파** 6줄기(흰 부분과 연한 초록색 부분을 얇게 썬다)

**큰 달걀** 9개

**에스펠레트 고춧가루, 혹은
스위트파프리카 가루나 훈제 파프리카 가루**
1/4작은술

**생바질 잎 살짝 눌러 담아** 2컵(40g)(굵게 다진다)

**페타 치즈** 1컵(120g)(굵게 부순다)

1 지름 10인치(25센티미터)의 무쇠 혹은 코팅 프라이팬을 중불에 올리고 올리브유를 데운다.(팬 손잡이가 오븐에 넣을 수 있는 재질이어야 한다.) 깍둑썰기한 감자와 소금 1작은술을 넣는다. 자주 뒤적이면서, 감자가 부드럽게 완전히 익을 때까지 12~15분간 볶는다.

2 감자가 다 익기 몇 분 전에 파를 넣고 파가 숨이 죽을 때까지 익힌다.

3 오븐을 230도로 예열한다. 코팅 프라이팬을 쓸 경우에는 그 프라이팬의 최고 내열 온도(일반적으로 190도)로 예열한다.

4 볼에 달걀과 남은 소금 1/4작은술과 에스펠레트 고춧가루를 넣고 섞는다. 달걀

에 바질을 넣고, 섞은 재료를 감자가 든 프라이팬에 붓는다.

5 페타 치즈를 굵게 부숴서 감자 위에 뿌리고 숟가락으로 지그시 누른다. 중간에 이따금 팬을 돌려가면서, 토르티야의 밑면이 금갈색으로 굳을 때까지 스토브 위에서 익힌다. 15~20분 정도 걸린다. 너무 일찍 밑면을 들어서 확인하면 겉껍질이 부서질 수 있다.

6 겉껍질이 갈색이 되면 프라이팬을 오븐에 넣고 달걀이 굳을 때까지 약 5분간 굽는다.

7 오븐에서 프라이팬을 꺼낸다. 구이판이나 서빙 접시를 프라이팬 위에 엎은 다음 구이판과 프라이팬을 동시에 뒤집어서 토르티야를 옮겨 담는다. 약간 따뜻하게 혹은 상온으로 낸다. 토르티야는 냉장고에서 2일까지 보관할 수 있다.

**응용** | 좀 더 자극적인 맛을 내려면, 페타 치즈를 뿌릴 때 스페인식 초리소chorizo나 강한 양념이 들어간 다른 종류의 가열 소시지를 깍둑썰기해 1컵(120그램) 뿌린다. 스페인식 초리소는 염지하거나 훈제한 소시지로, 생으로 시판되며 껍질 없이 먹는 멕시코식 초리소와는 다르다. 이 (생으로 혹은 조리해서 파는) 다른 자극적인 소시지를 쓰고 싶다면, 우선 데워서 완전히 익힌 다음 얇게 썰거나 깍둑썰기한다.

# 케일 프로젝트

이곳에서 살기 전에는 파리를 방문할 때마다 저렴한 호텔에 묵었다. 하지만 아침은 호텔에서 먹는 대신, 훨씬 개성 있고 다양한 사람들을 만날 수 있는 현지 카페를 찾았다. 모락모락 김이 피어오르는 카페오레를 두 손으로 감싸 쥐고서 말랑한 버터가 담긴 래머킨과 라스베리 잼과 함께 종업원이 내 앞에 놓고 간 바게트의 맛을 음미하고 있자면, 카운터 옆에는 어김없이 그을린 얼굴로 이른 아침의 와인 한 잔을 즐기는 남자 손님 몇몇이 서 있었다. 바로 그거였다.

미국이나 다른 나라의 관습과 달리, 여러분은 아침에 달걀을 먹는 프랑스 사람을 전혀 볼 수 없을 것이다. 하지만 담배를 피우면서 화이트와인을 마시는 것은 괜찮다. (카페에서 흡연이 아직 허용되었을 때) 꽁초가 수북이 쌓인 재떨이에서 타들어가는 담배들은 그들—과 우리를 포함한 나머지 사람들—을 옅은 연기구름으로 에워싸곤 했다.

내 첫번째 프랑스어 선생님에게 이것이 프랑스에서는 흔한 일로 여겨지냐고 물었다. 그녀는 내 질문에 자못 놀란 듯이 "담배요, 와인요?" 하고 되물었다. 그제야 나는 동 트기 전의 이른 새벽에 바에서 술을 들이켜고 있던 그들은 밤샘 근무를 마치고 나름의 '해피 아워'를 즐기는 사람들이었을 수도 있음을 깨달았다.

프랑스 사람들이 아침에 다른 것들을 즐기기는 해도, 모닝커피—혹은 와인—에 달걀을 곁들여 먹지는 않는다. 하지만 나는 겨울에 기온이 떨어지면 아침에 달걀 한두 개를 깨곤 한다. 이는 반숙일 수도 있고 프라이일 수도 있고 버터 바른 토스트에 얹거나 때로는 구운 것일 수도 있다. 프랑스의 달걀은 너무나 훌륭하기 때문이다.

프랑스 사람들이 먹지 않는 또 한 가지는 바로 케일이다. 아니, 파리에서는 오랫동안 케일을 구할 수 없었기 때문에 '먹지 않았던'이라고 말해야 될지도 모르겠다. 내가 미국에 살 때는 케일을 그저 당연하게 받아들인 탓에 이 채소에 별 관심을 기울이지 않았다. 하지만 프랑스에 산 지 몇 년째가 되자 나는 케일이 그리워지기 시작했고, 그건 파리에 사는 다른 미국인들도 마찬가지였다. 사람들이 여기로 이주해 올 때마다 어김없이 하는 질문은 더 이상 "이곳 사람들은 모두 담배를 피우나요?"가 아니라 "어디 가면 케일을 구할 수 있나요?"가 되었다. 그렇게 케일 없이 몇 년을 보낸 끝에 나는 파리 5구의 자연식품 상점에 케일이 있다는 핫한 정보를 입수했다. 그곳 상점 계산대의 젊은이는 그 앞에 내려놓은 케일 무더기를 보고 깜짝 놀라면서 (영어로) 내게 물었다. "어느 나라에서 오셨나요?"

나처럼 미국인 이주민인 크리스틴 베다드Kristin Beddard가 '케일 프로젝트'를 개시해 잎이 무성한 이 채소를 재배하도록 현지 농부들을 설득한 끝에, 몇몇 시장에서 마침내 케일을 살 수 있게 되었다. 하지만 그전에 농부들은 우선 이 채소에 프랑스어 명칭을 지어 붙여야 했고, '슈 프리제chou frisé'(꼬불꼬불한 양배추)라고 부르기로 널리 합의된 듯 보였다. 하지만 '슈 플륌chou plume'(깃털 달린 양배추), '슈 베르 드미냉chou vert demi-nain'(녹색 꼬마 양배추), '슈 보레콜chou borécole'(보레콜은 케일의 다른 이름이다—옮긴이), '슈 올랑데chou hollandais'(네덜란드 양배추)라고 부르는 것도 보았다. 나는 '슈 아메리캥chou américain'(미국 양배추)이라는 이름을 밀고 있지만 말이다. 우리 동네의 '벌집'(현지 농산물을 구매하기 위한 공동 사업체의 이름)에서 처음으로 케일을 보았을 때 두 단을 주문했는데, 그게 너무 커서 수반이 둘 달린 우리 집의 거대한 싱크대를 꽉 채울 정도였다. 케일의 양이 얼마나 많은지, 그중 상당량을 마늘과 고춧가루를 넣고 푸르르 볶은 다음 마음 내킬 때마다 쓸 수 있도록 소량씩 나누어 냉동했다. 이는 분명히 '소원을 빌 때는 조심하라Be careful what you wish for'라는 격언에 딱 들어맞는 일화였다. 영원히 먹어도 줄지 않을 것 같은 케일로 냉동실이 꽉 차버렸으니 말이다. 그리고 그 결과, 파리에서 마침내 (그 이름이야 어떻든 간에) 케일을 갖게 되었다는 기쁨에 다시 공감하기까지는 다소 시간이 걸렸다는, 그런 이야기다.

## 케일과 훈제 연어에 얹은 베이크드 에그
Baked eggs with kale and smoked salmon
Oeufs au four avec chou frisé et saumon fumé

털어놓아도 될까 싶긴 하지만, 나는 법랑으로 된 작은 그라탱 용기들을 수집한다. 프랑스의 벼룩시장에 가면 이런 것을 거저 주다시피 한다. (아니, 적어도 예전에는 그랬다. 내가 이 사실을 소문내고 다니기 전까지는.) 대부분은 흠집이 몇 군데 나 있지만, 선명한 오렌지색이나 1950년대식 빨간색 빈티지 그릇을 보면 도저히 자제할 수가 없다. 그리고 새로 발굴해 비축한 케일을 요리할 때 이 그릇들을 요긴하게 활용한다.

나는 팬 바닥에 케일을 깔고 그 위에 달걀을 얹어서 구운 다음 푸알란 빵으로 만든 바삭바삭한 빵가루를 뿌리지만, 단단한 빵이라면 아무것이나 다 괜찮다. 먼저 팬에 빵 부스러기를 노릇노릇하게 구워두면 더 바삭바삭해지며, 부드럽게 익은 달걀이나 그 밑에 깔린 훈제 연어 조각과 근사한 대조를 이룬다.

흔히 와인은 달걀과 맞지 않는다고들 하지만, 나는 베이크드 에그가 뮈스카데Muscadet나 상세르Sancerre 같은 순한 화이트와인과 잘 어울린다는 사실을 발견했다. 나라면 점심으로 가끔씩 이 조합을 즐길 것이다. 내 생각에 이것은 프랑스식으로 아침 대신 점심에 달걀을 먹어야 할 가장 훌륭한 이유이기도 하다.

### 2인분

**마늘 빵가루**
가염버터나 무염버터 1½큰술
마늘 2쪽 (껍질 벗겨 다진다)
빵가루 혹은 건조 빵가루 1/3컵 (40g)
다진 생타임 잎 1작은술
천일염이나 코셔 소금 1/8작은술

**케일**
가염버터나 무염버터 1큰술
마늘 1쪽 (껍질 벗겨 다진다)
케일 3온스 (85g)
(물에 헹군 뒤 물기를 꽉 빼지 말고 굵게 다진다)
천일염이나 코셔 소금
으깬 검은후추나 고춧가루

**베이크드 에그**
훈제 연어 2쪽 (55g) (되도록 자연산으로)
큰 달걀 4~6개
염소젖 생치즈나 페타 치즈 2½온스 (70g)
생크림이나 크렘 프레슈 (327쪽) 2큰술

1. 마늘 빵가루를 만들기 위해, 뚜껑 있는 프라이팬을 중불에 올리고 버터를 녹인다. 다진 마늘을 넣고 저은 다음 빵가루, 타임, 소금을 섞는다. 자주 저어가면서 빵가루를 3~5분간 충분히 굽는다. (마늘이 타서 씁쓸한 맛이 날 수 있으니 너무 오래 굽지 않는다.) 빵가루가 다 구워지면 작은 볼에 긁어 담는다.
2. 케일을 준비하기 위해, 구운 빵가루를 비워낸 팬을 깨끗이 닦고 중불에 올려 버터를 녹인다. 다진 마늘과 젖은 케일을 넣고 소금과 후추로 간한다. 팬의 뚜껑을 덮은 다음 케일의 숨이 죽고 부드러워질 때까지 약 5분간 찐다. 중간에 몇 번 뚜껑을 열고 케일을 뒤적인다.
3. 베이크드 에그를 준비하기 위해, 오븐을 180도로 예열한다. 작은 구이접시 (예를 들어 8온스들이 그라탱 용기) 2개에 눌어붙음 방지 스프레이를 뿌리거나 버터를 넉넉히 바른다. 케일을 2개 접시에 나눠 담는다. 훈제 연어를 큼직하게 한입 크기로 찢어서 케일 위에 늘어놓는다. 달걀 2~3개를 깨 얹고 치즈를 으깨서 달걀 위에 뿌린다. 각각의 접시에 생크림 1큰술씩을 흘려 붓고 빵가루를 2~3큰술씩 뿌린다.
4. 달걀을 10~12분간, 혹은 달걀이 입맛에 맞게 익을 때까지 굽는다. 오븐에서 꺼낸 즉시 식탁에 낸다.

**응용** | 훈제 연어 대신 햄 1장을 여러 조각으로 찢어서, 바삭바삭하게 튀긴 베이컨을 부숴서, 익힌 소시지를 부스러뜨려서, 혹은 버섯을 볶아서 뿌릴 수도 있다. 훈제 연어 대신 훈제 송어를 써도 된다. 케일 대신 시금치나 콜라드 collards(쌈케일)나 스위스근대 같은 채소를 푸르르 볶아서 쓸 수도 있다. 채소의 양은 익힌 것을 눌러 담아서 1인분에 1/3컵(40그램) 정도면 된다.

**메모** | 나는 마늘 빵가루를 상비해둔다. 익힌 푸른 채소를 얹은 따뜻한 폴렌타 한 그릇이나 방울토마토 파스타 위에 뿌려 먹으면 아주 맛있기 때문이다. 이 레시피의 2~3배 분량을 만들어서 남은 것을 며칠 동안 사용해도 상관없다. 밀폐 용기에 넣으면 냉장고에서 약 일주일간 보관할 수 있다.

# 음식 문화의 믹스 앤 매치

순진하다고 할 수도 있겠지만, 나의 이스라엘 방문이 얼마나 논란으로 가득 찬 여행이 될지 나는 미처 깨닫지 못했다. 다양한 요리를 시식해달라는 초청을 받고 간 것인데, 이스라엘이 이민자들로 이루어진 나라인 만큼 그중에는 레바논, 시리아, 튀니지, 프랑스, 알제리, 심지어 미국 음식도 포함되어 있었다. 그 음식들이 상상을 뛰어넘을 정도로 신선하고 흥미로웠기 때문에, 잔뜩 신이 난 나는 먹은 것을 전부 블로그에 올려서 공유했다. 글을 올린 지 채 몇 분도 되지 않아, 내가 국제 스파이라느니, 지리적 경계를 재정의하려 기도한다느니 하는 온갖 비난의 메시지들이 쇄도하기 시작했다. 확실히 나는 그런 짓을 하고 있었다. 그러니까 잠옷 차림으로 노트북 앞에 앉아 병아리콩 소스 사진을 업로드하면서 말이다.

절인 채소 한 접시나 병아리콩 한 사발이 그토록 뜨거운 논쟁을 불러일으키는 주제가 될 줄은 미처 알지 못했다. 어떤 음식에 대한 글을 올릴 때마다 나는—아니, 그건 이스라엘 음식이 아니라—레바논 혹은 시리아 혹은 이란 음식이라는 지적을 받았다. 이스라엘은 아주 젊은 나라이고 이민자들에 의해 혼합된 음식 문화를 가진 탓에, 그 나라 대부분의 음식이 정말로—우리가 미국에서 먹는 음식이 그렇듯—해외에서 온 것이다. 햄버거와 핫도그(독일), 도넛(아마도 네덜란드), 피자(이탈리아), 아이스크림(누구와 이야기하느냐에 따라 아라비아 혹은 중국), 콜슬로(네덜란드), 파이(영국), 베이글과 치즈 케이크(동유럽) 같은 것은 엄밀히 따지면 전혀 미국 음식이 아니다. 하지만 파리의 크루아상(오스트리아)과 마카롱(이탈리아)처럼, 파이와 아이스크림은 미국 문화에서 너무나 상징적인 음식이 되었기에 미국과 결부되어 취급된다.

샥슈카는 한번 맛보면, 왜 많은 문화권 사람들이 자기네 음식이라고 주장하고 싶어하는지 이해하게 될 것이다. (대다수 사람들은 이를 튀니지에서 유래한 음식으로 여긴다.) '샥슈카shakshuka'는 아랍어로 '혼합'이라는 뜻이며 항상 토마토, 고춧가루, 달걀이 들어간다. 하지만 푸른 채소, 감자, 콩, 아티초크, 소시지, 치즈 같은 다른 재료들도 추가될 수 있다.

나는 언젠가 샥슈카를 만드는 모든 나라를 방문해 다양한 샥슈카를 종류별로 다 먹어볼 수 있길 희망한다. 하지만 우선은, 나 역시 다양한 문화적 배경을 지닌 사람으로서 몇 가지 다른 버전을 혼합해 나름의 레시피를 만들어냈다.

나의 샥슈카(154쪽)는 몇몇 문화적 경계를 횡단해온 나름의 역사를 지니고 있다. 이는 블로그 amateurgourmet.com을 운영하는 애덤 로버츠Adam Roberts(그는 뉴욕의 레스토랑 '타임Taim'과 '발라부스타Balaboosta'의 셰프인 에이나트 애드모니Einat Admony에게서 이 레시피를 얻었다)와 요탐 오토렝기Yotam Ottolenghi와 사미 타미미Sami Tamimi(이들은 런던에서 레스토랑 '오토렝기'와 '노피Nopi'를 각각 운영하고 있는데, 내가 처음 샥슈카를 맛본 곳이다)의 샥슈카에서 영감을 받았다. 푸른 채소에 변화를 주거나 양념을 조절하거나 다른 치즈를 써도 상관없다. 원조에 대한 논쟁을 피하기 위해 그냥 크레디트 명단에 내 이름만 추가해주면 된다.

# 샥슈카 Shakshuka
**Chakchouka**

이 요리를 할 때 나는 토마토 껍질을 벗기지 않는다. 껍질이 있어도 별로 거슬리지 않기 때문인데, 그래도 토마토 껍질을 벗기고 싶다면 먼저 꼭지를 제거하고 밑동에 X자로 칼집을 넣은 다음—한 번에 몇 개씩—끓는 물에 넣는다. 그리고 1분 뒤 토마토를 건져 얼음물에 담갔다가 껍질을 벗겨낸다. 통조림 토마토를 쓸 수도 있다.

나는 포부르뒤탕플 가의 상점에서 매운 고추를 산다. 이 거리는 아프리카와 아라비아 사람들, 그리고 최근 들어서는 한 특정 미국인에게 식료품을 공급하는 길거리 상점들의 중심지다. 여기서 파는 온갖 종류의 향신료, 뿌리, 채소, 고추는 인도를 빼곡히 채운 매대 위에 그야말로 넘쳐흐른다. 종류와 상관없이 자극과 매운맛의 수위에서 자신이 감당할 수 있는 고추를 쓰면 된다.

소스는 최대 3일 전에 미리 만들어서 냉장고에 보관할 수 있다. 내기 직전에 프라이팬에 데우는데 이때 필요하면 물을 약간 더 부어서 묽게 만든다.

1 뚜껑이 있는 널찍한 프라이팬을 중강 세기의 불에 올리고 올리브유를 데운다. 양파와 마늘을 넣은 뒤 부드럽고 반투명해질 때까지 8~10분간 익힌다. 고추, 소금, 후추, 향신료들을 넣는다. 계속 뒤적여 향을 내면서 1분간 더 익힌다.

2 1에 토마토, 토마토 페이스트, 꿀, 식초를 넣는다. 중불로 줄이고, 소스가 어느 정도 되직해지되 팬을 흔들었을 때 출렁거릴 만큼 묽은 농도가 될 때까지 12~15분간 익힌다.(생토마토는 통조림 토마토보다 시간이 더 걸릴 수 있다.) 다진 채소를 넣고 젓는다.

3 불을 끄고 토마토소스에 페타 치즈 조각을 눌러 넣는다. 숟가락 뒷면으로 소스를 눌러 움푹 들어간 웅덩이를 6군데 만든다. 웅덩이마다 달걀을 1개씩 깨 넣고, 노른자를 건드리지 않도록 조심하면서 흰자가 토마토소스와 약간 섞이게끔 흰자를 주걱으로 살살 젓는다.

4 다시 불을 켜고 소스를 은근한 불에서 10분간 끓인다. 중간중간에 토마토소스를 떠서 달걀흰자 위에 끼얹는다. 뚜껑을 덮고 달걀이 취향에 맞게 익을 때까지 3~5분간 더 끓인다. 서빙할 준비가 다 되었을 때 노른자가 아직 묽고 촉촉해야 한다. 바삭한 빵을 넉넉히 곁들여 뜨겁게 낸다.

---

3~4인분

**올리브유** 2큰술
**양파** 1개(껍질 벗겨 작게 깍둑썰기한다)
**마늘** 3쪽(껍질 벗겨 얇게 저민다)
**고추**(종류와 입맛에 따라)
　1/2~1개
　(꼭지를 제거하고 반으로 갈라 씨를 뺀 뒤 잘게 다진다)
**천일염이나 코셔 소금** 1½작은술
**으깬 검은후추** 1작은술
**스위트파프리카 혹은 훈제 파프리카 가루**
　1작은술
**으깬 캐러웨이 씨** 1작은술
**으깬 큐민 씨** 1작은술,
　혹은 큐민 가루 3/4작은술
**강황 가루** 1/2작은술
**잘 익은 토마토** 2파운드(900g)(꼭지 제거하고 깍둑썰기한다), 혹은 **토마토 통조림**(즙까지 포함해서) 2개(14온스/400g)(토막 내거나 으깬다)
**토마토 페이스트** 2큰술
**꿀** 2작은술
**레드와인 식초나 사과즙 발효 식초** 1작은술
**래디시 잎, 물냉이, 케일, 스위스근대,**
　**시금치 등의 푸른 채소**
　살짝 눌러 담아서 1컵(20g)(굵게 다진다)
**페타 치즈** 1컵(5온스/130g)(한입 크기로 깍둑썰기한다)
**달걀** 4~6개
**곁들일 바삭한 빵**

# 햄, 블루치즈, 배를 넣은 키시
Ham, blue cheese, and pear quiche

햄, 블루치즈, 배를 넣은 타르트 살레 Tarte salée au jambon, au bleu, et aux poires

1980년대 미국에서는 키시quiche가 엄청나게 유행했다. 특히 내가 일했던 곳과 같은 채식 레스토랑에서 인기가 많았다. 온갖 채소와 허브에 무한히 응용할 수 있을 뿐만 아니라, 크림처럼 부드럽고 기름진 맛과 다소 과하게 듬뿍 들어간 치즈 덕분에 친구들 손에 끌려와서 좌불안석인 육식 애호가들도 비교적 쉽게 받아들였기 때문이다. 다행히 우리 식당에서는 와인도 제공했기 때문에 모두를 만족시킬 수 있었다.

유감스럽게도 일부 사람들은 'quiche'를 발음하는 데 어려움을 겪었고, 우리 식당 여종업원 중 적잖은 수가 '퀴키quickie'(잠깐 하는 것)를 요구하는 고객들에게 본의 아니게 잠자리 제안을 받기도 했다.

우리가 '키시'라고 부르는 음식은 프랑스에서 '타르트 살레tarte salée'라는 좀 더 고상한 이름으로 통용된다. '살레salée'는 '야한'이라는 뜻 말고 '짭짤한'이라는 뜻도 있다. '타트tart'(영어로 '타르트'라는 뜻도 있고 '매춘부'라는 뜻도 있다―옮긴이)는 일반적으로 더 두툼하고 미국에서 볼 수 있는 파이 비슷한 키시와는 닮지 않았다. [여러분이 파리에서 '퀴키'를 찾는다면, 피갈Pigalle(섹스 숍과 환락가로 유명한 구역―옮긴이)에 여러분을 도와줄 키 크고 야한 '타트'들이 좀 있다. 하지만 나라면 여종업원에게 잠자리를 제안하는 일은 삼갈 것이다. 그 결과에 대한 대비가 되어 있지 않다면 말이다.]

'타르트 살레'는 대개 아주 기름지다. 이를 피해 갈 방법은 없다. 이 말이 위안이 될지는 모르겠지만, 나는 점심식사로 이것을―물론 건강한 그린 샐러드를 곁들여서―열심히 퍼 먹는 날씬한 여자들을 수두룩하게 보았다. 이 키시에 들어가는 배는 다른 재료를 압도하는 풍미는 아니지만, 질감을 가볍게 해주고 약간의 달콤함을 부여해 치즈와 햄의 맛을 상쇄해준다. 즙이 너무 많은 배보다는 보스크Bosc나 앙주Anjou 같은 단단한 배를 쓰는 것이 좋다.

---

**8인분**

**크러스트**

**중력분** 1컵(140g)

**옥수숫가루** 1/3컵(55g)

**천일염이나 코셔 소금** 1/2작은술

**무염버터** 8큰술(4온스/115g)(주사위 모양으로 썰어 차게 식힌다)

**큰 달걀** 1개

**속 재료**

**올리브유** 1큰술

**샬롯** 6개(껍질 벗겨 얇게 저민다)

**천일염과 으깬 검은후추**

**크고 단단하고 잘 익은 배** 1개(껍질 벗겨 1.5cm 크기로 깍둑썰기한다)

**가열(보일드) 햄** 1컵(130g)(깍둑썰기한다)

**생크림이나 하프앤하프**
 (유지방 10~12%인 크림―옮긴이) 1½컵(375ml)

**크림치즈** 8온스(225g)

**으깬 육두구**

**큰 달걀** 4개

**달걀노른자** 2개

**으깬 블루치즈나 로크포르 치즈** 1½컵(150g)

**다진 이탈리아 파슬리** 2큰술

---

1  크러스트를 만들기 위해, 주걱이 장착된 스탠드믹서 용기에 밀가루, 옥수숫가루, 소금을 넣고 돌린다(또는 볼에 넣고 페이스트리 블렌더로 저어도 된다). 버터를 넣은 다음 버터가 뭉개져 재료가 모래알 같은 질감이 될 때까지 저속으로 돌린다. 달걀을 넣고 반죽이 뭉쳐서 덩어리지기 시작할 때까지 돌린다. 손으로 반죽을 뭉쳐서 원반 모양으로 빚는다. 랩으로 싸서 최소 30분 동안 차게 식혀둔다. (반죽은 최대 2일 전에 미리 만들어둘 수 있다.)

2  차게 식힌 반죽을 살짝 밀가루를 친 평대 위에 올리고 지름이 14인치(35센티미터)가 될 때까지 밀개로 민다. 재료가 팬 밖으로 넘치지 않도록 9~10인치(23~

25센티미터) 규격의 스프링폼 팬 겉면을 알루미늄 호일로 감싼 다음 반죽을 팬에 옮겨 담는다. 반죽을 팬의 옆면에 대고 꾹꾹 눌러서 반죽 가장자리가 팬 옆면 높이의 절반보다 약간 넘게 올라오게 한다. 만약 반죽에 금이 가면 가장자리에서 반죽을 약간 떼어 빈틈없이 메운다. 굽는 도중에 속이 배어 나오지 않게 해야 한다. 속을 만드는 동안 팬 안의 반죽을 차게 식혀둔다.

**3** 오븐을 190도로 예열한다.

**4** 속을 만들기 위해, 프라이팬을 중불에 올리고 기름을 달군 다음 샬롯과 약간의 소금, 후추를 넣는다. 샬롯이 부드럽고 반투명해질 때까지 3~5분간 볶는다. 프라이팬을 불에서 내린 다음 썰어둔 배와 햄을 넣고 섞는다.

**5** 큰 볼에 생크림, 크림치즈, 달걀, 달걀노른자를 넣고 육두구를 몇 번 갈아 넣은 다음 부드러워질 때까지 섞는다. 블루치즈, 배와 햄 섞은 재료, 파슬리를 넣고 젓는다.

**6** 테두리가 있는 구이판 위에 스프링폼 팬을 놓고 속 재료를 붓는다. 숟가락으로 속 안의 재료를 고르게 펴뜨린다. 타르트를 45~50분간 굽는다. 윗면이 노릇노릇해지고, 속은 아직 바르르 떨리고, 중간에 이쑤시개를 넣었다 뺐을 때 묻어 나오지 않을 정도가 되어야 한다. 썰기에 적당할 정도로 굳을 때까지 식힌 다음 따뜻하게 혹은 상온으로 낸다.

**응용** | 베이컨을 좋아한다면, 햄 대신 작게 깍둑썰기해서 익힌 베이컨 1컵(125그램)을 넣을 수도 있다. 채식주의자라면 햄을 뺀다. 처빌, 타임, 타라곤, 딜, 마조람 등 좋아하는 생허브를 넣어서 맛을 더할 수도 있다.

# 데친 채소, 소시지, 수란을 곁들인 메밀 폴렌타
## Buckwheat polenta with braised greens, sausage, and poached eggs
**Polenta au sarrasin, légumes braisées, saucisse, et oeufs pochés**

프랑스에는 '컴포트 푸드comfort food'(힘들 때 위안이 되는 음식—옮긴이)에 해당하는 용어가 없다. 아마도 '퀴진 메종cuisine maison'(집밥)이나, 구어 쪽에 가까운 '퀴진 드 그랑메르cuisine de grand-mère'(할머니가 해주신 음식)가 가장 흡사한 말일 것이다. 하지만 나는 뭘 먹으면 기분이 좋아지거나 편안해질 거라는 다른 사람의 조언이 좀 불편하다. 고맙지만 내가 먹을 음식은 내 스스로 정할 수 있으니까. 그리고 내 경우에는 그런 음식이 바로 폴렌타다.

나는 폴렌타가 그렇게까지 큰 위안을 줄 거라고는 생각지 못했다. 어… 그러니까 폴렌타를 지금보다 더 좋아할 수 있으리라고는 생각지 못했다는 얘기다. 내 친구인 블로거 사라 로소Sara Rosso(www.msadventuresinitaly.com)를 만나러 밀라노에 갔을 때까지는 말이다. 나는 자동차를 몰고 코모 호수 너머의 산악 지대까지 가서 그 친구와 함께 투박한 시골풍의 점심을 먹었는데, 메밀의 검은 얼룩이 점점이 찍힌 푸짐한 폴렌타 위에 멧돼지고기가 얹혀 나왔다. 그것은 '폴렌타 타라냐polenta taragna'라는 음식이었고, 이제 나는 파리의 편안한 내 집에서 ('그로우츠groats' 혹은 '카샤kasha'라고도 부르는) 통메밀 약간을 블렌더나 소형 야채 다지기food chopper에 넣고 새 모이만 한 크기로 부서질 때까지 돌린 다음 이것을 폴렌타와 함께 넣고 조리한다.

폴렌타는 미리 만들어놓았다가 중탕으로, 또는 냄비째로 다시 데워 먹어도 된다. 이때 너무 되직해졌으면 육수나 물을 약간 더 부어서 젓는다. 이 레시피에서는 필요한 양보다 약간 더 많이 만들 수 있게 했다. 나는 다음 날 아침 이걸 다시 데워서 가염버터 한 덩이와 메이플 시럽을 곁들여 한 그릇 더 먹는 걸 좋아하기 때문이다.

1. 폴렌타를 만들기 위해, 소스팬에 물을 붓고 끓인다. 물이 끓어오르면 폴렌타, 메밀가루, 소금을 넣고 젓는다. 불을 약하게 줄이고 자주 저으면서, 부드러운 크림처럼 될 때까지 30~45분간 끓인다. 폴렌타를 불에서 내린 다음 버터와 파마산 치즈 가루를 넣고 젓는다. 뚜껑을 덮고 서빙 준비가 완료될 때까지 따뜻하게 유지한다.
2. 푸른 채소를 준비하기 위해, 뚜껑이 있는 널찍한 프라이팬을 중불에 올리고 올리브유를 달군다. 양파를 넣은 다음 부드럽고 반투명해질 때까지 8~10분간 익힌다. 마늘과 타임을 넣고 1~2분간 더 익힌 다음 채소를 넣는다. 소금과 후추로 간하고 몇 번 뒤적인 다음 뚜껑을 덮는다. 중간에 이따금씩 뒤적이면서 채소가 숨이 죽을 때까지 약 5분간 익힌다.

---

**2인분**

**폴렌타**
**물** 3컵(750ml)
**폴렌타** 2/3컵(90g)(인스턴트 제품 아닌 것으로)
**메밀가루** 2큰술(18g)
**천일염이나 코셔 소금** 약간 모자라게 1/2작은술
**가염버터나 무염버터** 2큰술
**파마산, 페코리노, 혹은 아시아고 치즈 가루**
  3/4컵(2온스/70g)

**푸른 채소**
**올리브유** 1큰술
**붉은양파** 1개(껍질 벗겨 얇게 저민다)
**마늘** 1쪽(껍질 벗겨 얇게 저민다)
**생타임 또는 샐비어** 1작은술(잘게 다진다)
**라디치오나 에스카롤, 혹은 기타 씁쓸한
채소 눌러 담아** 6컵(8온스/225g)(한입 크기로 썬다)
**천일염이나 코셔 소금**
**으깬 검은후추**
**치킨 스톡**(326쪽)**이나 물** 3/4컵(180ml)
**발사믹 식초** 1큰술
**허브 소시지** 8온스(230g)
  (기름 두른 팬에 익혀서 저민다)
**채 쳐서 기름에 절인 태양 건조
  토마토 병조림** 3큰술,
  **또는 채 친**(씨 뺀) **블랙이나 그린 올리브** 3큰술

**리코타 살라타 치즈 또는 페타 치즈**
  1/2컵(2¼온스/65g)
**수란**(329쪽 '메모' 참조) 2개
**으깬 검은후추**

**3** 뚜껑을 열고 치킨 스톡, 식초, 소시지, 태양 건조 토마토를 넣는다. 골고루 익도록 잘 젓는다. 뚜껑을 덮고 따뜻하게 유지한다.

**4** 폴렌타를 대접 2개에 나눠 담고, 데친 채소와 소스를 숟가락으로 떠서 윗면에 얹는다. 리코타 살라타 치즈를 으깨서 채소 위에 뿌리고 그 위에 수란을 얹는다. 후추를 몇 번 갈아 간해서 낸다.

**메모** | 몇 가지—폴렌타, 채소, 수란—를 동시에 조리해야 하기 때문에, 나는 채소를 익히는 동안 스토브에 물을 담은 냄비를 올리고 약한 불에서 끓이고 있다가 서빙 직전에 수란을 만든다.

### 버섯은 옳다

많은 사람들이 모르는 사실 한 가지, 프랑스의 약사들은 야생 버섯을 구분하는 법을 교육받는다는 것이다. 만약 여러분이 버섯을 땄다면 동네 약사한테 가서 먹을 수 있는 것인지 물어볼 수 있다. 나는 버섯을 채집하지 않지만, 버섯 채집을 하는 한 친구의 말에 따르면 약사들은 누가 먹고 행여 탈이 날 경우 책임지게 되는 걸 원치 않기 때문에 항상 못 먹는 버섯이라고 말한단다.

나는 폴렌타 위에 볶은 채소와 소시지 대신 샹트렐chanterelle(야생 버섯의 일종)을 자주 얹어 먹는데, 시장에 가서 전문가한테 (안전하게) 구입한다. 버섯의 흙먼지를 깨끗이 떨어내고 너무 얇지 않게 저민다. 가염버터나 무염버터 2큰술을 큼지막한 코팅 프라이팬에 넣고 센불에서 녹인다(작은 프라이팬에 버섯이 넘치게 담으면 표면이 갈색으로 볶이지 않고 찜이 된다). 버터가 지글지글 끓으면서 거품이 생기면 저민 샹트렐 8온스(230그램)를 넣고 소금과 후추로 간한다. 다진 마늘 2작은술과 다진 생타임 2작은술을 넣는다. 버섯이 노릇노릇해질 때까지 3~5분간 볶은 다음 버터 1큰술과 달지 않은 화이트와인 1/2컵(125밀리리터)을 넣는다. 소스가 되직해질 때까지 버섯을 1~2분간 더 볶는다. 불에서 내리고 이탈리아 파슬리 생으로 다진 것을 넉넉히 뿌린다. 버섯을 숟가락으로 떠서 메밀 폴렌타 위에 얹고 가늘게 채 친 파마산 치즈 부스러기를 올린다.

# 소를 채운 채소 구이 Stuffed vegetables
**Légumes farcis**

내 친구 마리옹 레비Marion Lévy의 아파트에 저녁 초대를 받아 가는 일은 항상 즐겁다. 문간에서 나를 맞이해주는 그녀의 남편 장바티스트에게서 와인 한 잔을 받아 들고 나면, 마리옹이 부엌에서 알록달록하고 편한 실내화를 신은 채 시장에서 사온 채소와 생허브 단을 다지고 있는 모습이 눈에 들어온다. 커피 테이블에 쌓인 미술책들 사이에는 항상 도마가 놓여 있고, 그 위에는 컨트리 햄과 염지한 초리소 조각과 종지에 되는 대로 담긴 올리브와, 내가 집에 들어와 자리에 앉기까지 그 짧은 시간에 그녀가 잽싸게 짓이겨 만든 스파이스 딥소스가 놓여 있다.

하이힐을 신고 휘청휘청 걸어 다니며 인상적인 딸기 샤를로트charlotte(둥근 비스킷 안에 무스크림 등을 넣어 차갑게 굳힌 디저트—옮긴이)로 디너파티를 마무리하는, 믿기 힘들 정도로 시크한 파리의 안주인들과 마리옹의 유일한 공통점이 있다면 그건 그녀가 모든 일을 너무나 손쉽게 해치우는 것처럼 보인다는 사실이다. (그리고 파리의 그런 고급스러운 디너파티와 달리, 마리옹의 집에서는 냉동 디저트를 담았던 빈 상자가 쓰레기통에 쑤셔 박혀 있는 광경을 볼 수 없다.)

그녀의 만찬회는 여러분이 어디서 읽은 대로 파리의 호화로운 동네에서 열린다는 그런 식의 화려한 디너파티는 아니지만, 누가 테이블 한복판에 투박한 음식 사발들을 편하게 턱턱 내려놓으며 각자 알아서 덜어 먹으라고 할 때 나는 그 파티가 훨씬 더 즐거워진다.

마리옹의 집에서 많은 요리를 먹어봤지만, 그중에서도 내가 가장 좋아하는 것은 소를 채운 채소 요리다. 어느 날 마리옹이 그걸 만들어주려고 우리 집에 왔을 때 내가 채소를 담아 구울 도기 접시를 꺼냈더니 그녀가 말했다. "응? 나는 그냥 오븐 선반에 놓고 굽는데."(프랑스 오븐에는 사람들이 구이판 대용으로 사용하는 얕은 선반 하나가 딸려 있다.) 다음 날 엉거주춤 엎드려 오븐을 벅벅 긁어 청소하는 내 모습을 상상해본 뒤 나는 테두리가 있는 구이판을 끄집어냈고, 그녀는 그걸로 만족했다.

요리를 준비하면서 그녀는 마늘을 딱 한 쪽만 썰었다. 내가 미국인들은 마늘을 정말로—아주 많이—좋아한다고 하자 그녀가 말했다. "그래, 한 개 더 넣지, 뭐. 미국인들을 위해서!" 그녀는 한참을 젓다가 간을 보더니 또 말했다. "그래, 또 한 개 더 넣지, 뭐. 나를 위해서!"

이것은 '코를 써서'(11쪽) 하는 요리이므로, 종류에 구애받지 않고 쓰고 싶은 다진 고기를 쓰면 된다. 나는 보통 여기에 쌀밥을 곁들인다. 고추 역시 종류에 상관없이 원하는 것을 써서 매운맛에 변화를 주면 된다. 채소 중 한 가지를 피망 한두 개로 바꿔 넣어도 괜찮다. 나라면 여름에는 파슬리 대신 바질 한 단을 다져서 소에 넣겠다. 그리고 마리옹처럼 '코를 써서' 마늘을 얼마든지 더 넣을 수도 있다.

6인분

**단단하고 잘 익은 토마토** 4개
**가지** 2개
**주키니 호박** 2개
**올리브유**
**양파** 1개 (껍질 벗겨 작게 깍둑썰기한다)
**마늘** 3~4쪽 (껍질 벗겨 다진다)
**천일염이나 코셔 소금** 2½작은술
**생샐비어** 1큰술 (잘게 다진다)
**생타임 잎** 1큰술 (잘게 다진다)
**다진 고기** (쇠고기, 양고기, 돼지고기 혹은 칠면조 고기)
　1파운드 (450g)
**작은 고추** 1개 (씨 빼고 잘게 다진다)
**으깬 검은후추**
**레몬즙** 1큰술
**이탈리아 파슬리나 바질** 1/2컵 (30g) (생으로 다진다)
**큰 달걀** 1개
**파마산 치즈 가루** 1/2~2/3컵 (1½~2온스/45~60g)

1. 큰 구이판에 올리브유를 바른다.
2. 토마토의 꼭지를 제거하고 가로로 반 가른다. 즙과 씨를 지그시 짜내어 버리고 과도나 수프용 숟가락으로 과육의 일부를 (너무 깊지 않게) 파낸다. 잘라낸 과육을 작게 다져서 볼에 담는다. 과육을 파낸 토마토 반쪽은 자른 면이 위로 가도록 구이판 위에 놓는다.
3. 호박과 가지의 양끝을 다듬고 길이로 반 가른다. 가른 반쪽을 다시 가로로 반 가른다. 약 1/2인치(2센티미터) 두께의 가장자리를 남기고 중심 부분을 따라 과도로 도랑을 파서, 소를 채울 수 있는 '보트' 모양으로 만든다. 파낸 속 부분은 다져서 다진 토마토와 함께 담는다. 호박과 가지 '보트'를 자른 면이 위로 가도록 구이판 위에 놓는다.
4. 큰 프라이팬을 중불에 올리고 올리브유 2큰술을 달군다. 양파를 넣고 가끔씩 뒤적이면서 부드러워지기 시작할 때까지 8~10분간 볶는다. 마늘, 다진 채소, 소금 1작은술을 넣은 다음 채소가 완전히 부드러워지고 물기가 대부분 졸아들 때까지 계속 익힌다.
5. 허브를 넣고 저으면서 1분간 더 익힌 다음 고기와 다진 고추를 넣는다. 남은 소금 1½작은술과 검은후추로 간한다. 자주 뒤적이면서 고기가 알맞게 속까지 익을 때까지 8~10분간 익힌다. 불에서 내리고 레몬즙을 뿌린 다음 상온에서 식힌다.
6. 오븐을 180도로 예열한다.
7. 고기소가 식으면 파슬리, 달걀과 함께 푸드프로세서 용기에 담는다. 몇 차례 순간 작동으로 돌려서 재료가 골고루 섞이되 아직 덩어리가 남아 있는 상태가 되게끔 돌린다. (푸드프로세서가 없으면 손으로 섞어도 된다.)
8. 속을 파낸 채소에 고기소를 채우고 그 위에 올리브유를 약간 뿌린다.
9. 채소가 속까지 완전히 익도록 1시간 동안 굽는다. 다 구워지기 15분 전에 윗면에 치즈 가루를 뿌린다. 따뜻하게 낸다.

# 버터넛 스쿼시 브레드 수프
## Butternut squash bread soup
**버터넛 파나드** Panade de butternut

'프렌치컷' 깍지콩(내가 물어본 바로는 여기서 '프렌치컷French-cut'이 무슨 뜻인지 아는 프랑스 사람이 단 한 명도 없었다)부터 '프렌치 스타일' 냉장고(우리가 프랑스에서 볼 수 있는 소박한 크기의 냉장고와는 전혀 닮지 않은 육중한 괴물)에 이르기까지, 나는 미국에서 '프렌치 스타일'이라는 이름을 붙여 파는 온갖 것들에 대해 프랑스 친구들에게 알려주면서 쾌감을 느낀다.

내가 한 디너파티에서 이 파나드를 처음 선보였을 때, 내 파리 친구들 중 어느 누구도 이 요리에 대해 들어본 사람이 없었다. 수프 비슷하지만 충분히 한 끼가 될 만큼 든든한, 오븐에 구운 이 캐서롤에 대해 아는 바가 없었다. 친구들이 알려주기를 '파나드'는 곤경에 처한 사람을 가리키는 말이라고 했다.

버터넛 파나드는 내가 일생을 통틀어 절대 잊지 못할 드문 요리 중 하나다. 어느 날 밤 나는 '셰 파니스'의 부엌에서 베이킹에 여념이 없었다. 너무 바빠서 요리사들이 손님에게 해 나르는 온갖 멋진 음식을 눈요기만 할 뿐 즐길 시간이 거의 없었다. 그때 내가 군침을 흘리며 쳐다보는 모습을 본 요리사 신 리퍼트Seen Lippert가 내게 따끈한 파나드 한 대접을 가져다주었다. 그것은 토스트한 사워도우 빵조각을 생허브가 듬뿍 들어간 향긋한 육수에 적신 요리였는데, 그 사이사이에 겹겹이 푸짐하게 끼운 버터넛 스쿼시(땅콩호박)가 모든 재료를 한데 아울러주었다. 나는 그것을 딱 한 숟갈 먹어보고는 제대로 음미하기 위해 하던 일을 멈추고 자리에 앉아야만 했다.(그날 밤 디저트가 나올 때까지 좀 더 오래 기다려야 했던 손님들에게 뒤늦게나마 사과드린다.)

그 이후 신은 외식업계를 떠났다. 그녀가 떠난 것은 식당 손님들에게는 애석한 일이지만 그녀의 남편에게는 대단히 잘된 일이었다. 그녀는 자신의 파나드 레시피를 기꺼이 공유해주었다. 파나드는 놓아두면 맛이 더 좋아지고, 다음 날 다시 데우면 더더욱 맛이 좋아지는 그런 요리다.

빵으로 말하자면 톡 쏘는 맛을 지닌, 단단하고 속이 꽉 찬 사워도우 빵을 찾아보길 권한다. 빵의 양은 접시 크기에 따라 조금 많거나 적어질 수 있으니 여분의 빵을 준비해놓는 편이 좋다.(프랑스에서라면 절대 걱정할 필요가 없는 일이다!) 사워도우 빵을 구할 수 없다면 단단한 호밀빵도 괜찮다.

버터넛 파나드는 치킨 스톡의 품질이 매우 중요한 요리이므로, 집에서 만든 스톡을 쓸 것을 강력히 권한다. 이 요리는 '수프'라는 이름이 붙었지만 실은 아주 촉촉한 캐서롤에 더 가깝다. 원한다면 대접마다 여분의 따끈한 육수를 끼얹어서 내놓아도 된다.

1. 널찍한 프라이팬이나 더치오븐을 중불에 올리고 버터와 올리브유를 넣어 녹인다. 양파와 저민 마늘 2쪽과 허브 1작은술을 넣는다. 가끔씩 뒤적이면서, 양파가 완전히 숨이 죽고 밑면과 가장자리가 갈색으로 변하기 시작할 때까지 약 35분간 익힌다.

2. 양파를 조리하는 동안 오븐을 190도로 예열한다. 빵조각들을 구이판 위에 한 겹으로 올리고 오븐에 넣어 토스트한다. 중간에 한 번 뒤집어주고 빵의 양면이 건조해질 때까지 10~12분간 굽는다. 오븐에서 꺼내어 손댈 수 있을 정도로 식힌 다음 빵의 양면에 통마늘을 문지른다.

3. 양파가 다 되면 와인을 붓고 팬 바닥에 눌어붙은 감칠맛 나는 갈색 부스러기를 긁어서 떼어낸다. 와인이 잘 배어들도록 1~2분간 더 끓인다. 스톡 2컵을 양파에 붓고 스톡이 거의 배어들 때까지 10~15분간 끓인 다음, 나머지 스톡을 붓고 스톡이 뜨거워질 때까지 데운다. 불에서 내린다.

4. 파나드를 만들기 위해, 3~4리터들이의 구이접시 바닥에 빵을 한 겹으로 간다. 빵이 한 겹으로 들어가게끔 서로 겹치는 부분은 부숴서 깎아내되 면적이 최대한 넓어지도록 배열한다. 양파의 절반과 스톡 일부를 빵 위에 끼얹고 스쿼시 조각 중 절반을 그 위에 얹는다. 소금, 후추, 그리고 남은 허브의 절반으로 가볍게 간한다. 콩테 치즈 가루 1/2컵(40그램)을 뿌린다. 그 위에 빵을 한 겹 더 깔고 나머지 양파와 스톡 일부를 빵 위에 끼얹는다. 나머지 스쿼시 조각을 그 위에 덮는다. 스쿼시를 소금과 후추로 간하고 남은 허브를 뿌린다. 콩테 치즈 가루 1/2컵(40그램)을 스쿼시 위에 뿌린다. 그 위에 마지막으로 빵을 한 겹 더 깔고 나머지 스톡을 빵 위에 끼얹은 다음, 전체 재료가 잘 어우러지게끔 내리누른다. 윗면에 남은 콩테 치즈 가루 1컵(90그램)과 파마산 치즈 가루를 뿌린다.

5. 구이접시를 알루미늄 호일로 덮고 가장자리를 여미되 이때는 표면을 누르지 않는다. 그러면 굽는 도중에 치즈 일부가 호일에 들러붙을 수 있다. 재료가 새어나오는 데 대비해 구이판에 호일을 깔고 그 위에 구이접시를 놓는다. 45분간 굽고 파나드의 호일을 벗긴 다음 30분간, 혹은 파나드가 충분히 갈색이 되고 윗면이 바삭해질 때까지 더 굽는다. 약 15분간 식힌 다음 파나드를 숟가락으로 떠서 수프 대접에 담되, 바삭바삭한 토핑이 들어 있어 사람들이 좋아하는 맨 위층이 모두에게 골고루 돌아가도록 신경을 쓴다. 식탁에 낸다.

---

8인분

**무염버터** 3큰술
**올리브유** 3큰술
**양파** 4개(껍질 벗겨 저민다)
**마늘** 4쪽
    (껍질 벗겨 2쪽은 얇게 저미고 2쪽은 통째로 놔둔다)
**생타임과 샐비어 다져서 섞은 것** 2큰술
**속이 꽉 차고 질감이 견고한 사워도우 빵**
    2파운드(900g)(납작하게 썬다)
**화이트와인** 1/2컵(125ml)
**따뜻한 치킨 스톡**(326쪽) 2ℓ
    (내기 직전에 끼얹는 용도로 조금 더)
**버터넛 스쿼시**(땅콩호박) **혹은 그와 비슷한**
    (카보차Kabocha 등의) **겨울 스쿼시** 2파운드
    (900g)(껍질 벗겨 0.5cm 두께로 썬다)
**천일염이나 코셔 소금**
**으깬 검은후추**
**콩테, 그뤼에르, 얄스버그, 혹은 폰티나 치즈 가루** 2컵(170g)
**파마산 치즈 가루** 1/2컵(1½온스/45g)

# 파르망티에 씨의 속임수

'데셉시옹déception'(영어로는 '기만, 속임수'라는 뜻이지만 프랑스어로는 '실망' 혹은 '좌절'이라는 뜻이다)과 마찬가지로, 비스킷 또한 프랑스어와 영어의 의미가 다른 단어 중 하나다. 프랑스 제과 용어에서 '비스퀴biscuit'는 케이크의 바탕을 만들 때 켜켜이 쌓는 스펀지케이크를 가리킨다. 만약 여러분이 파이 위에 비스퀴를 얹어서 구웠다고 누구한테 말한다면(고기 파이의 일종인 팟파이potpie 위에 스콘 비슷한 작은 빵인 비스킷 반죽을 얹어서 오븐에 구운 미국 음식— 옮긴이), 아마도 몰상식한 미국 음식에 대해 프랑스인들이 품고 있는 최악의 의혹을 입증해주는 꼴이 될 것이다.

프랑스인들이 다른 나라의 음식들을 자주 프랑스식으로 개량하는 만큼, 나도 치킨 팟파이를 프랑스식으로 개량했다. 나는 미국인들이 팟파이에 자주 올리는 비스킷 대신 고기소 위에 감자 퓌레를 얹는데, 이는 감자를 얹은 고기 파이인 아시 파르망티에hachis Parmentier에서 착안한 것이다. 이 요리의 명칭은 18세기 후반 프랑스에서 기근을 퇴치한 공로자로 알려진 앙투안오귀스탱 파르망티에Antoine-Augustin Parmentier에게서 유래했다. 그가 감자를 훌륭한 영양소 공급원으로 홍보했던 당시만 해도 사람들은 이 지저분한 덩이줄기를 가까이하려 들지 않았다. 프랑스인의 청개구리 기질을 잘 이해했던 그는 일반인의 출입이 금지된 '개인 전용' 밭을 (가짜로) 만들었다. 이렇게 실망스러운 일이Quelle déception! 아니, 이처럼 교묘한 속임수라니! 가질 수 없으면 더 갖고 싶어하는 사람들의 심리를 영리하게 파악한 그는 감자를 지키기 위해 배치한 무장 경비원들을 밤에는 슬쩍 철수시켰다. 얼마 지나지 않아 사람들은 밤에 몰래 밭으로 숨어 들어오기 시작했고, 그 지방 사람들의 부엌에는 감자가 등장하기 시작했다. 이제 파르망티에는 프랑스인에게 엄청난 사랑을 받는 인물로서 파리에 그의 이름을 딴 지하철역이 있을 정도다. 이 지하철역에는 그의 업적을 전시한 미니 박물관이 마련돼 있으며, 전철이 오기를 기다리면서 찬찬히 읽어볼 수 있도록 다채로운 감자 요리 레시피들이 파노라마로 펼쳐져 있다.

## 치킨 팟 파르망티에 Chicken pot Parmentier
**닭고기를 넣은 아시 파르망티에** Hachis parmentier au poulet

쇠고기와 돼지고기를 듬뿍 넣은 고전적인 '아시 파르망티에'의 응용법으로, 내가 이 요리에 닭고기 소를 쓰는 것을 파르망티에 씨가 본다면 틀림없이 깜짝 놀랄 것이다(물론 그 전에 먼저 땅 밑으로 달리는 기차를 본 충격에서 회복되어야겠지만). 그래도 사람들에게 감자를 먹이겠다는 그의 사명을 내가 오늘날까지 충실히 수행하고 있다는 데 흡족해하지 않을까 싶다. 비록 내가 비스킷을 얹은 미국식으로도 이 요리를 자주 만들어서 프랑스인 손님들에게 먹이긴 하지만 말이다.

나는 시장에서 사온 꼬치구이 통닭을 쓴다. 꼬치구이 통닭은 프랑스는 물론이고 다른 나라에서도 시간에 쫓기는 요리사들에게 인기 있는 재료가 되었다. 저온으로 삶은 닭가슴살을 가지고 만들 수도 있다. 우선 냄비에 소금물을 끓인다. 소금물이 끓으면 큼직한 닭 한쪽 가슴살 네 덩이를 넣은 다음 불을 끄고 뚜껑을 덮어둔다. 10분쯤 지나면 다 익는다.

타라곤과 처빌은 이 요리에 확실한 프랑스 요리 분위기를 더해주며, 둘 중 타라곤이 더 선명한 느낌을 준다.

1. 소를 만들기 위해, 소스팬에 스톡을 붓고 당근, 셀러리, 양파를 넣은 다음 중불에서 데운다. 채소가 거의 부드러워질 때까지 약 15분간 은근히 끓인다. 불을 끄고 그대로 둔다.
2. 큰 냄비나 더치오븐에 버터를 넣고 중불에서 녹인다. 밀가루를 넣고 계속 저으면서 2분간 볶는다. 밀가루 위에 아직 따뜻한 스톡을 몇 국자 끼얹고 거품기로 휘젓는다. 처음에는 덩어리가 있지만 휘저을수록 부드러워진다. 스톡과 채소를 천천히 끝까지 부으면서 계속 젓는다. 되직해질 때까지 약 10분간 익힌다. 불을 끄기 1분 전에 마늘과 화이트와인을 넣는다. 냄비를 불에서 내린 다음 닭고기, 완두콩, 타라곤, 파슬리, 소금, 후추를 넣고 젓는다. 간을 보고 입맛에 따라 필요하면 소금을 더 넣는다. 섞은 재료를 2.5~3리터들이의 얕은 구이접시에 옮겨 담고 (재료가 넘쳐흐르는 데 대비해) 알루미늄 호일을 깐 구이판 위에 놓는다.
3. 오븐을 200도로 예열한다.
4. 감자 토핑을 만들기 위해, 큰 냄비에 소금물을 붓고 끓인다. 물이 끓으면 썰어둔 감자를 넣고 포크가 들어갈 정도로 부드러워질 때까지 약 25분간 삶는다. 물을 버리고 감자의 물기를 충분히 뺀다. 감자를 다시 냄비에 담고 중불에 올린 뒤, 계속 저으면서 1분간 데워 수분을 어느 정도 제거한다.
5. 감자를 푸드밀이나 포테이토 라이서에 넣어서 으깬다(믹서나 푸드프로세서는 감자가 끈적끈적해지기 때문에 쓰지 않는다). 썰어둔 버터와 소금을 넣은 뒤 5분간 그대로 두

---

6~8인분

**닭고기 소**
**치킨 스톡**(326쪽) 4컵(1ℓ)
**당근** 3개(깎아서 작게 깍둑썰기한다)
**셀러리 줄기** 2대(송송 썬다)
**껍질 벗긴 진주양파** pearl onion 16개
　(178쪽 '메모' 참조)
**가염버터나 무염버터** 6큰술(3온스/85g)
**중력분** 6큰술(60g)
**마늘** 1쪽(껍질 벗겨 다진다)
**달지 않은 화이트와인** 2큰술
**닭고기** 4컵(500g)(익혀서 작게 깍둑썰기하거나 찢는다)
**생완두콩이나 냉동 완두콩 혹은 껍질 깐 잠두콩** 1컵(130g)
**생타라곤** 2큰술, 또는 **처빌 잎** 3큰술(잘게 다진다)
**이탈리아 파슬리** 2큰술(생으로 잘게 다진다)
**천일염이나 코셔 소금** 1작은술
　(필요하면 더 넣을 수 있다)
**으깬 검은후추** 1/2작은술

**감자 토핑**
**러셋 감자** russet potatoes 2½파운드(1.2kg)
　(깎아서 큼직하게 깍둑썰기한다)
**무염버터** 6큰술(3온스/85g)(큼직하게 깍둑썰기해서 상온으로 준비한다), 2큰술(녹인다)
**천일염이나 코셔 소금** 1작은술
**큰 달걀노른자** 3개
**생크림** 1/3컵(80ml)
**으깬 검은후추**
**으깬 육두구** 1자밤

고 식힌다. 식는 도중에 한두 번 젓는다.

6  따뜻한 감자에 달걀노른자를 넣고 섞는다. 생크림, 후춧가루(넉넉히), 육두구 가루를 넣는다. 감자 섞은 것을 닭고기 소 위에 주걱으로 펴 바르거나, 별 모양의 깍지를 끼운 페이스트리 백(짤주머니)에 옮겨 담고 소 위에 보기 좋게 짜서 얹는다. 페이스트리 브러시로 감자 위에 녹인 버터를 살살 떨어뜨려준다. 감자가 금갈색이 되고 군데군데 광택이 날 때까지 팟파이를 30분간 굽는다.

응용 |
## 비스킷을 얹은 치킨 팟파이

드롭 비스킷drop biscuit(반죽을 숟가락으로 떠서 번철 위에 떨어뜨려 굽는 비스킷―옮긴이)을 쓰면 반죽을 밀 필요가 없어서 요리(와 뒷정리) 시간이 많이 절약된다. 반죽이 다소 질기 때문에 나는 스프링이 달린 아이스크림 스쿠프를 써서 팟파이 위에 늘어놓는다.

1  주걱이 장착된 스탠드믹서 용기(손으로 섞을 경우에는 큰 볼)에 밀가루, 소금, 후추, 베이킹파우더, 베이킹소다를 넣고 돌린다.
2  버터를 넣고 버터가 완두콩 크기의 알갱이로 으깨질 때까지 저속으로 돌린다.(손으로 할 경우에는 페이스트리 블렌더나 손가락으로 으깬다.) 물냉이를 넣고 그다음에 버터밀크를 넣으면서 반죽이 뭉칠 때까지만 돌린다.
3  반죽을 호두알 크기로 퍼서 닭고기 소 위에 일정한 간격으로 배열한다. 숟가락 2개를 이용해서 1개는 반죽을 푸고 1개는 푼 반죽을 긁어 닭고기 소 위에 얹는 용도로 쓸 수 있다. 혹은 스프링이 달린 아이스크림 스쿠프를 써도 된다. 치킨 팟파이를 30분간, 혹은 토핑이 짙은 금갈색이 되고 소가 뜨거워질 때까지 굽는다.

---

**중력분** 2컵(280g)
**천일염이나 코셔 소금** 1/2작은술
**으깬 검은후추** 3/4작은술
**베이킹파우더** 1½작은술(알루미늄 성분 없는 것으로)
**베이킹소다** 1/2작은술
**무염버터** 8큰술(4온스/115g)(차게 식혀서 큼직하게 깍둑썰기한다)
**잘게 다진 물냉이 눌러 담아서** 1/2컵(50g)
    (선택 재료)
**버터밀크** 1컵(250ml)

## 오만 가지 머스터드

프랑스의 디종 머스터드 소비량은 지붕을 뚫고 올라갈 정도다. 내가 프랑스의 다양한 머스터드를 두루 맛보고 다닐 때도 간혹 정수리가 지붕을 뚫고 올라가는 기분이 들곤 했다. 몇몇 종류는 특히 자극적이다. 사람들은 머스터드를 한동안 두고 먹는 경향이 있지만, 디종 머스터드는 갓 개봉했을 때가 가장 맛이 좋다.

파리에서 나의 첫 부엌에 채워 넣을 식재료를 장보러 다니던 어느 날, 식료품점에 들렀다가 버스를 타고 집에 오는 길이었다. 차가 붐비는 파리 시내를 비집고 달리느라 요동치는 버스 안에서 나는 불룩한 비닐봉투를 필사적으로 붙들고 있었다. 봉투를 뚫고 나올 듯한 거대한 '아모라Amora' 머스터드 병을 어떤 여자가 보고는 한마디했다. 그녀는 확실한 인정의 뜻으로 고개를 끄덕이더니 이렇게 덧붙였다. "트레, 트레 포르트très, très forte"(아주, 아주 세요). 그 이후로 내 머스터드 취향은—'에드몽 팔로Edmond Fallot' 같은 수제 브랜드부터, 마들렌 광장에 있는 고급스러운 상점에 가면 꼭지를 틀어서 병에 따라 파는 '마유Maille'에 이르기까지—몇 차례 변화를 겪었다. 하지만 취향이 아무리 바뀌어도 나는 언제나 아모라 한 병을 상비해둔다. 추억을 간직하기 위해, 그리고 그 '센 맛' 때문에.

## 머스터드 치킨 Chicken with mustard
**Poulet à la moutarde**

여러 해 전에 가격이 터무니없이 쌌을 때, 레알 지구의 유명한 부엌용품점인 'E. 드일랭E. Dehillerin'에서 거대한 구리 팬 하나를 구입했다. 이 일품요리는 여러분이 가진 가장 크고 사치스러운 냄비에 완벽하게 어울릴 것이다. 이 요리는 닭 넓적다리와 북채의 겉면이 갈색이 되도록 지져야 한다. 아주 큰 프라이팬이나 더치오븐이 없을 경우 닭고기를 몇 차례로 나눠서 지진다. 닭을 갈색으로 지지려면 팬의 공간이 넉넉해야 하는데 팬이 꽉 차면 찜이 되기 때문이다. 이 요리에 '허브를 넣은 생파스타'(230쪽) 한 사리를 곁들이면, 맛있는 소스에 버무려 먹기에 딱이며, 셀러리악 퓌레(217쪽)를 곁들여 내도 좋다.

### 4~6인분

**디종 머스터드** 1/2컵(135g)과 3큰술
**스위트파프리카 또는 훈제 파프리카 가루**
    1/4작은술
**으깬 검은후추**
**천일염이나 코셔 소금** 3/4작은술
**닭 윗다리**(넓적다리) 4쪽, **아랫다리**(북채) 4쪽(총 8쪽)
**두툼한 훈제 베이컨** 1컵(100g)(작게 깍둑썰기한다)
**작은 양파** 1개(껍질 벗겨 다진다)
**생타임 잎** 1작은술 또는 **말린 타임 잎**
    1/2작은술
**화이트와인** 1컵(250ml)
**통겨자씨나 홀그레인 머스터드** 1큰술
**크렘 프레슈**(327쪽)나 **생크림** 2~3큰술
**따뜻한 물**(선택 재료)
**생으로 다진 이탈리아 파슬리나 차이브**(고명용)

1  디종 머스터드 1/2컵(135그램)을 볼에 담고 파프리카 가루, 후추(넉넉히 몇 번 갈아서), 소금과 함께 섞는다. 머스터드를 섞은 재료에 닭고기 조각을 버무리고, 닭 껍질을 살짝 들어서 그 밑에 머스터드 일부를 문지른다.

2  뚜껑 있는 널찍한 프라이팬이나 더치오븐을 중강 세기의 불에 달구고 베이컨을 넣는다. 베이컨을 자주 뒤적이면서, 베이컨이 속까지 완전히 익고 막 노릇

노릇해지기 시작할 때까지 익힌다. 베이컨을 팬에서 꺼내 종이타월 위에 놓고 기름기를 뺀다. 베이컨 기름 약 1큰술을 팬에 남기고 나머지는 따라 버린다. 거기에 양파를 넣고 양파가 부드럽고 반투명해질 때까지 약 5분간 볶는다. 타임을 넣고 몇 분 더 볶은 다음 익은 양파를 긁어서 볼에 담는다.

**3** 필요하면 팬에 올리브유를 약간 붓고 닭고기 조각들을 한 겹으로 늘어놓는다. (팬 안에 전부 다 들어가지 않으면 두 차례로 나누어 조리한다.) 중강 세기의 불에서 지진다. 한 면이 충분히 갈색으로 익으면 뒤집어서 반대쪽 면도 갈색으로 지진다. 닭고기 색깔을 보기 좋게 내는 것이 중요하다. 이 갈색 부분이—팬 바닥에 눌어붙는 '퐁fond'이라는 갈색 육즙과 더불어—완성된 소스에 맛좋은 풍미를 더하기 때문이다.

**4** 닭고기를 꺼내 양파가 담긴 볼에 옮겨넣는다. 뜨거운 팬에 와인을 부은 다음 팬 바닥에 눌어붙은 육즙을 단단하고 편편한 기구로 긁어낸다. 닭고기를 베이컨, 양파와 함께 다시 팬에 담는다. 뚜껑을 덮고 중약 세기로 불을 켠 다음 소스에 든 닭고기를 중간에 몇 번 뒤집어가면서 속까지 완전히 익도록 약 15분간 익힌다. 넙적다리뼈 옆에 칼을 찔러 넣어 익은 정도를 확인해보고 붉은 기가 보이면 몇 분 더 익힌다.

**5** 냄비를 불에서 내린 다음 디종 머스터드 3큰술, 겨자씨, 크렘 프레슈를 넣고 젓는다. 소스가 졸아들어 너무 걸쭉하면 따뜻한 물을 약간 부어서 묽게 만들어도 된다. 그 위에 다진 파슬리를 뿌려서 낸다.

# 프렌치 패스트푸드

우습게 들릴지 모르지만, 내가 짐을 싸서 파리로 떠나오기 전에 했던 가장 큰 걱정은 그곳에서 먹을 만한 '패스트푸드'를 찾을 수 있을 것인가였다. 내 말은 패스트푸드 식당이 아니라, 건강에 적당히 좋고 빠르고 저렴하며 손쉽게 사다 먹을 수 있는—예를 들면 샌프란시스코의 미션 지구에서 내가 습관처럼 걸신들린 듯 먹어댔던 부리토burrito같이—따끈한 끼닛거리를 찾을 수 있느냐 하는 것이다.

그 해답은 꽤 빨리 찾아왔다. 어느 일요일 아침, 내가 살던 곳 바로 옆에 있는 바스티유 시장에 갔을 때였다. 장터의 시끄러운 소음 너머로, 한 손에 구이용의 날카로운 두 갈래 포크(프랑스 사람들은 집게를 쓰지 않는다. 내가 들은 바로는 집게가 고기를 찔러서 육즙이 다 빠져나간단다… 왜인지는 몰라도 날카로운 두 갈래 꼬챙이로 쑤시면 괜찮은 모양이다)를 쥔 한 프랑스 여성이 새된 목소리로 쇼핑객들을 불러 모으고 있었다. 그녀는 짙은 구릿빛을 띤 꼬치구이 통닭들의 인상적인 대열을 지휘하는 중이었다.

사람들은 줄을 서서 참을성 있게 기다리고 있었다. 물론 모두가 카트린의 뜨거운 꼬치구이 주변에서 몸을 녹이려고 웅크리고 있었던 게 아니라 그녀 앞에 펼쳐진 닭들의 장관 때문이었다. 나는 그녀의 '트레 (트레) 피델très (très) fidèle'(아주아주 충성스러운) 단골이 되었고, 일요일 아침 일찍, 그러니까 점심시간이 가까워져서 통닭이 다 팔리기 전에 그곳에 당도해야 한다는 사실을 터득했다. 그 뒤로 카트린하고는 많이 친해져서, 시장 저편에서부터 그녀가 나를 불러 세운 뒤 내가 나머지 장을 다 보고 올 때까지 특별히 치킨 한 마리를 남겨서 데워놓겠다고 알려줄 정도가 되었다.

그녀의 치킨 중에서도 가장 훌륭한 것은 '레 크라포딘les crapaudine'이었다. 이는 영어로 '스패치콕spatchcock'에 해당하는 요리인데, 통닭을 갈라서 납작하게 펼쳐 구우면 그 모양이 '크라포crapaud'(두꺼비)를 닮았다고 해서 붙은 이름이다. 이름은 볼품없어도 맛은 끝내줘서, 나는 집 현관에 들어서자마자 장봐온 짐을 풀기도 전에 종이 봉지를 찢고 닭 껍질을 벗겨 기름투성이가 된 손가락으로 입안에 우겨 넣곤 한다. 카트린의 통닭은 너무 훌륭해서, 치킨 한 마리가 아닌 반 마리씩만 자제해서 구입하는 '절반' 해독 요법을 스스로 처방해야 했다. 집에 치킨 한 마리와 단둘이 있으면 도저히 절제할 수 없기 때문이다.

파리에 사는 기간이 길어질수록 내 외모는 점점 더 둥그스름해졌다.(프랑스인들은 살이 안 찌더라고 말하는 이들은 훌륭한 꼬치구이 통닭 좌판 가까이 살지 않는 사람이다.) 그래서 한 공원에서 하는 '체력 훈련le bootcamp' 프로그램에 등록했다. 이 운동은 동네 주민들의 뚫어질 듯한 시선을 숱하게 불러 모았지만, 내 유럽 스타일 청바지를 다시 입게 될 날을 생각하면 뿌듯했기 때문에 굴하지 않았다. 하지만 유감스럽게도 운동을 할 때마다 묵직한 무쇠 원반이 든 운동 가방을 메고 파리를 횡단해야 했는데, 통근 시간대의 지하철에서 그건 거의 수행 불가능한 과업이었다. 또 '체력 훈련'을 관둘 좋은 핑곗거리이기도 했다. 그래서 나는 운동을 접는 대신 닭 껍질을 덜 먹겠다고 맹세했다. 지금까지는 첫번째 약속은 잘 지키고 있다.

## 치킨 레이디 치킨 Chicken lady chicken
**카트린의 통닭 크라포딘** Poulet crapaudine façon Catherine

프랑스와 미국 레시피의 차이와 관련해 내가 꽤 빨리 알게 된 한 가지 사실은, 닭 한 마리가 미국에서는 2인분인 반면 프랑스에서는 4인분, 때로는 6인분이라는 것이다. 하지만 카트린의 통닭 크라포딘(172쪽)에 한해서는 닭 한 마리가 1인분—내 것—이다.

이제 카트린은 파리와 보르도에 있는 그녀의 로티스리rôtisserie(꼬치구이 상점—옮긴이)를 오가며 시간을 쪼개어 일하고 있지만, 자신의 닭 요리 비법 몇 가지를 내게 전수해주었다. 나는 이를 우리 집 오븐에서 아주 유사하게 재현해냈는데 그게 바로 지금 소개하는 레시피다. 만약 옥외 그릴이 있다면 꼭 사용할 것을 권한다. 옥외 그릴에 구울 때는 닭을 벽돌로 눌러서 겉껍질이 충분히 바삭바삭해질 때까지 지졌다가 뒤집어서 다시 지진다. 맛을 최고로 끌어올리려면 닭을 조리하기 전에 양념장에 하루 이틀 재워두어야 한다. 마늘 비네그레트(96쪽 '응용')에 버무린 생채소 콜슬로(96쪽) 또는 프렌치프라이(219쪽)를 곁들여 낸다.

### 4인분

- 마늘 3쪽(껍질 벗겨 다진다)
- 천일염이나 코셔 소금 1½작은술
- 올리브유 2큰술
- 레몬즙 2큰술
- 화이트와인 2큰술
- 간장 1큰술
- 하리사 소스(330쪽), 스리라차 소스 또는 고추장 2½작은술
- 디종 머스터드나 옐로 머스터드 2작은술
- 꿀 2작은술
- 통닭 1마리(3파운드/1.5kg)

1 크고 튼튼한 지퍼백에 다진 마늘과 소금을 넣고 손바닥 밑부분으로 눌러 부수어 페이스트를 만든다. 올리브유, 레몬즙, 화이트와인, 간장, 하리사 소스, 머스터드, 꿀을 지퍼백 안에 담고 재료들을 골고루 섞는다.

2 닭 등뼈의 양옆을 가금류 조리용 가위나 부엌칼로 잘라낸 다음 등뼈를 제거한다. 닭 가슴 쪽이 아래로 가도록 도마 위에 놓고 양 가슴 사이의 뼈를 칼로 내리쳐 부순 다음 닭을 두 손으로 내리눌러서 양옆으로 펼쳐 납작하게 만든다. 껍질 쪽이 위로 가도록 닭을 뒤집은 다음, 다시 양 손바닥 밑부분으로 아주 힘껏—닭한테 지압 마사지를 한다고 생각하고 인정사정없이—내리눌러서 최대한 납작하게 만든다.

3 닭 가슴과 넓적다리 부위의 껍질을 살코기에서 떼어 살짝 들어 올린 다음 양념 일부를 숟가락으로 퍼서 껍질 안쪽에 집어넣는다. 양념이 담긴 지퍼백 속에 닭을 넣고 새지 않게 잘 봉한 다음 양념이 닭에 골고루 묻도록 지퍼백 겉에서 손으로 문지른다. 냉장고에 넣고 1~2일간 재운다. 재우는 중간에 지퍼백을 몇 번 뒤집어준다.

4 오븐을 200도로 예열한다. 무쇠 프라이팬이나 그릴 팬을 스토브에 올리고 중강 세기의 불에서 달군 뒤 닭 가슴 쪽이 밑으로 가도록 놓는다. 닭 위에 두꺼운 알루미늄 호일을 덮고 그 위에 무거운 물체를 올려놓는다. 물을 채운 큰 소스팬이나 벽돌이 좋다.(나는 체력 훈련 때 쓰다 치워둔 바벨 원반을 활용한다.)

5 껍질이 짙은 금갈색이 될 때까지—중간에 자주 확인해가면서—닭 겉면을 익

한다. 보통 10분 정도 걸린다. 껍질이 갈색이 되면 닭을 뒤집어서 다시 벽돌로 누른 뒤 약 5분간 더 지진다.

**6** 벽돌과 호일을 치운 다음 닭을 오븐에 넣고 속까지 완전히 익도록 25분간 굽는다. 프렌치 스타일로―북채 2쪽, 넓적다리 2쪽, 양 가슴 부위는 날개를 분리하지 않고 각각 가로로 2등분해서―총 8조각으로 잘라서 낸다.

# 음식 블로거들이 만나면

내가 1999년에 개인 블로그를 시작했다고 말할 때마다—나를 포함한—많은 사람들은 깜짝 놀랬다. 그때는 내가 외식업계를 떠나 요리책을 쓰기 시작한 즈음이었다. 음식 블로그가 유행하기 시작한 것은 누구든지 놀랄 만큼 쉽게 콘텐츠를 만들어 인터넷에 올릴 수 있게 해주는 소프트웨어가 개발된 2003년 무렵부터였다. 개인 사이트를 처음 시작했을 때는 내가 기사를 쓰고 사진을 찍으면, 제과사보다 좀 더 전문적 경험이 있는 사람이 내 홈페이지에 수작업으로 올려주었다. 다소 복잡한 과정이었지만 새로운 미디어는 재미있고, 좋아하는 것에 대해 마음껏 글을 쓰고 곧바로 공유할 수 있는 유연성이 마음에 들었다.

처음에는 레시피와 이야기를 친구들과 공유하는 수단으로서 시작했던 블로그가 어느새 정신을 차리고 보니 하루 종일 매달리는 본업이 되어 있었다. 그리고 얼마 지나지 않아 음식 블로거들의 광대하고 다양한 네트워크가 생겨났고, 이는 곧 전 세계의 수많은 사람들과 함께 요리를 할 수 있다는 뜻이기도 했다. 가상공간에서의 교류는 대단히 멋졌지만, 나는 다른 요리사들과 실제로 나란히 어깨를 맞대고 아이디어를 교환하며, 요리한 것을 맛보고 이 음식에 어떤 재료나 양념을 넣어야 할지 토론하던 시절이 그리웠다. 우리 모두는 온라인 세계를 열렬히 받아들였지만, 그래도 그것이 친구와 함께 소매를 걷어붙인 채 와인 한 잔을 나누어 마시며, 재료를 다지고 섞어 한 끼의 식사를 요리해내는—그리고 그 후 자리에 앉아 함께 멋지게 해낸 노동의 결과물을 즐기는—경험을 대신할 수는 없다.

초창기부터 음식 블로그를 운영해온 내 동료 블로거 한 명은 나와 같은 데이비드 L.이었고 나와 마찬가지로 요리하고 먹는 일을 사랑했다. 데이비드 레이트David Leite는 나와 거의 같은 시기에 '레이트의 컬러내리아Leite's Culinaria'라는 개인 사이트를 열었다(그는 내가 먼저 시작했다고 주장하고 나는 그가 먼저라고 주장한다). 이 사이트의 전문 분야는 포르투갈 요리이지만 데이비드는 여기서 수많은 프랑스 고전 요리도 다루어왔다. 우리가 실제로 만나기까지는 10년이 넘는 세월이 걸렸고, 마침내 만났을 때 우리는 애틀랜타의 어마어마한 남부식 정찬을 함께 먹었다. 그는 커다란 테이블 앞에 앉아 메뉴판에 있는 모든 요리를—그중 상당수는 두 그릇씩—심지어 곱빼기로 주문했다. 물론 나는 그 자리에서 그를 좋아하게 되었고, 우리는 그가 다음에 파리를 방문할 때 같이 요리를 하기로 의기투합했다.

마침내 파리를 방문해서 저녁식사를 하러 들렀을 때 그는 로제 샴페인 한 병을 들고 왔다(이로써 나는 그를 더더욱 사랑하게 되었다). 그리고 앞치마를 두르고 소매를 걷어붙인 다음 나와 함께 코코뱅을 만들었다. 전통적으로 코코뱅은 닭을 스튜로 끓인 요리다. 파리에서 이 요리를 처음 시도했을 때 나는 '코캉티에coq entier'(통닭 한 마리)를 주문했다. 가게 주인은 반 마리가 적당하다고 단언했지만 나는 그의 충고를 듣지 않고 굳이 한 마리를 달라고 고집했다. 하지만 그가 옳았다. 내가 집에 돌아와서 닭고기 덩이를 싼 종이 포장을 벗겼을 때 그 안에 들어 있는 닭고기가 최소한 22덩이는 되었을 것이다. 뭐, 다 세어보지는 않았지만, 나는 남은 음식을 며칠—그리고 며칠, 또 며칠, 또 며칠—에 걸쳐 처리해야만 했다.

# 레드와인 소스에 조린 닭고기
Chicken in red wine

**코코뱅** Coq au vin

데이비드 레이트가 파리로 가져온 이 레시피는 앤서니 보딘Anthony Bourdain에게 영감을 얻은 것이다. 이 레시피에는 평범한 닭이 쓰이지만 그것 말고도 닭피가 필요하다. 미국의 어디에 가야 닭피를 구할 수 있는지 모르지만, 그렇다고 파리에 있는 우리 동네 슈퍼마켓 선반에서 판매하는 재료도 아니라서 그냥 제외했다.

나는 코코뱅의 풍부한 짙은 색 소스가 초콜릿을 넣어 걸쭉하게 만든 게 아닐까 항상 생각했다.(아니, 그저 희망 사항이었는지도 모르겠다.) 데이비드는 내 희망을 현실로 만들어주었고, 내 제안에 따라 우리는 닭피 대신 코코아 가루를 개어 넣었다. 그리고 우리 둘 다 훈제 베이컨 팬이라, 그는 내가 준비한 근사한 프랑스 라르동 베이컨에 흡족해했다. 미국의 시판 베이컨에선 기름이 많이 배어나기 때문에, 만약 수제 베이컨을 찾을 수 없다면 조리하면서 (부젓가락으로 집은) 종이타월로 팬의 기름 일부를 조심조심 빨아들여야 한다.

조리하기 전에 닭을 레드와인에 담가 하루 이틀 재워야 한다. 으깬 감자(216쪽)나 허브를 넣은 생파스타(230쪽)를 곁들여 낸다.

### 4인분

**코트 뒤 론 같은 과일 맛 레드와인** 1병
**양파** 1개(껍질 벗겨 작게 깍둑썰기한다)
**당근** 1개(깎아서 작게 깍둑썰기한다)
**천일염이나 코셔 소금**
**으깬 검은후추** 1작은술
**정향 가루** 1/8작은술
**월계수 잎** 2장
**타임 가지** 10개
**8조각으로 자른 큰 닭** 1마리(북채 2쪽, 넓적다리 2쪽, 날개 분리하지 않고 가로로 각각 2등분한 가슴 2쪽)
**올리브유** 3큰술
**무염버터** 2큰술
**두툼한 훈제 베이컨** 1½컵(150g)(작게 깍둑썰기한다)
**큰 버섯** 8온스(230g)(반으로 가른다)
**중력분** 1큰술
**껍질 벗긴 진주양파** 16개(178쪽 '메모' 참조)
**물** 3/4컵(180ml)
**레드와인 식초** 1큰술
**무가당 코코아 가루** 1½큰술

1 크고 넓은 볼에 와인, 양파, 당근, 소금 1작은술, 후추, 정향, 월계수 잎, 타임을 넣고 섞는다. 닭고기 조각을 넣고 꾹 눌러 고기가 양념에 잠기게끔 한다. 냉장고에 넣고 1~2일간 재운다. 재우는 중간에 고기를 한두 번 뒤집어준다.

2 닭고기를 양념에서 건져내고 종이타월을 두드려 물기를 흡수시킨다. 볼 위에 고운체를 놓고 양념을 체에 걸러 채소와 허브를 와인과 분리해둔다.

3 큰 냄비나 더치오븐에 올리브유 2큰술과 버터 1큰술을 넣고 중강 세기의 불에서 데운다. 닭고기 조각들을 한 겹으로 깔고 밑면이 짙은 갈색이 될 때까지 약 5분간 지진 다음 뒤집어서 반대쪽 면도 5분간 더 지진다. 만약 닭고기 조각들을 적당한 간격을 두고 한 겹으로 깔았을 때 냄비에 다 들어가지 않으면 몇 차례로 분량을 나누어 조리한다.(닭 등뼈가 있으면 그것도 넣으라는 것이 데이비드의 조언이다. 나중에 육즙이 한층 더 맛있어진다고 한다.) 고기를 접시에 옮겨 담는다.

4 같은 냄비에 베이컨과 버섯을 넣고 베이컨이 바삭바삭해질 때까지 튀긴다. 냄비 바닥이 갈색으로 눌어붙었으면 레드와인 양념을 약간 붓고 이 맛좋은 찌꺼기를 긁어내어 양념에 추가한다.

5 양념에서 건져둔 채소와 허브를 냄비에 넣고 채소가 부드러워질 때까지 익힌다. 닭고기를 다시 냄비에 넣고 걸러둔 와인 국물을 붓는데 이때 닭고기가 와인에 거의 잠겨야 한다. 그렇지 않으면 물이나 레드와인을 조금 더 붓는다. 뚜

껍을 덮고 닭고기를 중불에서 1시간 동안 은근히 끓인다.

6  닭고기가 익는 동안 남은 올리브유 1큰술과 버터 1큰술을 소스팬에 데운다. 버터가 녹으면 진주양파를 넣고 소금으로 간한 뒤 양파가 갈색이 될 때까지 약 12분간 볶는다. 소스팬에 물과 식초를 붓고 소금을 더 넣어서 간한다. 소스팬의 뚜껑을 덮고 양파가 부드러워질 때까지 약 40분 동안 끓인 뒤 국물과 함께 닭고기에 넣는다.

7  작은 볼에 코코아 가루를 넣은 뒤 냄비 안에 있는 따뜻한 국물 약 1/3컵(80밀리리터)을 붓고 코코아 가루를 갠다. 이를 닭고기에 넣고 소스에 잘 섞이도록 젓는다. 모든 재료가 잘 어우러지도록 몇 분 더 데운다. 프랑스 사람들은 타임 가지를 그냥 놔두지만, 원한다면 식탁에 내기 전에 타임 가지를 걷어낸다.

**메모** | 진주양파 껍질을 벗길 때는 양파를 끓는 물에 넣고 약 5분간 은근히 끓인 뒤 물에서 건져 식힌다. 꼭지와 밑동을 잘라내어 다듬은 다음 껍질을 벗기면 된다.

# 가짜 오리 콩피 Counterfeit duck confit
**Faux confit de canard**

4인분

**오리 다리** 4개(넓적다리와 북채가 붙어 있는 것으로)
**천일염이나 코셔 소금** 1큰술
**진**gin 1큰술
**육두구 가루** 1/4작은술
**올스파이스 가루** 1/4작은술
마늘 2쪽(껍질 벗겨 길이로 반 가른다)
월계수 잎 2장

오리 콩피를 처음으로 맛보았을 때 나는 이거야말로 세상에서 최고로 좋은 것이라고 선언했다. 이 믿음은 그 후 25년간 변치 않았다. 그리고 이보다 더 좋은 것이 나타나지 않는 한 앞으로도 25년 동안 이 믿음을 고수할 것이다. 뼈와 저절로 분리되는 부드러운 살코기와 그 살코기를 감싸고 있는, 벨벳 같은 오리 기름에 바삭바삭하게 구워서 살살 부서지는 껍질은 타의 추종을 불허한다. 다행히도 프랑스에서는 어느 정육점에서나—하다못해 슈퍼마켓에서도—이미 만들어진 오리 콩피confit('절임'이라는 뜻)를 쉽게 구입할 수 있다. 솔직히 말해 이는 집에서 만든 것과 완전히 똑같다. 그리고 한 번 먹을 분량을 만들기 위해 몇 리터의 오리 기름이 필요한지를 생각하면, 그냥 오리 다리 절임 몇 덩이를 사다가 마음 내킬 때마다 지져 먹는 편이 훨씬 쉽다.

나는 평생 동안 많은 오리 콩피를 먹어보았지만 이 가짜 오리 콩피는 그 무엇과 비교해도 손색없는 맛을 낸다. 게다가 수고는 훨씬 덜하고 부엌을 어지럽힐 필요도 없다. 오래 보존할 수 없기 때문에 진짜 콩피라고 할 수는 없지만, 그 대신 만들기 시작한 지 불과 몇 시간 뒤에 먹을 수 있다. 나는 〈뉴욕 타임스〉의 리자이나 슈램블링Regina Schrambling과 simplyrecipes.com의 행크 쇼Hank Shaw 같은 음식 기고가들의 요리법을 적용해, 사실상 전혀 수고를 들이지 않고 이 전통 음식을 만들어내는 혁신적인 방법을 개발해냈다.

이 터무니없이 간단한 기술의 비결은 바로 오리 다리가 서로 딱 밀착되도록 접시에 눌러 담아서 굽는 동안에 '콩피'가 되도록 만드는 것이다. 만약 접시가 크면 레시피의 양을 늘려서 접시 크기에 맞게 오리 다리를 더 추가하면 된다. 요리하기 전에 냉장고에서 밤새 차게 식혀야 한다는 걸 유념하자.

전통적으로 오리 콩피는 오리 기름에 볶은 감자(220쪽)와 그린 샐러드를 곁들여 먹는다. 하지만 우리는 이미 전통을 거스르고 있는 만큼, 리옹 샐러드(99쪽)에 베이컨 대신 오리 살코기 찢은 것을 넣어서 곁들여 먹을 수도 있다. 물론 이는 카술레cassoulet(195쪽)의 필수 재료이기도 하다.

1 오리고기 전체를 돌려가면서 바늘로 골고루 찌른다. 바늘을 살코기 깊숙이까지 찔러 넣어야 한다.
2 오리 다리를 간격 없이 꽉 채워 넣을 수 있는 크기의 구이접시에 소금, 진, 육두구 가루, 올스파이스 가루를 넣고 섞는다. 섞은 양념을 오리 다리 전체에 골고루 바른다.
3 구이접시 바닥에 마늘과 월계수 잎을 깔고 그 위에 오리 다리를 살코기 쪽이

아래로 가도록 놓는다. 마늘 조각이 밑에 완전히 깔리게 한다. 랩으로 싸서 냉장고에 넣고 최소 8시간 혹은 밤새도록 놔둔다.

**4** 오리를 굽기 위해, 고기를 종이타월로 살살 닦아서 여분의 소금을 제거한 다음 껍질 쪽이 위로 가도록 다시 구이접시에 놓는다. 오븐에 넣고 오븐 온도를 150도로 맞춘다. 오리 허벅지를 2시간 30분 동안 굽는다. 굽는 도중에 한두 번 꺼내서 바닥에 고인 오리 기름을 고기에 끼얹어 바른다.

**5** 오븐 온도를 190도로 높인 다음, 껍질이 짙은 갈색이 되고 아주 바삭바삭해질 때까지 15~20분간 더 구워서 마무리한다.

### 미국에서 프랑스 오리 찾기

프랑스에서는 오리를 구하기가 아주 쉽고, 대부분의 슈퍼마켓에 가면 닭고기와 칠면조 고기 바로 옆에 진열되어 있다.(무슨 이유인지는 몰라도 여기에는 토끼고기도 있다. 날개 달린 토끼는 한 번도 본 적이 없는데 말이다.) 오리는 생고기, 오리 기름에 절인 다리(콩피), 그리고 '마그레 드 카나르magrets de canard'라는 통통한 가슴살 형태로 판매된다.

전형적인 마그레(한쪽 가슴살)는 육질이 아주 옹골지고 기름져서 얇게 썰어 가지런히 펼쳐 나오며, 한쪽 가슴살 한 덩이면 네 명이 족히 먹을 수 있다. 그처럼 육즙이 풍부한 이유는 푸아그라를 만들기 위해 사육한 오리에서 떼어낸 것이기 때문이다. 마그레는 항상 거의 익히지 않은 상태로 나와서 고기 전체가 아주 밝은 빨간색을 띠기 때문에 프랑스인들의 말마따나 "다른 붉은 고기"를 먹는 데 익숙하지 않은 여행객들은 멈칫하곤 한다.

프랑스의 오리는 대부분 머스코비 Muscovy 오리와 북경 오리를 교배한 물라르 Moulard 오리로, 살코기와 지방이 풍부하다. 미국에서는 주로 (롱아일랜드 오리라고도 하는) 북경 오리가, 속이 꽉 찬 살코기보다 기름이 풍부한 껍질을 더 높게 치는 중국 요리에 가장 많이 사용된다. 미국에서는 보통 정육점이나 구색을 잘 갖춘 슈퍼마켓에서 오리를 (때때로 냉동해서, 통째로) 판매하지만, 여러분이 사는 지역에 생산자 직거래 장터나 아시안 마켓이 있다면 거기서도 한번 찾아보길 권한다.

# 마르크네 집밥

---

사람들이 내게 흔히 말하기를, 나를 식사에 초대하기가 두렵단다. 어떤 사람들은 내게 깊은 인상을 주려면 요리로 공중제비를 넘는 엄청난 묘기를 부려야 될 거라고 생각한다. 또 어떤 사람들은 내가 자기네 집에 오면 음식에 대한 비평을 길게 늘어놓으리라 지레짐작해 나를 한 번도 초대하지 않은 걸 미안해한다. 사실 이건 진실과 거리가 멀다. 나는 오랜 세월 레스토랑에서 일한 탓에, 다른 사람의 집에 초대받아 집에서 요리한 음식을 느긋하게 즐기는 것을 굉장히 좋아한다. 그리고 장담하는데, 비평도 하지 않는다.

친구네 집에서 식사할 때 나는 고급스럽거나 레스토랑 같은 수준을 기대하지 않는다. 특히 많은 친구들이 레스토랑 부엌에서 볼 수 있는 '바트리 드 퀴진batterie de cuisine'(부엌 기구)을 갖추지 못한 파리 특유의 조그만 부엌을 가지고 있기 때문에 더더욱 그렇다. 하지만 마르크Marc—낮에는 도시계획가로 일하는, 말씨가 상냥한 내 친구—네 집에서 식사할 때는 식탁에 올라오는 한 그릇, 한 접시 모두가 이전에 나온 것을 능가할 만큼 휘황찬란하다. 그리고 그중 상당수는 유서 깊거나 오래전에 잊힌 프랑스 고전 요리—심지어 프랑스의 최고급 레스토랑에서도 더 이상은 보기 힘든 종류의 요리—들을 변주한 것이다.

마르크는 바닷가재 껍질을 은근한 불에 공들여 끓이고 그 국물을 맑게 걸러서 깨끗한 갑각류 육수를 만들어낸다. 그렇게 끓인 따끈한 국물 한 숟갈 한 숟갈은 달콤한 랍스터와 랑구스틴(작은 바닷가재)의 정제된 순수한 에센스다. 사냥철에 시장에서 그와 마주쳤는데 그의 얼굴에 장난꾸러기 같은 미소가 떠올라 있으면 필시 구하기 힘든 무슨 엽조(사냥해도 좋다고 관계 기관에서 허락한 새—옮긴이)를 손에 넣은 것이다. 마르크는 어떤 상인들이—비둘기나 자고새 같은—희귀한 조류를 몰래 숨겨놓고 파는지 잘 알고 있는데, 이런 조류를 일부러 찾는 전문 요리사들을 위한 것이기 때문이다. 그리고 상인들은 이를 제대로 요리할 줄 아는 사람한테만 판매한다.(그중 일부는 합법이 아닌 것 같은 의심도 든다.)

나는 엽조를 아주 좋아하는데 그중에서 가장 구하기 쉬운 것은 뿔닭이다. 뿔닭은 육질이 꽉 차고 맛이 좋아서 엽조를 먹는 데 익숙지 않은 사람들의 입맛에도 잘 맞는다. 뿔닭은 자유롭게 먹이를 찾아 돌아다닐 공간이 필요해서 프랑스에서는 대부분 놓아기른다. 그리고 고기에 지방이 다소 적어서 구이보다 조림에 더 적합하다. 은근한 열이 고기를 부드럽게 해주는 동시에 육수에 고기 맛이 잘 들게 해주기 때문이다.

하루는 마르크가 우리 집에 와서 나와 함께 친구들에게 대접할 점심을 준비했다. 그리고 이번에 기가 죽은 사람은 바로 나였다… 다른 데도 아니고 바로 내 부엌에서! 그는 까다롭고 정확한데, 장까지 직접 보겠다고 고집했다. 그는 완벽하게 잘 익은 생무화과, 풍성한 타임 한 단, 단골 정육점 주인이 쪼글쪼글한 갈색 종이에 겹겹이 싸준 발이 검은 뿔닭 한 마리, 소스에 넣을 그윽한 리슬링 와인 한 병을 들고 도착했다. 아, 물론 마실 와인도 한 병 가져왔다. (그리고 나는 이에 대해 전혀 비평하지 않았다.)

## 무화과를 넣은 뿔닭 조림
Braised guinea hen with figs
**Pintade aux figues**

가을이면 어디서나 무화과를 구할 수 있는 캘리포니아로 이주하기 전까지는 태어나서 무화과를 딱 한 번밖에 보지 못했다. 다행히 파리도 가을에는 무화과가 아주 풍부하다. 가을 아닌 다른 계절에는 말린 무화과를 써서 뿔닭을 요리하는데, 그것도 괜찮다. 말린 무화과를 쓸 때는 뿔닭과 같이 넣어서 조린다. 만약 여러분이 사는 곳에서 뿔닭을 구할 수 없다면 닭을 대신 써도 된다.

뿔닭은 허브를 넣은 생파스타(230쪽)나 으깬 감자(216쪽)나 셀러리악 퓌레(217쪽)를 곁들여 낸다.

### 4인분

**뿔닭**

천일염이나 코셔 소금 1작은술(필요하면 더 넣을 수 있다)
으깬 검은후추
뿔닭이나 닭 1마리(3파운드 / 1.35kg)
생무화과 8온스(225g) 혹은
　말린 무화과 10온스(285g)(꼭지 떼고 반 가른다)
올리브유 1큰술
무염버터 1/2큰술
당근 2개(깎아서 잘게 다진다)
양파 1개(껍질 벗겨 잘게 다진다)
마늘 1쪽(껍질 벗겨 다진다)
타임 가지 10개
월계수 잎 1장
중력분 1큰술
뮈스카데, 달지 않은 리슬링,
　샤르도네 등의 과일 맛 화이트와인
　1½컵(375ml)
치킨 스톡(326쪽) 1½컵(375ml)
올스파이스 가루 넉넉히 1자밤
달지 않은 포트와인 1큰술
이탈리아 파슬리(고명용)(생으로 다진다)

**꿀을 끼얹어 구운 무화과**

생무화과 1½파운드(680g)
꿀 2큰술(40g)
가염버터나 무염버터 2큰술(차게 준비한다)
천일염이나 코셔 소금
으깬 검은후추

1  소금 1작은술과 후추 약간을 뿔닭의 겉면에 골고루 바르고 반으로 가른 무화과 4쪽을 뿔닭 배 속에 집어넣는다. 뚜껑이 있는 더치오븐에 올리브유와 버터를 넣고 중강 세기의 불로 데운다. 뿔닭을 넣고 겉면이 고르게 갈색이 될 때까지 약 10분간 익힌다. 뿔닭을 꺼내고 당근, 양파, 마늘을 넣는다. 약간의 소금과 후추로 간한 다음 자주 뒤적이면서 재료가 완전히 부드러워질 때까지 약 8분간 볶는다. 타임과 월계수 잎을 넣고 1분간 더 볶은 다음 밀가루를 넣고 1~2분간 더 볶는다.

2  1에 와인 1/2컵(125밀리리터)을 붓고 바닥에 갈색으로 눌어붙은 것을 긁어낸다. 남은 와인 1컵(250밀리리터)과 치킨 스톡을 붓는다. 뿔닭을 나머지 무화과 조각들과 함께 다시 냄비에 넣고 끓인다. 끓어오르면 불을 줄이고 뚜껑을 덮은 다음, 뿔닭이 속까지 푹 익을 때까지 30~40분간 은근히 끓인다.(끓이는 중간에 뿔닭을 한 번 뒤집는다.) 넓적다리 부위의 살코기를 뼈에서 발라냈을 때 붉은 기가 보이지 않으면 다 익은 것이다. 닭고기를 쓰는 경우에는 약 1시간 동안 삶는다.

3  꿀을 끼얹어 구운 무화과를 준비하기 위해, 각 무화과의 꼭지 부분에 전체 길이의 1/3 깊이로 X자 모양의 칼집을 낸다. 칼집을 낸 부분이 위로 가게, 여유 공간이 많이 비지 않도록 무화과를 구이접시 위에 한 겹으로 배열한 다음 그 위에 꿀을 끼얹는다. 버터를 무화과와 같은 개수로 큼직하게 깍둑썰기해서 무화과마다 한가운데 눌러 넣는다. 소금과 후추로 간한다. 무화과가 완전히 익어 부드러워질 때까지 15~20분간(생무화과가 많이 익은 상태일 때는 그보다 짧게) 굽는다. 오븐에서 꺼낸 다음 알루미늄 호일로 덮어 온기를 유지한다.

4  뿔닭과 무화과 조각을 냄비에서 건져내고(각각 다른 볼에 따로 담아둔다), 나머지 채소와 국물을 체에 밭쳐 볼에 거른다. 건더기를 숟가락으로 꾹꾹 눌러 최대한 국물을 많이 걸러낸다. (건더기는 버린다.) 국물을 다시 냄비에 붓고 중불에 올려

약 1½컵(375밀리터)만 남을 때까지 조린다.

5 소스를 조리는 동안 뿔닭을 4조각—가슴 2쪽(뼈는 발라낸다), 넓적다리와 북채가 붙은 상태로 2쪽—으로 분리한다. 닭을 쓸 경우에는 날개를 떼어내고 가슴에서 뼈를 발라내어 가로로 반 가른 다음 넓적다리 부위와 북채를 각각 떼어내 분리한다. 뿔닭 조각을 무화과, 올스파이스 가루, 포트와인과 함께 다시 냄비에 넣는다. 뿔닭 주변에 소스 거품이 생길 때까지 데운다. 중간에 고기 조각을 몇 번 뒤집어서 소스를 골고루 입힌다. 소스의 간을 보고 입맛에 따라 소금을 더 넣는다.

6 뿔닭 조각을 접시 4개에 나누어 담고 파슬리 고명을 얹는다. 꿀을 끼얹어 구운 무화과를 접시마다 몇 개씩 놓고 여러분이 선택한 사이드 디시를 곁들여 낸다 (183쪽 참조).

# 돼지고기 근대 소시지 Pork and chard sausage
**카예트** Caillettes

카예트는 여러 해 전에 '르 베르 볼레 Le Verre Volé'(훔친 잔이란 뜻의 파리에 있는 와인 바 겸 비스트로이며, 근처에 같은 상호의 식료품점 겸 샌드위치 가게가 하나 더 있다―옮긴이)에서 처음으로 먹어보았다. 그 이후로 파리에 단순하고 소박한 음식을 내놓는 다소 파격적인 와인 바들이 여기저기 생겨나기 시작했는데, '르 베르 볼레'는 그중에서도 가장 초창기에 문을 연 곳이다. 여러 해 동안 이곳의 모든 음식은 비좁은 카운터 뒤편에 놓인, 오븐 토스터보다 그리 크지 않은 가정용 브로일러 안에서 조리되었다. 메뉴 선택의 폭도 그리 넓지 않았지만, 식사를 시작하기 전에 널찍한 접시에 담겨 나오는 가공육이나 치즈, 그리고 종업원이―통째로, 직접 손으로 찢어 먹으라고―테이블 위에 턱 내려놓고 가는 먹음직스러운 바게트를 즐길 수 있었다. 식사 중에 손님이 손수 해내야 하는 또 한 가지 과업은 바로 와인을 고르는 일이었다. 와인 병 목 부분에 매직으로 휘갈겨 쓴 가격을 보고 괜찮아 보이는 '뱅 vin'(와인)을 직접 선반에서 꺼내 와야 한다.

나는 오자마자 이곳을 사랑하게 되었다. 직원들이 약간 퉁명스럽기는 했지만, 파리에 살기 위해서는 이 정도는 응수하는 법을 터득할 필요가 있다. 어느 날 밤 나는 와인 선택권을 직원에게 넘기고 달지 않은 화이트와인 하나를 골라달라고 부탁했다. 그런데 그들이 따다 준 와인은 내 입맛에 너무 달았다. 식당 안의 다른 손님들을 대상으로 투표까지 해가면서(그 식당이 원래 그런 곳이다) 기나긴 토론이 벌어졌지만 나는 끝까지 내 주장을 고수했다. "내가 비록 와인에 대해서는 많이 알지 못해도 페이스트리셰프로서 단맛에 대해서만큼은 전문가라고요. 그리고 이 와인은 달아요." 결국 그 논쟁에서 내가 승리를 거두었는지는 기억나지 않지만, 나는 그 후에도 카예트를 먹기 위해 계속 그 식당에 갔다.

'카예트 caillette'라는 단어가 흑판에 휘갈겨 쓰인 것을 처음 봤을 때 나는 그것이 새끼 메추리(카유 caille)를 가리키는 게 아닐까 생각했다. 그런데 종업원은 카예트가 푸른 채소와 고기를 섞어 만든, 아르데슈 Ardèche 지방에서 유래한 소시지라고 설명했다. 그런데 접시가 나왔을 때 보니, 그 수제 소시지는 정말로 메추리 비슷한 듯 그런 모양이었다.

마침내 그 와인 바는 부엌다운 부엌을 갖추고 새 단장을 했으며, 나는 집에서 나만의 카예트를 만들기 시작했다. 카예트는 팬으로 튀기는 게 아니라 오븐에 구워 만드는 것이라 집에서도 쉽게 요리할 수 있다. 일반적으로는 재료를 뭉쳐서 대망막(태아를 감싸는 양막의 일부―옮긴이) 지방으로 감싸지만, 이것은 구하기 힘들기 때문에 나는 맛있는 베이컨을 엮어서 싼다.

카예트는 겨울 음식으로서 그린 샐러드와 으깬 감자(216쪽) 혹은 감자 그라탱

(211쪽)과 함께 낸다.

1. 닭간에 소금 1/2작은술을 뿌리고 후추를 몇 번 갈아 넣어 간한다. 프라이팬에 올리브유를 붓고 중불에서 달군 다음 양파를 넣는다. 양파가 부드럽고 반투명해질 때까지 약 5분간 푸르르 볶는다. 닭간을 넣고 자주 뒤적이면서 완전히 익을 때까지 약 5분간 익힌다. 양파와 닭간을 긁어서 볼에 담는다.
2. 같은 팬에 돼지고기, 마늘, 타임을 넣는다. 남은 소금 1작은술과 후추 약간으로 간하고 돼지고기가 완전히 익을 때까지 약 5분간 중불에서 푸르르 볶는다. 올스파이스 가루를 넣고 섞은 다음 닭간이 담긴 볼에 넣는다.
3. 스위스근대의 뻣뻣한 줄기를 잘라내고 잎을 깨끗이 씻는다. 흙이 완전히 제거되도록 필요하면 중간에 물을 몇 번 갈아주면서 씻는다. 냄비에 소금물을 붓고 불을 켠 다음 물이 끓어오르면 근대를 넣는다. 줄기 부분이 부드러워질 때까지 5~10분간 삶는다. 체에 밭쳐서 식힌 다음 손댈 수 있을 정도로 식으면 꼭 짜서 최대한 물기를 뺀다.
4. 푸드프로세서에 돼지고기와 닭간 섞은 재료, 근대, 파슬리, 달걀, 레몬즙을 넣고, 재료가 뭉칠 정도로 점성을 띠되 아직 작은 덩어리가 남아 있을 정도까지 순간 작동으로 돌린다. (푸드프로세서가 없다면 닭간과 근대를 손으로 잘게 다진 다음 모든 재료를 볼에 넣고 섞어도 된다.)
5. 오븐을 175도로 예열한다.
6. 얕은 구이접시에 기름을 바르고, **4**의 카예트 재료가 단단히 뭉치도록 꾹꾹 누르면서 메추리 정도 크기의 둥그스름한 반죽 4개를 빚는다. 빚은 재료를 대로 구이접시에 올린다. 길쭉한 베이컨 2쪽을 소시지 반죽 겉면에 십자 모양으로 두르고 그 끝부분은 밑면에 밀어 넣는다. 고기가 완전히 익을 때까지 30분간 굽는다.

---

4인분

**닭간** 4온스(115g)
**천일염이나 코셔 소금** 1½작은술
**으깬 검은후추**
**올리브유** 2큰술
**양파** 1/2개(껍질 벗겨 잘게 다진다)
**다진 돼지고기** 8온스(230g)
**마늘** 2쪽(껍질 벗겨 다진다)
**다진 생타임 잎** 1큰술
**올스파이스 가루** 넉넉히 1자밤
**스위스근대** 12온스(340g)
**이탈리아 파슬리** 1/4컵(15g)(생으로 다진다)
**큰 달걀** 1개
**레몬즙** 2작은술
**베이컨**(두껍지 않은 길쭉한 것으로) 8쪽

## 캐러멜 소스에 구운 돼지갈비 Caramel pork ribs
Travers de porc au caramel

텍사스가 얼마나 멋지고, 텍사스 사람들은 또 얼마나 친절한지에 대해 내가 이야기할 때마다 파리 친구들은 충격을 받는다. 아마도 휴스턴과 댈러스의 먼지 날리는 거리를 무법자들이 어슬렁거리고 총격전을 벌이며 비열한 악한들이 말을 타고 질주하는 그런 광경을 상상하는 모양이다. 흔들리는 여닫이문이 달린 선술집들이 요즘도 텍사스에 있는지는 모르겠지만, 텍사스 사람들이 제대로 먹을 줄 안다고는 확실히 말할 수 있다. 그리고 그곳에 갈 때마다 나는 그리운 텍사스 바비큐로 전력을 다해 배를 채운다.

프랑스 사람들도 거친 서부인들 못지않게 갈비를 즐긴다. 많은 카페에 가보면—비록 흔들리는 여닫이문은 없지만—점심시간에 '오늘의 요리plat du jour'로 '캐러멜 소스에 구운 돼지갈비'가 특별히 준비되어 있다는 안내가 누가 봐도 프랑스다운 흘림체로 칠판에 고지되어 있다. 갈비는 텍사스에서보다는 좀 더 세련된 음식이라, 파리에서는 (무법자처럼 보이고 싶지 않다면) 미국인들처럼 테이블 앞에서 두 손으로 갈비를 들고 뜯는 사람은 볼 수 없겠지만, 그런 식으로라도 파리 사람들이 갈비 한 대를 깨끗이 해치울 수 있다는 사실은 고무적이다.

미국인들의 케첩 사랑도 유명한데, 어떤 사람들은 모든 음식에 케첩을 넣어 먹는 것처럼 보인다. 하지만 바비큐 소스와 더불어 케첩이 끝없이 진열된 이곳 슈퍼마켓들의 선반을 보고 판단하건대, 손쉽게 구입할 수 있는 이 빨간 소스가 미국인의 전유물이라는 고정관념을 프랑스인들이 확실히 무너뜨리고 있는 듯하다. 실제로 몇몇 유명한 프랑스 셰프들이 소스에 무게감과 맛을 더하기 위해—내가 바비큐 소스에 하는 것처럼—아주 약간의 케첩을 넣는다는 소문도 있다.

이 프랑스식 갈비는 맨밥을 곁들여 먹거나, 으깬 감자(216쪽)와 생채소 콜슬로(96쪽)를 곁들여 낸다.

### 4~6인분

- **백설탕** 3/4컵(150g)
- **황설탕이나 흑설탕 꾹꾹 눌러 담아서** 1/4컵(45g)
- **맥주** 3/4컵(180ml)
- **버번위스키** 1/4컵(60ml)
- **사과즙 발효 식초** 3큰술
- **케첩** 2큰술
- **생강** 1쪽(2cm)(껍질 벗겨 다진다)
- **간장** 2큰술
- **하리사 소스**(330쪽), **스리라차 소스, 혹은 기타 핫소스** 2작은술
- **디종 머스터드** 1작은술
- **으깬 검은후추** 1/2작은술
- **돼지갈비** 4파운드(1.8kg)(갈빗대가 3~4개씩 든 조각으로 자른다)

**1** 오븐을 180도로 예열한다.

**2** 로스팅 팬이나 더치오븐처럼 뚜껑이 있는 큰 냄비 바닥에 백설탕을 부어 고른 두께로 펼치고 중불에서 데운다. 설탕 가장자리가 녹기 시작하고, 액화된 설탕의 색깔이 짙어져서 옅은 구릿빛으로 짙어지기 시작하면 설탕을 가장자리에서 안쪽으로 살살 저어가면서 계속 데운다. 설탕이 완전히 축축해지면 이따금씩만 저으면서 계속 데운다. 설탕 전체가 메이플 시럽과 색깔이 비슷한 구릿빛 액체가 되고 연기가 나면(하지만 타면 안 된다) 불을 끈다. 황설탕이나 흑설탕을 넣고 저은 다음 맥주를 넣는다. 그러면 설탕 섞은 것이 굳고 단단해지는데 이는 정상이다.

**3** 설탕 섞은 재료를 약간 식힌 다음 버번위스키, 사과즙 발효 식초, 케첩, 생강, 간장, 하리사 소스, 머스터드, 후추를 넣고 젓는다. 이 냄비에 갈비를 넣고 불을 켠 다음 소스가 보글보글 끓어오를 때까지 데운다. 갈비를 소스 안에서 몇 번 뒤집은 다음 뚜껑을 덮고 오븐에 넣는다. 갈비가 부드러워질 때까지 1시간 반~2시간 동안 굽는다. 갈비를 굽는 중간에 두세 번 냄비를 오븐에서 꺼내어 갈비를 뒤집어준다.

**4** 냄비 뚜껑을 열고 갈비를 몇 번 더 뒤집어가면서 30분간, 혹은 국물이 약간 걸쭉해질 때까지 더 굽는다. 오븐에서 갈비를 꺼내어 눈에 띄는 기름을 국물 표면에서 걷어낸 다음 식탁에 낸다.

# 훈제 바비큐식 돼지고기
## Smoky barbecue-style pork
**Porc fumé façon barbecue**

다른 나라 사람들이 놀라워하는 파리지앵들의 한 가지 자질은 바로 '모데라시옹 moderation'(중용)이다. 즉 그 무엇에 대해서도 '너무' 흥분한 것처럼 보이지 않으려는 욕망이 존재하는데, 프랑스인들이 싫은 것에 대해선 "파 테리블 pas terrible"(심해진 않군)이라 말하고 좋은 것에 대해선 "파 말 pas mal"(나쁘진 않군)이라 말하는 것도 이 때문이다. 이런 모데라시옹의 태도는 요리할 때도 마찬가지여서 매운 향신료와 고추로 음식을 간하지 않고, 너무 과한 맛을 내지도 않는다. 이는 내가 바비큐 파티에 가서 그릴에 고기 굽는 일을 자청했을 때 깨달은 사실이다. 나는 주변에 생허브들이 몇 다발씩 자라 있는 것을 보고 그것을 넉넉히 한 줌 뜯어다가 양념에 담근 다음 불 위에 놓인 고기에 발랐다. 향을 머금은 연기가 크게 치솟으며 고기에 스며들자 주인이 황급히 달려왔다. 내가 "트로 드 구 trop de goût!"(너무 과한 맛)를 더하고 있다는 거였다.

파리 사람들은 담배 연기를 사랑하지만 연기 쐰 음식을 즐기는 입맛은 그리 발달하지 않았다. (어쩌면 그들에게는 이미 모든 음식이 연기 쐰 맛이 나기 때문에 뭘 더할 필요가 없어서 그런 것일까?) 하지만 훈연한 음식이 "맛이 너무 과하긴" 해도 나는 그게 좋다. 그리고 고춧가루와 파프리카 가루와 병에 든 바비큐 소스를 조합해서 그런 맛을 재현한다.

프랑스인들은 미국의 간편 음식, 그중에서도 바비큐 소스에 매료되었다. 그중 일부 소스는 '구 goût'가 놀랄 만큼 과한데도 말이다. 프랑스 슈퍼마켓에서 판매하는 한 브랜드는 '오 위즈 Oh ouizz!'라는 이름을 달고 있다. 아마 영어 구절로 말장난을 하려고 한 것 같은데 나한테는 요리나 식사보다는 다른 신체 기능과 더 관계 있는 말처럼 들린다. 하지만 그 소스의 원재료와 함량을 확인해보지는 않았고 앞으로도 그럴 것 같지 않다.

이 요리는 으깬 감자(216쪽)와 겨울 샐러드(98쪽), 또는 생채소 콜슬로(96쪽)를 곁들여 낸다.

**6인분**

**천일염이나 코셔 소금** 1½작은술
**훈제 파프리카 가루** 1큰술
**고춧가루** 1작은술
  (치포틀레chipotle나 파실라pasilla, 안초ancho 등이 좋다)
**계핏가루** 3/4작은술
**큐민 가루** 1/2작은술
**무가당 코코아 가루** 2작은술
**돼지 목살** 2½~3파운드(1~1.5kg)
**맥주** 1컵(250ml)
**바비큐 소스** 3/4컵(180ml)
**사과즙 발효 식초 또는 레드와인 식초** 2큰술
**토마토 페이스트** 1½큰술
**하리사 소스**(330쪽)**, 타바스코 소스 혹은 고추장** 2작은술
**간장** 1½작은술

1  크고 튼튼한 지퍼백에 소금, 파프리카 가루, 고춧가루, 계핏가루, 큐민 가루, 코코아 가루를 넣고 섞는다. 돼지 목살을 지퍼백에 넣고 양념을 고기에 바른다. 지퍼백을 봉하고 냉장고에서 24시간 재운다.

2  오븐을 160도로 예열한다.

3  맥주, 바비큐 소스, 식초, 토마토 페이스트, 하리사 소스, 간장을 큰 더치오븐에 넣고 중불에서 데운다. 돼지고기를 소스에 넣고 그 안에서 몇 번 뒤집어 소스

를 입힌다. 더치오븐의 뚜껑을 꼭 닫고 오븐에 넣은 다음 고기가 슬슬 찢어질 때까지 2~3시간 익힌다. 익히는 중간에 고기를 몇 번 뒤집는다.

4  돼지 목살을 꺼내어 큰 접시에 담고 손댈 수 있을 정도까지 식힌다. 고기를 한 입 크기로 찢어서 다시 소스에 담는다. 돼지고기와 소스를 은근히 끓여서 충분히 데워지면 식탁에 낸다.

# 카술레

내가 살았던 업스테이트 뉴욕은 겨울에 기온이 거의 영하 30도까지 떨어지곤 했다. 어떤 날은 너무 추워서 피부를 보호하기 위해 스웨이드로 된 얼굴 마스크를 써야 했다. 캘리포니아로 이주하면서 나는 겨울 방한용품—두툼한 스웨터, 푹신한 오리털 재킷, 벙어리장갑, 보온 내의, 그리고 스웨이드 얼굴 마스크까지—을 주위에 전부 나눠주고 왔다. 물론 샌프란시스코에도 습하고 냉랭한 날이 있으며, 순진하게도 반바지와 티셔츠만 입은 관광객들이 덜덜 떨며 걸어다니는 모습을 구경하는 일은 이곳 사람들이 가장 즐기는 스포츠이지만, 대개는 재킷 한 벌이면 충분했고 장갑이나 목도리가 필요한 날은 거의 없었다. (하지만 가끔 이 도시의 좀 더 자유분방한 구역에서 무슨 거리 축제가 벌어질 때면 얼굴 마스크가 등장하기도 했다. 대개는 스웨이드가 아니라 가죽으로 된 것이었지만.)

파리로 이주했을 때 나야말로 이 '빛의 도시'가 영원히 봄이며, 따사로운 햇볕 아래서 센 강변의 벤치에 앉아 베르티용 Berthillon 아이스크림을 핥아먹는 나날을 보내리라고 생각한 순진한 관광객이었다. 하지만 첫 겨울이 닥쳤을 때 내 지붕 밑 아파트는 아이스박스로 돌변했고, 나는 스웨터와 육중한 외투를 껴입고 목에는 목도리를 동여매고, 글을 쓰기 위해 두 손만 밖으로 내민 채 오들오들 떠는 나날을 보냈다. 왜 카페가 프랑스 작가들에게 그토록 인기를 누려왔고 또 지금도 그런지 쉽게 알 수 있는 일이다. 집필이 가능할 정도로 손가락을 따뜻하게 유지할 수 있는 유일한 장소이기 때문이다.

몸을 데우는 또 한 가지 확실한 방법은 바로 요리하는 데만 몇 시간이 걸리는 카술레 Cassoulet를 만드는 것이다. 나와 추운 바깥 공기 사이를 가로막아주는 것이 얇은 벽돌 한 장뿐일 때는 오븐이야말로 겨울에 의지할 수 있는 유일한 열원이므로, 이를 사용할 핑계가 생기는 것은 반가운 일이다.

카술레는 '셰 파니스'에서 일할 때 처음 먹어보았다. '셰 파니스'에서는 비정기적으로 이 요리를 선보였는데, 그때 내가 (비공식적으로) 담당했던 일이 바로 요리사들이 카술레를 그릇에 담아 손님 테이블에 보내고 난 뒤 카술레 냄비에 들러붙은 바삭바삭한 찌꺼기를 긁어 먹는 것이었다.

사람들은 파리에 와서 카술레를 찾지만 이는 파리의 레스토랑에서 쉽게 찾을 수 있는 음식이 아니다. 물론 카술레를 취급하는 곳이 몇 군데 있기는 하다. 하지만 파리에서 카술레라고 부르는 음식을 가스코뉴나 랑그도크 같은 프랑스 남서부 지방 출신이 본다면 그리 탐탁지 않게 여길 것이다. 사실 그들 대부분은 자기네 옆 마을에서 만드는 카술레도 탐탁지 않겠지만 말이다.

나는 크림처럼 부드럽고 오리 기름과 마늘이 묻어서 약간 끈적거리는 콩을, 벨벳처럼 부드러운 오리 콩피 덩어리를, 한입 가득 쫄깃한 툴루즈 소시지를, 그리고 이 모두를 뒤덮은 채 숟가락으로 부숴주기만을 기다리는, 구운 빵가루로 만든 두툼한 크러스트를 사랑한다.

내가 가스코뉴 지방에서 수십 년간 살아온 내 친구 케이트 힐 Kate Hill에게 요리 강습을 받기 위해 아쟁에 간 것은 겨울을 따뜻하게 나고 싶은 마음도 있었지만, 내가 가장 좋아하는 음식 한 가지의 요리법을 배우고 싶었기 때문이다. 카술레에 대해서는 숱한 토론과 논쟁이 있어왔다. 케이트의 설명에 따르면, 전통적으로 카술레는 농민의 음식으로서 콩이 주재료이고 여기에 약간의 자투리 고기와 소시지 조각들을 넣어 먹었다고 한다. 카술레에 들어가는 고전적인 콩은 타르베 강낭콩 Haricots Tarbais—프랑스 남서부에서 재배되는 통통한 흰 콩—이다. 이 콩을 익히면 짙은 아이보리색이 되며, 다른 재료들을 완벽히 한데 아울러주는 특별히 크림처럼 부드러운 질감을 띤다.

하지만 시대가 바뀌어 이제는 꼭 오리 콩피와 타르베 강낭콩(어차피 대부분의 농민들은 요즘 가격을 감당할 수도 없을 것이다)으로 카술레를 만들지 않아도 된다. 플라졸레 flageolet나 보를로티 borlotti 같은 강낭콩 말린 것을 써도 되고, 만약 토종 콩을 구할 수 있다면 종에 상관없이 쓰기를 권한다. 하지만 통조림 콩이나 슈퍼마켓 콩은 대부분 오래 묵은 것들이라 맛이 풍부하지 않으므로 피하는 것이 좋다. 콩의 품질에는 차이가 있고, 주재료는 되도록 좋은 것을 써야 한다.

다행히 나는 파리에 살아서 대다수 재료를 동네 상점에서 쉽게 구할 수 있다. 넉넉한 오리 기름에 절여 병에 담은 오리 콩피(220쪽 레시피에서 나는 이 기름을 모아두었다가 감자를 튀길 때 활용했다)를 비롯해, 집에서 길을 따라 조금만 가면 돼지고기 상점에서 소시지와 자레 드 포르jarret de porc(돼지 족발)를 팔고, 또 향신료 가게에 가면 흰콩이나 플라졸레 강낭콩을 불려서 익히기만 하면 되게끔 손질해서 봉지에 담아 판다.

순수주의자들은 따지길 좋아하지만, 프랑스의 또 다른 향토 고전 음식인 부야베스가 그렇듯이 카술레도 항상 그 지방에서 구할 수 있는 재료로 만들어왔다. 그러니까 오리 콩피를 구할 수 없으면 닭다리를 쓰면 된다. 툴루즈산 생돈육 소시지를 구할 수 없더라도 조미하지 않았거나 약하게 조미한 비슷한 소시지―이를테면 순한(혹은 달콤한) 맛의 이탈리아 소시지―를 식료품점이나 정육점에서 구입할 수 있다. 돼지 족발 대신 돼지나 양의 목살을 스토브에서 은근히 끓여도(혹은 오븐에 구워도) 된다. 하지만 베이컨을 구할 수 없다면, 흠, 다른 곳으로 이사 갈 것을 권하겠다.

전통적으로 카술레는 카솔cassole(판매처는 339쪽 참조)에 담아서 요리한다. 이 그릇은 입이 넓어서 갈색의 크러스트가 형성되기에 좋고, 평평한 밑면으로 내려갈수록 서서히 폭이 좁아져서 크러스트 안쪽은 흥건하고 촉촉해지도록 만들었다. 케이트의 시골 부엌에는 이 지역의 옹기장이가 만든 아름다운 카솔들이 가득 쌓여 있는데, 그중 하나쯤은 없어져도 모를 것 같아서 항상 슬쩍 한 점 챙겨 오고픈 유혹을 느끼곤 한다. 다행히도 마침내 파리의 한 중고 상점에서 단돈 5유로를 주고 카솔 한 점을 챙길 수 있었다. 하지만 여러분이 나처럼 운이 좋지 못하거나 범죄에 소질이 없다면 깊은 로스팅 팬도 괜찮다.

케이트와 나는 아쟁의 시장에 가서 재료를 사 모으고, 또 그 재료를 준비하느라 우리는 오후 한나절을 보냈다. 그녀는 어차피 콩에 넣어서 익힐 텐데 왜 그전에 콩피와 소시지의 표면을 갈색으로 지지는 것이 중요한지를 알려주었다("맛을 위해서지!"). 그녀는 깔깔 웃으며 돼지 껍질을 썬 다음―"미국인들은 이거 절대 안 먹을 거야!"―도마를 들어 칼로 슥 밀어서 콩이 은근히 끓고 있는 커다란 냄비 속에 곧바로 쓸어 넣었다.

물론 뭔가에 대해 우리 의견이 일치한다면 프랑스가 아닐 것이다. 이 경우에는 카술레 윗면에 빵가루를 얹느냐 마느냐가 문제였다. 케이트는 콩만으로도 근사한 크러스트가 만들어진다면서 빵가루를 쓰지 않는다는 입장을 단호히 고수했다. 그리고 그녀의 야외 장작 오븐에서 카술레가 다 구워졌을 때, 정말로 윗면에 근사한 크러스트가 만들어져 있었다. 하지만 집에서 요리할 때 우리 집 오븐에서는 윗면을 구워 완벽히 바삭바삭한 질감을 만들어줄 정도의 불꽃이 안 나오기 때문에 나는 빵가루를 쓴다.

그 외에도 나는 도시의 부엌에 맞게 여러 가지 방식으로 변화를 주었다. 우선 돼지 족발을 추가해서 맛을 더했다. 오리 콩피의 분량도 더 늘렸다. 이걸 먹다 보면 항상 오리 콩피가 더 남았나 싶어서 카술레를 뒤적이게 되기 때문이다. 그리고 마늘과 양파를 블렌더로 갈아 넣어 국물에 향을 냈다.

# 흰콩, 소시지, 오리 콩피 캐서롤
## White bean, sausage, duck confit casserole
**카술레** Cassoulet

카술레 만들기에는 지름길이 딱히 없지만, 그 보상은 푸짐해서 한번 요리하면 며칠 먹기에 충분한 끼니를 공급해준다. 한 가지 지름길이 있다면, 소시지를 콩과 함께 익히는 것이다. 그리고 만약 가짜 오리 콩피(179쪽)를 만들었다면 그건 이미 조리된 것이니 갈색으로 익힐 필요 없이 그냥 잘라서 쓰면 된다. 하지만 콩만큼은 대충 골라선 안 된다. 좋은 품종을 수소문하거나(판매처는 339쪽 참조) 동네의 자연식품 상점 또는 구색을 잘 갖춘 슈퍼마켓을 살펴보라. 카술레 애호가들의 주장에 따르면 카술레는 다음 날 다시 데워 먹을 때 최고의 맛이 난다고 한다.

---

**10~12인분**

품질 좋은 마른 콩(192쪽) 4컵(2파운드/950g)

훈제하지 않은 돼지 족발 2파운드(950g)

훈제하지 않은 두툼한 삼겹살이나
  깍둑썰기한 판체타 1⅓컵(160g)

당근 2개

양파 2개(껍질 벗겨 반 가른다)

마늘 6쪽(껍질 벗긴다)

월계수 잎 2장

타임 가지 10개

천일염이나 코셔 소금

오리 다리 콩피
  4조각(넓적다리와 북채가 붙어 있는 것)

조미하지 않았거나 약하게 조미한
  생돈육 소시지(예: 순한 이탈리아 소시지)
  1파운드(450g)

으깬 검은후추

건조 빵가루 혹은 갓 부순 빵가루 1컵(135g)

담백한 맛의 식물성 기름 혹은 견과유 3큰술

---

1  콩을 물에 헹구고 이물질을 골라낸다. 찬물에 담가 밤새도록 불린다.

2  다음 날 물이 담긴 큰 냄비에 돼지 족발을 넣고 센불에서 끓인다. 끓어오르면 불을 약하게 줄인 다음 고기가 부드러워지고 뼈에서 쉽게 분리될 때까지 약 2시간 동안 은근히 끓인다. 족발을 물에서 건져 접시에 놓는다. 손댈 수 있을 정도로 식으면 뼈를 발라내고 고기를 큼직하게 한입 크기로 찢은 다음 냉장고에 넣어둔다. 족발 삶은 물은 버린다.

3  불린 콩을 물에서 건져 족발을 삶았던 냄비에 담은 다음 콩이 잠길 정도로 찬물을 붓는다. 콩을 담은 냄비에 족발 뼈, 당근, 양파, 마늘, 월계수 잎, 타임을 넣고 센불에서 끓인다. 끓어오르면 불을 약하게 줄인 다음 콩이 말랑말랑하고 부드러워질 때까지 약 1시간 동안 은근히 끓인다. 끓는 도중에 물이 너무 줄어들면 물을 조금 더 부어도 된다. 다 익었을 때쯤 간을 보고 필요하면 소금을 1큰술까지 넣을 수 있다.

4  콩을 삶는 동안 오리 콩피에서 여분의 기름을 긁어낸다(기름은 모아뒀다가 오리 기름에 볶은 감자를 만드는 데 쓴다. 220쪽 참조). 오리를 프라이팬에 넣고 중불에 올린 뒤, 고기 조각의 양쪽 표면이 금갈색이 되고 바삭바삭해질 때까지 한 면당 5~8분씩 지진다. (만약 179쪽에서 요리한 가짜 오리 콩피를 사용한다면 고기 표면이 이미 갈색으로 익어 있으니 이 단계에서 다시 익히지 않아도 된다.)

5  오리고기 조각을 접시에 담고 팬에 고인 여분의 기름을 따라낸다. 예리한 칼로 소시지에 칼집을 몇 개 낸 다음, 소시지를 같은 팬에 넣고 겉면만 갈색이 되도록 익힌다. 속까지 다 익힐 필요는 없다. 소시지를 오리고기와 함께 접시에 담는다. 소시지가 손댈 수 있을 정도로 식으면 2인치(2.5센티미터) 길이로 어슷썰기한다. 오리 다리를 다시 3조각으로 자른다. 먼저 북채를 떼어내고, 칼을 뼈와 평행이 되게 넣어 넓적다리 부분을 2등분한다.

**6** 콩이 다 익으면 불을 끈다. 월계수 잎, 타임, 족발 뼈를 건져 버리고 당근, 양파, 마늘쪽도 건져낸다. 당근을 깍둑썰기한 다음 찢어둔 족발 고기와 함께 다시 콩에 섞는다.

**7** 양파와 마늘을 블렌더나 푸드프로세서에 넣고 콩 삶은 물을 약간 부은 다음 부드러워질 때까지 돌려서 퓌레로 만든다. 이를 다시 콩에 붓고 후추로 간한 다음 맛을 보고 입맛에 따라 소금을 더 넣는다. (일부 돼지고기 제품은 아주 짜게 나오기 때문에 이 단계에서는 입맛에 맞게 간을 맞춘다.)

**8** 오븐 위쪽(위에서 1/3 높이 이내)에 선반을 걸치고 160도로 예열한다.

**9** 최소 8리터들이의 널찍한 스튜 냄비나 로스팅 팬에 카술레를 담는다. 우선 콩 섞은 재료를 그 국물 일부와 함께 국자로 퍼서 냄비 바닥에 평평하게 한 겹 깐다. 오리고기 조각의 절반과 소시지 절반을 콩 위에 고르게 얹는다. 그 위에 콩을 한 겹 더 깔고 다시 그 위에 나머지 오리고기와 소시지를 올린다. 그 위에 남은 콩을 깔고, 콩이 뜰락 말락 할 정도로 국물을 붓는다. (콩 국물이 남으면 나중에 필요할 경우를 대비해 냉장 보관한다. 국물이 모자라면 콩을 충분히 적실 정도로만 물을 더 붓는다.)

**10** 빵가루에 기름을 붓고 빵가루가 기름에 충분히 젖도록 뒤적인 다음, 빵가루를 카술레 맨 윗면에 고르게 깐다. 카술레를 오븐에 넣고 1시간 동안 굽는다. 카술레 윗면의 크러스트를 큰 숟가락이나 내열 주걱의 옆 부분으로 군데군데 부순다. 오븐 온도를 120도로 낮추고 2시간 30분 동안 더 굽는다. 굽는 도중에 크러스트를 두 차례 더 부순다. 카술레를 오븐에서 꺼내어 15분간 그대로 둔다. 카술레를 식혔다가 다시 데워 먹기를 좋아하는 사람이 많은데, 그렇게 하고 싶다면 상온에서 1시간 반 동안 식혔다가 냉장고에 넣는다.

**11** 카술레를 다시 데워 먹으려면 데우기 1시간 전에 카술레를 냉장고에서 꺼낸다. 오븐을 180도로 예열한다. 카술레의 윗면을 약간 부수어 확인해보고 그 밑의 콩 주변에 국물이 별로 없으면 남겨둔 콩 국물(이나 따뜻한 물)을—안쪽을 조금 적실 정도로만, 약 1/2컵(125밀리리터)—더 붓는다. 카술레를 1시간 30분 동안, 혹은 안쪽까지 뜨거워지도록 굽는다. 토핑이 충분히 바삭바삭하지 않으면 오븐의 브로일러를 켜고—도기 접시를 쓸 경우 230도, 혹은 제조사에서 표시한 내열 최고 온도로 올리고—윗면이 취향에 맞게 갈색으로 익을 때까지 주의 깊게 지켜보며 굽는다. 카술레를 오븐에서 꺼내어 15분간 그대로 둔다. 카술레를 접시에 담아 식탁에 낸다. 이 요리에는 다른 사이드 디시가 필요 없지만, 소화를 돕기 위해 디저트 후에(혹은 디저트 대신) 아르마냑 한 잔을 마시는 것—또 카술레를 만드느라 수고했다고 등을 토닥여주는 것—은 필수 코스로 여겨진다.

## 맥주와 스파이스 브레드를 넣은 벨기에식 쇠고기 스튜
Belgian beef stew with beer and spice bread
**카르보나드 플라망드** Carbonade flamande

이 요리는 벨기에에서 처음 유래했고 프랑스에서 인기가 높다. 주재료들—맥주, 쇠고기, 스파이스 케이크, 베이컨—은 잘 양념한 쇠고기 요리를 좋아하는 사람이라면 누구든 확실히 구미가 당길 만한 것들이다. 날이 추울 때 먹는다는 이 스튜에 대해 처음 들었을 때 스파이스 브레드가 들어간다는 데 너무 흥미가 끌려서 겨울까지 기다릴 수가 없었다. 나는 머스터드를 바른 빵이 소스에 녹아들며 그 향신료와 양념에서 우러나온 밀도와 활기가 요리에 깃드는 것이 너무 좋다. 전통적으로는 팽 데피스 pain d'épices (스파이스 브레드)에 머스터드를 발라야 하지만, 팽 데피스가 없다면 며칠 묵은 생강빵을 가지고 해보자. 으깬 감자(216쪽)나 허브를 넣은 생파스타(230쪽)와 잘 어울린다.

1 종이타월로 쇠고기를 두드려 물기를 빼고 양념한 중력분에 버무린다. 여분의 밀가루는 떨어낸다.

2 큰 더치오븐을 중불에 올리고 올리브유를 달군다. 고기를 바닥에 한 겹으로 깔고 양쪽 면이 진한 갈색이 될 때까지 (냄비가 너무 꽉 차지 않도록) 몇 차례로 분량을 나누어 지진다. 음식에 풍미를 더하려면 고기 표면이 짙고 어두운 갈색이 되어야 하기 때문에 너무 자주 뒤집지 않는 것이 중요하다. 고기가 다 지져지는 대로 볼에 옮겨 담는다. 고기가 바닥에 달라붙지 않도록 필요하면 올리브유를 더 붓는다.

3 고기를 갈색으로 익혔으면 양파와 베이컨을 더치오븐에 넣는다. 양파가 부드럽고 반투명해질 때까지 이따금씩 뒤적이면서 8~10분간 익힌다. 양파와 베이컨을 쇠고기와 함께 볼에 담는다. 아직 뜨거운 냄비에 물을 붓고 바닥에 짙게 눌어붙은 것을 긁어낸 다음 맥주를 넣는다.

4 쇠고기, 베이컨, 양파를 다시 냄비에 담고 타임, 월계수 잎, 통정향, 소금을 넣는다. 뚜껑을 덮고 아주 약한 불에서 1시간 동안 은근히 끓인다.

5 팽 데피스 조각에 디종 머스터드를 얇게 바른다. 머스터드를 바른 쪽이 위로 가도록 빵조각을 냄비 안의 스튜 위에 얹는다. 뚜껑을 비스듬히 덮고 이따금씩 (빵을 포함한) 내용물을 저으면서, 쇠고기가 부드러워질 때까지 1시간 반~2시간 더 익힌다. 월계수 잎을 건져내고 식탁에 낸다.

---

**6인분**

**쇠고기 목심** chuck roast
　3파운드(1.35kg)(5cm 크기로 썬다)

**중력분** 1/2컵(70g)
　(천일염이나 코셔 소금, 후추로 간한다)

**올리브유** 2큰술(필요하면 더 넣을 수 있다)

**양파** 2개(껍질 벗겨 깍둑썰기한다)

**훈제하거나 훈제하지 않은 두툼한 베이컨**
　2컵(200g)(손가락 한 마디 크기로 썬다)

**따뜻한 물** 1컵(250ml)

**맥주** 3컵(750ml)(앰버 맥주가 좋다)

**다진 생타임** 2작은술 혹은 **말린 타임** 1작은술

**월계수 잎** 2장

**통정향** 5개

**천일염이나 코셔 소금** 1작은술

**팽 데피스**(293쪽) 4장(6온스/170g)

**디종 머스터드**

## 양 사태 타진 Lamb shank tagine
**Tagine de souris d'agneau**

내 나이 열여섯 살 때 동네 상가에 있는 '설로인 핏Sirloin Pit'이라는 체인 레스토랑에서 설거지를 하면서 식당 일을 처음 시작했다. 테이블마다 (소 엉덩이처럼) 불도장이 찍혀 있고 여종업원들은 인조 가죽 스커트를 입은 식당이었다. 마초 성향의 요리사들은 손님들에게 낼 스테이크를 구워내는 '핏pit'(구덩이)의 불꽃을 다루는 데 얼마나 많은 허세가 필요한지를 사방에 과시하며 툭하면 부엌 직원들을 상대로 일부러 공포 분위기를 조성했다. 나는 그저 싱크대 거품에 고개를 처박고 텍사스 토스트를 실컷 먹을 수 있는 직원 식사 시간만을 기다렸다. 텍사스 토스트란 두께가 두 배로 두꺼운 식빵인데, 여기에 버터를 발라서 구워 먹으면 겉껍질이 바삭바삭하고 놀랍게도 약간 달콤한 맛이 났다.(아마도 그 '버터'가 통조림에서 흘러나온 노란색 액체였기 때문이었던 것 같다.)

나는 대학에 들어간 뒤에도 계속 식당에서 일을 했다. 어떤 곳에서는 맥주잔을 닦았고 또 어떤 곳에서는 샐러드 바에 음식을 다시 채워놓는 일을 했다. (그리고 뷔페식당에서는 손님과 음식 사이를 가로막아서는 절대 안 된다는 것을 배웠다.) 이렇게 고된 수련 기간을 거친 뒤 마침내 입성한 '셰 파니스'는 마치 천국처럼 느껴졌다. 그곳에서 나는 현지 식재료로 훌륭한 음식을 헌신적으로 만들어내는 요리사들에게 둘러싸여 있었다. 너무 단순화한 이야기처럼 들릴지는 몰라도, 우리가 '셰 파니스'에서 지녔던 것과 같은 동료 의식을 느낄 수 있는 레스토랑은 드물다. 요리에 헌신하는 요리사에게 그곳보다 더 나은 직장은 없기 때문에, 요리사들은 그곳을 떠나지 않고 몇 년(혹은 몇십 년)씩 일하는 경향이 있다.

나와 같이 일했던 사람들은 단순한 직장 동료도, 심지어 친구도 아니었다. 우리는 모두 한 가족이었고, 삶이 나를 속이고 궁지로 내몰 때마다 나는 옛 고용주들로부터 도움을 제안하는 손편지를 받곤 한다. 이미 여러 해 전에 그 레스토랑을 떠났지만 많은 요리사들과 아직까지도 연락을 주고받으며, 기회가 있을 때마다 만나서 같이 요리하는 일은 여전히 즐겁다.

나의 좋은 친구이자 같이 일했던 또 한 명의 데이비드 L.은 현재 셰프로 일하는 스위스에서 종종 나를 만나러 온다. 그러면 우리는 그가 사는 곳에서는 보기 힘든 딤섬이나 베트남 국수를 먹기 위해 파리의 다문화 구역을 찾는다. 또한 데이비드와 나는 집에서 함께 저녁을 준비하는 것 또한 즐긴다. 우리는 향신료와 말린 과일을 고르고, 때로는 흔히 쓰이지 않는—이를테면 양 사태 같은—고기를 사기 위해 할랄 정육점에 들렀다가, 파리의 내 부엌에서 힘을 합쳐 친구와 가족을 위한 저녁 식사를 준비한다.

프랑스에서는 양 사태를 찾는 데 다소 시간이 걸렸는데, 여기서는 이 고기가

'수리 다뇨souris d'agneau'(양의 생쥐)라는 별난 이름으로 불리기 때문이다. '수리souris'는 '생쥐'라는 뜻인데, 생쥐가 라틴어로 '무스 무스쿨루스mus musculus'이고 이게 사태 부위의 근육muscle을 뜻하는 단어의 어간이기도 해서 이런 이름이 유래했음을 알기까지는 약간의 탐문 조사를 거쳐야 했다. 프랑스 정육점에 가서 '수리' 네 조각을 달라고 할 때는 반드시 그 뒤에 '다뇨'를 붙여야 이상한 시선을 피할 수 있다.

이 타진에는 양 어깻살을 쓸 수도 있다. 그럴 경우에는 정육점 주인에게 뼈가 있는 양 어깻살을 네 조각으로 잘라달라고 부탁하라. 또는 이를 통째로 넣고 고기가 뼈에서 분리될 정도로 부드러워질 때까지 한 시간가량 익힌 다음 뼈를 발라내고 계속 익히는 방법도 있다.

이 요리는 하루 전에 미리 만들어두었다가 여분의 기름기를 걷어낸 뒤 다시 데워서 낼 수도 있다.

1. 올리브유 1큰술, 소금 2작은술, 큐민 가루, 고수 가루, 파프리카 가루, 계핏가루, 후추, 생강가루, 강황 가루, 카엔 고춧가루를 큰 볼에 담고 섞는다. 양 사태를 넣고 손으로 마사지하듯 고기 표면에 양념을 바른다. 사태를 크고 튼튼한 지퍼백에 넣은 다음 공기를 빼내고 봉한 뒤 냉장고에 넣고 8~24시간 동안 재운다.
2. 나머지 올리브유 2큰술을 더치오븐에 넣고 중강 세기의 불에 달군다. 양 사태를 한 겹으로 깔고(다 들어가지 않으면 분량을 몇 차례로 나누고 필요하면 기름을 더 넣어서) 양쪽 표면이 충분히 갈색이 되도록 10~15분간 지진다.
3. 오븐을 180도로 예열한다.
4. 양 사태를 냄비에서 꺼내고 중불로 낮춘 다음 양파, 마늘, 월계수 잎을 넣고 소금으로 간한다. 바닥에 눌어붙은 짙은 색 찌꺼기를 긁어내가면서(잘 안 떨어지면 물을 조금 붓는다), 양파가 부드럽고 반투명해질 때까지 8~10분간 익힌다. 사프란을 넣고 저은 다음 1분간 더 익혀서 사프란 향을 낸다. 토마토를 그 국물과 함께 넣고 스톡, 꿀, 양 사태를 넣은 다음 한소끔 끓인다.
5. 냄비 뚜껑을 닫고 오븐에 넣어서 2시간 동안 익힌다. 익히는 중간에 사태를 한 번 뒤집고 말린 살구와 건포도의 절반을 넣는다. 2시간 후 뚜껑을 열고 나머지 살구와 건포도를 넣는다. 소스가 되직해질 때까지 약 30분간 더 익힌다. 중간에 사태를 마지막으로 한 번 더 뒤집어준다.
6. 오븐에서 꺼내어 표면의 기름을 말끔히 걷어낸다. 볼 4개에 쿠스쿠스를 담고 그 위에 사태를 1덩이씩 올린다. 사태 주변에 말린 과일과 소스를 돌려 담고 파슬리를 뿌린다.

---

**4인분**

**올리브유** 3큰술(필요하면 더 넣을 수 있다)
**천일염이나 코셔 소금**
**큐민 가루** 1작은술
**고수 가루** 1작은술
**스위트파프리카 혹은 훈제 파프리카 가루** 1작은술
**계핏가루** 1작은술
**으깬 검은후추** 1/2작은술
**생강가루** 1/2작은술
**강황 가루** 1/4작은술
**카엔 고춧가루** 1/4작은술
**양 사태(양 정강잇살)** 4덩이
**양파** 2개(껍질 벗겨 깍둑썰기한다)
**마늘** 3쪽(껍질 벗겨 얇게 저민다)
**월계수 잎** 1장
**사프란 암술thread 혹은 사프란 분말** 넉넉히 1자밤(선택 재료)
**토마토 통조림** 1캔(14온스/400g)(다지거나 으깬다)
**치킨 스톡(326쪽)이나 물** 2컵(500ml)
**꿀** 1작은술
**반 절단한 말린 살구** 3/4컵(140g) (캘리포니아산이 좋다)
**노란 건포도나 검은 건포도** 1/2컵(80g)
**곁들여 낼 레몬-피스타치오 이스라엘 쿠스쿠스(237쪽) 또는 플레인 쿠스쿠스 또는 쌀밥**
**이탈리아 파슬리나 고수 잎**(고명용)(생으로 다진다)

# 입에서 살살 녹는 고기

프랑스에서 정육 기술은 아직까지도 중요하게 취급된다. 우리 집에서 반경 두 블록 안에 정육점 다섯 곳이 있다는 것이 그 증거다. 솔직히 나는 미국과는 사뭇 다른 쇠고기, 양고기, 돼지고기의 온갖 부위와 명칭들이 헷갈릴 때가 많다. 내가 알고 있는 부위의 프랑스어 명칭이 무엇인지 익히려고 계속 노력하는 중이다. 예를 들어 쇠고기에서 '팔르롱paleron'은 갈비와 비슷하고, 거대한 '코트 드 뵈프côtes de boeuf'는 뼈 있는 로스트비프에 해당한다. 프랑스에 살면서 진열장에 줄줄이 놓인 양 어깻살처럼 덜 익숙한 부위에도 흥미를 갖게 되었다. 언젠가는 이것도 졸업하고 스테인리스 통에 담긴 핑크빛·핏빛 내장까지 넘볼 수 있게 될지도 (뭐, 그러지 못할지도) 모르겠다.

페이스트리셰프로서 처음 파리로 이주해 왔을 때 고기를 요리해본 경험이 거의 없었다. 매우 훌륭한 요리사이자 음식 기고가인 데이비드 타니스David Tanis는 고기를 느긋하게 익히는 것의 이점을 내게 들려주었다. "기본적으로, 그냥 고기를 진짜, 진짜 천천히 익히는 거야. 처음에는 고기가 움츠러들어." 이 말을 하면서 그는 요지를 강조하기 위해 어깨를 거의 귀 밑까지 바짝 움츠리면서 얼굴을 꽉 구겼다. 그리고 말을 이었다. "좀 더 있으면, 고기 조각 전체가 '후―' 하고 한숨을 내쉬면서 풀어지지." 이를 생생히 보여주기 위해 그는 온몸을 축 늘어뜨리고는 얼굴에 만족스러운 함박미소를 지었다. 이 교습은 시각적으로 강한 인상을 남겼고, 그때 나는 어떤 고기 부위는 시간을 오래 들여 익힐수록 더 훌륭해진다는 (그리고 요리사도 더 행복해진다는) 사실을 깨달았다. 확실히 이건 손쉽게 고기를 길들이는 방법이다. 별로 비싸지 않은 부위를 구입해 살코기가 뼈에서 저절로 분리될 때까지 조리거나 오븐에서 구워보자. 나는 살코기가 풍부한 돼지고기나 양 어깻살을 오븐에 넣을 때마다 데이비드를 떠올린다. 그로부터 몇 년 뒤, 캐러멜화되어 부드럽고 입안에서 살살 녹는 살코기 한 냄비를 껴안고 있는 나 자신을 발견하게 되었다.

파리 사람들이 집집마다 오븐을 갖추기 전인 중세 시대에는 동네 빵집에서—물론 수고비를 받고!—고기를 구워주었다. 나는 요즘도 그럴 수 있으면 좋겠다고 가끔 생각한다. 그러다가도 마음을 고쳐먹는 이유는, 우리 집 부엌에서 양 어깻살이 구워져 나올 때마다 아무도 알 리 없다고 되뇌며 그 뜨겁고 바삭바삭한 껍질을 그 자리에서 떼어 입에 우겨 넣기 때문이다. 그리고 어느 낯선 사람이 고기에 손을 안 댈 거라고 믿지도 못하겠다.

## 조린 채소, 살사베르데, 병아리콩 퍼프를 곁들인 양고기 구이
Roast lamb with braised vegetables, salsa verde, and chickpea puffs

**채소, 소스 베르트, 파니스를 곁들인 양 어깻살 구이**
Épaule d'agneau aux légumes, sauce verte, et panisses

4~6인분

**구운 양고기**
뼈가 있는 양 어깻살 1덩이(약 4파운드/1.75kg)
마늘 2쪽(껍질 벗겨 저민다)
안초비 필레 3쪽(가로로 3등분한다)
천일염이나 코셔 소금 1작은술
으깬 검은후추
달지 않은 화이트와인 1½컵(375ml)(필요하면 더 넣을 수 있다)
물 1½컵(375ml)(필요하면 더 넣을 수 있다)

**조린 채소**
무염버터 2큰술
쪽파 8대(반 가른다) 혹은
샬롯 8개(껍질 벗겨 반 가른다)
타임 가지 4개
파스닙 3개(깎아서 굵게 채 썬다)
당근 2개(깎아서 원형으로 두툼하게 썬다)
중간 크기 순무 4개(깎아서 두툼한 쐐기형으로 썬다)
꼬마 감자 8온스(230g)(반 가른다)
천일염이나 코셔 소금 1½작은술
으깬 검은후추
치킨 스톡(326쪽)이나 물 1컵(250ml)
생완두콩이나 냉동 완두콩, 또는 껍질 벗긴 잠두콩 1½컵(200g)

곁들여 낼 살사베르데(333쪽)
곁들여 낼 파니스 퍼프(245쪽)

안초비와 마늘로 양고기 속을 채우고 있으면 나는 프로방스가 떠오르고, 그러다 보면 또 병아리콩 튀김인 파니스panisses를 생각하게 된다. 안초비와 마늘을 양고기 속에 채워 넣어 한동안 부드럽게 익히면 고기 속에 흔적 없이 녹아들어 오랫동안 구운 고기에 마법 같은 감칠맛을 선사한다. 좀 꺼려지더라도 꼭 한번 시도해보기를 권한다. 그래도 충분히 확신이 안 선다면 안초비 대신 로즈메리 가지를 넣어보라.

조린 채소는 네모반듯하게, 웨지(쐐기) 모양으로, 얇게, 혹은 두툼한 동전 모양으로 썬다. 채소가 지닌 저마다의 굴곡과 형태를 존중해 채소 모양에 따라 써는 방법을 달리한다. 모든 뿌리채소들이 얼추 같은 속도로 익게끔 비슷한 크기로 썰기만 하면 된다. 프랑스 사람들은 채소가 아삭아삭한 것―그들이 흔히 말하는 '캘리포니아식'― 을 좋아하지 않는다. 그러니까 채소를 속까지 익히되 너무 푹 익히지는 않는다.

이 라구ragout(여러 가지 채소를 넣고 끓인 스튜의 일종―옮긴이)에 넣을 채소를 재료에 명시했지만, 루타바가rutabagas(스웨덴순무), 콜라비, 아스파라거스, 파스닙parsnips 같은 다른 채소들도 자유롭게 넣을 수 있다. 완두콩이나 잠두콩을 제외하고 총 약 2파운드(1킬로그램)의 채소를 가지고 시작한다. 생기 있는 살사베르데(그린 소스)가 풍부한 맛을 내주므로 양념을 많이 넣을 필요는 없다.

나는 파니스를 팝오버popover(구울 때 부풀어서 속이 거의 빈 미국식 머핀 빵의 일종―옮긴이)로 새롭게 변신시켰다. 이 팝오버의 맛은 남프랑스의 병아리콩 튀김과 같지만 만들기는 그보다 훨씬 더 쉽다. 반죽은 미리 만들어놓아도 되고, 내기 직전에 오븐에서 굽기만 하면 스스로 부풀어 올라 여러분을 자랑스럽게 해줄 것이다.

**1** 양고기 가장자리에 붙은 여분의 지방을 잘라낸다. 고기 표면에 여러 군데 깊숙이 칼집을 넣고 그 속에 저민 마늘과 안초비를 채워 넣는다. 어깻살에 소금과 후추를 바른 뒤 랩으로 느슨하게 싸서 최소 6시간, 혹은 밤새도록 냉장고에 넣어 둔다.

**2** 양고기를 구울 준비가 되면 오븐을 160도로 예열한다.

**3** 양고기를 흰 지방이 덮인 쪽이 위로 가도록 로스팅 팬에 넣고 와인과 물을 붓는다. 양고기를 오븐에서 1시간 동안 구운 다음 이번에는 지방이 있는 쪽이 아

래로 가도록 뒤집어서 다시 1시간 동안 굽는다. 굽는 도중에 팬의 수분이 마르면 와인을 넉넉히 끼얹거나 물을 더 부어서 팬 바닥에 계속 수분이 고여 있게끔 한다.

4  양고기를 이번에는 지방 쪽이 위로 가도록 마지막으로 뒤집은 다음, 팬에 고인 양고기 즙을 몇 번 끼얹어가면서 30분간 더 굽는다.

5  채소를 조리기 위해, 양고기를 내기 약 30분 전에 뚜껑 있는 큰 프라이팬을 중불에 올리고 버터를 녹인다. 양파와 타임을 넣고 약간 갈색이 돌 때까지 8~10분간 볶는다. 파스닙, 당근, 순무, 감자를 넣는다. 채소에 소금을 뿌리고 후추를 몇 번 갈아 넣은 다음 뒤적여서 버터를 채소 표면에 골고루 입힌다.

6  스톡과 물을 채소의 중간 정도 높이로 붓는다. 뚜껑을 덮고 불을 아주 약하게 켠 다음 중간에 몇 번 저으면서 채소가 갓 익을 때까지 20분간 은근히 끓인다. 너무 푹 익히면 안 된다. 불을 끄기 2~3분 전에 완두콩을 넣는다.

7  내기 직전에 채소를 국물과 함께 얕은 수프 그릇에 담는다. 양고기를 큼직하게 찢어서 채소 가운데에 얹는다. 이때 바삭바삭한 양고기 지방 부위가 모두에게 충분히 돌아가게끔 한다. 살사베르데를 담은 볼과 병아리콩 퍼프를 담은 바구니를 식탁에 돌린다.

# 미국과 프랑스의 스테이크 문화

숱한 프렌치 패러독스가 사람들 입방아에 오르내리지만, 나를 어리둥절하게 만든 아메리칸 패러독스가 한 가지 있다. 그건 바로 미국인들이 스테이크를 어떻게 익혀 먹느냐에 대한 것이다. 미국처럼 크고 다채로운 나라를 뭉뚱그려 일반화하기란 힘들지만, 프랑스에서는 미국인들이 스테이크에 케첩을 뿌려 먹으며, 또 웰던으로, 프랑스인들의 표현을 빌리면 '구두 밑창처럼 질기게à la semelle' 익혀서 먹길 좋아한다는 믿음이 있다. 그리고 스테이크를 '비앵 퀴bien cuit', 즉 웰던으로 주문하는 것보다 파리의 셰프들을 짜증나게 하는 일도 없다.

이를 피하기 위해 '르 세베로Le Sevèro'와 '비스트로 폴 베르Bistro Paul Bert' 같은 레스토랑에서는 스테이크를 '세냥saignant'(핏물이 뚝뚝 떨어지는 '레어rare') 이상으로는 익혀주지 않는다고 메뉴에 명시해놓았다. 그리고 자기들이 쓰는 고기는 품질이 대단히 좋으므로 그 이상 익힌다는 건 말도 안 된다고 덧붙여놓았다. 프랑스인들이 대체로 고기를 '블뢰bleu'(베리 레어very rare), 즉 너무 설익어서 중간 부분이 완전히 날것인 상태로 먹기를 좋아하는 것처럼, 나는 '웰던 비프'란 곧 싸우자는 말이라고 주장하는 미국인이나 다른 나라 사람들을 많이 알고 있다.

파리에 오기 전까지는 미국인들이 케첩 사랑으로도 유명하다는 사실을 알지 못했는데, 프랑스인들도 이제는 이 사실을 경멸하지 않는 것 같다. 실제로 프랑스 사람들이 케첩을 얼마나 사랑하느냐 하면, 정부가 개입해 학교 식당에서 케첩을 일주일에 딱 한 번씩, '프리트frites'(감자튀김)에 곁들여서만 내놓으라는 훈령을 내렸을 정도다.

프랑스인들이 가장 좋아하는 소스는 머스터드이며 앞으로도 쭉 그럴 것 같다. 일부 프랑스인들은 머스터드 병이 손닿는 데 있지 않으면 이를 식사로 여기지 않는다. 그리고 프랑스인들은 머스터드뿐 아니라 버터도 대량으로 먹어치운다. 하지만 버터가 빵에 발라 먹는 용도로 테이블에 놓이지는 않는다. 물론 빵 바구니는 항상 나오지만. (한번은 카페에서 햄버거를 주문했는데, 여종업원이 햄버거를 빵에 얹어서 내온 다음 그 옆에 또 바게트 조각이 담긴 바구니를 턱 내려놓았다.)

두 나라 국민 모두 버터를 애호하지만, 미국인들은 이를 스테이크에 발라 먹을 생각을 하지 않는 반면 프랑스인들은 그렇게 한다는 사실이 역설적이다. 하지만 꼭 한번 시도해보길 권한다. 한입만 먹어보면 팬에 지진 스테이크의 따뜻한 육즙에 녹아든 톡 쏘는 머스터드 버터 한 덩이만큼 좋은 게 없다는 데 모두가 동의할 것이다. 그리고 여기에—음, 그날이 무슨 요일이냐에 따라—케첩을 곁들인 프렌치프라이까지 즐길 수 있다면 모두가 환영일 것이다.

# 머스터드 버터와 프렌치프라이를 곁들인 스테이크
## Steak with mustard butter and French fries
**머스터드 버터를 곁들인 스테크 프리트** Steak frites au beurre de moutarde

이 비스트로 고전 요리를 우리 집 부엌에서 만들 때는 무쇠 프라이팬이나 그릴 팬을 아주 뜨겁게 달구고 스테이크의 양면을 구워서 내가 좋아하는 미디엄-레어로 익힌다. 내가 좋아하는 부위는 앙트르코트entrecôte/rib-eye(꽃등심)이고, 표면적이 넓은 것이 좋아서 푸주한에게 스테이크용으로 너무 두껍지 않게 썰어달라고 바른다. 그리고 여기에 훈제 맛을 약간 내기 위해 치포틀레 고춧가루를 바른다.

스테이크는 변수투성이라서 어떤 스테이크가 익는 데 얼마나 오랜 시간이 걸릴지 정확히 말하기 힘들지만, 스테이크를 살짝 갈라 내부를 엿보면 육즙이 콸콸 흘러나와 스테이크가 다 말라버린다는 얘기는 사실무근이다. 스테이크를 말려버리는 확실한 방법은 바짝 익히는 것이다. 그러니 필요하면 얼마든지 속을 들여다봐도 상관없다.

1. 스테이크용 고기를 종이 타월로 두드려 물기를 빼고 그 표면에 소금, 치포틀레 고춧가루, 고수 잎을 문질러 바른다. 덮거나 싸지 않은 채로 최소 1시간에서 최대 8시간까지 냉장고에 둔다.
2. 머스터드 버터를 만들기 위해, 작은 볼에 버터와 드라이 머스터드와 디종 머스터드를 넣고 한데 으깨어 섞는다. 2덩이로 빚어서 랩을 깐 접시 위에 놓고 차게 식힌다.
3. 기름 또는 정제한 버터 약간을 그릴 팬이나 무쇠 프라이팬에 넣고 달군 다음 센불에서 스테이크를 익힌다. 스테이크의 양면을 충분히 지진다. 레어 스테이크로 만들려면 양면을—알레르투르aller-retour(높은 온도에서 앞뒤로 살짝만 굽는 조리법)로—총 5~7분간 익힌다.
4. 스테이크를 팬에서 꺼내 접시에 담는다. 윗면에 머스터드 버터를 1덩이씩 올리고 후춧가루를 약간 뿌린 뒤 감자튀김을 수북이 곁들여 낸다.

---

**2인분**

스테이크용 꽃등심 2덩이(8온스/225g)
히코리나무로 훈제한 소금,
　혹은 천일염이나 코셔 소금 1/2작은술
치포틀레 고춧가루 1/4~1/2작은술
생고수 잎이나 이탈리아 파슬리 1작은술(잘게 다진다)
식물성 기름이나 정제 버터(327쪽)
으깬 검은후추

**머스터드 버터**
무염버터 2큰술(상온으로 준비한다)
드라이 머스터드 혹은 머스터드 가루 2작은술
디종 머스터드 넉넉히 1작은술

프렌치프라이(219쪽)

# 사이드 디시

## 아콩파뉴망
Accompagnements

내게는 '아콩파뉴망'이야말로 한 끼 식사를 완성해주는 음식이다. 물론 만찬의 주인공은 로스트 치킨이나 번철에 구운 스테이크나 로스팅 팬에 조린 고기 같은 것이겠지만, 여기에 곁들여 먹을 훌륭한 사이드 디시가 없다면 무용지물이다. 프랑스 요리에는 가히 볼만한 사이드 디시 메뉴가 몇 가지 있는데 그중에서도 두드러진 것은 그라탱이다. 보글보글 끓는 치즈와 크림이 갈색으로 익은 감자 사이사이를 채우고 있는 플라 아 그라탱 plat à gratin (그라탱 한 접시)이 없다면 비스트로 식사라 할 수 없을 것이다.

감자는 프랑스에서 너무나 숭배받는 음식이라, 대부분의 시장에 가면 감자를, 오로지 감자만을 가격과 원산지와 용도별로 분류해서 취급하는 매대가 예외 없이 몇 군데씩 있다. 이전에는 감자를 구입하기 전에 자문을 구해야 하리라고는 꿈에도 생각 못 했지만, 이제는 감자도 종에 따라 큰 차이가 있으며 감자만 제대로 써도 크림 그라탱을 하품 나는 수준에서 탄성이 나오는 경지로까지 끌어올릴 수 있음을 깨달았다.

최근까지만 해도 채소는 식탁에서 두드러지는 위치를 차지하지 못했다. 하지만 이제 파리의 몇몇 젊은 셰프들은 생채소를 메뉴에 집어넣고 있으며, 파스닙, 쐐기풀, 돼지감자, 다양한 색깔의 당근 등을 창의적으로 활용하는 요리사들이 늘기 시작했다. 또 전쟁 시절의 궁핍을 연상시켜서 기피 대상이었던 뿌리채소가 귀환하는 중이고, 나 또한 이를 자주 활용한다.

찌거나 삶는 요리에 어울리는 뿌리채소도 있지만, 뿌리채소를 오븐에 구우면 그 풍미가 농축되고 근사한 갈색을 띠면서 한 차원 더 높은 맛이 난다. 나는 '뿌리채소 모둠 구이'(225쪽)와 '두카에 버무려 구운 콜리플라워'(224쪽)에서 그중 몇 가지를 섞어 지금까지 무시당해온 이 채소들을 강렬하고 이국적인 요리로 변신시켜 보았다.

곡류와 녹말은 '레몬 피스타치오 이스라엘 쿠스쿠스'(237쪽)와 '염소젖 치즈와 호두를 넣은 프렌치 렌틸 샐러드'(233쪽) 같은 샐러드에서 두드러진 역할을 한다. 그리고 모두의 사랑을 한 몸에 받는 아리코 베르 haricots verts (깍지콩)가 (물론 양 끝을 잘라내고!) 등장하지 않는다면 프랑스가 아닐 테니, '달팽이 버터에 볶은 깍지콩'(222쪽)도 준비했다.

사이드 디시가 조연을 맡는 경우에는 병아리콩 가루로 만든 '파니스 퍼프'(245쪽)가 파리의 내 식탁에 니스의 풍미를 배달해준다. '허브를 넣은 생파스타'(230쪽)는 면을 뽑는 일부터 재미있고, 머스터드 치킨(169쪽) 소스 밑에 버무려 먹으면 면발의 맛이 더 살아난다. 그리고 프랑스에선 빵이 없으면 식사가 완성되지 않으므로 든든한 잡곡빵(241쪽) 한 덩이를 손수 구워 먹을 수도 있다. 이는 파리지앵들이 흔히 동네 불랑주리 boulangerie (빵집)에서 사 들고 오는 빵 못지않게 훌륭하다. 일반적으로 프랑스인들은 빵에 버터를 곁들여 먹지 않지만 이 경우에는 예외를 적용할 수 있다. 근사한 빵에도 나름의 아콩파뉴망은 필요하니까.

불루치즈와 구운 마늘을 넣은
스캘럽트 포테이토 **211**
Scalloped potatoes with blue cheese
and roasted garlic
블루치즈와 구운 마늘을 넣은 감자 그라탱
Gratin de pommes de terre au bleu et à l'ail confit

버터넛 스쿼시 크럼블 **215**
Butternut squash crumble
Crumble de butternut

으깬 감자 Mashed potatoes **216**
감자 퓌레 Purée de PDT

셀러리악 퓌레 Celery root puree **217**
Purée de céleri-rave

프렌치프라이 French fries **219**
프리트 Frites

오리 기름에 볶은 감자 **220**
Potatoes cooked in duck fat
Pommes de terre sautées à la graisse de canard

달팽이 버터에 볶은 깍지콩 **222**
Green beans with snail butter
Haricots verts au beurre d'escargot

두카에 비무려 구운 콜리플라워 **224**
Dukkah-roasted cauliflower
Chou-fleur rôti au dukkah

뿌리채소 모둠 구이 **225**
Roasted root vegetables
Légumes-racines rôtis au four

프로방스식 채소 구이 **226**
Baked Privençal vegetables
티앙 Tian

허브를 넣은 생파스타 **230**
Herbed fresh pasta
Pâtes fraîches aux herbes

염소젖 치즈와 호두를 넣은
프렌치 렌틸 셀러드 **233**
French lentil salad with goat cheese and walnuts
Salade de lentilles au chèvre et aux noix

레몬 피스타치오
이스라엘 쿠스쿠스 **237**
Lemon-pistachio Israeli couscous
Couscous Israélien au citron et aux pistaches

라디지오, 뿌리채소,
석류를 넣은 통밀 셀러드 **240**
Wheat berry salad with radicchio,
root vegetables, and pomegranate
Petit épautre en salade avec trévise,
légumes-racines, et grenade

잡곡빵 Multigrain bread **241**
팽 오 세레알 Pain aux céréales

파니스 퍼프 Panisse puffs **245**
파니스 수플레 Panisses soufflées

# 블루치즈와 구운 마늘을 넣은 스캘럽트 포테이토
Scalloped potatoes with blue cheese and roasted garlic
블루치즈와 구운 마늘을 넣은 감자 그라탱 Gratin de pommes de terre au bleu et à l'ail confit

---

8인분

큰 마늘 10쪽
올리브유
생크림이나 하프앤하프 3컵(750ml)
감자 2½파운드(1.2kg)
천일염이나 코셔 소금
으깬 검은후추
다진 생차이브 1/4컵(15g)
블루치즈 1½컵(195g)(굵게 부순다)

---

앞에서 내가 '컴포트 푸드'라는 말이 불편하다고 고백하기는 했지만, 감자 그라탱에만은 딱 들어맞는 표현임을 인정한다. 감자 한 접시에 크림을 붓고 블루치즈와 마늘을 넣어서 오븐에 구워 부드럽고 달콤하게 만들면 그 흔해빠진 덩이줄기가 꼭 끌어안고픈 요리로 격상된다. 오랜 시간 익힌 감자와 그사이로 비어져 나오는 치즈를 한 순갈씩 퍼 먹다 보면 구이접시 옆면에 캐러멜화되어 갈색으로 눌어붙은 마지막 찌꺼기를 싹싹 긁을 때까지 도저히 멈출 수가 없다. 휴! 여러분도 상상해보라. 나는 벌써 편안하고 나른해지는 중이다.

　이 행복한 요리를 준비할 때는 치즈가 감자 조각 사이에서 존재감을 잃지 않도록 굵직굵직한 덩어리로 부숴 넣는 게 좋다. 감자로 말하자면 유콘 골드yukon gold 종처럼 부드럽고 기름진 감자가 잘 어울린다. 러셋russet 감자도 그라탱 밑에 깔기에 훌륭한 후보다. 크림은 오븐 안에서 풍부하고 기름진 나파주nappage(음식에 윤기를 내주고 수분이 증발하지 않도록 표면에 바르는 소스 — 옮긴이)가 되어주기 때문에 전통적으로 사용하는 재료이지만, 만약 크림이 너무 많아서 불편하다면 대신 하프앤하프를 써도 된다. 카예트(185쪽)나 그린 샐러드를 곁들여 점심 메뉴로 낸다.

**1**　오븐을 180도로 예열한다.

**2**　껍질을 벗기지 않은 마늘쪽의 단단한 꼭지를 잘라내어 다듬고, 마늘쪽을 한데 감쌀 만한 크기로 알루미늄 호일을 잘라서 마늘을 그 위에 올려놓는다. 마늘에 올리브유를 약간 뿌리고 호일을 잘 여민 다음 오븐에 넣고 마늘이 살짝 캐러멜화될 때까지 45분간 굽는다. (이건 며칠 전에 미리 구워놓아도 된다. 나는 그전에 다른 용도로 오븐을 쓸 일이 있을 때 마늘을 같이 넣고 미리 구워두곤 한다.) 오븐을 켜놓은 상태로 위쪽(위에서 1/3 높이 이내)에 선반을 걸친다.

**3**　구운 마늘 껍질을 벗긴 다음 생크림 몇 숟가락과 함께 소스팬에 넣고 으깨어 페이스트로 만든다. 소스팬을 약한 불에 올리고 나머지 크림을 부은 다음 충분히 데워지면 불에서 내려 그대로 둔다.

**4**　감자 껍질을 벗겨 1/4인치(0.75센티미터) 두께로 썬다. 옆면 높이가 최소한 2인치(5센티미터)인 2.5리터들이의 구이접시에 버터를 넉넉히 바른다. 감자 조각의 1/3을 구이접시에 깔고 소금과 후추로 간한다. 감자 위에 차이브 1/3과 블루치즈 1/3을 차례로 뿌린다. 다시 감자 1/3을 깔고 소금과 후추로 간하고 차이브와 블루치즈 1/3을 뿌린다. 마지막으로 나머지 감자를 깔고 **3**의 크림 섞은 것

을 그 위에 부은 뒤 윗면을 지그시 눌러서 감자를 편편하게 고른다. 소금과 후추로 간하고 나머지 차이브와 블루치즈를 뿌린다.

5 알루미늄 호일을 깐 구이판 위에 그라탱 접시를 놓고 오븐에 넣은 다음, 그라탱이 보글보글 끓고 윗면이 충분히 갈색으로 익을 때까지 1시간 동안 굽는다. 치즈의 산성 성분 때문에 크림이 약간 분리될 수 있는데 이는 정상이다.

# 그라탱 접시

---

내가 처음 파리로 여행을 온 건 아마 스무 살 때쯤이었을 것이다. 가진 거라곤 배낭과 튼튼한 신발과 퍼트리샤 웰즈Patricia Wells의 《미식가를 위한 파리 가이드The Food Lover's Guide to Paris》한 권뿐이었던 나는 그 길로 유명한 부엌용품점인 'E. 드일랭'을 향해 달려갔다. 거기서 무엇에 사로잡혔는지는 몰라도 나는 구리로 된 부엌 기구들이 산더미처럼 쌓인 선반 앞에 다다랐다. 그중에는 거대한 사각형 로스팅 팬 두 개(당시만 해도 한 개에 겨우 70달러에 불과했다), 타르트 타탱tarte Tatin(타르트의 파이 반죽과 과일을 반대로 뒤집어 큰 원형으로 구운 사과파이—옮긴이)용 틀 한 개, 차곡차곡 쌓아 올린 소스팬 한 세트, 그리고 타원형 그라탱 용기 두 개가 있었다. 그 그라탱 용기는 수분이 쉽게 증발하고 그라탱 깊숙이까지 캐러멜화되게끔 얕고 옆면이 우아하게 비탈져 있었다.

점원들이 그 모두를 포장하고 나서 알려준 배송비는 내가 구입한 부엌용품들의 가격과 정확히 일치했다. 나는 학생 신분으로 빠듯한 예산을 쪼개어 유스호스텔에서 모르는 사람들—그중에는 사적인 공간(과 어떤 경우에는 개인위생)에 대한 개념이 나와 좀 다른 사람들이 많았다—과 한 방에 묵으며 여행 중인 터라, 그냥 짐을 집까지 직접 들고 가기로 결심했다. 나는 점원들에게 고맙다고 인사하고 값을 치른 뒤 그 커다란 상자를 들고 밖으로 걸어 나왔다.

상점을 나와서 딱 3미터 걸어간 뒤 상자를 내려놓았다. 한 발짝만 더 가면 팔이 빠져버릴 것 같았다. 그 상자를 들고서 여행한다는 건 어림도 없는 일이었다. 그래서 나는 젖 먹던 힘까지 끌어 모아 짐을 질질 끌고 RER(광역급행철도)에 올라탔다. 그리고 나중에 집으로 돌아갈 때 수하물로 부치기 위해 공항 로커에—당시만 해도 공항에 로커가 있었다—짐을 넣어두었다.

훌륭한 투자가 으레 그렇듯이 그것들도 수년간 제값을 톡톡히 했다. 아니, 그러지 않았을까 싶다. 아무리 생각해도 그 부엌 기구들이 지금 다 어디로 갔는지 도무지 알 수가 없으니 말이다.(정말이지 그 그라탱 접시들을 찾아 온 사방을 살살이 뒤졌더랬다.) 지금 그것들을 다시 장만하려면 아마 조그만 숙소 한 채 값은 들 것이다. 그래서 나는 아직까지도 벼룩시장에서 빈티지 그라탱 접시를 찾아다니고 있으며, 다양한 크기와 모양과 색깔의 그라탱 접시들을 수집했다—그중에서도 내가 가장 좋아하는 것은 1970년대와 1980년대 프랑스 부엌용품 제조업체들의 상상력을 사로잡은 것으로 보이는 밝은 오렌지색 접시다. 요즘 새로 나오는 것들은 도기로 만들어졌지만, 내가 알아낸 바로는 법랑으로 된 접시가 열이 더 잘 전도되며 깨질 염려도 없다.

이 책의 몇몇 레시피에는 현대 규격의 그라탱기나 구이 접시가 필요하지만, 나는 옆면에 붙은 바삭바삭한 조각이 모두에게 조금이라도 더 많이 돌아가게끔 요즘 것과 빈티지를 가리지 않고 1인용 그라탱 접시를 즐겨 쓴다. (이럴 경우 팬이 작은 만큼 굽는 시간도 좀 줄여야 한다.) 그러니 새것은 온라인이나 부엌용품점을, 중고는 골동품점이나 벼룩시장을 뒤져보자. 뭔가를 발견하게 될지도 모를 일이니까. 아, 말이 나왔으니 말인데, 혹시 길이 잘 든 구리 그라탱 접시 두 점을 보게 된다면, 그리고 그 옆면에 'E. 드일랭' 로고가 새겨져 있다면 부디 내게 돌려보내주기를 바란다.

# 버터넛 스쿼시 크럼블 Butternut squash crumble
**Crumble de butternut**

프랑스인들도 미국인들이 '크리스프crisp'라고 부르는 구이 요리 '크럼블crumble'에 입맛을 붙였다. 영국인들이 말하는 '크리스프'는 감자 칩을 뜻하니 둘을 혼동하면 안 된다. 물론 내가 오랜 시간 은근히 끓여서 감자 칩(이나 아침식사용 시리얼)을 얹은 캐서롤과 관련해 애틋한 추억을 간직하고 있긴 하지만, 이걸 가지고 프랑스인들을 상대로 영업하기란 어려운 일일 테니 나를 포함한 이곳 사람들에게 혼란을 주지 않기 위해 '크럼블'이라는 명칭을 고수하겠다. (다행히도 '버터넛'은 두 언어에서 모두 같은 뜻으로 쓰인다.)

이 향긋한 크리스프―아니, 크럼블―는 샐비어 향이 나는 빵 부스러기로 만들고 거친 폴렌타 가루를 약간 넣어서 바삭바삭한 식감을 주었다.

## 6~8인분

### 스쿼시 소
- 가염버터나 무염버터 2큰술
- 올리브유 2큰술
- 버터넛 스쿼시(땅콩호박) 4파운드(1.8kg)
  (껍질 벗겨 2cm 크기로 깍둑썰기한다)
- 다진 생타임 잎 2작은술
- 천일염이나 코셔 소금
- 으깬 검은후추
- 샬롯 1/2컵(60g)(껍질 벗겨 얇게 저민다)
- 치킨 스톡(326쪽) 1컵(250ml)
- 이탈리아 파슬리 2큰술(생으로 잘게 다진다)

### 토핑
- 부순 빵가루 혹은 건조 빵가루 3/4컵(105g)
- 맷돌로 간 옥수숫가루나 폴렌타 가루 1/2컵(70g)
- 파마산 치즈 가루 1/2컵(1½온스/45g)
- 다진 생샐비어 잎 1큰술
- 백설탕 1작은술
- 천일염이나 코셔 소금 1/2작은술
- 무염버터 4큰술(2온스/55g)(차게 식혀서 육면체로 썬다)
- 큰 달걀 1개

**1** 오븐을 190도로 예열한다. 상온에서 부드러워진 버터를 3리터들이 얕은 구이접시에 바른다.

**2** 스쿼시 소를 만들기 위해, 버터 1큰술과 올리브유 1큰술을 큰 프라이팬에 넣고 중강 세기의 불에서 데운다. 스쿼시와 타임의 절반을 넣는다. 소금과 후추로 간하고 가끔씩 뒤적이면서 스쿼시 조각이 군데군데 갈색이 되기 시작할 때까지 볶는다.

**3** 샬롯의 절반을 넣고 부드러워질 때까지 몇 분 더 익힌다. 치킨 스톡 1/2컵(125밀리리터)을 붓고 저으면서 스톡이 약간 줄어들고 충분히 데워지게끔 30초 정도 더 익힌다. 스쿼시 섞은 재료를 긁어서 준비된 구이접시에 담는다.

**4** 팬을 깨끗이 닦아내고 남은 버터 1큰술과 올리브유 1큰술을 넣은 뒤 중강 세기의 불에서 데운다. 나머지 스쿼시와 타임을 넣고 소금과 후추로 간해서 볶은 뒤 남은 샬롯과 치킨 스톡 1/2컵(125밀리리터)을 넣고 저으면서 같은 식으로 익힌다. 이것을 다시 아까의 구이접시에 담은 뒤 파슬리를 넣고 젓는다. 재료를 위에서 눌러 어느 정도 편편해지게 고른다. 접시를 알루미늄 호일로 꼭 맞게 감싼 뒤, 오븐에 넣고 꼬도로 찔러봐서 스쿼시가 아주 부드러워졌을 때까지 30분간 굽는다.

**5** 스쿼시를 굽는 동안 푸드프로세서 용기에 빵가루, 옥수숫가루, 파마산 치즈, 샐비어, 설탕, 소금을 넣고 섞어서 토핑을 만든다. 버터를 넣고 순간 작동으로 돌려서 재료가 부슬부슬해지고 버터가 완전히 혼합되게 한다. 달걀을 넣고 재료가 알갱이로 뭉치기 시작할 때까지 몇 번 더 순간 작동으로 돌린다. (큰 볼에 재료를 담고 페이스트리 블렌더나 손가락 끝으로 버터와 달걀을 섞어서 토핑을 만들 수도 있다.)

**6** 스쿼시를 오븐에서 꺼내고 호일을 벗긴 다음 토핑을 덮는다. 오븐 온도를 180도로 낮추고 접시를 다시 오븐에 넣는다. 윗면이 금갈색이 될 때까지 약 20분간 구워서 낸다.

# 으깬 감자 Mashed potatoes
## 감자 퓌레 Purée de PDT

프랑스에서는 대부분의 감자가 결국 퓌레가 되는 것 같다. 감자 퓌레가 얼마나 흔한지, 프랑스인들은 '퓌레 드 폼 드 테르 purée de pommes de terre'라는 정식 명칭을 굳이 다 발음하지도 않는다. 그냥 '퓌레'라고 하면 으레 '으깬 감자'라는 뜻으로 받아들인다. 그리고 심지어 감자마저도 너무 흔하다 보니 PDT pommes de terre 로 줄여서 부른다.

나처럼 집에 음식의 간을 봐줄 프랑스인이 있어 으깬 감자를 만들 때 조언을 구한다면, 그는 아마 포크로 한입 떠먹을 때마다 계속 이렇게 말할 것이다. "버터를 더 넣어, 버터를 더 넣으라고 plus de beurre, plus de beurre." 그래서 나는 점점 더 버터를 많이 넣는다. 그러다가 여느 사람들이 합리적이라고 여기는 선을 넘어선 게 아닐까 두려워지는 지경에 이른다. 그때가 바로 간이 딱 맞는 순간이다.

**6~8인분**

**감자** 3파운드(1.25kg)
(껍질 벗겨 3cm 크기로 깍둑썰기한다)

**생크림이나 전유** 3/4컵(180ml)

**무염버터** 1½컵(12온스/340g)(깍둑썰기한다)

**천일염이나 코셔 소금** 2작은술
(필요하면 더 넣을 수 있다)

**으깬 흰후추** 1/4작은술(필요하면 더 넣을 수 있다)

1. 큰 냄비에 소금물을 붓고 한소끔 끓인다. 감자를 끓는 소금물에 넣고 칼로 찔렀을 때 푹 들어갈 정도로 부드러워질 때까지 약 30분간 삶는다.
2. 감자가 거의 다 익었을 때쯤 작은 소스팬에 생크림과 버터와 소금을 넣고 데운다. 감자가 완전히 익으면 물기를 충분히 빼고, 주걱이 부착된 스탠드믹서 용기에 담는다. 여기에 생크림과 버터 섞은 것을 흰후추와 함께 넣고 부드러워질 때까지 중간 속도로 돌린다. 아니면 물기를 뺀 감자를 푸드밀이나 포테이토라이서에 넣어 으깬 뒤 생크림과 버터 섞은 것을 넣고 부드러워질 때까지 저어도 된다. 간을 보고 필요하면 소금과 후추를 더 넣는다.

# 셀러리악 퓌레 Celery root puree
**Purée de céleri-rave**

나는 셀러리를 싫어한다. 셀러리를 한 입 먹을 때마다 이런 생각이 든다. '이 채소에 내가 모르는 무슨 매력이 있기는 한 건가? 꼭 축축한 녹색 줄기로 이뤄진 막대기 같은 맛인데.' 그래서 우리가 셀러리 줄기에 크림치즈나 땅콩버터를 듬뿍 찍어 먹는 건지도 모르겠다.

하지만 셀러리악은 전혀 다른 종목이고, 내가 시장에 갈 때 제일 먼저 구입하는 품목이기도 하다. 나중에 사는 걸 까먹을까봐 그런 것도 있지만, 프랑스의 셀러리악은 거대해서—볼링공만 한 것도 있다—다른 물건들을 짓이기지 않도록 장바구니 맨 밑바닥에 넣어야 하기 때문이다. '셀르리 레물라드'(105쪽)도 좋지만, 셀러리악은 퓌레로 만들어도 훌륭하다. 이는 으깬 감자와 비슷하지만 풍부하고도 달콤한 맛이 나서 가짜 오리 콩피(179쪽)나 '무화과를 넣은 뿔닭 조림'(183쪽)과 아주 잘 어울린다.

나는 셀러리(뿌리만, 제발!) 애호가로 개종했을 뿐만 아니라, 카메룬의 펜자Penja 흰후추를 영접한 뒤 흰후추 애호가로도 개종했다. 검은후추에서는 얻을 수 없는 생생한 매운맛을 지녔다. 대부분의 사람들이 그저 퓌레에 까만 점이 보이지 않게 하려고 흰후추를 쓰지만, 흰후추의 생생한 맛은 셀러리악 퓌레와 으깬 감자(216쪽)에 확실히 다른 무언가를 선사한다.

1 큰 소스팬에 우유, 스톡, 월계수 잎, 소금을 넣고 약한 불에서 데운다.
2 셀러리악의 껍질을 깎아낸다(105쪽의 2번 참조). 3/4인치(2센티미터) 두께로 썬 다음 다시 깍둑썰기한다.
3 감자 껍질을 벗기고 셀러리악과 같은 크기로 깍둑썰기한다. 셀러리악과 감자를 마늘과 함께 **1**의 따뜻한 우유에 넣고 한소끔 끓인다. 끓어오르자마자 불을 약하게 줄이고 뚜껑을 덮은 뒤 셀러리악이 부드러워질 때까지(과도로 찔러서 푹 들어갈 정도로) 30~40분간 은근히 끓인다.
4 건더기를 체에 밭쳐 물기를 빼고 국물을 2컵(500밀리리터) 받아둔다(아래 '메모' 참조). 셀러리악을 국자로 퍼서 푸드프로세서 용기에 담고(혹은 푸드밀이나 포테이토 라이서에 넣고) 부드러워질 때까지 돌려서 퓌레로 만든다. 버터를 넣고 저은 다음 너무 되직하면 국물을 좀 더 붓는다. 간을 보고 (입맛에 따라 필요하면) 소금과 후추를 더 넣는다.

**메모** | 셀러리악을 삶고 남은 국물은 수프 베이스로도 활용할 수 있다.

---

**4~6인분**

**전유** 2컵(500ml)
**치킨 스톡**(326쪽)이나 **우유나 물** 2컵(500ml)
**월계수 잎** 1장
**천일염이나 코셔 소금** 1작은술
(필요하면 더 넣을 수 있다)
**셀러리악** 1½파운드(680g)
**감자** 1개(10온스/285g)
**마늘** 1쪽(껍질 벗겨 얇게 저민다)
**가염버터나 무염버터** 3큰술(상온으로 준비한다)
**으깬 흰후추**

# 프렌치프라이 French fries
**프리트** Frites

4~6인분

**감자** 3파운드(1.3kg)
**올리브유** 4큰술
**천일염이나 코셔 소금** 2작은술
**생허브**(샐비어 잎 넉넉히 1줌, 로즈메리나 타임 가지 몇 개, 혹은 이들을 섞은 것)

프랑스인들이 프렌치프라이를 발명한 건 아니지만(벨기에인들이 발명했다), 프랑스인들은 프렌치프라이를 사랑한다. 그 사랑이 어느 정도냐 하면, 내가 집에서 큰 냄비에 기름을 붓고 스토브에서 이걸 만들려다가 (난장판만 만들고) 별 성과 없이 끝난 적이 있는데, 그때 프랑스 친구가 말해주기를 프랑스에는 집집마다 튀김기가 있다는 거였다. 내가 미국에서는 가정용 튀김기가 별로 인기가 없다고 하자 그는 깜짝 놀랐다. 미국인들이 튀긴 음식을 좋아하기로 유명하다는 걸 감안할 때, 그에게는 꽤나 이상하게 들리기도 했을 것이다.

그에 못지않게 믿기 힘든 또 한 가지 사실은, 그렇다고 파리의 프렌치프라이가 꼭 훌륭하냐면 그렇지도 않다는 거다. 한번은 식당에서 또 눅눅한 프리트가 나온 것에 너무 낙담한 나머지, 그 프리트로 매듭을 묶어서 접시에 보란 듯이 얹어놓고 나머지 음식을 다 먹어치웠는데, 종업원은 한마디 말도 없이 프리트 접시를 낚아채 갔다. 내가 식당 주인에게 왜 이 식당에서는 프렌치프라이가 이렇게 흐물흐물하게 나오냐고 묻자 그가 말했다. "원래는 바삭바삭하게 만들었는데, 불평하는 손님들이 너무 많아서요." 맙소사. 대체 누가 프렌치프라이가 바삭바삭하다고 불평한단 말인가?

집에서도 바삭바삭한 프리트는 나를 교묘히 피해 다니고 있었다. 프리트를 오븐에 굽는 것으로 전략을 바꾸기 전까지는 말이다. 오븐에 프리트를 구우면 만들기도 간단하고 부엌도 훨씬 덜 어질러진다. 감자를 찬물에 담갔다 구우면 오븐에서 근사한 갈색으로 익고 겉면이 한층 더 바삭바삭해진다. 나는 여기에 샐비어 잎 넉넉히 한 줌과 타임 가지 몇 개를 털어 넣는다. 프렌치프라이와 어우러진 샐비어 잎은 파삭파삭해서 씹을수록 맛이 좋고, 타임은 향긋한 풍미를 더해준다.

러셋 감자는 오븐에 구운 근사한 프렌치프라이를 만들기에 그만이다. 손으로 만든 느낌을 주기 위해 나는 껍질 일부를 남겨둔다.

1 감자 껍질을 벗기되 너무 깨끗이 벗기지 말고 군데군데 몇 줄기씩 남겨둔다. 감자를 1/3인치(1센티미터) 두께로 썬다. 썬 감자 조각을 도마 위에 포개놓고 다시 1/3인치(1센티미터) 굵기로 채 썬다. 큰 볼에 옅은 농도의 아주 차가운 소금물을 붓고 채 썬 감자를 1시간 동안 담가둔다.

2 오븐을 200도로 예열한다.

3 감자를 물에서 건져 마른 수건 위에 놓는다. 수건으로 문질러서 물기를 꼼꼼히 닦아낸다. 구이판 2개에 눌어붙음 방지 스프레이를 뿌린다. 구이판에 감자를 담는다. 감자 위에 올리브유를 붓고 소금 1작은술을 뿌린다. 생허브를 넣고 두

손으로 잘 섞는다. 감자 스틱을 구이판에 한 겹으로 펼쳐 놓는다.

4 중간에 두 구이판의 위치를 앞뒤로, 위아래로 바꿔가면서 45~50분간 굽는다. 굽는 동안 감자가 고르게 익도록 몇 차례 뒤적인다. 프렌치프라이가 금갈색이 되고 바삭바삭해지면 오븐에서 꺼내어 식탁에 낸다.

## 오리 기름에 볶은 감자 Potatoes cooked in duck fat
**Pommes de terre sautées à la graisse de canard**

나는 수없이 많은 다이어트 방법이 유행하다 (다행히도) 사라지는 것을 보아왔다. 지금껏 내가 살아오면서 거의 모든 음식이 한 번씩은 공공의 적으로 매도되었다. 그 목록에는 달걀, 버터, 설탕, 밀가루, 소금, 그리고 내 식생활의 근간을 이루다시피 하는 탄수화물까지 올라 있다. 그 결과, 심각하리만큼 이색적인 질문들을 심심찮게 받곤 했다. 한번은 저탄수화물 초콜릿을 어디서 구할 수 있느냐는 질문을 받기도 했고, 또 어떤 사람은 포도의 칼로리가 그렇게 높은데 먹어도 되느냐며 우려를 표시하기도 했다. 뭐, 비난하려는 건 아니지만 신선한 과일을 먹는 게 걱정된다면 음… 어떤 다이어트를 하는 게 좋을지 나도 잘 모르겠다.

오리 기름에 대해서는 특히 프랑스 남서부의 식단과 관련해 면밀한 조사가 많이 이루어졌다. 이곳은 심장병 발병률이 특히 낮은데, 역설적이게도 '그라 드 카나르gras de canard'(오리 기름)를 많이 섭취하는 지역이다. 내가 뭐, 다이어트 관련 책을 쓰려는 건 아니지만 대부분의 증거들을 종합해보면 오리 기름은 '몸에 좋은' 기름이며, 나는 겉은 특별히 바삭바삭하고 그 부드러운 안쪽은 감자의 고탄수화물 영양분으로 이루어진 감자볶음을 만들기 위해 냉동실에 오리 기름 한 병을 즐겨 상비해둔다. 만약 건강이 염려된다면 디저트로 싱싱한 포도를 안 먹으면 되지 않을까 싶다.

이 감자는 추운 겨울날 밤에, 특히 '생허브 오믈렛'(133쪽)이나 '머스터드 버터를 곁들인 스테이크'(206쪽)와 함께 먹으면 훌륭하다. 따뜻한 오리 기름의 부드러운 향은 부엌을 가득 채워 여러분이 꿈꾸는 프랑스 시골 여관의 내음을 전해줄 것이다. 일반적으로 오리 기름은 전문 상점에서 구입할 수 있다(판매처는 339쪽 참조).

1 냄비에 소금물을 붓고 한소끔 끓인다. 감자 껍질을 벗기고 1/2인치(1.5센티미터) 크기로 최대한 균일하게 깍둑썰기한다. 끓는 물에 감자를 넣고—예리한 칼로 찌르면 들어가지만 감자가 쪼개지지는 않을 정도로—갓 부드러워질 때까지 4~5분간 삶는다.

4인분

**러셋 또는 유콘 골드 같은 단단한 질감의 감자**
　2파운드(900g)
**오리 기름** 2~3큰술
**천일염이나 코셔 소금**
**마늘** 2쪽(껍질 벗겨 너무 곱지 않게 다진다)

**2** 감자의 물기를 충분히 빼고 종이타월로 두드려서 말린다.

**3** 감자를 한 겹으로 고르게 깔 수 있을 정도의 크고 무거운 프라이팬(프라이팬 하나에 감자가 다 안 들어가면 2개를 쓴다)을 중강 세기의 불에 올리고 오리 기름 2큰술을 녹인다. 오리 기름이 달구어지면 감자를 넣는다. 달라붙는 걸 방지하기 위해 팬을 흔들거나 뒤적이면서 약 1분간 볶는다.

**4** 감자를 가끔씩 뒤적이면서 표면에 골고루 갈색이 돌도록 20~30분간 볶는다. 오리 기름이 감자에 다 흡수된 것처럼 보이거나 감자가 팬에 달라붙으면 오리 기름을 1큰술 더 넣는다. 감자가 익는 중간에 소금을 뿌린다. 불을 끄기 1~2분 전에 마늘을 넣고 잘 섞이게끔 뒤적이면서 타지 않게 익힌다. 불에서 내려 식탁에 낸다.

# 달팽이 버터에 볶은 깍지콩
Green beans with snail butter
**Haricots verts au beurre d'escargot**

걱정은 붙들어 매시라. '달팽이 버터beurre d'escargot'에는 달팽이가 들어 있지 않다. 이는 주로 달팽이를 구울 때 쓰는, 다량의 마늘을 넣은 버터를 가리킨다. 그 꿈틀거리는 조그만 생물을 요리하려면 양념을 강하게 넣어야 한다. 아무것도 넣지 않은 있는 그대로의 민달팽이 구이 한 접시에 그렇게 식욕이 당기는 사람이 설마 있을까.

초록 깍지콩haricots verts/green beans은 언젠가는 프랑스에서 국가 차원의 보호를 받는 지위에 오를 것 같다. 이건 어디에나 존재하며 이걸 사랑하지 않는 프랑스 사람은 아직 못 만나봤으니 말이다. 실제로 깍지콩은 파리의 많은 비스트로에서 '스테크 프리트'에 들어가는 프렌치프라이 대신 자주 나온다.

나는 깍지콩의 뾰족한 끝부분을 평생 동안 섭취해왔지만, 프랑스 사람들은 이 부분에 온갖 위험이 도사리고 있다고 믿는다. 이 끄트머리에 방사능이 농축되어 있다는 주장도 있고, 뾰족한 끝부분이 이 사이에 낄 위험이 있다고 말하는 사람도 있다. (나는 앞니 사이가 꽤 벌어져 있는데, 아마도 덕분에 내가 파리로 오기 전까지 오랫동안 깍지콩을 안전하게 즐길 수 있었던 것인지도 모르겠다.) 그러니 안전책을 강구하고 싶다면 프랑스 사람들처럼 콩깍지의 양끝을 잘라내자. 아니면 뭐, 그냥 운에 맡기든지.

**4인분**

**깍지콩** 1파운드(450g)(양 끝을 잘라낸다)
**무염버터** 4큰술(2온스/55g)
**다진 마늘** 3큰술
**이탈리아 파슬리** 1/2컵(30g)(생으로 잘게 다진다)
**천일염이나 코셔 소금** 1작은술
**으깬 검은후추**
**레몬즙** 몇 방울

1 소스팬 안에 삼발이 찜기를 넣는다. 물을 찜기 바닥에 찰랑찰랑하게 붓는다. 팬의 뚜껑을 덮고 불을 켠 다음 물이 약하게 끓으면 깍지콩을 넣고 부드러워질 때까지 8~10분간 찐다.
2 깍지콩을 찜기에서 꺼내어 마른 수건 위에 놓고 물기를 뺀다.
3 큰 프라이팬을 중강 세기의 불에 올리고 버터를 녹인다. 마늘을 넣고 마늘이 지글거리면서 갈색으로 변하기 시작할 때까지 2~3분간 볶는다. 파슬리와 소금을 넣고 검은후추를 넉넉히 갈아 넣는다. 깍지콩을 넣은 다음 콩이 완전히 익고 마늘 버터가 골고루 입힐 때까지 뒤적인다. 콩 위에 레몬즙을 몇 방울 떨어뜨리고 버터와 잘 섞이게끔 몇 번 더 뒤적여서 낸다.

# 두카에 버무려 구운 콜리플라워
## Dukkah-roasted cauliflower
**Chou-fleur rôti au dukkah**

프랑스에서 미국인은 조금이라도 흥미로운 것을 보면 "오 마이 갓!"을 남발하는 사람들로 알려져 있다. 파리에 오기 전까지는 이 문제를 한 번도 진지하게 생각해 본 적이 없는데, 영어로 열 마디 이상을 못 하는 프랑스 사람도 셋 중 한 명은 내 앞에서 완벽한 미국 억양으로 "오 마이 갓!"을 말할 줄 아는 걸 보면 이 믿음은 확실히 일리가 있다.

식탁에 내놓았을 때 "오 마이 갓!"이라는 소리를 한 번도 못 들어본 음식이 하나 있는데 그것은 콜리플라워다. 인정하는데, 썩 흥미로운 채소는 아니다. 물론 러시안 드레싱(케첩과 마요네즈를 섞은 것)에 꽃 부분을 날로 찍어 먹으면 꽤 맛있긴 하지만, 여기서—특히 프랑스인 손님들에게서—"오 마이 갓!"이라는 탄성을 그리 많이 끌어낼 수는 없을 것이다.

그래도 콜리플라워의 좋은 점은 (케첩과 마요네즈의 조합 말고도) 여러 가지 맛을 조화롭게 아울러준다는 것이다. 그 좋은 예가 강한 향신료를 넣은 모둠 견과류로서 내가 상비해두는 두카(81쪽)다.

오븐은 집집마다 제각각이지만, 나는 콜리플라워의 끄트머리가 그을릴 정도로 충분히 갈색이 되도록 익히는 것을 좋아한다. 잘 구워졌는지 확인하는 가장 좋은 방법은 오븐 안을 들여다보는 것이다. 오븐을 열었을 때 캐러멜화된 콜리플라워에서 톡 쏘는 구운 향신료 냄새가 확 풍겨나오며 온몸을 에워쌈과 동시에 "오 마이 갓!"이라는 탄성이 터져나오면, 제대로 익은 것이다.

**4인분**

**큰 콜리플라워** 1개
**올리브유** 3큰술
**천일염이나 코셔 소금** 3/4작은술
**으깬 검은후추**
**두카**(81쪽) 1/4컵(30g)

1. 오븐을 220도로 예열한다.
2. 콜리플라워를 쪼개거나 자르고 꽃 부분을 1/2인치(1.5센티미터) 두께로 저민다. 테두리가 있는 구이판에 콜리플라워를 담고 올리브유를 두른다. 소금과 후추를 뿌리고 콜리플라워 조각을 한 겹으로 펼쳐 배열한다. 25분간 굽는다. 굽는 중간에 한 번 뒤적인다.
3. 콜리플라워에 두카를 뿌리고 잘 버무려서 표면에 골고루 입힌 다음 다시 한 겹으로 펼쳐 배열한다. 콜리플라워 조각의 표면이 그을려 갈색이 될 때까지 15~20분간 더 굽는다. 오븐에서 꺼내어 식탁에 낸다.

## 뿌리채소 모둠 구이 Roasted root vegetables
**Légumes-racines rôtis au four**

평생에 걸쳐 채소를 먹어본 끝에, 나는 오븐에 굽는 것이야말로 채소를 요리하는 최고의 방법이라는 결론에 도달했다. 구이는 기름이 적게 들어가니 확실히 '건강한' 조리법인데다 조리하기도 쉽고 맛도 농축시킨다. 그러니 흐늘흐늘한 채소 찜은 순위에서 슬쩍 밀릴 수밖에.

뿌리채소들은 시장에서 거둬 오는 대로 이것저것 섞어서 쓴다. 당근이나 파스닙 같은 길쭉한 채소들은 껍질을 벗기고 꼭 날당근을 소스에 찍어 먹을 때처럼 스틱으로 썬다. 둥근 채소들은 껍질을 벗기고 반달형으로 썬다. 하지만 샬롯은 세로로 반만 갈라서 모양을 유지한다.

재료들은 얼마든지 추가하거나 대체할 수 있다. 채소가 다 익기 10분 전에 라디치오 잎을 추가해도 되고, 다른 채소를 대신 쓸 수도 있다. 핑거링 감자를 길이로 반 갈라서, 아스파라거스의 뾰족한 끝부분을 비스듬하게 잘라내서(혹은 미국인들 말마따나 "프렌치 컷"으로 썰어서, 왜 그렇게 부르는지 물어봐도 답을 아는 프랑스인이 없었지만), 스웨덴순무나 순무의 껍질을 벗기고 반달형으로 썰어서, 혹은 셀러리악을 마음 내키는 모양으로 썰어서 넣어도 무방하다. 모두 비슷한 크기로만 썰면 된다. 채소의 조합에 변화를 준다면 어떤 종류를 골라 넣든 무게를 총 2¾파운드(1.25킬로그램)로 맞춘다. 로즈메리 잎이나 서머 세이버리summer savory 가지나 샐비어 잎 한 줌을 흩뿌리는 식으로 허브도 다르게 쓸 수 있다.

이 레시피에는 깐깐하게 굴어야 할 부분이 전혀 없다. 여기서 내가 유일하게 신경 쓰는 사소한 한 가지는 샬롯과 방울양배추가 충분히 갈색으로 익게끔 썬 단면이 아래로 가도록 놓는 일이다. 오븐은 집집마다 다르지만, 대체로 나는 채소가 충분히 캐러멜화되게끔 열이 좀 더 집중되는 아래쪽에서 굽는다.

이 요리는 '치킨 레이디 치킨'(173쪽), '훈제 바비큐식 돼지고기'(190쪽), 혹은 각자가 좋아하는 고기구이나 돼지고기 요리에 곁들여 먹을 수 있다.

---

**6인분**

**큰 당근** 2개
**파스닙** 2개
**큰 비트** 1개
**고구마** 1개, **또는 핑거링 감자** 8온스(225g)
**방울양배추** 8온스(225g)
**샬롯** 8개
**올리브유** 3큰술
**천일염이나 코셔 소금** 1작은술
**으깬 검은후추**
**타임 가지** 10개

---

1 오븐을 200도로 예열한다.
2 당근과 파스닙의 겉을 깎고 약 3인치(8센티미터) 길이의 스틱으로 썬다. 비트와 고구마도 깎아서 다른 채소와 같은 크기의 스틱 모양으로 썬다. (핑거링 감자를 쓸 경우에는 깎지 말고 길이로 반 가른다.) 방울양배추는 겉면의 뻣뻣한 잎을 떼어내고 반 가른다. 샬롯은 세로로 반 가르고 얇고 헐거운 겉껍질을 비벼서 떼어낸다.
3 테두리가 있는 구이판에 채소를 놓는다. 방울양배추와 샬롯은 자른 단면이 아래로 가게 놓는다. 올리브유를 붓는다. 소금을 뿌리고 후추를 몇 번 갈아 넣고 윗면에 타임을 흩뿌린다.

4   중간에 채소를 뒤적여가면서, 채소가 완전히 익고 겉면이 갈색이 될 때까지 45~60분간 굽는다. 오븐에서 꺼내어 식탁에 낸다.

# 프로방스식 채소 구이 Baked Provençal vegetables
**티앙** Tian

프랑스인들이 음식에 집착한다는 설득력 있는 증거는 다름 아닌 '라 포스트la Poste' (우체국)에서 찾을 수 있다. 우체국은 누구나 싫어하는 장소인 듯하지만, 나는 프랑스의 우체국에 대해 대체로 좋은 경험을 갖고 있다(2004년 어느 땐가 샌프란시스코와 파리 사이의 어딘가에서 내 책 두 상자가 분실된 사건만 제외한다면 말이다. 148쪽에 소개한 일화 참조). 지난 몇 년 사이 '라 포스트'는 현대화되어, 이제는 내 소포를 제대로 배달해줄 뿐만 아니라, 초콜릿 바 모양의 시트지에 초콜릿 향이 나는 우표부터 프랑스의 다양한 육우종을 화려한 그림으로 묘사한 것에 이르기까지 음식을 주제로 한 다양한 우표도 발행하고 있다. 그리고 프랑스의 향토 음식에 대한 우표첩을 발행했을 때는 친절하게도 그 레시피까지 실어주었으며, 그중에는 내가 자주 만드는 간단한 채소 요리도 포함되어 있었다.

그런데 이 요리를 좋아하는 사람은 나뿐만이 아니다. 애니메이션 영화 〈라따뚜이〉를 보았다면 알겠지만, 영화 속의 까다로운 프랑스인 음식 평론가가 꿈에 그리던 음식으로 나오는 라타투유ratatouille는 사실 채소를 저며서 구운 프로방스 요리, 티앙tian이다. '티앙'이라는 명칭은 이 요리를 굽는 접시 이름에서 따온 것이다. (이 영화에 나오는 티앙에는 약간의 아이러니가 담겨 있는데, 프랑스인 음식 평론가를 그토록 감동시킨 레시피가 실은 미국인 셰프 토머스 켈러Thomas Keller의 작품이기 때문이다.) 이 레시피의 또 한 가지 흥미로운 점은 상온으로 냈을 때 더더욱 훌륭해진다는 것이다. 미리 구워두면 채소의 맛이 어우러지고 농축될 시간이 생기기 때문이다.

1   올리브유 1큰술을 프라이팬에 넣고 중불에서 달군다. 양파를 넣고 이따금 저으면서, 양파가 숨이 죽기 시작할 때까지 약 8분간 익힌다. 마늘을 넣고 타임 1작은술을 넣은 뒤 소금과 후추로 간한다. 양파가 부드럽고 반투명해질 때까지 약 2분간 더 익힌다. 양파 섞은 재료를 3~4리터들이의 얕은 구이접시에 펼쳐 담는다. (구이접시는 넓을수록 좋다. 면적이 넓으면 채소를 찜이 아닌 구이로 만들어 맛을 농축시킬 수 있기 때문이다.)

2   오븐을 190도로 예열한다.

3   호박과 가지는 꼭지를 자르고 1/4인치(0.75센티미터) 두께로 저민다. 토마토도 꼭

지를 도려내고 1/4인치(0.75센티미터) 두께로 저민다.

**4** 채소를 일부가 겹치도록 둥근 동심원 모양으로 구이접시 위에 배열한다. 가지, 토마토, 호박 조각을 번갈아 가며 모든 채소가 접시에 꽉 차게끔 가지런히 담는다.

**5** 남은 올리브유 2큰술을 채소 위에 끼얹고 남은 타임 2작은술을 뿌린다. 소금과 후추로 간한다. 구이접시를 알루미늄 호일로 덮어서 단단히 여미고 45분간 굽는다. 호일을 벗기고 윗면에 치즈 가루를 흩뿌린 다음 채소가 완전히 익을 때까지 20~30분간 더 굽는다. 티앙은 그대로 따뜻하게 내도 되지만 만든 당일에 상온으로 식혀서 내면 더더욱 좋다.

---

4~6인분

**올리브유** 3큰술
**양파** 1개(껍질 벗겨 얇게 저민다)
**마늘** 2쪽(껍질 벗겨 다진다)
**다진 생타임** 3작은술
**천일염이나 코셔 소금**
**으깬 검은후추**
**주키니 호박** 1개(8온스/225g)
**길쭉한 가지** 2개 혹은
    **둥근가지** 1개(총 약 12온스/340g)
**토마토** 2개(총 약 12온스/340g)
**파마산, 콩테 혹은 에멘탈 치즈 가루**
    1/2컵(1½온스/45g)

## 우물우물

내가 도저히 발음할 수 없다고 체념한 프랑스어 단어 목록이 있다. 하지만 많은 연습과 각고의 노력 끝에, 영어 사용자가 익히기 가장 어렵다는 프랑스어 단어로 알려진 '에퀴뢰유écureuil'(다람쥐), '세샤주séchage'(탈수), '뫨뢰moelleux'(부드럽고 달콤한), '캥카유리quincaillerie'(철물점)를 마스터했다. 옷을 탈수해야 하고, 부드럽고 달콤한 초콜릿 케이크를 원하며, 부엌 수세미 하나로 10년을 버틸 수 없음을 깨달은 뒤, 이 단어들을 제대로 발음할 수 있을 때까지 연습하고 또 연습했다.

그럼에도 이 목록에 올라앉아 끝까지 버티는 단어가 하나 있는데 바로 '누유nouilles'(국수)다. 내가 이 단어를 발음하려고 시도할 때마다 프랑스인들이 어김없이 눈살을 찌푸리는(혹은 웃는) 바람에 이제는 아예 이 말을 입 밖에 내기를 포기했다. 그래도 다행히 이 단어를 에둘러 말하는 방법을 찾았다. 프랑스어에서 '파트pâte'는 '반죽'이나 '페이스트'라는 뜻이고, '파트 프레슈pâte fraîche'는 '생파스타'라는 뜻이다. 그래서 나는 되도록 자주 생파스타를 만들어 먹는 것으로 이 문제에 대한 언급을 회피한다. 그러면 모두가 만족스럽다.

# 허브를 넣은 생파스타 Herbed fresh pasta
**Pâtes fraîches aux herbes**

수제 파스타를 만들고 뽑아내는 과정은 재미있다. 내 스탠드믹서는 파스타 롤러를 부착할 수 있는 것이라 파스타를 특히 쉽게 만들 수 있는데, 손으로 손잡이를 돌리는 파스타 메이커도 그리 비싸지 않고 쓸 만하다. 약간의 기술만 발휘한다면 손으로 직접 밀 수도 있다. 파스타 반죽을 기계만큼 잘 밀 수 있는 사람은 내가 알기로 이탈리아 할머니들뿐이지만.

생파스타를 만드는 일은 완벽한 레시피보다는 손기술에 더 좌우된다. 세몰리나semolina(듀럼밀을 껍질을 제거하고 거칠게 빻은 밀가루—옮긴이)와 밀가루의 양에는 변화를 줄 수 있고 달걀도 마찬가지다. 반죽을 밀 때 너무 질어서 롤러에 달라붙으면 밀가루를 좀 더 넣어야 하며, 반대로 너무 되서 밀 때 갈라지면 물을 약간 더 넣어 촉촉하게 만들어야 한다.

생파스타를 만들 때 나는 세몰리나와 중력분을 반반씩 넣는 것을 선호하지만, 중력분만으로 만든 파스타 반죽도 괜찮다(이 경우에는 세몰리나로 만든 것보다 약간 더 쫄깃하다). 반죽이 바닥에 잘 달라붙기 때문에 금속제 반죽 스크레이퍼나 뒤집개를 준비해두면 반죽할 때 도움이 된다.

나는 이 파스타를 낼 때 코코뱅(177쪽)이나 머스터드 치킨(169쪽)처럼 적셔 먹을 소스가 있는 음식을 곁들인다. 혹은 녹인 버터나 올리브유에 저민 생마늘을 넣고 마늘이 지글지글하기 시작할 때까지 볶은 다음 여기에 익힌 파스타를 버무려 먹어도 근사하다. 이때는 검은후추를 몇 번 갈아 넣고 파마산 치즈 가루를 듬뿍 뿌려서 마무리한다.

---

**4~6인분**

**세몰리나** 1½컵(270g)
**중력분** 1⅓컵(210g)
**천일염이나 코셔 소금** 1/2작은술
**다진 생허브 섞은 것** 1/2컵(30g)(이탈리아 파슬리, 샐비어, 로즈메리, 타임, 오레가노 등)
**큰 달걀** 3개(상온으로 준비한다)
**큰 달걀노른자** 3개
**물**(선택 재료)
**반죽 밀 때 뿌릴 쌀가루나 세몰리나** 약간

---

1. 평대 위에 세몰리나와 밀가루를 붓고 소금과 허브를 넣어 섞는다. 가루 더미 한가운데 우묵한 웅덩이를 만들어 달걀과 달걀노른자를 넣는다. 손으로 달걀을 버무려서 그 주위의 세몰리나-밀가루와 조금씩 섞이게 한다(밀가루 둑이 터지지 않게 조심한다. 용암 같은 달걀물이 걷잡을 수 없이 바깥으로 흘러나올 수 있다). 달걀이 마른 가루에 서서히 섞여 들어가게끔 계속 버무린다. 반죽이 보풀보풀해지면 금속제 스크레이퍼나 주걱으로 평대에 너덜너덜하게 달라붙었거나 따로 떨어진 자투리들을 전부 긁어모아 반죽에 합쳐서 이긴다.

2. 반죽이 아주 부드러워질 때까지 손으로 약 3분간 치댄다. 치대는 도중에 반죽이 건조하고 갈라지는 느낌이 들면 물을 몇 방울 떨어뜨린다. 두툼한 원반 모양으로 빚었을 때 옆면이 갈라지지 않으면 다 된 것이다. 반죽을 두드려서 약 1인치(3센티미터) 두께의 타원형으로 편 다음 랩으로 싼다. 상온에서 약 1시간 동안 그대로 둔다.

**3** 살짝 밀가루를 친 평대에서 반죽을 8등분한 다음 각각의 덩어리를 대충 사각형 모양으로 편다. 반죽에 쌀가루를 살짝 뿌리고 파스타 롤러의 면발 폭을 가장 넓은 단계로 조절한 다음 첫번째 반죽을 롤러에 통과시킨다. 반죽을 반으로 접어서 한 번 더 롤러에 통과시킨다. 반죽이 롤러나 손가락에 달라붙으면 쌀가루를 아주 약간 뿌린 다음 여분의 쌀가루를 털어낸다.

**4** 롤러의 면발 폭을 점점 더 좁게 조절하면서, 반죽이 원하는 두께가 될 때까지 롤러에 3번 더 통과시킨다.(나는 신용카드만 한 두께를 선호한다.) 페투치네fettuccine를 만들고 싶다면 그에 맞는 규격의 파스타 커터를 장착한 다음 파스타를 통과시킨다. 두툼한 파스타를 만들려면 롤러로 민 파스타를 평대 위에 놓고 살짝 밀가루를 친 다음 파스타를 길이로 두 번 접는다. 너덜너덜한 가장자리를 잘라내고 1/2인치(1.5센티미터) 간격으로 썬 다음 접힌 것을 펴면 된다. 만약 파스타를 나중에 익히려면, 두 선반 사이에 막대를 걸쳐서 파스타 건조대를 만든 다음 그 위에 파스타를 널어둔다(아니면 파스타 건조대나 플라스틱 행거를 쓴다). 나머지 반죽도 같은 식으로 민다.

**5** 파스타를 바로 익힐 계획이라면, 쌀가루를 뿌린 구이판 위에 파스타를 놓고 면발이 서로 달라붙지 않게 쌀가루에 버무린다. (이를 수건으로 덮어서 8시간까지 냉장 보관할 수 있다.) 파스타를 익히기 위해 큰 냄비에 물을 붓고 소금을 충분히 넣은 후 끓어오르면 파스타를 넣는다. 두께에 따라 4~6분간 삶는다. 면을 한 가닥 건져서 흐르는 차가운 물에 헹구고 한입 깨물어 봐서 입맛에 맞게 익었는지 확인한다. 건져서 곧바로 식탁에 낸다.

# 염소젖 치즈와 호두를 넣은 프렌치 렌틸 샐러드
## French lentil salad with goat cheese and walnuts
**Salade de lentilles au chèvre et aux noix**

어떤 사람들은 렌틸(콩)을 삶으면 곤죽이 되는 납작한 회갈색 콩으로만 알고 있다. 인습을 거부하던 1970년대에 히피들이 먹었던 그 맛없는 수프를 떠올리면서 말이다. 하지만 렌틸은 이제 치욕을 겪을 만큼 겪었고, 일군의 진취적인 이들이 그 지위를 격상시키기 위해 고급 렌틸 요리에 '캐비아'라든지 '철갑상어' 같은 이름을 붙임으로써 렌틸을 건강식품 상점의 쓰레기통에서 구출해내기로 결심했다.

 소박한 콩에 그런 제왕의 위엄을 부여하려는 시도가 내 눈에는 약간 우스꽝스러워 보이지만, 프랑스산 그린 렌틸의 맛과 식감, 그리고 샐러드에 버무렸을 때도 제 형태를 유지하는 능력은 인정하건대 캐비아만 한 상찬을 받아 마땅하다. 일반적으로 나는 레시피에 들어가는 재료를 꼭 집어서 한정하지 않으려고 하지만, 이 경우에는 프랑스 중남부에서 재배되는 르퓌산 렌틸이야말로 진정 최고다. 다른 프랑스산 그린 렌틸도 써보았는데, 맛은 괜찮았지만 르퓌 렌틸만큼 오도독거리는 섬세한 식감을 내지는 못했다. 캐비아만큼 구하기 힘들거나 비싼 것은 아니니 발품을 좀 들여서라도 꼭 찾아보길 권한다. 정 구할 수 없다면 다른 프랑스산 렌틸도 괜찮지만, 이건 좀 더 빨리 익는 경향이 있으니 레시피에서 권고한 조리 시간이 되기 전에 맛을 확인해봐야 한다. 샐러드 안에서도 그 형태와 특유의 맛이 유지되어야 하기 때문이다. 수프에 넣는 큰 녹색 렌틸은(혹은 다른 색깔의 렌틸도) 금방 곤죽이 되어버리므로 쓰면 안 된다.

 프렌치 렌틸 샐러드는 빠르고 쉽게 만들 수 있으며 며칠씩 두고 먹을 수 있는 까닭에 내가 평소에 일순위로 많이 만들어 먹는 기본 샐러드다. 양파, 당근, 셀러리를 잘게 썰어 섞은 미르푸아mirepoix를 만들 때 여러분 자신의 칼질 기술을 시험해볼 수 있다. 채소들은 익힌 렌틸과 같은 크기로 써는 것이 이상적이다.

 렌틸이 콩 세계의 캐비아라면, 나는 호두유야말로 기름 세계의 샴페인이라고 감히 주장하겠다. 이는 다른 기름보다 값이 비싸지만 적은 양만 뿌려도 재료—특히 샐러드—에 깊이 스며들며 견과의 향과 호두의 풍미를 불어넣는다. 호두유는 보존 기간이 짧기 때문에 조그만 병에 담아 판매한다. 나는 볕에 그을린 농부들이 프랑스 전역에서 올라와 자신이 재배한 농산물을 소비자에게 직접 판매하는 '생산자 직거래 시장'의 한 생산자에게서 호두유를 구입한다. 캐비아와 샴페인에 더 관심 있는 사람들도 있겠지만, 나는 이 수수한 샐러드 안에서만큼은 제왕 대접을 받는 렌틸과 갓 짠 견과유를 아낌없이 먹어치우는 데 만족한다.

1. 렌틸을 물에 헹궈 씻은 다음 옅은 농도의 소금물을 넉넉히 부은 소스팬에 월계수 잎, 타임과 함께 넣는다. 한소끔 끓였다가 불을 약하게 줄이고 15분간 은근히 삶는다. 잘게 썬 채소들을 넣고 렌틸이 부드러워질 때까지 5~10분간 더 끓인다. 너무 푹 익히지 않게 주의한다.
2. 렌틸을 삶는 동안 드레싱을 만든다. 큰 볼에 식초, 소금, 머스터드, 기름, 샬롯을 넣고 섞는다.
3. 삶은 렌틸의 물기를 충분히 뺀 뒤 아직 따뜻할 때 드레싱에 넣고 섞는다. 드레싱이 렌틸에 골고루 입히도록 뒤적인다. 월계수 잎과 타임을 걷어내고 중간에 가끔씩 뒤적여가면서 상온으로 식힌다.
4. 후추를 몇 번 갈아 넣고 파슬리, 견과, 염소젖 치즈를 넣어 섞는다. 간을 보고 입맛에 따라 필요하면 소금을 더 넣는다. 나는 이 샐러드를 상온 또는 따뜻한 상태로 낸다. 따뜻하게 낼 경우에는 염소젖 치즈를 빼거나 혹은 녹지 않고 살짝만 물러지게끔 마지막 순간에 으깨서 윗면에 뿌린다. 이 샐러드는 최대 2일 전에 미리 만들어서 냉장고에 보관할 수 있는데 내기 전에 상온에 내놓는다. 냉장 보관한 뒤에는 간을 다시 맞춰야 할 수도 있다.

4~6인분

**렌틸**

**프랑스산 그린 렌틸**(그중에서도 르퓌산이 좋다) 1½컵(270g)

**월계수 잎** 1장

**타임 가지** 5개

**당근** 1개 (깎아서 잘게 썬다)

**작은 붉은양파** 1개(껍질 벗겨 잘게 썬다)

**셀러리 줄기** 1대(잘게 썬다)

**드레싱**

**레드와인 식초** 1큰술

**천일염이나 코셔 소금** 1¼작은술
(필요하면 더 넣을 수 있다)

**디종 머스터드** 1작은술

**올리브유, 또는 호두유와 올리브유**
반반씩 섞어서 1/3컵(60ml)

**작은 샬롯** 1개(껍질 벗겨 다진다)

**으깬 검은후추**

**이탈리아 파슬리** 1/2컵(30g) (잘게 다진다)

**호두나 피칸** 1컵(100g)(구워서 굵게 다진다)

**으깬 염소젖 치즈 또는 페타 치즈** 1컵(130g)
(생치즈 혹은 약간 숙성된 치즈로)

# 레몬 피스타치오 이스라엘 쿠스쿠스
Lemon-pistachio Israeli couscous

**Couscous Israélien au citron et aux pistaches**

니스 인근의 이탈리아 국경 근처에 있는 도시 망통에서는 매년 유명한 망통 레몬의 수확을 기념하는 축제가 열린다. 과육이 꽉 차고 울퉁불퉁한 모양의 망통 레몬은 제철이 되면 잎이 그대로 달린 채로 파리의 시장에 나온다. (시판 레몬의 혹독한 신맛이 없는) 그 강렬한 레몬 향미와, 그리 쓰지 않아서 소금 절임용으로 완벽한 흰 속껍질은 셰프와 요리사들에게 높은 평가를 받는다.

이 견과류 레몬 샐러드는 레몬 절임을 활용한 것으로, 이는 쉽게 구입하거나 직접 만들 수 있다(레시피는 내 웹사이트 www.davidlebovitz.com/2006/12/moroccan-preser-1/를 참조할 것). 나는 레몬 절임 한 병을 언제나 상비해둔다. 무르익어 부드러워지려면 몇 주가 걸리니 막판에 급하게 만들면 안 된다. 그 맛은 무엇에도 비할 수가 없으며, 한 병 만들어두면 냉장고에 몇 개월씩 두고 먹을 수 있다. 레몬 절임 조각을 다져서 올리브와 함께 버무리면 간편한 '아페로'(식전 안주)가 되며, 또 피스타치오와 이스라엘 쿠스쿠스로 만드는 이 요리에도 선명한 시트러스의 풍미를 선사한다.

이스라엘 쿠스쿠스는 작은 진주알 모양의 파스타로, 다른 지역에서는 '작은 파스타'라는 뜻의 '파스티나 pastina'라고도 부르며, 오븐에 구운 것은 '프레골라 사르다 fregola sarda'라는 이름으로 알려져 있다. 알맹이가 좀 더 크기 때문에 내 생각에는 양 사태 타진(199쪽) 같은 북아프리카식의 고기 조림에 곁들였을 때 전통적인 쿠스쿠스보다 더 잘 어울리는 것 같다. [이스라엘 쿠스쿠스 대신 오르소 orzo(보리로 만든 큰 쌀알 모양의 파스타)를 써도 훌륭하다.] 약간 변화를 주려면 말린 과일을 다른 종류로 쓰거나 파슬리 대신 생민트 또는 고수 잎을 넣을 수도 있다. 견과류도 피스타치오 대신 구운 헤이즐넛이나 아몬드, 혹은 잣을 쓸 수 있다.

**4~6인분**

레몬 절임 1병
이탈리아 파슬리 1/2컵(30g)(생으로 다진다)
가염버터나 무염버터 2큰술(상온으로 준비한다)
말린 과일(체리, 크랜베리, 살구, 자두, 건포도 중 몇 가지 골라서) 1/2컵(80g)(깍둑썰기한다)
소금 치지 않은 (껍질 깐) 피스타치오
 1/2컵(65g)(아주 굵게 다진다)
천일염이나 코셔 소금 3/4작은술
계핏가루 1/4작은술
이스라엘 쿠스쿠스 또는 작고 둥근 파스타
 1¼컵(225g)
으깬 검은후추

1. 레몬의 꼭지를 잘라내고 4등분한다. 볼 위에 체를 얹은 다음 레몬 과육을 체에 걸러 즙을 짜내고 남은 과육은 버린다. 레몬 껍질은 잘게 깍둑썰기해서 파슬리, 버터, 말린 과일, 피스타치오, 소금, 계핏가루와 함께 볼에 담는다.
2. 냄비에 소금물을 붓고 센불에서 끓인다. 물이 끓으면 쿠스쿠스를 넣고 포장지에 쓰인 지시에 따라 삶는다. 쿠스쿠스의 물기를 빼고 볼에 담은 다음 버터가 녹고 모든 재료가 골고루 섞이도록 버무린다. 후추와 소금으로 간해서 식탁에 낸다.

# 석류 폭탄

석류의 프랑스어는 그르나드grenade(영어로는 '수류탄')인데, 내 생각에는 석류를 깨물었을 때 그 씨가 연쇄적으로 폭발하기 때문에 이런 이름이 붙은 게 아닐까 상상한다. 뉴잉글랜드에 살던 십대 초반에 석류를 처음 보았는데 너무나 신기했다. 루비처럼 빨갛게 송이송이 뭉친 씨앗들이 과육을 지탱하는 얇은 막에 단단히 매달려 미로처럼 얽혀 있는 과일이라니. 그것은 이국적이고 맛있었지만, 내가 기억나는 것은 주로 먹고 난 뒤의 지저분한 난장판이다.(어머니의 잔소리 덕분에 더더욱 잊을 수 없는 경험이 된 난장판.)

최근 미국에서는 석류 주스의 인기가 높아진 덕분에 석류가 훨씬 흔해졌다. 이 현상은 석류의 효능에 대한 언론 보도와 관련이 있다. 관련 기사들과 영리한 마케팅 전략과 멋진 병 디자인에 힘입어 캘리포니아의 석류 재배량이 늘어났다.

겨울 파리의 노천 시장에는 석류가 넘쳐나며, 특히 중동계 사람들 사이에서 인기가 높다. 간단한 그린 샐러드에 석류 씨 몇 알을 흩뿌리면 가벼운 과일 향미를 낼 뿐만 아니라 분위기가 환해진다는 사실을 발견했다. 그래서 잿빛 하늘이 몇 달씩 드리우는 겨울에 석류가 특히 더 반갑다.

석류 씨를 빼낼 때 폭발을 최소화하는, 내가 가장 선호하는 방법은 볼에 찬물을 붓고 석류를 4등분해서 그 물에 담그는 것이다. 석류를 벌리고 씨를 쏟아서 막으로부터 떼어내면 막 찌꺼기가 물 위로 둥둥 떠오른다. 막 찌꺼기는 걷어내어 껍질과 함께 버린다.

물속에서 씨를 손가락으로 쓸어 아직까지 달라붙어 있는 막을 떼어낸다. 그것도 마저 걷어내고 씨를 체에 밭쳐 물기를 뺀다.

# 라디치오, 뿌리채소, 석류를 넣은 통밀 샐러드
Wheat berry salad with radicchio, root vegetables, and pomegranate

**Petit épautre en salade avec trévise, légumes-racines, et grenade**

일반적으로 파리 사람들은 '크로캉-뮈슬리 croquant-muesli'(크런치-그래놀라, 그래놀라 시리얼 같은 건강식을 찾으며 환경보호에 신경 쓰는 사람들을 비꼬는 말—옮긴이) 유형으로 여겨지지는 않는다. 하지만 자연식품 상점에 가면 굉장히 훌륭한 프랑스산 농산물—꿀, 손으로 채취한 소금, 소규모 생산자들이 만든 치즈, 천연 와인, 냉압착 기름, 유기농 곡물, 그리고 물론 두부—들을 찾아볼 수 있다.

겨울이면 나는 프티 에포트르 petit épeautre(스펠트 통밀)를 비축해둔다. 이는 파로 farro(보리와 밀의 중간 정도 맛이 나는 고대 밀 품종—옮긴이)와 유사하며 그 쫄깃한 식감은 뿌리채소의 풍미와 좋은 대조를 이루는데, 나는 여기에 약간 씁쓸한 라디치오를 넣어 생기를 더한다. 이걸 고기구이, 치킨, 두부 요리에 사이드 디시로 자주 곁들여 내는데, 이 영양가 높은 샐러드를 큰 볼에 푸짐하게 담아서 점심으로도 즐겨 먹는다.

1. 통밀을 물에 씻는다. 뚜껑이 있는 큰 소스팬에 넣고 찬물을 넉넉히 붓는다. 월계수 잎을 넣고 한소끔 끓인 뒤 불을 약하게 줄이고 통밀이 부드러워질 때까지 약 45분간 은근히 끓인다. (도정한 파로를 익힐 때는 이보다 시간이 덜 걸린다.)

2. 오븐을 190도로 예열한다.

3. 채소들은 겉을 깎아서 3/4인치(2센티미터) 크기로 깍둑썰기해 구이판 위에 놓는다. 올리브유에 버무리고 소금과 후추로 간한 다음 오븐에 넣고 채소가 부드러워질 때까지 중간에 몇 번 뒤집으면서 약 30분간 굽는다. 채소 위에 다진 라디치오를 뿌리고 라디치오가 숨이 죽을 때까지 3~5분간 더 굽는다. 오븐에서 꺼내어 채소와 라디치오를 한데 섞는다.

4. 드레싱을 만들기 위해, 큰 볼에 머스터드, 소금, 레몬즙, 꿀을 넣고 섞는다. 올리브유를 넣고 젓는다.

5. 통밀이 익으면 물기를 충분히 빼고 상온으로 식힌다. 월계수 잎을 걷어낸다. 드레싱이 담긴 볼에 통밀을 옮겨 담고 구운 채소, 파슬리, 석류 씨를 넣어 섞은 뒤 후추를 몇 번 갈아 넣는다. 간을 보고 입맛에 따라 필요하면 소금과 레몬즙을 더 넣는다.

6. 샐러드를 상온으로 낸다. 미리 만들어서 냉장고에 두고 2일까지 보관할 수 있는데, 이 경우 내놓기 전에 레몬즙 몇 방울을 뿌려 생기를 준다.

---

**6~8인분**

**스펠트 통밀이나 파로** 1컵(170g)
**월계수 잎** 1장
**뿌리채소**(당근, 파스닙, 비트, 스웨덴순무, 순무 중 몇 가지 골라서)**와 버터넛 스쿼시** 2파운드(900g)
**올리브유** 2큰술
**천일염이나 코셔 소금**
**으깬 검은후추**
**이탈리아 라디치오** 3컵(150g)(굵게 다진다)
**이탈리아 파슬리** 1/3컵(25g)(생으로 다진다)
**석류** 1개(씨를 골라낸다)
**레몬즙**(선택 재료)

**드레싱**
**디종 머스터드** 1작은술
**천일염이나 코셔 소금** 3/4작은술
**레몬즙** 1½큰술
**꿀** 1작은술, 혹은 석류 농축액 2작은술
**올리브유** 1/4컵(60ml)

## 잡곡빵 Multigrain bread
**팽 오 세레알** Pain aux céréales

파리지앵들은 집에서 바게트를 만들 때 어떤 기술을 쓰느냐, 크루아상 반죽을 밀 때 어떤 종류의 버터를 쓰느냐는 질문을 자주 듣는다. 대부분의 파리 사람들은 집에서 빵을 만들거나 크루아상을 밀 생각 따위는 꿈에도 하지 않는다고 대답하면 하나같이들 당혹해한다. 파리의 부엌은 대부분 조그맣고 조리대도 비좁기 짝이 없다. 실제로 파리에서 내가 처음 살았던 아파트의 오븐은 어찌나 작던지, 시청에 갔다가 유난히 힘겨운 시간을 보내고 왜 오븐 안에 머리를 집어넣고픈 유혹을 느꼈을 때도 들어갈까 말까 했을 정도다.

하지만 파리 사람들이 집에서 빵을 굽지 않는 주된 이유는 전문가들이 훨씬 나은 설비를 갖추고 있기 때문이다. 그들은 널찍한 조리대와 뜨겁게 활활 타오르는 오븐이 있으며, 프랑스 슈퍼마켓에서 파는 (그리고 내가 한 번에 12개씩 사서 집으로 낑낑 날라 오는) 1킬로그램짜리 조그만 포대보다 훨씬 큰 밀가루 포대를 구해서 쌓아놓을 수 있기 때문이다.

사람들이 프랑스의 멋진 빵들을 보면서 자기네 동네에서는 좋은 빵을 찾을 수 없다며 좌절감을 표하는 관계로, 여기에 내가 파리에서 먹는 빵을 모방한 나의 잡곡빵 레시피를 소개한다. 이는 치즈 보드에 곁들여 내도 근사하고, 구워서 가염버터를 바르거나 어두운 색의 꿀 또는 집에서 만든 잼을 발라 아침식사로 먹어도 훌륭하다.

최상의 결과를 얻으려면 스타터를 하루 전에 만들어두는 것이 좋다. 하지만 기다리기 싫으면 스타터에 거품이 생기기 시작할 때까지 15~30분 동안만 두어도 된다.

빵을 굽기 전에 더치오븐의 손잡이가 오븐의 열기를 견딜 수 있는지 확인해야 한다. 나는 1950년대에 레이먼드 로위Raymond Loewy가 디자인한 오렌지색 빈티지 코켈Coquelle 냄비를 하나 가지고 있는데, 벼룩시장에서 어렵게 구한 것이라 (나는 이걸 판 사람과 누가 더 쇠고집인지를 놓고 힘겨루기를 했다) 이 냄비가 조금이라도 상한다면 나는 기절해버릴지도 모른다. 그래서 나는 빵을 굽기 전에 손잡이를 돌려서 떼어둔다.

---

**큰 빵 1덩이**

### 스타터
**찬물** 1/4컵(60ml)
**건조 이스트** 1/8작은술
  (243쪽 '인스턴트 이스트와 건조 이스트' 참조)
**강력분** 1/2컵(70g)(242쪽 '빵 밀가루' 참조)

### 빵 반죽
**미지근한 물** 1컵(250ml)
**건조 이스트** 1/2작은술
**백설탕** 1작은술
**천일염이나 코셔 소금** 1½작은술
**강력분** 2½컵(350g) (추가로 1~2큰술 더)
**통밀 박력분**(페이스트리 밀가루) 3/4컵(110g)
**껍질 깐 호박씨** 3큰술(아주 굵게 다진다)
**껍질 깐 해바라기 씨** 2큰술
**기장** 2큰술
**아마 씨** 2큰술
**양귀비 씨** poppy seeds 1½큰술

---

1. 스타터를 만들기 위해, 스탠드믹서 용기에 찬물과 이스트를 넣고 섞는다. 강력분을 넣고 저은 다음 용기 윗면을 랩으로 덮어 상온에 하룻밤 놔둔다.

2. 다음 날 반죽을 만든다. 믹서 용기에 담긴 스타터에 미지근한 물을 붓는다. 믹서에 빵 반죽용 갈고리를 부착하고 이스트, 설탕, 소금, 강력분 2¼컵(350그램), 박력분을 넣은 뒤 중고속으로(혹은 믹서가 조리대 위로 마구 돌아다니지 않을 정도에서 최고속으로) 6분간 돌린다. (스탠드믹서가 없다면 밀가루를 살짝 뿌린 평대 위에서 손으로 6분간 치댄다.)

3   믹서를 최저속으로 맞춰놓고 호박씨, 해바라기 씨, 기장, 아마 씨, 양귀비 씨를 넣는다. 씨앗 알갱이가 반죽에 완전히 섞일 때까지 몇 분간 돌린다. 반죽이 살짝 끈적거리지만 용기 옆면에 달라붙지 않고 떨어져 나오면 다 된 것이다. 만약 그렇지 않다면 강력분 1~2큰술을 넣고 조금 더 돌린다. 용기 뚜껑을 덮고 반죽이 2배로 부풀어 오를 때까지 1시간 30분~2시간 동안 그대로 둔다.

4   반죽을 긁어서 살짝 밀가루를 친 평대 위에 올려놓고 이겨서 부드러운 공 모양으로 오므린다. 볼에 마른 수건을 깔고 그 위에 밀가루를 약간 뿌린 뒤 오므린 부분이 위로 가도록 둥근 반죽을 올려놓는다. 반죽 위에 밀가루를 약간 더 뿌리고 수건 가장자리를 모아 반죽을 덮는다. 1시간 30분 동안 그대로 두어 부풀린다.

5   빵을 굽기 15분 전에 뚜껑 있는 더치오븐을 (손잡이가 내열 재질이 아니면 손잡이를 떼어내고) 오븐 아래쪽 선반에 놓은 뒤 230도로 예열한다. 옥수숫가루를 조금 준비하거나 유산지를 더치오븐의 바닥면 크기로 잘라둔다.

6   팬과 뚜껑이 무지무지 뜨겁기 때문에 이 시점부터는 아주 조심해야 한다. 특히 팬에 빵을 넣기 위해 팬 뚜껑을 열어서 옆에 놓을 때 이 점을 까먹기 쉽다. 오븐장갑을 끼고 더치오븐을 오븐에서 꺼낸 뒤 뚜껑을 연다. 팬 바닥에 옥수숫가루를 고르게 뿌린다. 오므린 부분이 밑으로 가도록 반죽을 팬 안에 떨어뜨린다. 가장 좋은 방법은 반죽을 덮은 수건을 열고 빵의 옆면이 완전히 드러나도록 수건 가장자리를 최대한 젖혀서 뜨거운 팬 안에 반죽을 툭 떨어뜨리는 것이다. 반죽이 정중앙에 오지 않더라도 알맞게 구워지니 너무 걱정할 필요 없다. 날카로운 가위로 빵 윗면에 비교적 깊은 X자 칼집을 낸다. 뜨거운 뚜껑을 다시 덮고 오븐 맨 아래 선반에 더치오븐을 집어넣는다. 30분간 빵을 굽는다.

7   오븐장갑을 끼고 팬을 오븐에서 조심스럽게 꺼내어 뚜껑을 연 뒤 빵 덩어리를 식힘망에 옮겨 담아 식힌다. 다 구워졌는지 확신이 안 서면 온도계로 찔러서 88도인지 확인해본다. 완전히 식은 다음에 썬다.

### 강력분 밀가루

파린 드 팽 farine de pain(빵 밀가루, 강력분)은 중력분보다 찰기가 더 강하다. 단백질과 글루텐이 더 많이 들어 있으며, 맛이 더 풍부하고 식감이 좋은 빵을 만들어준다. 나는 빵에 맛의 깊이를 더하기 위해 통밀 박력분을 조금 섞지만, 통밀가루의 비율이 높으면 근사한 껍질을 얻기 힘들기 때문에 너무 많이 넣지는 않는다. 프랑스어로 '파린 에포트르 farine d'épautre'라는 스펠트 밀가루도 이 잡곡빵 레시피와 잘 어울린다.

예전에 나는 이 빵을 일반 중력분으로 만들었다. 이것도 괜찮은 결과물을 내긴 하지만 그래도 강력분을 쓸 만한 가치가 충분하다. 대형 포대로 상비해두면 원할 때마다 빵을 구울 수 있다. 강력분은 대부분의 슈퍼마켓과 자연식품 상점, 그리고 온라인에서 구입할 수 있다 (판매처는 339쪽 참조).

## 인스턴트 이스트와 건조 이스트

진짜 솔직히 말하자면 나는 괴팍하고 구식이라서 빵을 만드는 데는 시간을 들여야 한다고 생각한다. 느리게 부풀수록 맛이 더 좋다는 격언이 내 머릿속에 깊이 박혀 있다. 프랑스에서는 급속 발효 이스트quick-rise yeast를 그렇게 쉽게 구할 수도 없고, 이걸 써서 빵을 만드는 사람이 있다는 얘기도 들어본 적이 없다.

정 그걸 쓰고 싶다면, 대부분의 제조사에서는 급속 발효 이스트('인스턴트 이스트'라고 부르기도 한다)를 건조 이스트와 같거나 그보다 약간 적은 양만큼 쓸 것을 권하며 부푸는 시간은 50퍼센트 더 빠르다고 한다. 건조 이스트 대신 특정한 브랜드의 인스턴트 상품을 쓸 경우, 포장지 또는 제조사 웹사이트의 지시 사항을 따르라. 굳이 순리를 거스르고 싶다면 말이다.

# 파니스 퍼프 Panisse puffs
## 파니스 수플레 Panisses soufflées

니스 시장으로 오래 재직하다 부패 혐의로 복역했으며 (어떤 사람들은 니스 요리에 대한 최고의 책으로 평가하는) 《니스 요리 Cuisine Niçoise》를 쓴 자크 메드생 Jacques Médecin의 파니스 레시피는 이렇게 시작된다. "작은 찻잔 받침 12개에 기름을 바르고 한 줄로 가지런히 놓는다."

나는 수 타스 sous tasse (찻잔 받침)를 찾느라 부엌을 뒤져본 뒤 우리 집에 찻잔 받침 12개가 (또 찻잔 12개도) 없다는 사실을 깨닫고, 이를 핑계 삼아 병아리콩 가루로 만드는 이 니스의 별미를 튀기지 않고 변용한 퍼프를 고안해냈다. 미국의 팝오버 popover와 프로방스의 파니스를 혼종 교배한 이 요리는 양고기 구이(203쪽 '조린 채소, 살사베르데, 병아리콩 퍼프를 곁들인 양고기 구이')와 잘 어울린다.

이 요리를 굽는 동안에는 오븐 문을 열면 '안 된다'. 오븐 문을 연다고 공금을 횡령해 프랑스에서 도주한 니스 시장과 같은 운명에 처하지야 않겠지만, 파니스가 제대로 나오지 않을 것이다. (물론 메드생은 체제를 때려 부숨으로써 대중의 영웅이 되었다. 듣자하니 그를 찍었던 유권자들은 그가 국고에서 납세자들의 돈을 훔쳐—말 그대로—자기 슈트케이스에 챙긴 것에 대해 상관하지 않았다.)

이 요리는 만들기 아주 쉽고 오븐에서 갓 꺼냈을 때가 맛이 가장 좋으므로 완성되자마자 바로 먹기를 권한다. 틀의 깊이가 $2\frac{1}{2}$인치(6센티미터)인 팝오버 팬으로 구우면 완벽하다. 또는 표준규격의 머핀 틀을 쓸 수도 있다. 팝오버 팬만큼 파니스가 왕창 부풀어 오르지는 않지만 그래도 맛있게 구워진다. 반죽이 머핀 틀에 달라붙는 경향이 있으므로, 반죽을 붓기 전에 눌어붙음 방지 스프레이를 틀에 충분히 뿌리거나 정제 버터(327쪽)를 바른다.

**6인분**

- **병아리콩 가루** 2/3컵(75g)
- **중력분** 1/3컵(45g)
- **전유** 1컵(250ml)
- **큰 달걀** 2개(상온으로 준비한다)
- **큰 달걀 흰자** 1개
- **녹인 가염버터나 무염버터** 1큰술(틀에 바르는 용도로 조금 더)
- **천일염이나 코셔 소금** 3/4작은술
- **으깬 검은후추** 1/4작은술
- **큐민 가루** 1/4작은술
- **카옌 고춧가루** 넉넉히 1자밤

1 오븐 중간 부분에 선반을 걸치고 220도로 예열한다. 팝오버 팬을 오븐 선반 위에 놓고 구이판을 준비한다.

2 모든 재료를 블렌더에 넣고 완전히 부드러워질 때까지 돌린다.

3 팝오버 팬을 오븐에서 꺼내어 구이판 위에 놓는다. 팬이 아주 뜨거우므로 조심하면서, 녹은 버터를 팝오버 팬 안쪽에 아낌없이 바른다.

4 반죽을 팬에 재빨리 나눠 담고 오븐에 넣는다. 오븐 온도를 200도로 낮추고 반죽이 갈색으로 부풀어 오를 때까지 35분간 굽는다. 오븐에서 꺼내자마자 뜨거울 때 식탁에 낸다.

# 치즈 코스

사람들이 내게 왜 프랑스에 사느냐고 물을 때면 나는 그저 손을 들어 제일 가까운 치즈 가게를 가리킨다. 프로마주리에 들어서서 밀짚을 깐 선반에 놓인 농익은 치즈들의 말로 표현할 수 없는 향에 둘러싸여 있을 때에 비견할 만한 느낌은 그 어디에도 없다. 나는 종종 딱히 살 것이 없을 때도 그냥 그곳에 들어가서 깊이 숨을 들이마시곤 한다.

나는 초콜릿 가게에 가는 것도 그에 못지않게 좋아하지만, 실제로 갔을 때 가장 흥분되는 곳은 바로 치즈 가게다. 그 이유의 일부는 거기서 무엇을 발견하게 될지 확실히 모르기 때문이다. 내가 감명받는 부분은, 여러 가게에서 취급하는 같은 치즈라도―숙성 정도, 색, 테루아에 따라―엄청나게 다양한 차이가 존재하며 이 모두가 끊임없이 변화한다는 사실이다. 치즈 가게에서 일하는 것이 내가 오랫동안 품어온 꿈 중 하나였지만, 장시간 서 있고 무거운 치즈 원반을 들어 옮기고 끝없이 청소를 해야 한다는 이야기를 실제로 거기서 일했던 한 친구에게서 듣고 난 뒤 그 꿈은 금세 사그라졌다.

그 대신 나는 훌륭한 손님이 되는 일에 집중하기로 했다. 하지만 아뿔싸, 그마저도 얼마나 요원한 일인가! 상점이나 시장 매대에서 프로마제fromager(치즈 가게 주인)에게 조언을 듣고 있을 때마다 나는 최면 상태로 빠져든다. 그가 하는 말에 집중하려고 노력하지만, 두 눈이 주위에 쌓인 온갖 치즈들을 빨아들일 듯한 기세로 이리저리 돌아가는 것을 어쩔 수가 없다. 그리고 항상 애초에 사려고 했던 것보다 많은 치즈를 담아 가지고 나오곤 한다.

파리에서 친구들을 식사에 초대하기 시작했을 때, 나는 프로마주리로 가서 내 눈에 좋아 보이는 온갖 치즈를 종류별로 다 긁어모으고 또 다른 손님들이 구입했다는 이유만으로 그 외의 치즈들까지 조금 더 챙겼다. 내가 놓친 게 있다고 생각하면 머리가 살짝 돌아버릴 것 같았기 때문이다.

집에 오면 그 모든 치즈를 손님들에게 내놓았다. 그리고 모임이 파한 뒤에는 남은 치즈들을 작은 꾸러미로 싼 다음, 냉장고에서 너무 역한 냄새가 풍겨서 다른 음식들까지 치즈와 함께 '숙성'되어버리기 전에 그걸 다 먹어치우기 위해 갖은 애를 써야만 했다.

그랬던 내가 바뀌게 된 계기는 샹파뉴 지방의 별이 여럿 달린 레스토랑 '레 크레예르Les Crayères'에서의 점심식사였다. 그런 고급 레스토랑들은 식사가 끝나면 치즈가 한가득 담긴 카트를 밀고 나오는 것으로 유명하며, 나는 우리의 디너 접시가 치워지고 그보다 작은 치즈 접시가 놓인 순간부터 그 카트가 내 쪽으로 오기만을 진짜로 (진짜로) 고대하고 있었다.

하지만 치즈가 겨우 절반만 채워진 카트가 굴러오자 나는 실망한 기색을 감추어야 했다. 물론 인정하는데, 그것은 매우 높이 평가받는 치즈 장인인 베르나르 앙토니Bernard Anthony의 동굴에서 4년간 숙성된 콩테 치즈였다. 하지만 그래도 구색은 다양하게 갖춰야 하지 않나? 종업원은 깔끔하게 잘리기보다 산산이 부서지기 십상인 치즈에 숙련된 솜씨로 포크와 나이프를 갖다 댔고, 나는 그가 가장 근사해 보이는 조각을 얇게 베어내는 동안 참을성 있게 기다렸다. 그리고 그것을 한입 베어 먹은 순간, 왜 이 단 한 가지의, 둘도 없는, 진정한 천상의 치즈가 손님들을 위해 선택되었는지를 확실히 이해할 수 있었다.

그때 그 자리에서 치즈에 관한 한 종류가 적으면 적을수록 좋다는 진리를 배웠다. 그 뒤로 나는 치즈 접시를 준비할 때 딱 한두 가지(그래, 때로는 세 가지) 종류의 치즈에만 집중했고, 그것이 내가 구할 수 있는 최상의 치즈가 되게끔 가장 잘 익은 것들을 엄선했다.

치즈 접시(나 보드)를 준비할 때는 손님들을 질리게 하지 않는 것을 목표로 해라(미국인은 '클수록 좋다'는 생각이 정말 좋은 것인 줄 알지만, 치즈는 예외다). 너무 많은 치즈를 한 접시에 쌓아놓으면 치즈끼리 서로 경쟁하기 시작한다. 치즈가 너무 많으면 그 하나하나의 특별함에 집중하기가 힘들다. 그러니 열두 가지의 그저 그런 치즈로 사람들의 배를 채우려 하기보다 각 분야에서 최고인 한두 가지만 내놓는 편이 더 좋다. (하지만 나

도 때로는 너무 많은 치즈를 사들이는 죄를 짓는다는 걸 인정해야겠다. 타지에 단기간 방문해 머무는 동안 많은 치즈를 맛보고 싶은 손님들을 받을 때 주로 그렇다. 여러분이 파리의 시장에서 치즈를 잔뜩 싸들고 가는 나와 마주친다면 그건 바로 그런 연유에서다. 정말이다.)

선택의 기준을 세우기 위해 나는 반드시 최상의 상태로 숙성된 치즈만을 내놓는데, 이는 계절이나 구입한 상점에 따라 달라진다. 또 치즈 하나하나가 그 자체로 빛날 기회를 갖도록 구색에도 신경을 쓴다. 부드러운 루아르산 염소젖 치즈는 충분히 숙성된 직사각형의 스위스산 그뤼예르 치즈와 쐐기 모양의 오베르뉴산 블루치즈 옆에 자리 잡으면 어울릴 것이다. 또 로크포르 카를Roquefort Carles(유명한 수제 로크포르 치즈 브랜드—옮긴이)은 거친 외피를 지닌 캉탈Cantal 치즈 옆에, 그리고 모든 사람의 입맛에 맞는 연하고 끈적한 생펠리시앵Saint-Felicien도 같은 보드 위에 놓일 것이다. 프랑스인들이 가장 좋아하는 생넥테르Saint-Nectaire는 난이도가 좀 더 높은 블뢰 드 젝스Bleu de Gex와 작고 순수한 크로탱 드 샤비뇰Crottin de Chavignol 바로 옆에 놓일 것이다. 크로탱 드 샤비뇰이란 이름은 이 치즈의 원료인 젖을 생산하는 염소의 똥(크로트crotte)에서 땄다. 하지만 완벽하게 숙성되어 중심부에서 버터처럼 부드러운 용암이 배어나오는 부채꼴의 브리 드 모나, 농가 마당의 내음을 풍기며 썰리기만을 기다리는 카망베르 드 노르망디만 한 것은 찾기 힘들다. 카망베르 드 노르망디는 모든 프랑스인들의 가슴을 기대와 흥분으로 두근대게 만드는 몇 안 되는 치즈 중 하나다.

만약 딱 한 가지 치즈만 내놓는다면 내가 준비한 주요리를 보완해주는 종류로 고를 것이다. 기름지고 풍미가 강한 양 어깨살 구이(203쪽)를 먹은 뒤에는 셀쉬르셰르Selles-sur-Cher처럼 가벼운 염소젖 치즈를 내는 것이 가장 좋다. 아니면 바스크산 양젖으로 만든 오소이라티Ossau-Iraty를 부채꼴로 잘라 달라고 프로마제에게 부탁할 것이다. 그 부드러우면서도 강렬한 맛은 자극적인 만찬과 디저트를 이어주기에 충분하다. 잘 숙성된 콩테나 톡 쏘는 염소젖 치즈 한 조각은 그 자체로도 훌륭한 치즈 코스가 된다. 내가 관공서를 자주 드나들면서 얻은 지혜가 있는데, 복잡하게 만든다고 더 좋아지는 건 아니라는 것이다.

프랑스인들은 처트니chutney(과일이나 채소에 향신료를 넣어 만든 인도 소스—옮긴이), 잼, 견과, 과일처럼 주의를 분산시키거나 이질적인 재료로 치즈를 '차려 입힐' 필요를 느끼지 않는다. 치즈를 치장한다고 해봐야 동네 빵집에서 견과와 말린 과일이 박힌 빵을 사다가 곁들여 먹는 정도다. (한 가지 예외가 있다. 바스크 치즈는 전통적으로 다크체리 잼을 곁들여 먹는다.)

원래 치즈 코스는 디저트 전에 나오는 독립된 코스이지만(미국에서는 식전에 치즈를 낸다고 말했을 때 받았던 묘한 눈길들이 아직도 기억난다), 가끔 나는 치즈 코스를 디저트 대신 내기도 한다. 나는 좀 더 달달한 디저트 대신 톡 쏘는 블루치즈 조각에 좋은 꿀을 끼얹어 내놓거나, 훈제 향 나는 바스크 치즈에 그와 대조되는 스위트 체리 잼 한 숟갈을 곁들여 내놓는 것으로 유명하다. 또 다른 선택지는 간단한 그린 샐러드에 구운 견과와 씨앗을 버무려 곁들이는 것이다. 자연 그대로의 오도독한 견과 맛이 섞인 그 달콤함은 어떤 치즈와도 근사한 짝을 이룬다.

프랑스에서 생산되는 치즈들은 모방이 불가능하다. 프랑스 최고의 치즈들 상당수는 레 크뤼lait cru(생우유)로 만드는데, 미국에서는 두 달 이상 숙성시키지 않은 생우유 치즈의 수입이 법으로 금지되어 있다. 프랑스 밖에서도 저온살균 우유로 만들었거나 수입 기준에 맞게 숙성시킨 훌륭한 프랑스 치즈들을 구할 수 있긴 하지만, 그 품질은 갖가지 변수에 따라 달라질 수 있다.

하지만 조바심낼 이유는 없다. 미국의 많은 도시에도 치즈에 대한 지식과 열정을 지닌 이들이 운영하는 훌륭한 치즈 상점들이 존재한다. (치즈는 마치 어린아이와 같아서 끊임없는 보살핌과 양육을 필요로 하기 때문에, 하루 종일 치즈를 다루면서 그것과 긴밀한 유대를 맺지 않을 수가 없다. 프랑스에서 우수한 치즈를 판매하지 않는 프로마주리는 순식간에 퇴출당한다.) 자연식품 상점도 치즈를 발굴하기에 좋은 곳이다. 슈퍼마켓도 무시해선 안 된다. 크고 작은 생산자들이 만들어낸 놀랄 만큼 훌륭한 블루, 체다, 드라이 몬터레이 잭dry Monterey Jack, 텔레미Teleme, 염소젖 치즈를 취급하는 슈퍼마켓들이 날로 늘어나고 있다.

끝으로 음식에 대해서든 아니든 프랑스의 모든 것이 그렇듯이, 치즈에 곁들이기에 가장 좋은 와인이 무엇이냐에 대해서도 논란과 의견 차이가 존재한다. 치즈에 곁들여 마시기엔 레드와인만이 옳다는 선입견이 박혀 있는데, 이는 전혀 사실이 아니다. 로크포르 치즈 한 덩어리와 차게 식힌 달콤한 소테른 한 잔, 루아르산 염소젖 치즈 '똥덩이crotte'와 언제나 우아한 상세르 한 잔은 그야말로 환상의 짝꿍이다. 그리고 셰리주 비슷한 맛을 띤 쥐라산 아르부아 와인을 죽 들이켤 때 견과 향 나는 콩테 치즈만 한 안주가 있을까.

하지만 결국 중요한 것은 각자의 취향이다. 여러분이 무엇을 먹거나 마시는 것과 관련해 '전문가'의 말도, 심지어 내 말도 무조건 듣지 마라. 자신이 좋아하는 조합을 찾아라. 실험하고 모험해보라. 어쨌든 대부분의 와인과 치즈는 생산자가 딱 맞는 음정에 도달하기까지 몇 차례 실패를 거친 끝에 만들어낸 행복한 결과물이다. 그리고 여러분이 위스키 안주로 체다 치즈를 곁들이거나 검은 브리Brie noir 치즈를 진한 커피에 적셔 먹고 싶다면(거의 '먹을 수 없는' 이 치즈를 현지인들은 이런 식으로 먹는다는 사실을 알았다), 프랑스의 세 가지 국가 모토—자유, 평등, 박애—중 첫번째가 여러분에게 그렇게 할 수 있는 불가분의 권리를 부여할 것이다.

# 디저트

## 레 데세르 Les desserts

파리에서 만찬을 들거나 제과 제빵을 할 때 더할 나위 없는 즐거움 하나는 아무도 디저트를 거부하지 않는다는 것이다. 페이스트리와 초콜릿은 프랑스인의 삶과 깊이 결부되어 있으며, 1260개가 넘는 파리의 제과점 앞에는 밤낮으로 줄이 늘어서 있다. 한번은 제과점 진열창에 놓인 갖가지 페이스트리를 보며 경탄하는 관광객들과 동행한 적이 있는데, 그때 그중 한 명이 "하루가 지나면 남은 빵들은 다 어떻게 하나요?"라고 물었을 때 내가 "남는 것이 없답니다. 제과점 문 닫을 시간까지 다 팔려나가거든요!"라고 대답하자 그들은 깜짝 놀랐다.

거리마다 제과점이 있기 때문에 대부분의 파리 사람들은 과자류를 전문가들의 손에 맡긴다. 화강암 롤러로 부드러운 아몬드 페이스트 시트를 뽑아내는 기계인 견과 브루아이외르broyeur(분쇄기)나, 파트 드 프뤼pâtes de fruits(과일 젤리)와 가나슈를 완벽한 정사각형으로 잘라주는 값비싼 줄칼인 기타르guitar나, 장샤를 로슈Jean-Charles Rochoux, 미셸 쇼됭Michel Chaudun, 푸케Fouquet, 자크 주냉Jacques Genin, 파트릭 로제Patrick Roger의 전설적인 당과에 얇디얇은 다크초콜릿 막을 고르게 입혀주는 앙로베enrober 같은 설비를 자기 집에 갖추고 제과를 하는 사람은 드물다.

파리 사람들은 저녁 초대를 받아 왔을 때 집주인이 시간을 들여 뭔가를 집에서 손수 만들었다는 걸 알면 무조건 흥분한다. 그리고 나는 우리 집에 초콜릿 앙로베를 둘 공간이 없기는 해도, 손수 디저트를 만들어 친구들에게 대접하는 일이 대단히 즐겁다. 때로는 가토 위크엔드(296쪽) 같은 간단하고 가정적인 디저트를 만들면서 월계수 잎으로 허브 향을 내고 버터케이크에 여느 베이커리에서는 찾기 힘든 약간의 이국적인 풍미를 준다. 또는 가스코뉴 여행에서 영감을 얻은 산뜻한 오리 기름 쿠키(297쪽) 한 판을 굽기도 한다. 가스코뉴 지방에서는 오리의 모든 부위가 찬미의 대상이며, 이 쿠키에 비단결 같은 농후함을 선사하는 부드러운 기름도 예외가 아니다. 그리고 나도 파리 사람들과 똑같이 콩피튀르 드 레confiture de lait(둘세 데 레체, 밀크잼)를 아주 좋아하기 때문에, 달콤쌉싸름한 초콜릿 크러스트를 굽고 캐러멜화된 우유를 한 겹 깔고 그 위를 매끈한 가나슈로 마무리하는 것도 좋은 선택이다. 집에서의 부담 없는 저녁을 위해서는, 내가 가장 좋아하는 비스트로의 메뉴를 참조해 밀가루를 넣지 않고 콩피튀르 드 레와 플뢰르 드 셀을 넣은 1인용 초콜릿 케이크를 간단하게 준비한다.

혹시나 해서 말해두는데, 프랑스인들도 미국인 못지않게 층이 겹겹이 진 당근케이크(277쪽)를 사랑한다는 사실을 알게 된다면 여러분도 기쁠 것이다. 심지어 프로마주리에서도 미국 것보다 약간 덜 기름지고 약간 더 톡 쏘는 맛이 있는 그들 나름의 프렌치 치즈케이크(302쪽)를 주요 품목으로 취급한다. 만약 내가 디너파티를 연다면 우아한 '생강 크렘 앙글레즈를 곁들인 초콜릿 테린'(287쪽)을 미리 만들어둘 수 있으니, 손님들과 어울려 마지막 와인 한 모금까지 비우면서 최대한 오랜 시간 노닥거릴 수 있을 것이다. 혹은 디저트가 나왔을 때 샴페인 한 잔을 들어 건배할 수 있으면 더욱 좋고.

커피 크렘 브륄레 **253**
Coffee crème brûlée
크렘 브륄레 오 카페 Crème brûlée au café

스파이스를 넣은
스페큘루스 플랜 **256**
Spiced speculoos flan
스페큘루스 파트를 넣은 크렘 카라멜
Crème caramel à la pâte de spéculoos

가염버터 캐러멜 초콜릿 무스 **258**
Salted butter caramel – chocolate mousse
Mousse au chocolat au caramel au beurre salé

둘세 데 레체와
플뢰르 드 셀을 넣은
1인용 초콜릿 케이크 **261**
Individual chocolate cakes
with dulce de leche and fleur de sel
콩피튀르 드 레와 플뢰르 드 셀을 넣은
미니 가토 쇼콜라
Mini gâteaux au chocolat avec un coeur
de confiture de lait et fleur de sel

가염버터 캐러멜 소스를 끼얹은
따뜻한 초콜릿 케이크 **262**
Warm chocolate cake
with salted butter caramel sauce
가염버터 카라멜을 끼얹은 따뜻한 쇼콜라 묄뢰
Moelleux au chocolat tiède, caramel au beurre salé

초콜릿 칩, 헤이즐넛,
말린 사워체리를 넣은 푸가스 **266**
Chocolate chip, hazelnut,
and dried sour cherry fougasse
Fougasse aux pépites de chocolat,
noisettes, et griottes séchées

갈색 버터를 넣은 아몬드 케이크 **268**
Almond cakes with browned butter
피낭시에 Financiers

메밀 마들렌 Buckwheat madeleines **270**
마들렌 오 사라쟁 Madeleines au sarrasin

마들렌 Madeleines **274**

당근 케이크 Carrot cake **277**
가토 오 카로트 Gâteau aux carottes

파인애플을 곁들인 키르슈 바바 **279**
Kirsch babas with pineapple
Babas au kirsch et ananas

메르베이외 Merveilleux **281**

파리파리 Paris-Paris **285**

생강 크렘 앙글레즈를 곁들인
초콜릿 테린 **287**
Chocolate terrine with fresh ginger crème anglaise
Terrine au chocolat, crème anglaise
au gingembre

초콜릿 둘세 데 레체 타르트 **289**
Chocolate – dulce de leche tart
초콜릿 콩피튀르 드 레 타르트
Tarte au chocolat et confiture de lait

허니 스파이스 브레드 **293**
Honey-spice bread
팽 데피스 Pain d'épices

오렌지 글레이즈를 바른
월계수 잎 파운드케이크 **296**
Bay leaf pound cake with orange glaze
오렌지를 바른 월계수 향 가토 위크엔드
Gâteau week-end parfumé au laurier, nappage à l'orange

오리 기름 쿠키 Duck fat cookies **297**
오리 기름 시블레 Sablés à la graisse de canard

올리브유와 플뢰르 드 셀을 뿌린
버터밀크 아이스크림 **299**
Buttermilk ice cream with olive oil and fleur de sel
Glace au lait ribot, huile d'olive, et fleur de sel

프렌치 치즈케이크 French cheesecake **302**
투르토 프로마제 Tourteau fromager

생트로페 타르트 St. Tropez tart **306**
타르트 트로페지엔 Tarte tropézienne

살구 크럼블 타르트 Apricot crumble tart **309**
Tarte crumble aux abricots

살구씨 아이스크림 **312**
Apricot kernel ice cream
Glace aux noyaux d'abricots

디의 르 파뷸뢰 치즈케이크 **315**
Dee's fabulous cheesecake
Le fabuleux cheesecake de Dee

귤 샴페인 셔벗 **317**
Tangerine-Champagne sorbet
귤 샴페인 소르베 Sorbet à la mandarine et au champagne

크리스마스 케이크 Christmas cake **319**
뷔슈 드 노엘 Bûche de noël

# 커피 크렘 브륄레 Coffee crème brûlée
**크렘 브륄레 오 카페** Crème brûlée au café

크렘 브륄레에 대한 내 사랑은 프랑스로 이주해 온 뒤에야 비로소 다시 불이 붙었다. 크렘 브륄레는 미국에서 널리 인기 있는 디저트였다(아마 지금도 그럴 것이다). 이것이 커다란 그릇에 담긴 기름진 크림 속으로 뛰어드는 큰 기쁨을 선사하긴 하지만, 최초의 흥분이 가시고 나서 보니 크렘 브륄레는 내게 너무 과했다. 내가 이 고전적인 디저트에 결국 다시금 빠져들게 된 열쇠는 바로 캐러멜과 크림의 비율을 조정한 데 있었다. 파리의 카페에서는 크렘 브륄레가 항상 얕은 용기에 담겨 나오는데, 캐러멜의 비율이 미국 것보다 좀더 높다.

크렘 브륄레에 대한 내 사랑을 인정한 뒤로 나는 '비드-그르니에vide-greniers'(개인이 여는 소규모 벼룩시장—옮긴이) 쇼핑에 대한 사랑도 키웠다. ('비드-그르니에'가 '다락방을 비운다'는 뜻이므로) 가족들이 다락방을 치운 뒤 내다놓은 작은 그라탱 접시들을 구한 것도 바로 여기서다. 되도록 모든 물건을 재활용·재사용하는 운동에 참여하는 것은, 특히 그렇게 해서 크렘 브륄레를 담을 여러 가지 멋진 색깔의 빈티지 접시들을 잔뜩 모아 내 컬렉션을 늘릴 수 있다면 더욱, 즐거운 일이다.

만약 여러분이 나처럼 크렘 브륄레를 (다시금) 좋아하게 되었다면 얕은 그라탱 접시를 세트로 장만해둘 가치가 있다. 부엌용품점이나 온라인에서 구할 수 있다(판매처는 339쪽 참조). 그라탱 접시가 없다면, 이 크렘 브륄레는 (4온스/125밀리리터들이) 래머킨 여섯 개로도 구울 수 있다. 래머킨을 쓰면 커스터드 재료가 용기에 가득 차지 않겠지만, 이는 캐러멜과 커스터드의 비율을 내 선호대로 맞추기 위해 의도한 것이다.

예전에 나는 커피 향 나는 커스터드를 만들기 위해 크림에 커피콩을 갈아 넣었다. 하지만 커피콩의 가격이 오르고 인스턴트커피와 에스프레소 파우더의 품질이 향상됨에 따라 그 방식을 바꾸었다. 다만 인스턴트 가루 커피나 에스프레소는 브랜드에 따라 맛이 차이가 있다는 점을 경고해야겠다. 그러니 크림과 우유를 섞은 커스터드 재료의 맛을 봐가면서 취향에 따라 커피 가루를 좀 더 넣는 것이 좋다.

이 레시피에서는 좀 더 섬세한 커스터드를 만들기 위해 크림의 일부를 우유로 대체했다. 이렇게 하면 파리 사람들이 싫어할 거라고 여길지도 모르지만, 내 몇몇 친구은 실제로—식탁 앞에서!—그라탱 접시를 들어 싹싹 핥아먹었음을 알리는 바다. 또 맛깔스러운 갈색 크러스트를 만들려면 공구점에서 파는 종류의 토치를 사용할 것을 권한다.

**1** 오븐을 150도로 예열한다.
**2** 1인용 그라탱 접시 4개를 테두리가 높은 구이판 또는 접시 4개가 다 들어갈 만

큼 큼직한 로스팅 팬에 놓는다.

**3** 작은 소스팬을 중불에 올리고 크림, 우유, 설탕, 소금을 넣은 다음 설탕이 녹을 때까지 데운다.

**4** 볼에 달걀노른자를 넣고 거품기로 휘젓는다. (너무 세지 않게, 거품이 생기지 않을 정도로) 계속 휘저으면서 3번의 따뜻한 크림 재료를 일정한 속도로 서서히 부어 크림이 달걀노른자와 완전히 섞이게 한다. 에스프레소 파우더를 넣어 섞은 뒤 재료를 체에 밭쳐 큰 계량컵이나 주둥이가 있는 그릇에 거른다. 칼루아를 넣고 젓는다.

**5** **4**의 커스터드 재료를 그라탱 접시에 나눠 담는다. 커스터드를 놓은 구이판을 오븐 선반에 걸치고, 구이판에 그라탱 접시 옆면의 최소한 절반 높이까지 뜨거운 물을 붓는다. 커스터드를 20~25분간, 혹은 갓 익을 때까지만 굽는다. 굽는 마지막 순간까지 주의 깊게 지켜본다. 용기를 흔들었을 때 커스터드가 떨릴락 말락 해야 한다. 커스터드를 꺼내어 식힘망 위에 놓는다. (뜨거운 커스터드를 물에서 들어 올릴 때는 금속으로 된 널찍한 뒤집개를 쓰면 좋다. 커스터드가 뜨거우므로 주의한다.) 식으면 서빙할 준비가 될 때까지 냉장고에 넣어둔다.

**6** 커스터드를 캐러멜화하기 위해 윗면에 설탕을 고르게 뿌린다. 윗면을 덮을 정도이되 너무 두텁지 않게 뿌린다. 1개당 1½작은술 정도가 알맞다. 토치를 써서 커스터드 윗면에 불꽃을 돌리면서 설탕이 녹아 갈색이 될 때까지 하나씩 그을린다. 캐러멜이 윗면에 고르게 덮이도록 커스터드를 들어서 이리저리 기울여야 할 수도 있다. 이때 캐러멜이 아주 뜨겁기 때문에 방울이 떨어져서 손을 데지 않도록 매우 조심해야 한다. 곧바로 식탁에 낸다.

**응용** | 그라탱 접시 대신 (4온스/125밀리리터들이) 래머킨(이나 커스터드 컵) 6개를 써서 만들려면, 위에 명시한 대로 레시피를 준비한 뒤 래머킨을 놓은 구이판을 알루미늄 호일로 단단히 감싸고 160도에서 30~35분간, 커스터드가 갓 익었지만 아직은 약간씩 떨릴 정도까지 굽는다.

바닐라 크렘 브륄레를 만들려면, 에스프레소와 칼루아 대신 바닐라 빈 파우더나 페이스트 1작은술을 넣는다. 페이스트를 쓰면 커스터드가 살짝 황갈색을 띤다. 혹은 바닐라 빈을 길이로 반 갈라 씨를 긁어낸 다음 3번의 따뜻한 크림 재료에 씨와 꼬투리를 함께 넣고 1시간 동안 둔다. 꼬투리를 건져내고 바닐라 향을 낸 크림으로 커스터드를 마저 만든다.

---

4~6인분

**생크림** 1⅓컵(330ml)

**전유나 저지방 우유** 2/3컵(160ml)

**백설탕** 1/4컵(50g)(커스터드 표면을 캐러멜화할 때 조금 더 필요하다)

**천일염이나 코셔 소금** 1자밤

**큰 달걀노른자** 4개

**인스턴트 에스프레소 파우더나 커피 파우더** 1큰술

**칼루아**Kahlúa(테킬라, 커피, 설탕이 주성분인 멕시코산의 커피 리큐어—옮긴이) 혹은 **커피 향 나는 리큐어** 2작은술

# 스파이스 속으로 풍덩

어느 날 슈퍼마켓에서 계산하려고 줄 서 있는데, 멀리 떨어진 한 선반에 '스페큘러스 스프레드Speculoos Spread'라는 라벨이 붙은 병이 눈에 띄었다. 스페큘러스는 미국의 생강 쿠키gingersnap와 비슷한 벨기에산 스파이스 쿠키로 내게 익숙했지만, 이걸로 만든 '파트 아 타르티네pâte à tartiner'(발라 먹는 페이스트)는 듣도 보도 못 한 것이었다. 나는 이 정보를 머릿속에 저장해두었고, 거기 저장한 다른 정보들과 함께 금세 까먹어 버렸다.

그로부터 몇 달 뒤, 나는 계산대 앞에 줄 서 있다가 다시 그 병을 보고는 뒷사람에게 차례를 양보하고(프랑스에서는 아주 드문 일이다. 어쩌면 그날 저녁 내가 전국 뉴스에 나왔을지도 모르겠다) 그 선반으로 가서 병을 꺼내 왔다. 집에 와서 병뚜껑을 연 뒤 부드러운 표면을 숟가락으로 푹 찔러서 그 캐러멜 색 나는 페이스트를 혀에 두텁게 펴 발랐다. 기다린 보람이 있었다. 버터와 향신료 맛이 나는 페이스트가 입안에서 녹는 동안, 나는 유럽으로 이사 와서 좋은 이유를 한 가지 더 발견한 기쁨에 몸을 떨었다. 나는 한 병을 재빨리 먹어치운 뒤 사이트에 이에 대한 글을 올렸고, 이것은 만인이 반드시 먹어봐야 할 음식으로 갑자기 등극한 듯했다. 시간은 좀 걸렸지만 이 페이스트는 결국 미국에도 상륙해 지금은 '스파이스드 쿠키 버터spiced cookie butter'나 '비스코프 스프레드Biscoff spread' 등의 다양한 이름으로 판매되고 있다. 다음에 소개하는 커스터드는 이것을 더더욱 멀리 전파하려는 내 노력의 일환이다.

## 스파이스를 넣은 스페큘러스 플랜
### Spiced speculoos flan*
**스페큘러스 파트를 넣은 크렘 카라멜** Crème caramel à la pâte de spéculoos

이 커스터드를 만들 때는 전유와 저지방 우유 둘 다 쓸 수 있다. 전유는 더 농후하고 기름진 커스터드를 만들어주며, 저지방 우유를 쓰면 약간 더 산뜻해진다. 나는 아니스 비슷한 느낌이 나는 중국 향신료인 오향분을 쓰는 것을 좋아하지만, 호박 파이 스파이스나 계핏가루도 훌륭한 대체 재료다.

1 오븐을 180도로 예열한다. (4온스/125밀리리터들이의) 래머킨이나 커스터드 컵 6개를 준비한다.
2 캐러멜을 만들기 위해 프라이팬에 설탕을 고르게 펼친다. 중불에서 데우다가 설탕 가장자리가 용해되기 시작하면 녹은 설탕을 아주 살살, 최대한 조금씩만 저어서 팬 중앙으로 옮겨 아직 녹지 않은 설탕과 섞는다. 꼭 필요한 때만 저으

---

**6인분**

**캐러멜**
백설탕 3/4컵(150g)
물 1/4컵(60ml)
오향분이나 호박 파이 스파이스나 계핏가루
 1/2작은술

**커스터드**
전유 혹은 저지방 우유 2컵(500ml)
큰 달걀 3개
스페큘러스 스프레드 (스파이스드 쿠키 버터) 2/3
 컵(160g)
천일염이나 코셔 소금 1자밤

곁들여 낼 휩트 크림(337쪽)(선택 재료)

*플랜flan
 달걀, 치즈, 과일 등을 넣은 파이—옮긴이

면서 캐러멜을 익히다가 설탕이 모두 녹고 캐러멜이 짙은 호박색이 되어 연기가 나기 시작하면 그 즉시 팬을 불에서 내리고 물을 붓는다. 설탕이 약간 굳을 수도 있는데 그럴 경우 캐러멜이 부드러워질 때까지 젓는다. (그래도 캐러멜 덩어리가 다 풀어지지 않으면 아주 약한 불에서 녹인다.) 오향분을 넣고 저은 뒤 캐러멜을 래머킨에 나눠 담는다. 래머킨을 차례로 하나씩 재빨리 흔들어서 아직 따뜻한 캐러멜을 래머킨 옆면에 입힌다. 로스팅 팬이나 깊은 구이접시에 래머킨을 놓는다.

**3** 커스터드를 만들기 위해, 우유, 달걀, 스페큘루스 스프레드, 소금을 블렌더 용기에 넣고 섞은 뒤 모든 재료가 충분히 혼합될 때까지 돌린다. 너무 많이 돌려서 거품이 나지 않도록 주의한다.

**4** 커스터드 재료를 래머킨에 나눠 담는다(래머킨의 크기에 따라 재료가 조금 남을 수도 있다). 로스팅 팬에 따뜻한 물을 래머킨 옆면의 절반 높이까지 붓는다. 팬 윗면에 알루미늄 호일을 꼭 맞게 덮어 단단히 여민 뒤, 커스터드의 가장자리는 갓 익었지만 중심 부분은 아직 살짝 떨릴 정도까지 약 35분간 굽는다. 확인해보았는데 거의 다 되었다면 팬을 오븐에서 꺼내어 커스터드를 몇 분 더 덮어둔다. 보통 오븐 밖에서 뜸을 들일 때 더 완벽한 상태로 잘 익기 때문이다.

**5** 커스터드가 담긴 래머킨을 물에서 건져 식힘망 위에 놓는다. 식으면 냉장고에 넣어 완전히 차게 만든다. 낼 때는 차게 식힌 커스터드의 가장자리에 칼을 집어넣고 돌려서 옆면을 래머킨에서 분리한다. 래머킨을 개인용 서빙 접시에 엎는다. 접시와 그 위에 거꾸로 엎힌 래머킨을 두 손으로 들고, 커스터드가 빠져나오는 느낌이 들 때까지 몇 번 흔든다. 캐러멜의 일부가 래머킨 바닥에 달라붙어 있으면 작고 잘 휘어지는 주걱으로 긁어서 커스터드 위에 얹어도 된다. 취향에 따라 프랑스인들이 커스터드를 먹을 때처럼 휘트 크림 한 덩이를 곁들여 낼 수도 있다.

# 가염버터 캐러멜 초콜릿 무스
## Salted butter caramel – chocolate mousse
**Mousse au chocolat au caramel au beurre salé**

이 초콜릿 무스에 대해서는 할 말이 그리 많지 않다. 한입만 먹어보면 여러분도 할 말을 잃을 것이다.

1. 넓은 소스팬 바닥에 설탕을 고르게 펼치고 중불에서 데운다. 팬 가장자리의 설탕이 녹기 시작하면 내열 주걱으로 아주 살살 끌어서 가운데 쪽으로 옮긴다. 가장자리 설탕의 색이 검어지기 시작하면 탈 위험이 있는 것이므로 주의 깊게 지켜본다. 설탕이 다 녹고 캐러멜화되기 시작할 때까지 아주 살살 젓는다.

2. 캐러멜이 짙은 호박색이 되어 연기가 나기 시작하면 살짝 탄내가 날 때까지 조금만 기다렸다가 불에서 내린다. 내리자마자 재빨리 버터를 넣고 버터가 녹을 때까지 거품기로 젓는다. 크림을 서서히 넣으면서 휘저은 뒤 작은 캐러멜 덩어리들이 완전히 녹을 때까지 젓는다. (일부는 잘 안 녹을 수도 있으니 끈기 있게 젓는다. 만약 끝까지 안 녹으면 재료를 체에 걸러도 된다.)

3. 캐러멜이 부드러워지면 초콜릿을 넣고 녹아서 부드러워질 때까지 살살 젓는다. 재료를 긁어서 큰 볼에 담고 상온으로 식힌다. 다 식으면 달걀노른자를 넣고 거품기로 젓는다.

4. 다른 볼에 달걀흰자를 넣고 뻑뻑해질 때까지 거품기로 휘젓는다. 휘저은 흰자의 1/3을 초콜릿 재료에 떠 넣어 섞은 다음 박편형 소금을 뿌린다. 남은 달걀흰자 거품을 넣고 살살 저어가면서 흰 줄기가 보이지 않을 때까지 섞는다. 무스를 서빙용 유리잔에 나눠 담거나 예쁜 서빙용 볼에 옮겨 담고 최소한 8시간 동안 차게 식힌다. 휩트 크림을 곁들여 내고픈 충동이 들 수도 있지만 나는 간단히 숟가락 하나씩만 곁들여서 내는 편을 선호한다.

---

**6인분**

**백설탕** 1/2컵(100g)
**가염버터** 3큰술(깍둑썰기해둔다)
**생크림** 3/4컵(180ml)
**비터스위트 혹은 세미스위트 초콜릿**
 6온스(170g)(다져둔다)
**큰 달걀** 4개(흰자와 노른자를 분리한다)
**박편형 천일염** 넉넉히 1/4작은술
 (플로르 드 셀이 좋다)

## 가끔은 트렌드가 옳다

나는 가운데 부분이 녹아 흐르는 따뜻한 1인용 초콜릿 케이크가 자신의 발명품이라고 주장하는 유명 셰프를 적어도 세 명은 알고 있다. 누구 말을 믿어야 될지는 잘 모르겠지만, 내가 보기에는 퍼지 터널 케이크 tunnel-of-fudge cake를 만들어 1966년도 제과 콘테스트에서 우승한 셰프도 특허권을 주장할 자격이 있다.

몰튼 초콜릿 케이크 molten-center chocolate cake가 미국에서 인기를 끌게 되었지만 이곳 파리에서 '브랑셰 branché'하는 것에 비하면 아무것도 아니다. '브랑셰'는 말 그대로 옮기면 '접속된'이라는 뜻이지만 유행하는 것을 가리킬 때도 자주 쓰인다. 파리에는 이 케이크가 도무지 없는 곳이 없으며, 디저트 메뉴에 '뫼뢰 오 쇼콜라 moelleux au chocolat'가 없는 레스토랑도 찾기 힘들다. 나는 이 유행에 전혀 불만이 없다. 정말이지 주문과 동시에 완벽한 1인용 크기로 구워져 나오는 따끈한 초콜릿 케이크에 싫어할 구석이 어디 있단 말인가?

내가 좋아하는 최근의 또 다른 요리 경향은 바로 소금과 초콜릿의 조합이다. 페이스트리셰프 피에르 에르메가 파리에서 이 트렌드를 일으킨 장본인이다. 그런데 내가 이를 집에서 처음 시도했을 때, 한 손님이 나를 조용히 따로 부르더니 내가 디저트에 실수로 소금을 넣은 것 같다고 알려주었다. 내가 일부러 그랬다는 걸 그가 깨닫지 못한 것은 아마 유행과의 접속이 원활하지 못했던 탓일 것이다.

## 둘세 데 레체와 플뢰르 드 셀을 넣은 1인용 초콜릿 케이크

Individual chocolate cakes with dulce de leche and fleur de sel

콩피튀르 드 레와 플뢰르 드 셀을 넣은 미니 가토 쇼콜라
Mini gâteaux au chocolat avec un coeur de confiture de lait et fleur de sel

### 6인분

**더치 코코아 가루 혹은
천연 무가당 코코아 가루** 2큰술
(래머킨에 뿌릴 용도로 조금 더)

**둘세 데 레체** 넉넉히 6큰술(아래 '메모' 참조)

**박편형 천일염** 약간 모자라게 1작은술
(플뢰르 드 셀이 좋다)

**다진 비터스위트 혹은 세미스위트 초콜릿**
8온스(225g)

**무염버터** 8큰술(4온스/115g)(깍둑썰기해둔다)

**황설탕** 눌러 담아서 6큰술(90g)

**큰 달걀** 4개

---

이 케이크는 밑부분에 끈적끈적한 둘세 데 레체(밀크잼)가 깔리기 때문에, 나는 표준규격의 4온스(125밀리리터)들이 도기 래머킨을 쓰고 케이크를 래머킨째로 낸다. 하지만 이 레시피에는 어떤 종류의 내열 커스터드 컵을 써도 무방하다. 재료가 오븐 안에서 약간 부풀어 오르지만 넘칠 정도는 아니다.

내기 전에 최소한 5분간은 케이크를 식히고, 녹은 부분이 아직 뜨겁다는 사실을 손님들에게 알려야 한다. 열을 식히기 위해 바닐라 혹은 커피 아이스크림을 곁들여 내거나, 차가운 생크림을 피처에 담아 손님들이 직접 덜어 먹도록 내놓는다.

1  오븐을 200도로 예열한다.
2  래머킨이나 커스터드 컵 6개에 버터를 바른다. 그 위에 코코아 가루를 뿌린 뒤 톡톡 두드려서 여분의 가루를 떨어낸다. 둘세 데 레체를 1큰술씩 듬뿍 각각의 래머킨에 넣고 그 위에 박편형 소금을 나눠 뿌린 뒤 구이판 위에 놓는다.
3  은근히 끓는 물에 볼을 띄우고 그 안에 초콜릿과 버터를 넣어 부드러워질 때까지 중탕으로 녹인다. 불에서 내린 뒤 코코아 가루와 황설탕을 넣고 젓는다. 달걀을 한 번에 1개씩 차례로 넣고 섞는다.
4  3의 초콜릿 섞은 재료를 래머킨에 나눠 담고 15분간, 혹은 옆면은 굳었지만 가운데 부분은 아직 반짝반짝하고 많이 흔들리는 정도가 될 때까지 굽는다. 케이크를 내기 전에 최소한 5분간 식힌다.

**메모** | 둘세 데 레체는 구색을 잘 갖춘 슈퍼마켓이나 멕시코와 남미 식료품 전문점에서 구할 수 있으며, 내 웹사이트(www.davidlebovitz.com/2005/11/dulce-de-lechec/)에 있는 레시피를 이용해 직접 만들 수도 있다.

## 가염버터 캐러멜 소스를 끼얹은
## 따뜻한 초콜릿 케이크
Warm chocolate cake with salted butter caramel sauce

가염버터 카라멜을 끼얹은 따뜻한 쇼콜라 묄뢰 Moelleux au chocolat tiède, caramel au beurre salé

파리를 방문하는 사람들에게 맛집 추천 요청을 자주 받는데 여기에는 어김없이 다음의 세 가지 요구 조건이 붙는다. 음식이 훌륭하고, 예산을 초과하지 않으며, 관광객이 없어야 한다는 것이다. 이 중 세번째 조건에 대해 나는 언제나 머리를 긁적이는데, 자기도 관광객이면서 관광객이 있는 식당이 싫다는 게 이상하기 때문이다. 파리는 작은 도시라서, 괜찮은 곳이 생기면 현지인과 관광객이 엇비슷하게 재빨리 알아챈다.(내가 여기서 말하는 '재빨리'란, 온라인 게시판과 소셜 미디어에 떠서 대개 2~3일이면 다 퍼진다는 뜻이다.)

파리는 세계에서 가장 많은 관광객이 찾는 도시이며, '파리 최고의 맛집'에 가장 최근 발굴된 곳들을 덧붙인 목록 또한 숱하게 떠돌아다닌다. 그 목록들이 공개되면 관광객들은 마치 '상위 10위권'에 든 식당만이 방문할 가치가 있는 것처럼 목을 맨다. 파리의 레스토랑들은 대체로 규모가 작기 때문에 '핫'한 레스토랑의 여남은 개 테이블은 몇 달 전에 일찌감치 예약이 끝나버린다. 파리 사람들은 2~3개월 전(은커녕 2~3주 전)에 테이블을 예약해놓는다는 생각 따위 꿈에도 하지 않으니, 만약 관광객이 없는 레스토랑을 발견한다면 운이 굉장히 좋은 것이다.

이 스펙트럼의 반대쪽 끝에는 파리의 오래된 비스트로들이 있다. 빨간 체크무늬 테이블보가 덮인 나무 테이블에 앉아 몇 시간이고 친밀한 분위기에 젖을 수 있는 곳들이다. 음식은 기름지고 푸짐하며, 대부분의 테이블에서는 커다란 접시에 프리트를 곁들인 두툼한 파베 드 롬스테크 pavé de rumsteak(우둔살 스테이크), 또는 오리 기름에 갈색으로 익힌 감자와 껍질이 바삭바삭한 오리 콩피를 먹어치우는 데 여념이 없는 파리 사람들을 만나볼 수 있을 것이다. 사람들은 주로 먹고 마시기 위해 그곳에 가며, 유리병에 담겨 나오는 하우스와인도 식사가 끝나기 전에 최소한 한 번(아마도 두 번)은 리필되어야 정상이다.

유감스럽게도 식사 스타일은 지난 몇 년 사이 변화를 겪었다. 이제 사람들은 언제나 다이어트 중이며 점심시간도 짧아졌다. 더욱 애석한 일은 파리에 있는 상당수의 훌륭한 비스트로들이 기업에 인수된 것이다. 그들은 아름다운 인테리어는 유지했지만(그리고 많은 경우 철거를 면하게 해주었지만), 식재료를 냉동 또는 사전 포장된 제품으로 바꾸어 비용을 절감할 방법만 찾을 뿐, 음식에는 더 이상 신경 쓰지 않았다.

그래도 오래되고 믿을 만한 몇몇 비스트로들은 끝까지 살아남아 여전히 건재하다. 그곳의 변함없는 매력을 이해하고, 세계화와 음식 트렌드와 다이어트 열풍이 아무리 거세도 사람들에겐 가끔 가다 한 번씩 비스트로 음식이 필요하다는 걸

아는 현명한 이들의 노력 덕분이다.

카날 생 마르탱에 위치한 레스토랑 '아스티에Astier'는 최고의 비스트로 경험을 선사한다. 몇 년 동안 이 식당은 엉뚱한 사람의 수중에 들어가 사라질 위기에 놓여 있었지만, 한 사려 깊은 주인에게 다시 인수되어 지금은 파리의 몇 안 되는—그리고 최고의—프랑스 고전 비스트로로 복귀했다.

'아스티에'의 대표 메뉴는 바로 주요리가 끝나고 디저트가 나오기 전에 테이블로 배달되는 치즈 보드다. 프랑스를 대표하는 20종 이상의 치즈들이, 그 하나하나가 무르익을 대로 익은 최고의 상태로, 그야말로 떡 벌어지게 차려져 나온다. 종업원이 이 특대 치즈 보드를 (너무 무겁기 때문에) 쿵 하고 테이블에 내려놓은 뒤 손님들이 마음껏 덜어 먹게끔 그냥 두고 갈 때는 헉 하고 벌어진 입을 다물 수가 없다.

하지만 아무리 치즈를 많이 먹더라도 디저트를 건너뛴 채로 '아스티에'를 나올 수는 없는데, 이는 이곳의 디저트 메뉴가 얼마나 훌륭한지를 보여주는 증거다. 최근에 프랑스 고전 디저트의 반열에 오른 것은 바로 내가 발음 때문에 쩔쩔매는 '묄뢰 오 쇼콜라'다. 직역하면 '부드러운 초콜릿'이라는 뜻인데, 식감은 구운 가나슈와 비슷하다.

'아스티에'의 묄뢰 오 쇼콜라는 작고 깔끔한 원반 모양으로 나온다. 처음에 포크로 부수면 따뜻하고 진한 다크초콜릿 용암이 흘러나오는데, 접시를 싹싹 긁어 깨끗이 비울 때까지 포크질을 도저히 멈출 수가 없다. (곁들여 나오는 가염버터 캐러멜 소스도 멈출 수 없는 포크질에 한몫한다.)

'아스티에'의 셰프 시릴 불레Cyril Boulet는 나를 그의 부엌으로 불러 이 레시피를 전수하고 그의 비법을 들려주었다. 반죽을 하루 전에 미리 만들어서 맛이 어우러질 시간을 주면 특별히 짙은 초콜릿의 풍미와 색이 난다고 했다. 내가 한쪽 눈썹을 치켜 의구심을 표하자, 그는 새로 만든 반죽과 냉장고에 두었던 반죽을 나란히 놓고 구워서 둘의 차이를 (맛)보여주었다. 여러 해—말 그대로 수십 년—동안 1인용 초콜릿 케이크를 구워온 나도 그가 옳음을 깨닫고 적이 놀랐다. 이 고전을 더더욱 훌륭하게 만드는 법을 발견해 기뻤음은 물론이고.

여기에 소개한 그의 레시피는 파리의 '아스티에'에서 나오는 메뉴와 똑같은 것이다. 이곳에서는 이 케이크에 가염버터 캐러멜 소스를 절제해서 약간만 뿌리고 아이스크림을 곁들여 낸다. 그가 쓰는 캐러멜 소스의 양이 (나를 포함한) 미국인의 입맛에는 충분치 않다고 내가 말하자 그는 크게 웃었다. 이 레시피에서는 그 양을 늘려놓았으니 여러분은 소스를 말 그대로 들이부어도 괜찮다.

프랑스에서는 1인용 초콜릿 케이크가 큰 인기를 끌어서 이제는 대부분의 슈퍼마켓에서 옆면이 수직인 4온스(125밀리리터)들이 소형 알루미늄 틀을 판매한다.(업소용 부엌용품점이나 온라인에서도 구할 수 있다. 339쪽 판매처 참조.) 이것을 자주 만들 계획이라면 이와 비슷한 크기의 금속제 케이크 틀을 세트로 장만하는 것도 좋다. 또는 래머킨이나 커스터드 컵에 구울 수도 있는데, 이 경우 케이크를 꺼낼 때 좀 더 주의를 기울여야 하지만 부서진 것은 뭐, 다음 날 아침으로 먹으면 된다(!).

'아스티에'의 셰프는 이 케이크를 만들 때 가염버터를 쓴다. 만약 무염버터밖에 없다면, 초콜릿과 버터를 함께 녹이는 동안 1/4작은술에 약간 못 미치는 소금을 넣으면 된다.

8인분

**비터스위트 혹은 세미스위트 초콜릿** 8½온스
(250g)(굵게 다진다)

**가염버터** 6큰술(3온스/85g)(깍둑썰기해서 상온에 둔다)

**큰 달걀** 5개(상온에 둔다)

**가루 설탕** 3/4컵(85g)

**중력분** 2/3컵(90g)

**가염버터 캐러멜 소스** (334쪽)

**휩트 크림**(337쪽) **또는 좋아하는 아이스크림**

1. (4온스/125밀리리터들이) 1인용 알루미늄 케이크 틀 8개에 버터를 넉넉히 바르고 밀가루나 코코아 가루를 뿌린 다음 톡톡 두드려서 여분의 가루를 떨어낸다.

2. 은근히 끓는 물에 볼을 띄우고 초콜릿과 버터를 넣은 뒤 갓 부드러워질 때까지 중탕으로 녹인다. 볼을 건져서 내용물이 부드러워질 때까지 젓는다.

3. 거품기를 장착한 스탠드믹서 용기에 달걀과 가루 설탕을 넣고, 거품기를 들어 올렸을 때 뾰족한 모양이 유지될 정도로 재료가 뻑뻑해질 때까지 약 5분간 고속으로 돌린다. 믹서를 최저속으로 낮추고 밀가루를 뿌리면서 밀가루가 갓 섞일 때까지만 돌린다.

4. **3**의 1/4을 떠서 **2**의 녹인 초콜릿에 넣고 살살 저어가며 섞는다. 이렇게 묽어진 초콜릿 재료의 절반을 다시 달걀 섞은 재료에 저어 넣고 완전히 섞는다. 마지막으로, 남은 초콜릿을 마저 넣고 살살 저으면서 달걀 거품이 보이지 않을 때까지만 섞는다.

5. 준비한 틀 8개에 반죽을 나눠 담고 냉장고에 넣은 뒤 케이크가 굳을 때까지 둔다. 24시간 동안 냉장하는 것이 좋다. (하지만 냉장한 지 3시간 이내에만 구워도 된다.)

6. 케이크를 구울 준비가 되면 오븐을 180도로 예열한다. 케이크를 구이판에 놓고 12~13분간 굽는다. 케이크의 중간 부분을 만졌을 때 부드러운 느낌이 들고 완전히 굳지는 않아야 한다.

7. 케이크를 오븐에서 꺼내어 5분간 그대로 두고 굳힌다. 각각의 케이크를 서빙 접시에 거꾸로 놓은 뒤 틀 가장자리를 접시에 대고 톡톡 두드려서 케이크를 조심스럽게 틀에서 빼낸다. 도기 래머킨을 쓴 경우에는 가장자리에 칼을 집어넣어서 분리해야 할 수도 있다. 가염버터 캐러멜 소스를 넉넉히 한 국자씩 퍼서 끼얹고 휩트 크림 또는 아이스크림 한 덩이를 곁들여 곧바로 낸다.

# 초콜릿 칩, 헤이즐넛, 말린 사워체리를 넣은 푸가스
## Chocolate chip, hazelnut, and dried sour cherry fougasse
**Fougasse aux pépites de chocolat, noisettes, et griottes séchées**

미국에서 뭘 가져다주면 좋겠느냐는 질문을 받을 때마다, 나는 초콜릿 입힌 피넛버터 컵(크런치 유기농 피넛버터가 넘쳐난다고는 말 안 했다—그러니 이건 계속 가져다줘도 된다), 초콜릿 칩, 말린 과일, 와일드 라이스 wild rice, 그리고 샤피 Sarpie 사인펜을 가끔 필요 이상으로 많이 쟁여놓고 있음을 인정해야만 한다. 그래도 지인들은 혹시 내가 뭐 필요한 게 있을까봐 친절하게도 방문 계획을 알려준다. 그래서 나는 (굳이 대서양을 건너 무겁게 끌고 올 필요는 없는) 샤토 디캉 Chateau d'Yquem 한 병이 있으면 좋겠다고 내뱉었다. 그러자 기이하게도 그런 제안들이 자취를 싹 감추었다. 젠장.

아무도 내게 디캉을 가져다주지는 않았지만, 그다음으로 좋은 것은 이따금씩 배달되는 말린 사워체리 봉지다. 고백하는데, 나는 이것을 거의 병적일 정도로 잔뜩 쌓아놓고 있다. 또 이 체리를 최대한 창의적으로 활용하고, 이 소중한 보급품을 최대한 오래 보존하는 아이디어를 짜내려고 항상 애쓰고 있다.

이 레시피에서는 사워체리를 반죽에 넣어 잎사귀 모양의 프랑스 빵인 푸가스 fougasse를 만들었다. 파리의 많은 빵집에서는 말린 과일과 견과를 넣은 작은 빵을 굽는데, 건강한 재료가 들어갔다는 걸 인정하는 뜻으로 이를 '팽 스포르티프 pain sportif'(스포츠 빵)라고 부른다. 초콜릿 역시 프랑스에서는 높은 마그네슘 함량 때문에 건강에 좋은 음식으로 홍보되는 만큼, 나는 체리와 초콜릿을 조합한 이 빵이 케이크와 쿠키보다—혹은 초콜릿을 입힌 피넛버터 컵보다—좀 더 '스포티'한 간식이라고 여기고 싶다.

**큰 빵 2덩이, 12인분**

- **미지근한 물** 1컵(250ml)
- **건조 이스트** 1작은술
- **백설탕** 1큰술
- **올리브유** 2큰술(반죽에 바르는 용도로 조금 더)
- **중력분** 2¼컵과 2큰술(335g)
- **천일염이나 코셔 소금** 1작은술
- **비터스위트 혹은 세미스위트 초콜릿** 4온스(115g)(굵게 다진다)
- **헤이즐넛** 1/2컵(60g)(오븐에 구워서 굵게 다진다)
- **말린 사워체리** 1/2컵(70g)(굵게 다진다)
- **(무농약) 오렌지 껍질** 1개 분량(강판에 곱게 간다)
- **박편형 천일염**

1. 반죽용 갈고리를 장착한 스탠드믹서 용기에 물을 붓고 이스트를 뿌린다. 설탕과 올리브유를 넣은 뒤 밀가루 1¼컵(175그램)을 붓고 페이스트가 될 때까지 젓는다. 거품이 생길 때까지 15분간 그대로 둔다.

2. 소금과 남은 밀가루 1컵과 2큰술(160그램)을 붓는다. 용기를 스탠드믹서에 부착하고 중고속으로 5분간 돌려서 반죽한다.(살짝 밀가루를 친 평대에 놓고 손으로 반죽해도 된다.) 초콜릿, 헤이즐넛, 사워체리, 오렌지 껍질을 넣고 모든 재료가 잘 혼합될 때까지 몇 분 더 돌린다. 믹서 용기의 뚜껑을 덮고 1시간 30분 동안, 혹은 부피가 2배가 될 때까지 반죽을 부풀린다.

3. 구이판 2개에 유산지를 깔거나 올리브유를 살짝 바른다.

4. 반죽이 부풀어 오르면 긁어서 밀가루를 살짝 친 평대에 놓고 잠깐 동안 치댄다. 반죽을 2등분하고 한 덩이씩 밀개로 밀어서 약 6×8인치(15×20센티미터) 크

기의 납작한 타원형으로 만든다.

**5** 예리한 칼을 사용해, 타원형 반죽의 가장자리로부터 1인치(3센티미터) 떨어진 안쪽 지점부터 중심부를 통과해 맞은편 가장자리에 닿기 직전까지 길이로 가른다. 처음 길이로 가른 칼집의 양옆에 그와 거의 평행—이지만 살짝 사선—을 이루는 칼집을—바깥 가장자리 근처에서 시작해 중심에 닿기 전까지 갈라서—2개씩(잎맥 모양으로—옮긴이) 낸다.

**6** 준비한 구이판 중 1개에 반죽을 옮겨놓고 칼집 틈새에 빈 공간이 생기게끔 벌려서 빵의 면적이 8×10인치(20×25센티미터)가 되도록 늘린다. 다른 반죽도 같은 과정을 반복한다. 2개의 반죽을 랩으로 덮고 1시간 동안 부풀린다.

**7** 빵을 굽기 10분 전에 오븐을 190도로 예열한다.

**8** 랩을 벗기고 (반죽이 오므라들지 않도록) 조심해서 올리브유를 얇게 입힌 뒤 박편형 소금을 고르게 뿌린다. 중간에 오븐 안에서 구이판을 돌려가면서 빵의 윗면이 금갈색이 될 때까지 약 15분간 굽는다. 빵을 오븐에서 꺼내어 식힘망 위에 미끄러뜨려놓는다. 푸가스는 구운 당일에 먹는 것이 가장 좋지만 수건에 싸서 상온에 둔 채로도 며칠간 유지된다. 남은 빵 한 덩이는 잘 싸서 냉동하면 2개월까지 보관할 수 있다.

# 갈색 버터를 넣은 아몬드 케이크
Almond cakes with browned butter

**피낭시에** Financiers

2003년 처음 파리에 오고 얼마 안 되어, 전통적인 가이드북(기억이 나는지?)이나 푸드·여행 잡지에는 전혀 언급되지 않은 넓은 구역과 많은 동네를 이 도시에서 발견했다. 당시 미디어의 주목을 받던 곳들은 주로 센 강 좌안 주변에 몰려 있거나 거기서 바로 강 건너편의 마들렌 광장 근처에 위치해 있었다. 하지만 그 무렵 파리의 개성 강한 셰프와 제빵사들이 독립해 나오기 시작했고, 그들은 고급스러운 구역의 임대료를 감당할 수 없었던 까닭에 좀 더 외곽 동네로 옮겨 갔다.

저렴한 구역으로의 이러한 확대 현상은 1990년대로 거슬러 올라가는 가스트로-비스트로gastro-bistro(비스트로의 자유로운 분위기에 음식은 가스트로노미gastronomie, 즉 정통 미식급인 식당으로, 최근 국내에서도 크게 각광받는 식당의 형태다 — 옮긴이) 운동과 더불어 시작되었다. 이때 많은 유명 셰프들이 자신의 미슐랭 별을 반납한 뒤 규모가 작고 친밀한 분위기에 뛰어난 음식 맛을 자랑하는 식당들을 개업했다. 이곳에서 그들은 냅킨 모서리가 완벽한 직각인지, 화장실 문 경첩이 반짝반짝 닦였는지를 걱정할 필요가 없었다. 그리고 마침내 차세대 페이스트리셰프들이 파리 십몇 구(파리에는 1구부터 20구까지의 구역이 중심부터 나선형으로 배치되어 있으며, 대체로 1~10구는 중심 구역, 11~20구는 외곽 구역에 속한다 — 옮긴이)에도 자신의 부엌을 열고, 상류층 고객을 상대하기보다 동네 빵집 역할에 주력하기 시작했다.

당시 집필을 처음 시작한 나는 이런 새로운 레스토랑과 베이커리 몇 군데를 소개하는 글들을 써서 다양한 요리 잡지에 투고했다. 하지만 편집자들한테서 아무런 피드백이 없어서(흥!) '나만 아는 좋은 곳들'을 내 블로그에 공유하기로 결심했다. 물론 그 식당들이 거둔 성공이 내 덕이라고는 할 수 없지만(그들이 만들어내는 최고의 페이스트리만으로도 성공하기에 충분하다…), 손님들 상당수가 내 사이트를 보고 찾아가는 사람들인 까닭에 제과사나 쇼콜라티에가 내게 감사를 표할 때마다 보람을 느낀다. 그것으로 충분하다!

온라인에서 나는 사교적인 캐릭터이지만, 내가 존경하는 제과 장인이나 셰프나 쇼콜라티에를 실제로 만날 때는 그들 대다수가 좋은 사람들인데도 수줍음을 탄다. 그중에서도 '블레 쉬크레Blé Sucré'의 주인인 페이스트리셰프, 파브리스 르 부르다Fabrice Le Bourdat는 가장 좋은 사람이다. 이 최고의 빵집은 센 강 좌안에서 멀리 떨어진 곳에 있는데, 이 빵집이 자리잡은 사랑스러운 광장에는 공원에서 뛰노는 아이들을 지켜보는 엄마들과 근처의 알리그르Aligre 시장에서 장을 본 뒤 빵집 앞에서 커피 한 잔의 휴식과 파리 최고의 크루아상을 즐기는 쇼핑객들이 있으며, 이를 입증하듯 빵집 앞 보도에는 버터 향 나는 빵 부스러기가 날린다.

르 부르다 셰프는 파리의 최고급 레스토랑과 호텔에서 일해온 경력에도 불구하고 놀랄 만큼 소탈한 사람이다. 그는 나와 함께 커피를 마시다가 부엌으로 달려가 자신의 페이스트리 레시피가 담긴 책을 꺼내다 보여주었을 뿐만 아니라(나는 그 책을 슬쩍해서 이베이에 내다 팔고 그 돈으로 생루이 섬의 고급 아파트 최고층을 구입하고픈 유혹을 잠깐 느꼈다), 혹시 장비나 기구를 빌려야 하면 아무 때나 들르라고 말해주기까지 했다.

나는 그의 레시피 책을 내 가방에 슬쩍 집어넣지도 못했고 소심해서 마들렌 틀을 빌리러 가지도 못했지만, 그는 자신의 탁월한 피낭시에financiers 레시피를 기꺼이 전수해주었다. 다른 많은 제과사들처럼 르 부르다 셰프도 갈색 버터를 반죽에 넣어서 더 맛있고 표면에 작은 반점이 박힌 피낭시에를 만든다. 그의 원래 레시피에는 811온스의 달걀흰자가 필요하다. 내가 사이트에 공유한 '나만 아는 좋은 곳들'과는 달리, 이 레시피는 그대로 공유하면 여러분이 그리 고마워하지 않을 것 같아서—그러려면 달걀을 4백개쯤은 준비해야 하니까—좀 더 감당할 수 있을 만한 수준으로 낮추었다. (정량대로 다 만들면 파리 길거리에서 빵 바자회를 열어 집 보증금 정도는 거뜬히 벌 수 있을 것이다.)

## 1인용 티케이크 20개

- **아몬드 가루**('아몬드 파우더' 혹은 '아몬드 밀'이라고도 부른다) 3/4컵(75g)
- **가루 설탕** 1컵(130g)
- **중력분** 6큰술(60g)
- **베이킹파우더** 1/4작은술(알루미늄 성분 없는 것으로)
- **천일염이나 코셔 소금** 1/4작은술
- **무염버터** 8큰술(4온스/115g)(깍둑썰기해둔다)
- **달걀흰자** 1/2컵(125ml)(큰 달걀 약 4개 분량)

### 갈색 버터

프랑스어로 '뵈르 누아제트beurre noisette'(직역하면 '헤이즐넛 버터'이지만 구어로는 '갈색 버터'라는 뜻)'라고 부르는 갈색 버터를 만들 때는 버터의 색이 어두워지고 누아제트(헤이즐넛) 향이 나야 한다. 그러려면 버터가 더 이상 지글지글 튀지 않고 메이플 시럽 색이 될 때까지 끓여야 한다. 바로 이 색깔이 맛의 비결이다.

1. 아몬드 가루, 가루 설탕, 밀가루, 베이킹파우더, 소금을 볼에 넣고 거품기로 섞는다.
2. 프라이팬에 버터를 넣고 중불에서 녹인다. 버터가 끓으면서 지글지글 튀지만 좀 더 끓으면 가라앉아 조용해진다. 버터가 메이플 시럽 색깔이 되고 고소한 향이 날 때까지 끓인다. 버터를 불에서 내리고 미지근해질 때까지 식힌다.
3. **1**의 재료에 달걀흰자를 넣고 젓는다. **2**의 갈색 버터를 서서히 부으면서 완전히 섞일 때까지 젓는다. 반죽을 덮어서 최소 1시간, 혹은 밤새 차게 식혀둔다.
4. 피낭시에를 굽기 위해 오븐을 200도로 예열한다.
5. 미니 머핀 틀(눌어붙지 않게 코팅된 것이 좋다)의 20개 구 안쪽에 버터를 바르거나, 한 구의 크기가 이와 비슷한 실리콘 틀을 사용한다. 버터를 바른 각각의 구에 반죽을 3/4 정도씩 채운다. 틀을 조리대에 대고 몇 번 쿵쿵 내리친(이는 반죽의 거품을 제거하고 윗면을 편편하게 하기 위해서다—옮긴이) 다음, 피낭시에의 중간 부분을 살짝 눌렀을 때 탄력이 느껴질 때까지 15분간 굽는다.
6. 오븐에서 꺼내어 5분간 식힌 다음 틀을 기울여서 피낭시에를 꺼내어 식힘망 위에 놓는다. 피낭시에는 밀폐 용기에 담아 상온에서 5일까지 보관할 수 있다.

# 메밀 마들렌 Buckwheat madeleines
### 마들렌 오 사라쟁 Madeleines au sarrasin

파리에서 요리해본 레시피 중에서 내가 좋아하는 것들의 목록을 작성하면서, 메밀이 들어간 레시피가 압도적으로 많다는 것을 깨달았다. 사실 내가 메밀을 끊으려면 제삼자의 개입이 필요할 것 같다―아니면 가까운 장래에 메밀 요리책을 내든지.

메밀은 정제된 흰 밀가루로 만든 섬세한 맛의 마들렌보다 영양이 더 풍부한 맛을 선사한다. 다시 말해 더 건강한 맛이 나는데, 그래서 대개 적정량 이상을 먹고픈 유혹을 느끼기 때문에 좀 위험하다. 메밀가루 때문에 이 마들렌에는 마들렌 특유의 볼록한 혹이 생기지 않지만 이를 상쇄할 만한 가치가 있다.

나는 제과의 미래 트렌드에 대한 질문을 자주 받는데 그럴 때마다 당혹스럽다. 내가 미래를 볼 수 있었으면 복권을 샀지, 케이크를 굽고 설거지를 하고 있겠는가! 어서 대답해달라고 채근당하면 나는 할 말을 잃고 더듬거린다. 티라미수, 마카롱, 컵케이크의 빛나는 시절이 모두 끝났음을 알기 때문이다. 그런 내가 감지한 한 가지 트렌드가 있는데, 제과나 다른 분야에서 통곡물과 다양한 곡물 가루의 사용이 늘고 있다는 것이다. 통밀 베이글(음, 이건 아니다), 옥수숫가루 피자 도우(이건 좋다), 호밀 위스키(아주 좋다!) 등이 그 예다.

파리에서 특수한 가루를 구하려면 자연식품 상점에 가야 한다. 실제로 내가 가장 즐겨 쇼핑하는 곳이다. 이곳 농산물에는 흙먼지가 아직 붙어 있고 과일과 채소도 가까운 지역에서 재배된 것이 많다. 이곳에 가면 나는 양젖 요구르트, 소규모 농장에서 생산한 유기농 염소젖 치즈, 큼직한 크림 덩어리가 병목을 틀어막고 있는 비균질 우유를 구입한다. 그리고 단것이 당길 때는 다양한 초콜릿, 그리고 자연 재료로 만들어, 팜유가 들어간 누텔라와 당당히 경쟁할 만한 견과 스프레드를 구할 수 있다.

프랑스 슈퍼마켓에서 구할 수 있는 곡물 가루 중에 희지 않은 것 한 가지가 바로 메밀가루인데, 이것으로 만든 간식류는 극히 드물다. 내가 늘 그러듯 크레이프 가게에 가서 흰 밀가루가 아니라 메밀로 만든 디저트용 크레이프를 찾으면 점원들은 당황할 것이다. 그런 것은 없으니까. 하지만 내가 메밀로 디저트를 만들어줄 때마다 친구들은 너무도 좋아한다. 그러니까 내가 이곳에서 나름의 트렌드를 선도하고 있는 건지도 모르겠다.

카카오 닙cacao nibs은 (빈투바 초콜릿 메이커의 유행 덕분에) 미국에서 쉽게 구할 수 있는데, 볶은 카카오 씨의 껍질을 벗겨 그냥 으깬 것이라 설탕이 첨가되어 있지 않다. 나는 이것을 킬로그램 단위로 구입해서 거의 모든 초콜릿 디저트에 넣는다.

흥미롭게도 파리에서 처음 이걸 구하려고 온라인에서 이미지 검색을 했더니,

## 멍든 눈 버터

프랑스어에 '외이 오 뵈르 누아르oeil au beurre noir'(검은 버터의 눈)라는 표현이 있는데, 이건 '검게 멍든 눈'이라는 뜻이다. '뵈르 누아제트beurre noisette'(갈색 버터)는 '검은 버터의 눈'처럼 이상하게 들리지는 않지만, 많은 이들에게는 '베트 누아르bête noir'(직역하면 '검은 짐승'이지만 '지겹고 싫은 것'이라는 뜻이다―옮긴이)이다. 사실 갈색 버터는 만들기 쉽다. 이는 버터의 수분이 제거될 때까지 끓이고 또 남은 유지방이 누아제트(헤이즐넛)와 비슷한 풍부한 색과 맛과 향을 띨 때까지 계속 끓여서 나오는 결과물이다.

갈색 버터를 만드는 첫 단계에서는 주위가 지저분해질 수도 있다. 버터의 약 19퍼센트가 수분이어서, 버터를 끓이기 시작하면 (마치 팬에서 뜨겁게 달궈진 기름에 실수로 물을 튀겼을 때처럼) 수분이 튄다. 하지만 버터가 어느 정도 끓어서 수분이 다 증발하면 그때부터는 은근히 끓으면서 갈색으로 변하기 시작한다.

이 시점부터 주의 깊게 지켜봐야 한다. 버터를 갈색으로 만들어야지 태우면 안 된다. 버터가 먹음직스러운 캐러멜 색이 되고 근사한 향이 나며, 특히 팬에서 연기가 약간 피어오르기 시작하면 이 시점에서 끝내고픈 유혹이 들지만 좀 더 기다려야 한다(한눈 팔지 말고 계속 지켜봐야 한다). 그러다가 액체가 옅은 홍차 비슷한 밝은 갈색으로 변하면 불을 끄고 미지근하게 식힌다. 갈색 버터를 면보나 고운체로 세심하게 걸러서 검은 찌꺼기를 완전히 제거하는 사람들도 있지만 나는 개의치 않는다. 사실 이 찌꺼기가 맛을 살짝 더해준다. 다만 팬 바닥에 눌어붙은 것까지 긁어내면 탄 맛이 나니 그것만 조심하자.

'그뤼 드 카카오grue de cacao'라는 어구가 딸려 나왔다. '그뤼grue'는 처음 보는 단어라서 찾아보니 '기중기'였다. 그런데 내 프랑스어 사전에는 '매춘부'라는 뜻도 있었다. 이것들이 카카오 씨와 대체 무슨 관계가 있는지 알 길이 없었다. 하지만 이미 프랑스어로 수많은 실언을 내뱉은 경력이 있던 터라 (생드니의 홍등가에 가지 않는 한) 상점에 들어가서 매춘부를 찾으면 아무래도 안 될 것 같았다. 그래서 페이스트리셰프인 한 친구에게 물어보았더니, 이 단어가 실은 악센트 부호가 붙은 '그뤼에grué'이고, 무지무지 특수한 어떤 것—이 경우에는 볶아서 으깬 카카오 닙—을 기술하기 위해 프랑스어에 존재하는 말 중 하나라고 설명해주었다. 혹시 모르니까… 파리에서 카카오 닙을 찾게 될 경우를 대비해 여러분도 알아두면 좋을 것 같다.

---

**티케이크 18개**

**무염버터** 8큰술(4온스/115g)(깍둑썰기한다)
**메밀가루** 2/3컵(105g)
**중력분** 1/3컵(45g)
**백설탕** 3/4컵(150g)
**베이킹파우더** 1½작은술(알루미늄 성분 없는 것으로)
**천일염이나 코셔 소금** 1/2작은술
**달걀흰자** 1/2컵(125ml)
  (큰 달걀로 4개 분량, 상온으로 준비한다)
**메밀꿀 같은 어두운 색의 꿀** 1큰술
**카카오 닙** 3큰술(아래 '메모' 참조)

---

1  프라이팬에 버터를 넣고 중불에서 녹인다(270쪽 '멍든 눈 버터' 참조). 버터가 녹는 동안 다소 지글거리면서 튀지만 좀 더 끓으면 가라앉는다. 버터가 메이플 시럽 색깔이 되고 고소한 향이 날 때까지 계속 끓인다. 버터를 불에서 내리고 미지근해질 때까지 식힌다.

2  중간 크기의 볼에 메밀가루, 밀가루, 설탕, 베이킹파우더, 소금을 넣고 거품기로 섞는다. 달걀흰자와 꿀을 넣고 젓는다. **1**의 갈색 버터 1/3을 넣고 저은 뒤 나머지 버터를 (짙은 색 찌꺼기까지 포함해, 팬 바닥에 눌어붙은 것은 긁지 말고) 서서히 붓는다. 카카오 닙을 넣고 반죽이 부드러워질 때까지 젓는다.

3  오븐을 200도로 예열한다.

4  마들렌 틀을 2개 준비하고 그중 18개 구에 녹은 버터를 바른다. 반죽을 한 구의 3/4 정도 차도록 붓고, 중간을 살짝 눌러서 탄력이 느껴질 때까지 9~10분간 굽는다.(메밀가루를 쓰기 때문에 색깔만 보고는 다 구워졌는지 제대로 알 수 없다.) 오븐에서 꺼내어 30초간 기다렸다가 식힘망 위에 틀을 기울여 마들렌을 쏟아놓는다. 마들렌은 따뜻할 때, 혹은 만든 당일에 먹는 것이 가장 좋다.

**메모** | 카카오 닙을 구할 수 없으면 빼도 되고, 다진 초콜릿 칩이나 미니 초콜릿 칩을 대신 넣어도 된다.

# 최고의 마들렌을 찾아서

누가 마들렌 얘기를 꺼내면 예외 없이 프루스트의 이름이 튀어나오곤 한다. 냉소적이라고 할지 모르지만, 나는 그렇게 마들렌 얘기에 프루스트를 들먹이는 사람들 중에서 과연 몇 명이 4천여 쪽에 달하는 《잃어버린 시간을 찾아서》를 끝까지 다 읽었을지 궁금하다. 그럼에도 프루스트는 사람들 머릿속에서 이 조가비 모양의 케이크와 영구히 결부되어 있는데, 그것이 어린 시절의 기억을 불러일으키기 때문…이라고들 한다.(거짓말은 하지 않겠다. 나도 그 책을 안 읽었다.) 나의 마들렌 사랑은 내가 단순히 마들렌 그 자체를 즐긴다는 사실과 연관되어 있다. 내 옷자락을 잡아끌어—한 개 더 집어먹기 위해 식힘망 앞으로—되돌아오고 또 되돌아오게 만드는, 섬세한 버터 맛 케이크로서 말이다.

이 유명한 티케이크teacake의 유래에 대한 몇 가지 이야기를 읽어본 적이 있다. 그중 가장 유명한 것은, 마들렌이라는 이름의 하녀가 주방장 대신 한 궁중 연회를 준비하라는 명을 받았는데 그녀가 만들 줄 아는 유일한 디저트가 이 조그만 케이크였다는 이야기다. 그런데 모두가 이 케이크를 너무 좋아해서 그녀의 이름을 따 붙였다는 것이다.

이 케이크가 어쩌다 커다란 '혹'과 한데 엮이게 됐는지에 대한 정보는 없지만, 이제 프랑스 슈퍼마켓에 가면 혹이 의심스러울 정도로 과하게 부풀어 오른 시판용 마들렌을 찾아볼 수 있다. 나 또한 이 혹을 완벽하게 만들기 위해 다양한 기법을 시도해보았는데 버터 산을 넘고 밀가루 계곡을 건너는 험난한 여정이었다. 그중 최근에 시도한 방법은 한 프랑스 요리 잡지에서 발견한 것인데, 애석하게도 이 잡지의 레시피들은 나를 골탕 먹이는 데 실패한 적이 한 번도 없다. 그래도 내 오븐에서 나온 것 중에 혹이 가장 거대한 마들렌을 만들어주긴 했다…만, 다음에도 일관된 결과물이 나온다는 보장은 없다. 내 성공률은 일곱 번 시도 중 여섯 번 수준이다. 그러니까 이제는 마들렌을 만들 때마다 거의 매번 혹을 만드는 데 성공한다. 성가신 일곱번째 날만 빼고 말이다.

마들렌을 만들 때 가장 어려운 부분은 바로 틀을 구하는 일이다. 하지만 마들렌 틀을 구하기 위해 프랑스까지 날아올 필요는 없다. 온라인이나 구색을 잘 갖춘 부엌용품점에서도 구입할 수 있다. 요즘은 코팅된 것이 표준으로 취급된다. 그래도 버터를 바르긴 해야 하지만, 갓 구운 케이크를 틀에서 간단히 떼어낼 수 있으며 설거지하기도 수월하다. 그 밖의 몇 가지 팁을 여기에 소개한다.

• 내 마들렌 레시피는 반죽을 부풀리는 데 베이킹파우더를 쓰기 때문에 반드시 알루미늄 성분이 없는 베이킹파우더를 써야 불쾌한 뒷맛이 남지 않는다. 이는 자연식품 상점과 대부분의 슈퍼마켓에서 쉽게 구할 수 있다. (가장 흔한 베이킹파우더 브랜드는 '럼포드Rumford'다.)

• 일반적으로 나는 바닐라를 놓고 까다롭게 굴지 않지만, 바닐라 추출액aroma vanille보다는 바닐라 빈 파우더나 바닐라 빈 페이스트가 진정한 프랑스 맛이 나는 케이크를 만들어준다. 프랑스인은 미국인만큼 바닐라 추출액을 쓰지 않으며 대체로 바닐라 빈을 선호한다. 바닐라 빈 페이스트나 파우더를 구할 수 없다면 품질이 좋은 추출액을 쓰는 것이 좋다.

• 거듭 강조하지만 최상의 결과물을 얻으려면 눌어붙지 않게 코팅된 마들렌 틀을 사용해야 한다. 나는 실리콘 재질의 제빵 도구를 딱히 좋아하진 않지만, 아주 좋아하는 사람들도 있고, 여러분이 원한다면 얼마든지 써도 무방하다. 금속제 틀은 열을 더 잘 끌어 모으기 때문에 껍질을 더 짙은 색으로 만들 수 있다. 실리콘 틀은 조가비 형태의 표면을 매끈하고 윤기 있게—이렇게 되는 걸 나는 별로 좋아하지 않지만—마감해준다.

• 파리의 몇몇 유명 페이스트리셰프들은 틀에 버터를 바를 때 녹인 버터 말고 '뵈르 앙 포마드beurre en pommade'(상온에 두어서 부드럽게만 만든 버터)만 쓰라고 내게 조언해주었다. 그리고 나는 그 방법대로 수백 개의 마들렌을 구웠다. 완성된 마들렌이 미끄러지듯 떨어져 나오는 완벽한 표면을 만들기 위

해, 틀의 조가비 홈 하나하나까지 손가락으로 심혈을 기울여 꼼꼼히 버터를 칠해가면서 말이다. 그러다가 하루는 녹인 버터를 가지고 한번 해보았는데 차이가 없었다. 실은 케이크가 들러붙을 빈 공간이 안 생기기 때문에 녹인 버터를 쓰는 편이 더 나았다. 그래서 이제는 녹인 버터를 쓴다. 다만 버터를 일단 녹였다가 식히되, 버터가 녹아서 부드러운 상태를 유지하지만 다시 유화되게끔 가끔 저어가면서 식혔을 때 가장 좋다는 사실을 깨달았다. 틀에 버터를 바를 때는 각 구의 위쪽 테두리 부분에 버터를 추가로 더 발라준다. 케이크가 이 부분에 특히 잘 들러붙기 때문이다.

- 마들렌 반죽을 각 구에 나눠 담을 때 나는 스프링이 달린 아이스크림 스쿠프를 쓰는데, 이것이 일반 아이스크림 스쿠프보다 더 작은 '불boule'(원형 반죽)을 만들어준다. 나는 좀 더 작은 스쿠프를 찾아 레알 시장의 부엌용품점들을 뒤졌지만 결국 찾지 못하고[그런 기구가 쿠키 모양을 내는 데 완벽하다고 내가 점원에게 말했더니, 그는 프랑스에선 드롭 쿠키drop cookie(반죽을 한 숟가락씩 떠서 구운 버터 쿠키—옮긴이) 종류는 만들지 않는다고 설명했다—그래, 알겠다], 다양한 규격의 스쿠프들을 미국에서 공수해 왔다. 프랑스 사람들은 원형 깍지를 끼운 페이스트리 백을 써서 틀에 반죽을 채운다. 하지만 쿠키 스쿠프나 페이스트리 백이 없으면, 큰 수프용 숟가락 두 개를 동시에 써서—한 개로는 반죽을 푸고 다른 한 개로는 그 반죽을 긁어내서—틀에 반죽을 나눠 담아도 괜찮다.

- 반죽은 각 구의 3/4만큼씩 채운다. 너무 많이 담으면 반죽이 흘러넘치고 '혹'이 제대로 생기지 않는다. 굽는 동안 반죽이 틀 높이에 맞게 부풀어 올라야 하고 혹도 이때 올라오기 때문이다. 이를 가늠하려면 마들렌을 한 판 구워봐야 하지만, 같은 레시피와 같은 틀을 쓴다면 손쉽게 제대로 구울 수 있다.

- 틀을 다 채우면 접은 행주를 조리대에 깐 뒤 틀을 그 위에 대고 몇 번 쿵쿵 내리친다. 그러면 반죽 윗면이 평평해지고 고루 퍼진다.

- 마들렌 틀이 한 개밖에 없다면 한 판을 다 구운 다음 씻어서 완전히 말리고 다음 판을 굽는 식으로 재사용할 수 있다. 만약 버터를 바르는 솜씨가 좋아서 첫번째 판을 구운 뒤에도 틀이 깨끗하다면, 그냥 종이타월로 닦아내고 식힌 다음 다시 버터를 바르고 나머지 분량을 구워도 무방하다.

- 마들렌은 따뜻할 때 먹으면 황홀하지만 상온으로 내도 먹을 만하다. 반죽은 냉장고에서 24시간까지 보관할 수 있다. 버터 바른 틀에 반죽을 채워서 냉장고에 넣어두었다가 서빙 직전에 꺼내서 바로 오븐에 넣고 구워도 된다.

- 마들렌 틀의 정확한 표준규격은 없으니 상황에 따라 좀 더 크거나 작은 틀을 써도 무방하다. 미니 마들렌 틀을 쓸 수도 있는데 그럴 경우에는 작은 규격에 맞춰 굽는 시간을 조정한다.

- 마들렌 틀이 없어도 미니 머핀 틀을 이용하면 여기 소개한 두 가지 마들렌 레시피로 훌륭한 티케이크를 구울 수 있다. 그럴 경우 구의 규격에 맞춰 굽는 시간을 조정한다.

- 중력분과 달리 메밀가루로 만든 마들렌은 '혹'이 올라오지 않는다. 메밀 마들렌은 (특히 굽고 나서 밤새 두었을 때) 결이 좀 더 치밀하고 촘촘하다.

- 마지막으로, 나는 백만 개의 마들렌을 구워보았고(다시 생각해보니 아까 말한 수백 개는 너무 적은 것 같다. 좀 더 늘려야 될 것 같다) 대부분의 경우에는 근사한 혹이 올라왔지만, 왠지 모르게 그냥 잘 안 될 때도 있다. 프랑스 제과점에서도 납작한 크림 퍼프에서부터 시커멓게 된 팔미에palmier(얇은 반죽을 겹겹이 겹쳐 만든 파이의 일종—옮긴이)에 이르기까지, 제빵사가 오븐을 지키고 있어야 할 시간에 나가서 담배를 피웠다는 심증이 드는 갖가지 실패작들을 목격한 바 있다. 그리고 마들렌 틀에 조가비 무늬가 새겨진 이유는 어느 쪽이든 가장 잘 구워진 면이 잘 보이게 놓으라는 뜻이라고 확신한다.

# 마들렌 Madeleines

내가 오랜 세월 만들어온 이 티케이크는 파리 대부분의 제과점에서 인기리에 판매된다. 대개 마들렌은 바닐라 빈만을 써서 향미를 내지만, 그 이름도 적절한 마들렌 광장의 제과점 '포숑Fauchon'에서는 녹차, 설탕에 절인 오렌지, 꿀 등을 넣은 다양한 마들렌을 만든다.

　이 마들렌은 단맛이 덜한 종류에 속한다. 프랑스인들은 버터와 달걀의 맛이 돋보이는 것을 선호하기 때문에 쿠키와 케이크에 기계적으로 바닐라를 넣지 않지만, 사용할 경우에는 바닐라 추출액보다 바닐라 빈을 더 많이 쓴다. 그래서 여기서는 바닐라 빈을 갈아 만든 바닐라 빈 페이스트를 써서 추출액보다 더 풍부한 바닐라 풍미를 가미했다.

1. 거품기가 장착된 스탠드믹서 용기에 달걀과 설탕을 넣고, 부피가 2배로 부풀어 오를 때까지 3~5분간 고속으로 돌려 크림 상태로 만든다.
2. 밀가루, 베이킹파우더, 소금, 바닐라 빈 페이스트를 넣고 젓는다. 용기의 뚜껑을 덮고 1시간 동안 놓아둔다. 반죽을 그대로 두는 동안 작은 소스팬에 버터와 꿀을 녹인다. 불에서 내리고 약 1시간 동안 상온으로 식힌다.
3. 버터와 꿀 섞은 것을 (필요하면 살짝 재가열해서 녹인 뒤) 반죽에 조금씩 부으면서 반죽이 부드러워질 때까지 젓는다. 뚜껑을 덮고 반죽을 1시간 이상 휴지시킨다.
4. 마들렌을 굽기 위해 오븐을 200도로 예열한다. 마들렌 틀 2개 중 16개 구에 녹인 버터를 바른다.
5. 각 구의 3/4까지 반죽을 채운 뒤 틀을 조리대 위에 대고 몇 번 쿵쿵 내리쳐서 반죽을 평평하게 만든다. 중앙 부분을 살짝 눌렀을 때 탄력이 느껴질 정도까지 9~10분간 마들렌을 굽는다. 오븐에서 꺼내어 30초간 기다렸다가 틀을 기울여 식힘망 위에 쏟아놓는다. 마들렌은 아직 따뜻할 때나 만든 당일에 먹는 것이 가장 좋다.

---

1인용 티케이크 16개

**큰 달걀** 2개(상온에 꺼내둔다)
**백설탕** 1/2컵(100g)
**중력분** 1컵(140g)
**베이킹파우더** 1½작은술(알루미늄 성분 없는 것으로)
**천일염이나 코셔 소금** 1/2작은술
**바닐라 빈 페이스트** 1/2작은술,
　혹은 **바닐라 추출액** 3/4작은술
**무염버터** 8큰술(4온스/115g)
**꿀** 1큰술

# 건강을 위하여

여러 해 전부터 나는 파리에 제과점이나 레스토랑을 개업할 생각이 있느냐는 질문을 받아왔다. 실은 내가 이미 가게를 갖고 있다고 생각하는 사람들이 꽤 많다. 어떤 이들은 파리의 내 레스토랑을 예약하겠다고 요청하는 이메일을, 예약금 조로 신용카드 번호까지 첨부해서 보내오기도 한다.

내 제과점에 대해 문의하는 사람들에게, 프랑스 사람들은 '르 치즈케이크'만 빼고는(어떻게 안 그럴 수 있겠는가?) 미국 디저트에 별로 관심이 없다고 간단히 답해주었다. 그리고 내게 신용카드 번호를 보내오는 사람들에게는, 먼저 에르메스 매장에서 가서 가볍게 카드를 긁어준 뒤 '유감스럽게도' 내 레스토랑은 예약이 다 찼다고 통보하고픈 유혹을 느꼈지만, 결국은 버클에 'H'가 새겨진 벨트로 옷장을 채우는 대신 정직과 용기를 택했다.

내 가상의 레스토랑과는 별개로, 프랑스인들이 모험적인 음식을 즐긴다는 사실은 충분히 입증되어 있다. 그들은 테트 드 보tête de veau(송아지 뇌를 젤리처럼 굳힌 것)와 로뇽rognons(콩팥)과 부댕 누아르boudin noir(피 소시지)를 아무렇지도 않게 먹어치운다. 하지만 당근 조각이 드문드문 박힌 케이크는? 그건 사정이 완전히 다르다. 내 프랑스 친구들이 채소가 섞인 디저트의 충격을 극복하는 데 도움을 주기 위해, 또 그들 대다수는 약간씩 건강 염려증이 있음을 알기에, 나는 이 케이크가 "건강에 아주 좋다"고 장담하는 비책을 자주 쓴다. 그러면 거리끼던 기색이 걷힌다. 건강에 좋으니까 먹어봐도 괜찮다는 허가증을 준 셈이다. 그들은 "아, 봉Ah, bon?"(아, 그래?) 하고 한마디 하고는 곧바로 열심히 퍼먹는다. 이 방법은 항상 잘 통한다.

모험적이라는 말이 나왔으니 말인데, 사우스캐롤라이나의 찰스턴 출신인 내 친구 로럴 샌더슨Laurel Sanderson은 파리에 미국식 제과점과 카페를 개업했다. 그녀의 말에 따르면 그렇게 하니까 파리가 좀 덜 외국처럼 느껴졌다고 한다. 이 가게는 항상 파리 사람들로 가득 차 있지만 말이다. (아마 당근 케이크가 건강에 좋다는 말을 어디서 들었기 때문은 아닐까?) 로럴의 제과점에 들어섰을 때 (피처에 얼음을 가득 채운 진짜 순수한 아이스티 다음으로) 내 시선을 잡아끈 것은 바로 소용돌이치는 크림치즈 프로스팅frosting(아이싱icing이라고 부르는 달콤한 설탕 혼합물—옮긴이)을 듬뿍 올린 채 우뚝 솟은 당근 케이크였다. 그래서 나는 그녀를 우리 집에 초대해 같이 만들어보았다.

로럴은 당근의 겉을 깎아내지 않으며 케이크를 3층으로 굽는다. 미국인들은 당근과 포도 같은 것의 껍질을 먹지만, 프랑스인들은 토마토부터 천도복숭아에 이르는 모든 것의 껍질을 꼼꼼히 벗긴다. (나는 순전히 프랑스 친구들의 반응을 보기 위해 감자 껍질 튀김을 대접해보고픈 유혹을 참아왔다.)

전통적인 크림치즈 프로스팅의 공인된 애호가로서, 나는 로럴이 프로스팅에 마스카포네mascarpone(우유가 아니라 크림으로 만든 치즈의 일종—옮긴이)를 쓴다고 말했을 때 약간 충격을 받았다. 하지만—애석하게도 내 수많은 에르메스 벨트 중 하나를 끌러서가 아니라—마스카포네가 좀 더 톡 쏘는 기름진 맛을 더해준다는 사실을 직접 확인하고는 숨 쉬는 게 약간 수월해졌다. 그러니 언젠가, 만에 하나, 내가 파리에 제과점을 열게 된다면, 마스카포네 프로스팅을 입힌 당근 케이크가 가장 으뜸가는 명물이 되리라고 본다. 하지만 그때까지는 여기에 그 제조법을 공개한다.

# 당근 케이크 Carrot cake
### 가토 오 카로프 Gâteau aux carottes

대다수 사람들의 오븐에는 케이크 팬 세 개가 들어갈 공간이 없기 때문에 이 레시피는 2층짜리 케이크용으로 조정했다. 10인치(25센티미터) 규격의 원형 케이크 팬이 있다면 그걸 사용하는 게 가장 좋지만, 이와 비슷한 규격의 스프링폼 팬을 써도 결과에는 큰 차이가 없다.

1. (10인치/25센티미터 규격의) 케이크 팬이나 스프링폼 팬 2개에 버터를 바르고 바닥에 유산지를 깐다. 오븐을 180도로 예열한다.
2. 케이크를 만들기 위해, 큰 볼에 달걀, 버터밀크, 기름, 백설탕, 바닐라를 넣고 충분히 섞일 때까지 젓는다. 채 썬 당근을 섞는다.
3. 다른 큰 볼에 밀가루, 계핏가루, 생강가루, 올스파이스 가루, 베이킹파우더, 베이킹소다, 소금을 넣고 덩어리가 없어질 때까지 거품기로 휘젓는다.
4. **2**의 당근 섞은 재료를 **3**의 마른 재료에 서서히 넣으면서, 완전히 혼합될 때까지 살살 저어가며 섞는다. 마지막으로 호두를 넣고 젓는다.
5. 반죽을 둘로 나누어 준비해둔 케이크 팬에 담고 윗면을 평평하게 다듬는다. 케이크의 윗면이 짙은 금갈색이 될 때까지 45분간 굽는다. 중간 부분에 이쑤시개를 찔렀다가 뺐을 때 묻어 나오지 않을 정도가 되어야 한다.
6. 케이크를 식힘망 위에 놓고 완전히 식힌다. 팬의 가장자리에 칼을 넣어 케이크를 분리한 다음 팬을 기울여서 꺼낸다.
7. 프로스팅을 만들기 위해, 주걱을 장착한 스탠드믹서 용기에 크림치즈를 넣고 부드러워질 때까지 중간 속도로 돌린다(혹은 볼에 넣고 잘 휘어지는 주걱으로 젓는다). 마스카포네, 가루 설탕, 바닐라, 레몬 껍질을 넣고 충분히 섞일 때까지 돌린다.
8. 서빙용 접시 위에 케이크 한 층을 놓고 윗면이 평평해지도록 깎아낸다. 프로스팅 1¼컵(280밀리리터)을 케이크 윗면에 바르고 그 위에 케이크 또 한 층을 올린다. 케이크 옆면과 윗면의 순서로 프로스팅을 펴 바른다. 바로 식탁에 내지 않을 경우 냉장고에 넣어둔다. 이 케이크는 냉장고에서 4일 동안 보관할 수 있다.

---

12~16인분

### 케이크
**큰 달걀** 5개
**버터밀크** 1/2컵(125ml)
**담백한 맛의 식물성 기름** 1¾컵(430ml)
**백설탕** 2½컵(500g)
**바닐라 추출액** 2작은술
**당근** 1¼파운드(560g)(껍질째로 굵게 채 썬다)
**중력분** 4컵(560g)
**계핏가루** 4작은술
**생강가루** 2작은술
**올스파이스 가루** 1작은술
**베이킹파우더** 1큰술(알루미늄 성분 없는 것으로)
**베이킹소다** 1작은술
**천일염이나 코셔 소금** 1¼작은술
**호두나 피칸** 1컵(100g)(구워서 굵게 다진다)

### 프로스팅
**크림치즈** 16온스(450g)(상온에 꺼내둔다)
**마스카포네 치즈** 16온스(450g)
**가루 설탕** 3/4컵(105g)
**바닐라 추출액** 1/4작은술
**(무농약) 레몬 껍질** 1개 분량(강판에 곱게 간다)

## 손을 댈 때와 안 댈 때

나는 뭐든지 손으로 만져봐야 직성이 풀리는 부류의 사람은 아니지만, 파리에서 익숙해지기 힘든 것 중 한 가지가 상점에서 물건을 만질 수 없다는 것이다. 빵집에 가도 케이크나 빵을 선반에서 덥석 꺼내선 안 된다. 심지어 마시멜로 롤리팝 하나도 손대면 안 된다. 한 친구가 (아들에게 줄 선물로) 롤리팝 하나를 무심코 꺼내다가 바로 밑에 놓여 있던 45유로짜리 타르트 위에 실수로 떨어뜨린 일이 있었다. 그래서 그녀가 굴욕적인 질책을 들어야 했던 이야기는 내게도 손을 조심해야 함을 일깨워주었다.

나는? 나는 빨래방에서 돌아가고 있는 세탁기 문을 실수로 열어 바닥에 대홍수를 일으켰을 때 놀란 가슴이 아직까지도 완전히 진정되지 않았다. 프랑스의 세탁기에는 '아레arrêt'(정지) 버튼이 눈에 잘 띄게 달려 있어야 한다는 사실은 나중에야 알았다. 그러니까 이런 실수를 처음으로 저지른 사람이 적어도 나는 아닌 셈이다. '아레'가 '정지'라는 뜻인 걸 그때 알기만 했더라면!

파리에서 바바 오 럼baba au rhum을 주문했을 때의 놀라움은 그보다 훨씬 즐거웠다. 이것은 이스트를 넣고 구워서 술에 적신 케이크인데, 종업원이 테이블에 럼주 한 병을 놓고 간 덕분에 케이크에 마음껏 넉넉히 부어 먹을 수 있었다. 피해망상이라고 할지 모르지만, 내가 덤벙대기로(혹은 액체를 마구 쏟아버리기로) 유명한 이유는 프랑스인들이 10퍼센트 이상 액체가 채워진 병을 절대 갖다주지 않기 때문이라고 확신한다. 하지만 바바에 부을 럼주만큼은 항상 내 취향에 맞게 흠뻑 적실 정도로 충분히 나온다. 나는 그렇게 꼭 손을 대야 직성이 풀리는 사람은 아니지만, 디저트로 바바가 나온다는 말만 들으면 귀를 쫑긋 세우고 또 마음껏 손을 댄다.

## 파인애플을 곁들인 키르슈 바바
Kirsch babas with pineapple
**Babas au kirsch et ananas**

여러 가지 용량의 다양한 머핀 틀이 있는데, 구할 수 있는 것이면 무엇이든지 쓰되 반죽을 절반 이상 채우지 않는다. 틀의 크기에 맞춰 명시된 양보다 적게 혹은 많이 쓰면 된다. 4온스(125밀리리터) 규격의 틀을 쓸 경우, 이 레시피로 8개의 바바를 만들 수 있다.

**1인용 케이크 8개**

**반죽**
**건조 이스트** 2작은술
**백설탕** 2큰술과 1작은술
**미지근한 물** 2큰술
**전유** 1/4컵(60ml)
**천일염이나 코셔 소금** 1작은술
**바닐라 빈** 1개(280쪽 '메모' 참조)
**중력분** 1⅛컵(250g)
**큰 달걀** 4개(상온에 꺼내둔다)
**무염버터** 8큰술
　(4온스/115g)(깍둑썰기해서 상온에 둔다)
**노란 건포도** 1/4컵(40g)(선택 재료)

**파인애플 소테**
**큰 파인애플** 1개
　(껍질 벗겨 심을 제거하고 깍둑썬다)
**황설탕** 2큰술(필요하면 더 넣을 수 있다)
**키르슈** 몇 방울

**시럽**
**물** 2컵(500ml)
**백설탕** 1컵(200g)
**키르슈 또는 럼** 1/2컵(125ml)
**곁들여 낼 휘프트 크림**(337쪽)

1 반죽을 만들기 위해, 반죽용 갈고리를 장착한 스탠드믹서 용기에 이스트, 백설탕 1작은술, 미지근한 물을 붓고 섞는다. 10분간 그대로 둔다.

2 이스트가 활성화되는 동안, 작은 소스팬에 우유와 남은 백설탕 2큰술과 소금을 넣고 약한 불에서 데운다. 바닐라 빈을 길이로 쪼갠 뒤 과도로 씨를 긁어서 우유에 넣는다. 우유를 불에서 내려 상온으로 식힌다.

3 이스트에 거품이 일면 밀가루의 1/4을 넣고 젓는다. 믹서를 중간 속도로 돌리면서 그 안에 **2**의 우유 섞은 재료와 나머지 밀가루를 붓는다. 달걀을 1개씩 넣는다. 달걀이 충분히 섞였으면 볼의 옆면에 붙은 것을 긁어서 원래 반죽에 합치고 속도를 중고속으로 높여 5분간 돌린다.

4 깍둑썰기한 버터를 반죽 위에 흩뿌린 뒤 용기를 수건으로 덮어서 약간 따뜻한 장소에 1시간 동안 두고 부풀린다.

5 1시간 뒤, 반죽이 아주 부드러워질 때까지 믹서를 중고속으로 5분간 돌린다. 믹서를 끄기 1분 전에 건포도를 넣는다. 머핀 틀에 버터를 바르고 끈적끈적한 반죽을 각 구의 절반씩 채운다(양은 위쪽 설명 참조). 나는 스프링이 달린 아이스크림 스쿠프를 쓰지만, 수프용의 큰 숟가락 2개를 써서 1개로는 부드러운 반죽을 뜨고 또 1개로는 반죽을 긁어서 구에 담을 수도 있다.

6 틀 안의 반죽이 틀 윗면 높이까지 부풀어 오르도록 1시간~1시간 30분 동안 그대로 둔다.

7 반죽이 준비되기 약 15분 전에 오븐을 180도로 예열한다.

8 바바의 윗면이 금갈색이 될 때까지 15~20분간 굽는다. 오븐에서 꺼낸다.

9 파인애플 소테 sauté(얇은 소테팬이나 프라이팬에 소량의 버터 혹은 샐러드유를 넣고 채소나 잘게 썬 고기류 등을 고온에서 살짝 볶는 조리법—옮긴이)를 만들기 위해, 큰 프라이팬에 파인애플과 황설탕을 넣고 데운다. 중불에서 가끔씩 저어가면서, 파인애플이 부드럽게 푹 익고 물기가 많아질 때까지 약 10분간 가열한다. 불에서 내린 후 키르슈를 넣고 젓는다. 파인애플의 맛을 보고 필요하면 황설탕을 조금 더 넣는다.

10 시럽을 만들기 위해, 소스팬에 물과 백설탕을 넣고 설탕이 녹을 때까지 중불에

서 데운다. 불에서 내린 후 키르슈를 넣고 젓는다.

**11** 바바가 아직 약간 따뜻할 때 틀에서 꺼내어 이쑤시개나 나무 꼬챙이로 표면을 여러 군데 찌른다. 바바를 한 번에 몇 개씩 따뜻한 시럽에 담그고 시럽이 더 많이 흡수되도록 살짝 쥐어짜가면서 뒤적인 뒤 테두리가 있는 큰 접시에 건져놓는다. 남은 바바도 같은 식으로 시럽에 담근다. 바바를 모두 담갔다 꺼내어 몇 분간 그대로 두었다가 다시 시럽에 담가 뒤적이고 접시에 건져놓는다. 남은 시럽을 그 위에 끼얹는다.(이 시점에서 뚜껑을 덮어 상온에 두면 그다음 날 서빙할 때까지 보관할 수 있다.) 시럽에 적신 바바와 파인애플 소테는 휩트 크림을 넉넉히 곁들여 상온으로 식탁에 낸다. 손님들이 케이크에 더 부어 먹을 수 있게끔 키르슈(체리를 발효시켜 증류한 브랜디―옮긴이) 병을 함께 내놓으면 더 좋다.

**메모** | 나는 이 반죽에 향을 내는 데 바닐라 페이스트보다 바닐라 씨를 쓰는 것을 더 좋아한다. 페이스트를 쓰면 반죽의 색깔이 많이 검어질 수 있기 때문이다. (씨를 긁어낸 바닐라 꼬투리는 따로 챙겨두었다가 다른 요리에 쓸 수 있다.) 바닐라 추출액을 쓰고 싶다면 반죽에 바닐라 씨 대신 추출액 1작은술을 넣으면 된다.

## 메르베이외 Merveilleux

만약 여러분이 머랭meringue이 썩 당기지 않는다면 아직 메르베이외를 먹어보지 않은 것이다. 파리에 문을 연 '오 메르베이외 드 프레드Aux Merveilleux de Fred' 3호점(1호점은 릴에 있다)에 처음 갔을 때, 나는 이것을 한 친구와 나눠 먹으려고 큰 상자로 구입한 뒤 가까운 벤치에 앉아서 기다렸다. 그리 오래지 않아 친구가 도착했을 때는 이미 내가 깨끗이 긁어 먹은 뒤여서 친구에게 보여준 거라곤 흰 종이 상자와 플라스틱 숟가락과 상자 틈새에 끼어서 내가 긁어내지 못한 크림 부스러기뿐이었다. (만약 주변에 사람이 그렇게 많지 않았다면 상자를 거꾸로 들고 그것까지 다 핥아 먹었을 것이다.) 불행히도─혹은 여러분이 어떻게 보느냐에 따라 다행히도─나는 '오 메르베이외 드 프레드' 근처에 살지 않기 때문에 이곳에 매일 올 수가 없다. 하지만 실은 이것을 집에서 만드는 법에 대해 조언을 듣기 위해 이 가게를 다시 찾았다.

이 가게에서 머랭을 채우는 데 쓰는 크림은 거의 버터크림처럼 아주 뻑뻑해지도록 휘젓는다. 내가 크림에 혹시 버터가 들어가느냐고 물었더니 제빵사들이 고개를 저으면서 말했다. "니 뵈르, 니 파린!Ni beurre, ni farine!"(버터도, 밀가루도 안 넣어요!) 그러니까 이걸 만들 때는 크림이 최대한 뻑뻑해질 때까지 휘젓는 것이 중요하다. 크림에 숟가락을 꽂았을 때 흔들리지 않고 꼿꼿이 서 있어야 하며, 약간 '버터 같은' 맛이 느껴져야 한다.

크림을 채우기 전의 머랭은 밀폐 용기에 넣고 상온에서 일주일까지 보관할 수 있다. 머랭에 크림을 채운 케이크는 냉장고에서 2일까지 보관할 수 있지만, 만든 지 24시간 이내에 먹는 것이 가장 맛있다.

---

**1인용 케이크 10개**

**머랭**
**달걀흰자**
1/2컵(125ml, 큰 달걀 약 4개 분량)(상온에 꺼내둔다)

**천일염이나 코셔 소금** 1자밤

**가루 설탕** 1컵(140g)

**바닐라 추출액** 1/2작은술

**화이트 식초 혹은 사과즙 발효 식초** 1/2작은술

**메르베이외**
**생크림** 2½컵(625ml)

**가루 설탕** 2/3컵(90g)

**인스턴트 에스프레소 파우더** 2작은술
(282쪽 '메모' 참조)

**바닐라 추출액** 3/4작은술

**크렘 프레슈** 1/3컵(80g)(327쪽, 선택 재료)

**비터스위트 혹은 세미스위트 초콜릿**
10온스(285g)(강판에 굵게 간다)

---

**1** 오븐을 135도로 예열한다. 구이판 2개에 유산지를 깐다.

**2** 머랭을 만들기 위해, 거품기를 장착한 스탠드믹서 용기에 달걀흰자를 넣고 거품이 일 때까지 중속으로 돌린다. 소금을 넣고 믹서를 고속으로 높인 뒤, 달걀흰자가 거의 뻑뻑해지고 거품기를 들어 올렸을 때 뾰족한 모양이 유지될 때까지 돌린다. 믹서 속도를 낮추어 돌리면서 가루 설탕을 세 차례로 나누어 넣는다. 바닐라와 식초를 넣고 다시 고속으로 속도를 높여 뻑뻑해질 때까지 돌린다.

**3** 1/2인치(1.5센티미터) 규격의 원형 깍지를 끼운 페이스트리 백이나 오프셋 스패출러(손잡이 앞부분이 L자 형태로 꺾인 스패출러로, 일자형에 비해 제품을 옮기거나 반죽을 펼 때 편리하다─옮긴이)를 써서 구이판 1개당 10개씩 20개의 머랭을 (2인치/5센티미터 크기의) 원형으로, 간격을 고르게 해서 짜거나 펴 바른다. 각각의 머랭은 비교적 되직하고 높이는 최소한 1인치(2.5센티미터)가 되어야 한다. 완벽한 모양이 아니어도 완성된 다음에는 눈에 띄지 않으니 너무 걱정할 필요 없다.

**4** 머랭을 1시간 동안 굽는다. 오븐을 끄고 머랭을 오븐 안에 그대로 둔 채로 식힌

다. 그러면 머랭이 마르면서 사각사각해진다.

**5** 메르베이외를 만들기 위해, 종이 머핀 컵 10개를 작은 구이판이나 큰 접시 위에 놓고 조금씩 펼쳐둔다.

**6** 거품기를 장착한 스탠드믹서 용기에 생크림을 넣고, 거품기를 들어 올렸을 때 모양이 고정될 때까지 고속으로 돌린다. 가루 설탕, 에스프레소 파우더, 바닐라를 숟가락으로 퍼 넣는다. 아주 뻑뻑해질 때까지 중고속으로 스탠드믹서를 돌린다. 모양이 처지지 않고 단단히 고정되면 완성된 것이다. (크림이 충분히 뻑뻑하지 않으면 나중에 만들어두었을 때 스며들어서 머랭이 축축해지므로 반드시 뻑뻑하고 윤기가 흐르게 만든다. 버터크림과 거의 비슷한 농도여야 한다.)

**7** 머랭 10개 위에 크림을 머랭과 비슷한 두께로 넉넉히 바른다. 크림 위에 다시 머랭을 1개 얹어서 샌드위치처럼 만든 뒤, 각 케이크의 겉면에 휩트 크림을 한 겹 입힌다. (크림이 깔끔하게 입히지 않으면 머랭 샌드위치를 차게 식혀서 내부를 단단히 고정한다.)

**8** 얇게 깎은 초콜릿을 디너 접시나 파이 접시에 펼쳐놓고 그 위에 케이크를 하나씩 굴려 초콜릿을 충분히 입힌다. 크림이 덮인 부분에 초콜릿이 최대한 잘 입히게 한다. 숟가락으로 케이크를 들어 바닥이 아래로 가도록 머핀 종이 위에 1개씩 놓는다. 케이크를 최소 1시간, 혹은 서빙 준비가 될 때까지 냉장고에 넣어두었다가 차게 식힌 상태로 식탁에 낸다.

**메모 |** 나는 비아 via 인스턴트 커피 파우더를 쓴다(339쪽 판매처 참조). 혹은 이탈리아 브랜드의 에스프레소 파우더를 쓸 수도 있는데 이는 식료품점에서 판매한다. 커피의 농도는 브랜드마다 다르니 입맛에 따라 자유롭게 더 넣거나 덜 넣을 수 있다.

# 파리에서 가장 별난 페이스트리 장인

언젠가 프랑스어로 단어를 만들어서 내가 쓰는 글에 넣은 적이 있는데, 그걸 보고 너무 괴로웠던 한 친구가 내게 전화를 걸어서 프랑스어로 단어를 만든다는 건 한마디로 "안 될 pas possible" 일이라고 알려주었다. 나는 그녀를 더 괴롭히고 싶지 않았던 까닭에, '브로맨스bromance'(두 이성애자 남성 사이의 깊은 우정이란 의미인데, 우리 동네 시장의 소시지 장수에 대한 연정도 여기에 포함되는 것일까?) 같은 단어나 '셰프테스턴트cheftestant'(어째서 그런지는 몰라도 요리가 경쟁이라는 관념을 강화하는 신조어)('셰프chef'와 '콘테스턴트contestant'를 합친 말로 〈탑 셰프Top Chef〉 같은 요리 경쟁 프로그램의 참가자를 가리킨다—옮긴이)의 부상—심지어 프랑스에서도 확산되고 있는 현상—등에 대해서는 언급하지 않았다.

프랑스 사람들에게는 자기네 언어에 대한 깊은 존경심이 주입되어 있다. 프랑스의 엄격한 교육 시스템은 아이들이 창의성을 발휘하거나 틀 밖에서 생각하도록 가르치기보다는 기계적인 암기를 시키고 규칙과 전통을 절대 엄정히 고수하는 것으로 알려져 있으니 이해할 만한 일이다. 하지만 가끔씩 일부 학생들은 그런 시스템에서 벗어나 우리가 영어로 일컫는 '자유사상가freethinker'가 되기도 한다. 프랑스어로는 이런 사람들을 '별나다special'라고 표현한다.

자크 주냉은 '대단히 별나다très special'. 좀처럼 만나기 힘든 이 쇼콜라티에를 내가 처음 만났을 때 그는 출입구에 일방 투시 거울이 달린, 비좁고 평범한 작업장에서 일하고 있었다. 만약 여러분에게 그 안에 들어갈 자격이 주어졌다면, 프랑스에서 가장 작지만 완벽한 초콜릿 생산 시설의 한복판에 서 있다는 걸 깨달았을 것이다. 전체 면적이 2제곱미터도 안 되는 '라보라투아르laboratoire'(실험실) 중앙에는 커다란 대리석 조리대가 있고 그 주위에는 그 자신과 스태프가 간신히 비집고 들어갈 정도의 공간이 있었다. 누가 예를 들어 냉장고에 넣을 초콜릿 시트팬을 들고 다른 사람들 옆을 지나갈라치면 나머지 사람들은 전부 심호흡을 해야 했다. 혹은 동료들과 좀 과하게 친밀한 신체 접촉을 할 위험을 감수해야 했다.

자크는 파리 최고의 레스토랑과 호텔에 도매로 납품되는 초콜릿과 캐러멜을 만들어왔다. 이렇게 납품된 초콜릿은 은제 접시에 담겨 손님들에게 서빙되었다. 이를 맛보는 유일한 방법은 고급 호텔에 투숙하거나 미슐랭 별이 달린 레스토랑에서 식사를 하는 것뿐이었다. 여러분이 자크의 심사를 통과해 그의 작업실에 들어갈 만큼 운이 좋지 않았다면 말이다. 그가 기분이 좋을 때는 초콜릿을 팔라는 부탁을 들어주기도 했다. 오로지 킬로그램 단위로만 팔고, 어떤 초콜릿을 상자에 넣을지도 '그가' 정했지만. (내가 그를 찾아가면 대개는 사업이 얼마나 힘든 일인지에 대한 긴 잔소리를 듣는 것으로 시작해—그때가 몇 시가 되었든 상관없이—위스키 여러 잔으로 마무리되곤 했다.)

자크에 대한 소문이 퍼지자 그는 마레 지구에 널찍한 1층 상점이 딸린 훨씬 큰 작업장을 열 수밖에 없었다. 이곳의 투명한 유리문은 막힘없이 스르르 열리고, 아무나 들어가서 초콜릿과 캐러멜을 많든 적든 원하는 만큼 구입해 갈 수 있다. 이 너그러운 장소의 또 다른 보너스는, 자크의 캐러멜보다 더 훌륭한 그의 디저트를 손님들이 시식해볼 수 있도록 테이블과 의자가 배치되어 있다는 것이다.

나는 변덕스러운 자크 주냉과 함께 그의 부엌에서 규모가 더 커진 그의 주방 스태프와 덜 친밀한 환경에 둘러싸여, 초콜릿과 저 천상의 캐러멜—지방이 풍부한 프랑스 버터를 초당과 혼합해 만든 가느다란 바통baton(막대)—을 대량으로 찍어내면서 여러 날을 보냈다. 우리는 서로에게 최고의 프레너미frenemy(친구이자 적)이지만(그가 한번은 장난으로 내 목을 조르려든 적도 있다—음, 내 생각에 그건…) 내가 입에 문 그의 캐러멜에서 버터의 달콤한 맛이 배어나올 때면, 그가 나를 아무리 '별나게' 대하더라도 그처럼 훌륭한 것을 만들 줄 아는 사람에게 앙심을 품기란 매우 힘들어진다.

자크가 만드는 캐러멜보다 더 훌륭한 캐러멜은 아마 이 세상에 없겠지만, 내가 파리에서 가장 좋아하는 디저트는 바로 그의 '파리브레스트Paris-Brest'다. 파리의 많은 디저트가 그렇듯이 이것을 만드는 데도 숙련된 페이스트리 요리사들 소부대가 동원되며, 모두 주문과 동시에 만들어져 나온다. 이것을 처음으로 한입 먹었을 때, 과연 이렇게 훌륭한 페이스트리를 내가 먹어본 적이 있는지 확신이 서지 않았다. 그래서 오로지 확신을 얻기 위해, 위험을 무릅쓰고 몇 번이고 다시 찾아가 그것을 계속 주문했다.

그는 기분이 내킬 때마다 페이스트리 베이킹을 휴업하는 것으로 유명하지만(단, 미리 주문하면 포장해 갈 수 있다), 그의 카페에서 파리브레스트를 판매할 때는 그 베이스를 전통적인 고리 모양으로 굽는다. 원래 이것은 프랑스의 두 도시 사이에서 열린 자전거 경주를 기념하기 위해 자전거 바퀴를 본떠 만든 것이다. 프랑스인들은 언어뿐만 아니라 프랑스 고전 페이스트리에 대해서도 매우 방어적이라, 파리브레스트 위에 초콜릿을 슥 바르는 따위의 일은 감히 상상할 수도 없다. 그래서 나는 에클레르éclair와 비슷한 길쭉한 모양의 이 페이스트리에, 내가 파리에서 자크의 가게로 갈 때 지나는 경로를 본떠 '파리파리Paris-Paris'라는 이름을 붙였다. 다행히 내 집에서 그의 가게까지의 경로는 일직선이다.

## 파리파리 Paris-Paris

이 페이스트리는 에클레르 셸shell(슈)을 12개 만들고, 헤이즐넛 프랄린praline(견과류를 설탕 시럽에 조린 것—옮긴이) 크림 소를 조금씩 아껴가며 12개의 페이스트리에 나눠 넣을 수도 있지만, 나는 인색한 게 싫다. 그러니까 에클레르 셸이 얼마나 크게 나오느냐에 따라 에클레르는 10개만 만들고 나처럼 속을 넉넉히 채울 수도 있다.

1인용 에클레르 10~12개

### 헤이즐넛 프랄린
**백설탕** 1/2컵(100g)
**굽지 않은 헤이즐넛** 3/4컵(100g)(아주 굵게 다진다)
**천일염이나 코셔 소금** 넉넉히 1자밤

### 페이스트리 크림
**전유** 1컵(250ml)
**옥수수 전분** 3큰술
**큰 달걀노른자** 3개
**백설탕** 3큰술
**가염버터나 무염버터**
  4큰술(2온스/55g)(깍둑썰기해서 상온에 둔다)
**바닐라 추출액** 1/2작은술

### 에클레르 페이스트리
**물** 3/4컵(180ml)
**백설탕** 2작은술
**천일염이나 코셔 소금** 1/4작은술
**무염버터** 6큰술(3온스/85g)(깍둑썰기한다)
**중력분** 3/4컵(110g)
**큰 달걀** 3개(상온에 꺼내둔다)

### 초콜릿 글레이즈
**가루 설탕** 1컵(140g)
**더치 혹은 천연 무가당 코코아 가루** 2큰술(15g)
**뜨거운 물** 2큰술

1. 구이판에 살짝 기름을 바르거나 실리콘 베이킹 매트를 깐다.
2. 헤이즐넛 프랄린을 만들기 위해, 설탕을 프라이팬에 고르게 펼친다. 팬 가장자리의 설탕이 녹기 시작해 옅은 호박색으로 변할 때까지 중불에서 데운다. 내열 주걱을 써서 녹은 설탕을 가운데 쪽으로 끌어다 옮긴다. 헤이즐넛과 소금 1자밤을 넣은 다음, 캐러멜화된 설탕에 헤이즐넛을 버무려가며 캐러멜에서 연기가 나기 시작할 때까지 부드럽게 젓는다. 헤이즐넛에서 아주 고소한 향이 나면 그 즉시 헤이즐넛과 캐러멜을 긁어서 준비한 구이판 위에 옮겨 담고 최대한 고르게 펼친 다음 완전히 식힌다. (다 식은 헤이즐넛은 밀폐 용기에 담아 상온에서 일주일까지 보관할 수 있다.)
3. 페이스트리 크림을 만들기 위해, 작은 소스팬에 우유를 붓고 데운 다음 한쪽에 치워둔다. 옥수수 전분과 달걀노른자를 다른 소스팬에 넣고 부드러워질 때까지 거품기로 휘저은 다음 설탕을 넣고 더 휘젓는다. 계속 휘저으면서 뜨거운 우유를 조금 붓는다. 계속 휘저으면서 나머지 우유를 서서히 붓는다. 페이스트리 크림을 가장 약한 불에 올리고 거품기가 팬 귀퉁이까지 닿도록 세게 휘저으면서, 마요네즈처럼 아주 되직해질 때까지 1분 30초 동안 데운다. 팬을 불에서 내린 뒤 깍둑썰기해둔 버터(한 번에 몇 조각씩)와 바닐라 추출액을 넣으면서 재료가 부드러워질 때까지 거품기로 휘젓는다. 재료를 긁어 볼에 옮겨 담고 뚜껑을 덮어 냉장고에 넣어둔다. (볼을 얼음물에 담그고 어느 정도 식을 때까지 저은 다음 냉장고에 넣으면 더 빨리 차게 식힐 수 있다. 이 상태로 3일까지 보관할 수 있다.)
4. 오븐을 190도로 예열한다. 구이판에 유산지나 실리콘 베이킹 매트를 깐다.
5. 에클레르를 만들기 위해, 소스팬에 물, 설탕, 소금, 버터를 넣고 버터가 녹을 때까지 이따금 저어가면서 데운다. 버터가 녹는 즉시 밀가루를 전부 붓고, 재료가 팬 옆면에서 떨어져나와 부드러운 공 모양이 될 때까지 약한 불에서 몇 분간 젓는다. 팬을 불에서 내리고 약간 식도록 가끔씩 저어가면서 약 3분간 그대로 둔다.
6. 5에 달걀을 1개씩 차례로 넣되 1개를 넣을 때마다 빠르게 저어서 반죽을 부드럽게 만든다.(주걱을 장착한 스탠드믹서를 써도 된다.) 따뜻한 에클레르 반죽을 1/2인치(1.5센티미터) 규격의 원형 깍지를 끼운 페이스트리 백에 담고, 5인치(12.5센티미터

길이의 반죽 10~12개를 구이판 위에 일정한 간격으로 짠다.(귀퉁이를 잘라낸 지퍼백을 써도 된다.) 페이스트리 백을 들어 올릴 때 생긴 뾰죽한 부분은 물에 적신 손가락으로 매끈하게 다듬는다.

**7** 굽는 도중에 구이판을 돌려가면서, 에클레르 셸이 짙은 금갈색이 될 때까지 25~30분간 굽는다. 오븐에서 꺼낸 뒤 각 셸의 옆면을 과도로 찌르면서 살짝 비틀면 수증기가 빠져나오고 바삭바삭하게 유지된다. 완전히 식힌다.

**8** 캐러멜화된 헤이즐넛을 부수어 푸드프로세서에 넣고 아주 곱게 갈릴 때까지 순간 작동 기능으로 돌려서 필링을 완성한다. 여기에 차게 식힌 빽빽한 페이스트리 크림의 1/3을 넣고 프로세서를 몇 차례 순간 작동으로 돌려 섞는다. 잘 휘어지는 주걱으로 헤이즐넛 섞은 재료를 나머지 페이스트리 크림에 넣고 재료가 혼합될 때까지만 섞는다. 너무 열심히 섞으면 크림이 묽어질 수 있다.

**9** 각 에클레르의 옆면에 톱니 날 칼을 집어넣어 반대쪽 옆면의 거의 끝까지 길이 방향으로 반을 갈라 연다. 원형 깍지를 낀 페이스트리 백이나 숟가락이나 귀퉁이를 잘라낸 지퍼백을 써서 에클레르 셸에 헤이즐넛 프랄린 크림을 채운다.

**10** 글레이즈를 만들기 위해, 작은 볼에 가루 설탕과 코코아 가루를 담고 섞는다. 뜨거운 물을 붓고 부드러워질 때까지 젓는다. 글레이즈는 펴 바를 수 있지만 입혔을 때 형태를 그대로 유지할 정도로 되직해야 한다. 너무 되직하면 뜨거운 물 몇 방울을 더 떨어뜨리고, 너무 묽으면 가루 설탕을 약간 더 뿌린다.

**11** 에클레르를 하나씩 들고 숟가락이나 작은 스패츌러로 윗면에 글레이즈를 넓게 펴 바른 뒤 여분의 글레이즈는 긁어낸다. 글레이즈를 입힌 에클레르는 냉장고에 넣고 서빙 전에 최소 1시간 동안 식힌다. 차게 또는 상온으로 낸다. 속을 채우고 글레이즈를 입힌 에클레르는 냉장고에서 3일까지 보관할 수 있다.

# 생강 크렘 앙글레즈를 곁들인 초콜릿 테린
## Chocolate terrine with fresh ginger crème anglaise
**Terrine au chocolat, crème anglaise au gingembre**

8인분

### 테린
**세미스위트 혹은 비터스위트 초콜릿**
　10온스(285g)(굵게 다진다)
**무염버터** 8큰술(4온스/115g)(깍둑썰기한다)
**큰 달걀** 4개(흰자와 노른자를 분리해 상온에 둔다)
**천일염이나 코셔 소금** 1자밤
**백설탕** 4큰술(50g)

### 생강 크렘 앙글레즈
**생강** 2온스(60g)(껍질째 저민다)
**전유** 2컵(500ml)
**백설탕** 1/3컵(65g)
**천일염이나 코셔 소금** 1자밤
**큰 달걀노른자** 5개

파리로 이사 오기 전까지는 달걀 한 개를 구입해본 적이 없다. 내 말은 여기 오기 전까지는 달걀을 딱 한 개만 사본 적이 없다는 뜻이다. 달걀을 12개들이 단위로 쓰는 데 익숙한 사람에게, 프로마주리에 가서 밀짚을 깐 바구니에 담긴, 마치 닭장에서 방금 집어 온 것 같은 달걀을 보는 것은 흥미로웠다. 여기서는 달걀을 딱 한 개만 사더라도 사각거리는 포장지에 조심스럽게 싸서 손님에게 건네준다.

그리고 프랑스 달걀을 하나 깨보면, 어째서 그 정도의 대접을 받을 가치가 있는지를 쉽게 알 수 있다. 노른자는 눈부시게 강렬한, 진한 오렌지색이다. 딱 한 개만 쓰든 반 다스를 쓰든, 나는 달걀을 휘젓기 전에 매번 잠시 멈추고 볼 안에서 흔들리는 그 윤기 나는 구체를 가만히 들여다보곤 한다.

미국과 프랑스의 또 한 가지 차이점은 달걀을 대하는 태도다. 나는 날달걀이나 덜 익힌 달걀을 먹는 것에 대해 걱정하는 프랑스 사람을 만나보지 못했다. 프랑스에도 달걀 때문에 문제가 생기는지는 잘 모르겠지만, 내가 디저트를 내면서 몇 번인가 이 문제를 거론했더니 모두가 나를 마치 미친 사람 보듯 쳐다보더니 곧바로 달걀을 퍼먹기 시작했다.

날달걀은 용인하면서도, 내가 요리나 제과에 쓰는 다른 재료들을 보고는 가끔 프랑스인들은 당황하곤 한다. 한 슈퍼마켓 계산대 직원은 통생강을 한 번도 본 적이 없었는지 그걸 보고 깜짝 놀라더니, 그 울퉁불퉁한 뿌리가 마치 그녀의 컨베이어 벨트에 착륙한 외계 생명체라도 되는 양 들어서 찬찬히 살펴보았다. 나는 통생강을 아주 많이 쓴다. 특히 이런 디저트에서 생강의 자극적인 맛은 달걀이 듬뿍 든 커스터드 소스, 그리고 물론 다크초콜릿과도 근사한 대조를 이룬다.

1　테린을 만들기 위해, 큰 볼에 초콜릿과 버터를 넣은 뒤 은근히 끓는 물에 볼을 담그고 가끔씩 저어가며 초콜릿이 녹아서 부드러워질 때까지 중탕으로 녹인다. 불에서 내리고 볼의 겉면이 미지근해질 때까지 그대로 둔다.

2　녹인 초콜릿 재료에 달걀노른자를 1개씩 넣어가면서 잘 섞일 때까지 거품기로 휘젓는다.

3　9인치(23센티미터) 규격의 빵틀에 랩을 1장 깔고 최대한 주름이 지지 않게 쫙 편다.

4　거품기를 장착한 스탠드믹서 용기에 달걀흰자와 소금 1자밤을 넣고 형태가 고정될 때까지 고속으로 돌린다(혹은 볼에 넣고 손으로 휘젓는다). 설탕을 한 번에 1큰술씩 넣어가면서 달걀흰자가 뻑뻑해지고 윤기가 흐를 때까지 약 2분간 계속 돌린다. 거품을 낸 달걀흰자의 1/3을 **2**의 초콜릿 섞은 재료에 넣고 살살 저은

다음, 나머지 달걀흰자를 넣고 흰 줄기가 보이지 않을 때까지만 다시 살살 저어가며 섞는다.

**5** 4의 재료를 긁어 준비한 빵틀에 옮겨 담는다. 빵틀을 조리대에 대고 몇 번 쿵쿵 내리쳐서 기포를 제거하고 윗면을 평평하게 고른다. 테린을 냉장고에 넣고 최소 4시간 동안 둔다. (이 테린은 최대 3일 전에 미리 만들어 냉장 보관할 수 있다.)

**6** 생강 크렘 앙글레즈를 만들기 위해, 소스팬에 저민 생강과 생강이 잠길 정도의 물을 넣고 중불에서 2분간 은근히 끓인다. 생강을 건지고 물은 버린다. 데친 생강 조각을 다시 소스팬에 넣는다. 여기에 우유를 붓고 설탕과 소금 1자밤을 넣는다. 우유를 김이 날 때까지 데운다. 불에서 내리고 뚜껑을 덮어서 1시간 동안 생강을 우려낸다.

**7** 큰 볼에 얼음을 채우고 찬물을 조금 부은 뒤 그보다 작은 금속제 볼을 그 안에 겹쳐 넣고 그 위에 체를 얹는다.

**8** 6의 우유를 다시 데운다. 작은 볼에 달걀노른자를 넣고 거품기로 가볍게 휘젓는다. 데운 우유와 생강을 넣고 다시 휘저은 다음 따뜻해진 재료를 긁어서 소스팬에 담는다. 중약 세기의 불에 올린 뒤 내열 주걱으로 계속 젓고 팬의 바닥과 옆면과 모퉁이를 긁어가면서, 커스터드가 주걱에 입힐 정도로 되직해질 때까지 데우되, 끓어오를 정도로 데우지는 않는다.

**9** 8의 커스터드를 불에서 내린 즉시 체에 걸러 차게 식힌 볼에 담는다. 체에 남은 생강은 버리고, 깨끗한 주걱으로 크렘 앙글레즈가 빨리 식게끔 젓는다. 다 식으면 서빙 준비가 될 때까지 냉장고에 넣어둔다. (크렘 앙글레즈는 최대 3일 전에 미리 만들어 냉장고에 보관할 수 있다.)

**10** 식탁에 내기 전에 테린을 틀에서 꺼내어 접시에 담고 랩을 걷어낸다. 예리한 칼을 뜨거운 물에 담갔다가 썰면 테린이 깔끔하게 잘 썰린다. 차가운 크렘 앙글레즈를 피처에 담아서 곁들인다.

**응용** | **1**에서 녹인 초콜릿에 에스프레소나 다크럼, 코냑, 그랑 마르니에Grand Marnier(코냑에 오렌지 향을 가미한 프랑스산 리큐어—옮긴이) 등의 좋아하는 술 2큰술을 넣어도 된다.

# 초콜릿 둘세 데 레체 타르트
Chocolate – dulce de leche tart

**초콜릿 콩피튀르 드 레 타르트** Tarte au chocolat et confiture de lait

**10인분**

**초콜릿 크러스트**
**가염버터** 6큰술(3온스/85g)(상온에 꺼내둔다)
**가루 설탕** 1/4컵(35g)
**큰 달걀노른자** 1개
**중력분** 1컵(140g)
**더치 혹은 천연 무가당 코코아 가루** 1/3컵(35g)
**플뢰르 드 셀이나 다른 박편형 천일염**
 1/4작은술

**필링**
**다진 비터스위트 혹은 세미스위트 초콜릿**
 8온스(230g)
**큰 달걀** 2개
**전유** 1¼컵(310ml)
**바닐라 추출액** 1/2작은술,
 **혹은 다크럼** 1작은술
**둘세 데 레체** 1컵(240g)
**타르트에 뿌릴 박편형 천일염**
**곁들여 낼 휩트 크림**(337쪽)이나
 **바닐라 아이스크림**(선택 재료)

치약처럼 튜브에 든 가당연유를 프랑스의 슈퍼마켓에서 처음 보았을 때, 내가 코너를 제대로 찾아온 것인지 순간 헷갈렸다. 한 프랑스 친구가 이 튜브를 바로 입안에 넣고 내용물을 짜 먹는 걸 얼마나 좋아하는지 들려주기 전까지는 그게 이해가 되지 않았다. (프랑스인들이 효율적이지 않다고 누가 말했나?) 그녀는 그렇게 말하고는 어린 시절의 추억을 더듬으며 상념에 빠진 모습이었다. 나 또한 둘세 데 레체를 만들려고 통조림에 든 가당연유를 쓴 뒤에 깡통을 싹싹 긁어 먹고 주걱까지 핥아 먹고픈 유혹을 결국 이기지 못했는데, 튜브에 든 가당연유를 구입한다는(혹은 먹는다는) 발상은 그보다 좀 더 효율적으로 들린다.

파리의 많은 치즈 가게에서 판매하는 '콩피튀르 드 레confiture du lait'(둘세 데 레체, 일명 '밀크잼')를 구입하는 것은 그보다도 더 효율적이다. 널찍한 도기 사발에 담긴 이 진하고 윤기 나는 캐러멜 페이스트는 국자로 퍼 담아주는데, 나는 이걸 고전적인 타르트 오 쇼콜라를 응용한 디저트의 베이스로 활용한다. 타르트 오 쇼콜라는 콩피튀르 드 레 한 겹이 안에 숨어 있는 비터스위트 초콜릿 가나슈다. 이것이 초콜릿과 캐러멜을 동시에 즐길 수 있는 한 가지 효율적인 방법이라는 사실은 명백하다. 이제 내가 가지고 다닐 수 있도록 이 두 가지 맛을 한 튜브에 집어넣는 방법만 누가 발명한다면, 이 타르트 조각을 들고 다니는—여러분도 나처럼 그러고 싶은 유혹을 느끼겠지만—일보다 더더욱 효율적일 것이다.

지금 소개하는 레시피는 〈딜리셔스delicious〉(잡지 이름이다)에 처음 실린 레시피에서 착안했다.

**1** 초콜릿 크러스트를 만들기 위해, 주걱을 장착한 스탠드믹서 용기에 버터와 가루 설탕을 넣고 갓 부드러워질 때까지만 저속으로 돌린다. 달걀노른자를 넣고 믹서를 멈춘 뒤 용기의 옆면을 긁어 충분히 혼합될 때까지 섞는다.

**2** 작은 볼에 밀가루와 코코아 가루를 넣고 거품기로 섞는다. 여기에 **1**의 버터 섞은 재료를 넣고 반죽이 뭉칠 때까지만 섞는다. 반죽을 원반 모양으로 빚어 랩으로 싸서 상온에 30분간 놓아둔다.

**3** 바닥이 분리되는 9인치(23센티미터) 규격의 타르트 링 안에 반죽을 놓고 손바닥 아랫부분으로 반죽을 꾹꾹 눌러서 링의 크기에 맞춘다. 바닥을 최대한 평평하게 펴고 반죽이 테두리 위쪽까지 닿도록 가장자리를 팬의 옆면에 눌러 붙인다. 반죽 밑면에 소금을 뿌린 뒤 꼭꼭 눌러서 파묻는다. 팬을 냉동실에 30분간 넣어둔다.

4 오븐을 200도로 예열한다. 차게 식힌 타르트 크러스트 위에 알루미늄 호일을 덮고 다시 그 위에 파이 웨이트 pie weights(파이 껍질을 구울 때 들뜨지 않도록 위에 채워 넣는 여러 개의 작은 구슬—옮긴이)나 마른 콩을 한 겹 깐다. 15분간 구운 뒤 호일과 파이 웨이트를 걷어내고 타르트 셀이 굳은 느낌이 들 때까지 5분간 더 굽는다. 오븐에서 꺼내고 오븐 온도를 150도로 낮춘다.

5 타르트를 굽는 동안 초콜릿 필링을 만든다. 깨끗하고 마른 볼을 은근히 끓는 물에 띄우고 중탕으로 초콜릿을 녹인다. 초콜릿이 녹으면 볼을 불에서 내리고 그 위에 고운체를 얹는다.

6 다른 볼에 달걀을 넣고 거품기로 휘젓는다. 소스팬에 우유를 데운 다음 따뜻한 우유를 달걀에 서서히 부으면서 거품기로 휘젓는다. 이것을 긁어서 다시 소스팬에 담고 내열 주걱으로 계속 저으면서, 김이 나고 약간 걸쭉해질 때까지 약 3분간 중불에서 데운다. (이때 재료들이 약간 분리되면 불을 끄고 빠르게 휘저어 다시 섞는다.) 커스터드를 체에 걸러 초콜릿에 붓는다. 바닐라 추출액을 넣고 부드러워질 때까지 젓는다.

7 둘세 데 레체를 **4**의 뜨거운 타르트 셀 위에 고른 두께로 펴 바른다. 펴 바를 때 부슬부슬한 타르트 바닥이 깨지지 않도록 조심해야 한다. (둘세 데 레체가 너무 되직하면 타르트 셀 안에 놓고 1~2분간 그대로 둔다. 그러면 타르트 셀의 열기로 둘세 데 레체가 부드러워져서 좀 더 쉽게 펴 바를 수 있다.) 알루미늄 호일을 깐 구이판 위에 속을 채운 타르트 셀을 놓고, 둘세 데 레체 위에 **6**의 초콜릿 커스터드를 붓는다. 윗면을 평평히 고르고 박편형 천일염을 넉넉히 뿌린다.

8 타르트를 20분간 구운 뒤 불을 끄고, 타르트가 매끄럽게 마무리되도록 문 닫힌 오븐 안에 25분 더 그대로 놔둔다. 오븐에서 꺼내어 내기 전에 식힌다. 부드럽게 휘저은 휩트 크림(337쪽)이나 바닐라 아이스크림을 곁들여 내도 좋지만 그냥 이것만 따로 내도 좋다.

# 허니 스파이스 브레드 Honey-spice bread
**팽 데피스** Pain d'épices

어떤 사람들은 박물관, 성당, 정원을 구경하거나 방문하기 위해 여행한다. 나는? 나는 먹기 위해 여행한다. 내가 지금처럼 파리에 장기 체류하기 전에 유럽을 여행했을 때는 왜 사람들―특히 프랑스 사람들―이 해외여행을 많이 하지 않는지가 항상 의문이었다. 그건 프랑스 안에도―비아리츠 해변에서부터 쥐라산맥에 이르기까지―엄청나게 다양한 경관이 존재하며, 굳이 해외로 나갈 이유가 많지 않기 때문임을 이제는 알게 되었다. (게다가 프랑스 국내에서는 모두가 자기네 모국어로 말한다. 그리고 유로화가 도입되기 전에는 환전할 필요도 없었다.)

프랑스는 신속한 철도 덕분에 지방을 돌아다니기가 쉽다. 나는 그 많은 교회와 경치 좋은 곳들을 찾아다니는 데는 끔찍이도 게으르지만, 새로운 지방에 갈 때마다 최대한 많이 먹는 것으로 이를 벌충해왔다. 그래도 아직 내가 가보지 못한 지역이 있는데 바로 부르고뉴다. 이곳은 와인과 검은 건포도 리큐어와 디종 머스터드로 세계적으로 유명하다. 그리고 이 머스터드에 들어가는 향신료의 일부가 바로 팽 데피스에 들어가는 향신료와 동일하다.

대개 버터 맛이 나고 촉촉한 미국의 스파이스 케이크와 달리, 진짜 팽 데피스는 말 그대로 빵pain이며 그 식감은 쫀득하고 치밀하다. 이 빵에 대해 내가 지금까지 들어본 것 중 가장 정확한 묘사(이자 조언)는 몬트리올의 음식 기고가인 레슬리 체스터먼Lesley Chesterman의 말이었다. 내가 레시피에 만전을 기하기 위해 그에게 연락해 조언을 구했을 때 그는 이렇게 말했다. "중세의 맛이 나야 해요."

대서양을 건너오면서 몇몇 물건을 분실하긴 했지만, 내가 여러 해에 걸쳐 수집한 흥미로운 레시피들을 정리한 자료만은 용케 아직까지 간직하고 있다. 프랑스에 온 뒤로도 이 자료는 계속 새로 추가되고 있는데, 최근에는 특이한 팽 데피스 레시피들이 추가되었다. 그중 한 프랑스 양봉업자의 레시피는 놀라웠다. 여기에는 밀가루와 꿀, 단 두 가지 재료만 들어간다. (빵이 어떻게 만들어져 나올지는 잘 모르겠지만, 그의 고급 꿀을 구입한 사람들이 그걸 펑펑 써버리게 만드는 데는 확실히 탁월한 수단인 것 같다.) 호밀가루를 쓰는 레시피도 있는데 이건 전통적인 방식이지만 현대인의 입맛에는 너무 건조한 빵이 만들어질 수 있다. 또 (옥수수 시럽과 유사한) 포도당이 들어가는 것도 있는데, 어떤 이유에서인지는 몰라도 내게는 개중에 정통에서 가장 벗어난 레시피로 느껴진다.

레슬리는 파리에서 작은 가게를 운영하다가 몇 해 전에 문을 닫은 유명한 제빵사 앙드레 레르슈André Lerch의 레시피를 보내주었다. 그의 레시피에는 꿀을 끓여서 농축하는 기술이 담겨 있었는데, 내가 찾던 식감을 내기 위해 이 기술을 바로 적용했다. 이 빵은 향신료가 강하게 들어가 있지만 하루나 이틀이 지나면 맛이 부드러워진다. 사실 이 빵은 시간이 흐를수록 맛이 더 좋아진다.

여기서는 어떤 종류의 꿀을 쓰느냐가 빵의 맛을 결정한다. 색이 어두운 꿀을 쓰면 강렬하고 더 깊은 맛이 나는 반면, 밝은 색 꿀을 쓰면 약간 더 달콤한 빵이 만들어진다.

프랑스에서 팽 데피스는 푸아그라와 함께 즐겨 먹는 창의적인 사람들 덕분에 새롭게 부활했다. 이는 카르보나드 플라망드(198쪽)에 들어가는 고전적인 재료이기도 하다.

1 오븐을 180도로 예열한다. 9인치(23센티미터) 규격의 빵틀에 버터를 바르고 바닥에 유산지 1장을 깐다.
2 꿀, 황설탕, 물, 소금을 소스팬에 넣고 끓기 시작할 때까지 데운다. 불을 줄이고 5분간 은근히 끓인다. 불에서 내린 뒤 중력분 1컵(140그램)을 넣고 젓는다. 상온에서 식힌다.
3 큰 볼에 나머지 중력분 1/3컵(35그램), 통밀가루, 베이킹파우더, 베이킹소다, 아니스 씨, 계핏가루, 올스파이스 가루, 생강가루, 육두구 가루, 정향 가루를 넣고 거품기로 섞는다.
4 작은 볼에 달걀과 노른자를 1개씩 각각 넣고 거품기로 휘젓는다.
5 꿀 섞은 재료의 절반을 3의 마른 재료에 넣고 젓는다. 휘저은 달걀을 넣고, 꿀 섞은 재료의 나머지를 넣은 다음 갓 부드러워질 때까지만 젓는다. (밀가루 덩어리가 남아 있으면 거품기로 반죽을 잠깐 휘저어 덩어리를 풀어 섞는다.)
6 섞은 재료를 긁어서 준비한 빵틀에 옮겨 담는다. 중간 부분에 이쑤시개를 찔렀다 빼도 묻어 나오지 않을 때까지 35~45분간 굽는다. 20분간 식힌 뒤 케이크 옆면에 칼을 넣어 빵틀에서 분리해낸다. 가능하면 하루 동안 기다렸다가 썬다. 팽 데피스는 잘 싸두면 상온에서 최소 일주일 동안 보관할 수 있고, 냉동실에서는 3개월까지 보관할 수 있다.

**응용** | 꿀 1/4컵(80그램) 대신 순한 맛의 당밀을 넣으면 좀 더 맛이 두드러지는 팽 데피스를 만들 수 있다.

---

(23cm 크기의) 빵 1덩이, 12~16조각

**꿀** 3/4컵(240g)
**황설탕 눌러 담아서** 1/2컵(90g)
**물** 3/4컵(180ml)
**천일염이나 코셔 소금** 1/2작은술
**중력분** 1 1/3컵(175g)
**통밀가루** 2/3컵(90g)
**베이킹파우더** 1작은술(알루미늄 성분 없는 것으로)
**베이킹소다** 1작은술
**아니스 씨 통으로 혹은 갈아서** 1작은술
**계핏가루** 1작은술
**올스파이스 가루** 1작은술
**생강가루** 1작은술
**육두구 가루** 1/2작은술
**정향 가루** 1/2작은술
**큰 달걀** 1개
**큰 달걀노른자** 1개

# 르 위크엔드

프랑스 정부가 쏟아붓는 엄청난 노력이 무색하게도, 프랑스어에 영어가 기어드는 것을 저지하지 못하고 있다.

인터넷이 그 좋은 예다. 문화제국주의자처럼 들릴 위험을 무릅쓰고 말하자면, 수많은 용어와 웹사이트가 영어로 되어 있는 것은 어쨌든 영어가 공용어로 떠올랐기 때문이다. 그래서 우리는 각자의 언어로 '리브르 드 비자주Livre de visage'나 '파차 디 리브로Faccia di libro'나 '얼굴책'이라 하지 않고, 모두가 그냥 '페이스북'이라고 하면서 서로가 알아듣기를 희망하는 데 동의할 수 있는 것이다. 비록 '트위터Twitter'는 프랑스에서 'Tweeter'라고 새롭게 명명되었지만, 내 생각에 이 정도의 변형은 무시해도 될 것 같다.

하지만 참다못한 프랑스 정부는 이미 보편적으로 수용된 '해시태그hashtag'라는 말을 프랑스에서 공식적으로 금지하고 그 대신 '모-디에즈mot-dièse'('울림표-말')라는 말을 써야 한다는 결정을 내렸다. 물론 그들은 하이픈으로 연결한 이 신조어가 바로 그 하이픈 때문에 해시태그—아니, '모-디에즈'라고 해야 되나?—로 인식되지 않는다는 사실을 고려하지 않았다.

그들이 쫓아내고 싶어했던 또 다른 단어는 바로 '르 위크엔드le week-end'다. 이 단어는 '르 스크라블'le Scrabble'(스크래블)(알파벳이 새겨진 타일로 보드 위에 가로나 세로로 단어를 만들어내면 점수를 얻는 방식의 보드게임—옮긴이)에서 W타일을 꺼낼 때마다 내 비장의 무기가 되어주는 데 말이다. 프랑스어 사전에는 W로 시작하는 단어가 겨우 반 페이지밖에 안 되며, 그 대부분이 '바공wagon'(왜건), '웨스테른western'(웨스턴)[이건 '옛날 서부Old West' 배경의 영화를 가리키는 말로만 쓰이니, '드 루에스트de l'ouest'(서쪽의)와 같은 뜻이 전혀 아니다], '와테르폴로water-polo'(수구)처럼 영어가 어원인 단어들이다. 그래서 나는 언젠가는 기어이 스크래블 게임에서 승자가 되겠다는 소망을 담아, W로 시작되는 단어가 사전에 최대한 많이 실리게끔 열심히 응원하고 있다.

'위크엔드week-end'는 그 명백한 뜻 외에도 대부분의 파티스리pâtisserie(제과점)에서 판매하는 파운드케이크의 일종을 가리킨다. 파운드케이크는 여러 층으로 되어 있거나 속에 크림을 채운 케이크와 달리 사흘까지도—그러니까 '르 위크엔드' 내내—거뜬히 유지된다.

나는 이 파운드케이크에 허브 느낌을 살짝 주고 월계수 잎을 써서 향을 냈는데, 이는 슥슥 갈아 넣은 향긋한 오렌지 껍질과 근사하게 어울린다. 흥미롭게도 미국산 월계수 잎은 향이 두 배 더 강하기 때문에 '지중해산'이나 '수입산' 월계수 잎을 쓰라고 조언하는 레시피가 많다. 일반적인 경우 이는 훌륭한 조언이다. 하지만 이 케이크만큼은 미국산 월계수—혹시 다른 외국어인 라틴어를 써도 큰 문제가 되지 않는다면, '움벨룰라리아 칼리포르니카Umbellularia californica'—가 특히 더 잘 어울린다. 혹시 미국에 사는 여러분 주위에 월계수나무를 가진 사람이 있다면, 이 케이크를 위해 무슨 수를 써서라도 그 나무를 털어라. 그리고 가능하면 먹기 하루 전에 케이크를 만들어놓고 밤새 맛을 들여 케이크에 더더욱 풍미가 배게 하는 것이 좋다.

내가 프랑스에 와서 배운 한 가지 전문적인 요령은 케이크를 굽기 전에, 상온에서 크림 상태가 된 버터를 파운드케이크의 윗면 가운데에 한 줄로 짜는 것이다. 그러면 윗면에 장식적으로 보기 좋게 갈라진 틈새가 형성된다. '프랑스 조리 용어를 총망라한 모음집'이라는 부제가 붙은 프랑스 요리 사전에서 "크림 상태의 버터를 한 줄로 짜는 것"의 정식 명칭을 뒤져보았지만 결국 찾지 못했다. 그런데 'W' 항목에 표제어가 '바테르조이Waterzooi'(생선이나 닭고기를 넣은 벨기에 플랑드르의 크림 스튜—옮긴이) 딱 하나만 실려 있으며 '르 위크엔드'가 눈에 딱 띄게 누락되어 있다는 사실은 확인했다. 여기에 프랑스어 경찰이 개입했는지의 여부는 확실치 않지만, 나는 우편으로 소환장이 날아오는 그날까지 꿋꿋이 이 케이크를 '가토 위크엔드gâteau week-end'라고 부를 것이다. "한 주가 끝날 무렵의 사흘인 금요일, 토요일, 일요일을 위한 가토le gâteau pour les trois jours fin de semaine: vendredi, samedi, et dimanche"라고 말할 시간에 가토 한 개를 오븐에서 꺼낼 수 있기 때문이다.

## 오렌지 글레이즈를 바른 월계수 잎 파운드케이크
### Bay leaf pound cake with orange glaze

오렌지를 바른 월계수 향 가토 위크엔드 Gâteau week-end parfumé au laurier, nappage à l'orange

나는 파운드케이크를 만드는 전통 방식을 거꾸로 뒤집었다. 버터를 녹여서 밀가루를 푹 적시면 속이 기름진 촉촉한 파운드케이크가 나온다. 월계수 잎 대신 로즈제라늄(구문초)이나 향이 나는 다른 잎을 쓸 수도 있다. (당연한 얘기지만) 농약을 친 잎만 아니면 된다. 오렌지 향이 나는 케이크를 만들려면 아래의 '응용'을 참조할 것.

1. 케이크를 만들기 위해, 작은 소스팬에 버터 6큰술(85그램)을 넣고 녹인다. 팬을 불에서 내리고 월계수 잎 3장을 넣어 1시간 동안 우린다.
2. 오븐을 180도로 예열한다. 9인치(23센티미터) 규격의 빵틀에 버터를 바른다. 밀가루를 뿌리고 여분의 밀가루는 톡톡 쳐서 떨어낸 뒤 빵틀 바닥에 유산지를 깐다. 남은 월계수 잎 7장의 한쪽 면에 버터를 약간씩 바른 뒤, 준비한 빵틀 바닥에 버터 바른 면이 아래로 가도록 일정한 간격으로 놓는다.
3. 큰 볼에 밀가루, 설탕, 베이킹파우더, 소금을 넣고 거품기로 섞는다.
4. 작은 볼에 달걀, 사워크림, 오렌지 껍질, 바닐라 추출액을 넣고 거품기로 휘저어 섞는다.
5. 버터를 다시 데워서 녹인 뒤 월계수 잎을 걷어낸다.
6. 월계수 잎을 우려낸 녹은 버터를 4의 달걀 섞은 재료에 넣는다. 달걀 섞은 재료를 3의 마른 재료에 넣고 반죽이 갓 부드러워질 때까지만 고무 주걱으로 살살 젓되, 너무 많이 젓지 않는다. 빵틀 바닥에 놓은 월계수 잎이 흩어지지 않도록 조심하면서, 반죽을 긁어 준비한 빵틀에 옮겨 담는다. 상온에서 부드러워진 버터 1큰술을 비닐봉지에 넣고 귀퉁이를 잘라낸 뒤(또는 유산지를 원뿔형으로 말아도 된다) 케이크 윗면 중앙에 일직선으로 짠다. 중앙 부분에 이쑤시개를 찔렀다가 뺐을 때 반죽이 묻어 나오지 않을 정도가 될 때까지 40~45분간 굽는다.
7. 오븐에서 꺼내어 10분간 식힌다. 케이크 가장자리에 칼을 집어넣어 케이크를 빵틀에서 분리한 뒤 식힘망 위에 옮겨놓고 완전히 식힌다.
8. 글레이즈를 만들기 위해, 가루 설탕, 오렌지즙, 오렌지 리큐어를 섞는다. 식은 케이크 위에 글레이즈를 펴 바른다. 이때 글레이즈가 옆면으로 흘러내려 그대로 굳도록 놔둔다.

**응용** | 월계수 잎의 향이 아니라 오렌지 향이 나는 가토 위크엔드를 만들려면, 우선 야채 필러로 오렌지 3개 분량의 껍질을 벗긴다. (강판 모양의 제스터를 쓰면 그 정도 양의 껍질을 얻을 수 없다.) 푸드프로세서에 오렌지 껍질을 백설탕과 함께 넣고

---

(23cm 크기의) 케이크 1개, 12인분

### 케이크

**무염버터** 6큰술(3온스/85g) (깍둑썰기해서 상온에 둔다. 반죽 위에 짜는 용도로 상온에 두어 부드러워진 버터 1큰술을 추가로 준비한다)

**월계수 잎 싱싱한 것이나 말린 것** 10장

**중력분** 1⅔컵(230g)

**백설탕** 1컵(200g)

**베이킹파우더** 1작은술(알루미늄 성분 없는 것으로)

**천일염이나 코셔 소금** 1/2작은술

**큰 달걀** 3개(상온에 꺼내둔다)

**사워크림** 1/2컵(125g)

**(무농약) 오렌지 껍질** 1개 분량(곱게 간다)

**바닐라 추출액** 1/2작은술

### 오렌지 글레이즈

**가루 설탕** 1컵(140g)

**오렌지즙** 1½큰술

**그랑 마르니에나 쿠앵트로Cointreau 같은 오렌지 향 리큐어** 1작은술

간다. 그러면 설탕이 시트러스의 향긋한 기름 성분을 흡수해 밝은 오렌지색으로 변한다. 파운드케이크를 만들 때 월계수 잎을 빼고 이것을 넣으면 된다. 그리고 케이크 반죽에 바닐라 추출액 대신 그랑 마르니에나 쿠앵트로 같은 오렌지 리큐어 2작은술을 넣는다.

## 오리 기름 쿠키 Duck fat cookies
**오리 기름 사블레** Sablés à la graisse de canard

프랑스인들이 '엽기 음식 도전 extreme eating'에 별로 열의가 없어서 얼마나 다행인지 모르겠다. 덕분에 지극히 정상적인 성인들이 베이컨 조각으로 장식한 케이크 앞에서 눈을 번득이며 침 흘리는 광인으로 변신하거나, 삼겹살이나 라드(정제한 돼지기름—옮긴이)로 만든 젤리를 삼키듯 먹어치우는 광경을 보지 않아도 되니 말이다. 파리에서 내장이 가득 담긴 접시를 보고 환희에 찬 비명을 지르는 사람은 텔레비전 쇼를 녹화 중인 외국인 셰프들뿐이다. 소시지, 베이컨, 오리 기름이 생활의 일부인 프랑스인들은 이런 것을 먹는 데 그냥 익숙해져 있다.

나는 기름에 대한 두려움이 없고(있었다면 아마 실업자가 되었을 것이다), 기름을 넣어서 요리 맛이 좋아지는 경우에는 서슴없이 쓴다. 하지만 그 바람직하지 않은 영향력에서는 나도 자유로울 수 없다. 여러 해 전에 외식업계를 떠났을 때, 나는 주변의 모든 것을 가리지 않고 먹어대온 탓에 내 배에도 삼겹살이 쌓이고 있음을 깨달았다. 식당 일을 그만두면서 몸무게와의 싸움을 홀가분하게 재개할 수 있었다. 먹는 것에 좀 더 신중을 기하고 프랑스 특유의 '모데라시옹'(중용)—모든 것을 즐기되 적당히 즐긴다는, 주의 깊게 계산된 마음가짐—을 실천하면서 말이다. (하지만 이 체중 감량 전략에서 나는 그에 못지않게 중요한 부분인 대량 흡연은 실천하지 않는다.)

프랑스 남서부의 주민들은 오리 기름을 풍족하게 즐기는 것으로 유명한데 어떤 이는 그들이 장수하는 비결이 바로 오리 기름이라고 추측한다. 쿠키를 먹으면 건강해진다고까지 말할 수는 없지만, 만약 여러분 식단에 오리 기름을 늘릴 것을 고려하고 있다면 오리 기름 쿠키는 아주 맛있는 방법이다.

1 작은 소스팬을 약불에 올리고 건포도와 아르마냑을 넣은 뒤 아르마냑이 건포도에 완전히 흡수될 때까지 데운다. 팬을 불에서 내려 상온에 그대로 둔다.
2 주걱을 장착한 스탠드믹서 용기에 오리 기름, 버터, 설탕을 넣고 잘 섞일 때까지 저속으로 돌려 크림 상태로 만든다.(볼에 넣고 손으로 저어도 된다.) 바닐라 추출액을 섞는다.

3   작은 볼에 밀가루와 소금을 넣고 거품기로 섞는다. 이것을 **2**의 기름 섞은 재료에 넣고 반죽이 뭉칠 때까지 젓는다. **1**의 건포도를 섞는다.

4   살짝 밀가루를 친 평대에 반죽을 놓고 부드러워질 때까지 잠깐 치댄다. 반죽을 직사각형으로 편 다음 길이로 반 자른다. 각각의 반죽을 6인치(15센티미터) 길이로 돌돌 만다. (말린 과일 조각 때문에 반죽이 조금 갈라지면 손가락으로 갈라진 틈을 메워서 반죽을 눌러 붙인 뒤 마저 원통형으로 만다.) 원통형 반죽을 각각 랩으로 싸서 굳을 때까지 최소 30분 동안 냉장고에 넣어둔다. (반죽은 최대 3일 전에 미리 만들어서 냉장 보관할 수 있다. 냉동실에 두면 2개월까지 보관할 수 있다.)

5   오븐을 180도로 예열하고 구이판 2개에 유산지나 실리콘 베이킹 매트를 깐다.

6   쿠키를 굽기 위해, 반죽을 1/4인치(0.75센티미터) 두께의 원형으로 썰어서 구이판 위에 일정한 간격으로 놓는다. 중간에 구이판을 돌려가면서 윗면이 금갈색이 될 때까지 약 12분간 굽는다. 쿠키를 오븐에서 꺼내어 구이판 위에서 바삭해질 때까지 식힌다. 이 쿠키는 밀폐 용기에 넣어 상온에서 3일까지 보관할 수 있다.

---

쿠키 45~50개

**건포도나 다진 말린 체리** 1/4컵(30g)

**아르마냑이나 코냑이나 브랜디** 1큰술

**차게 식힌 오리 기름** 6큰술(85g)

**가염버터나 무염버터**
    4큰술 (2온스/55g)(상온에 꺼내둔다)

**백설탕** 3/4컵(150g)

**바닐라 추출액** 1/2작은술

**중력분** 1¼컵(175g)

**천일염이나 코셔 소금** 3/4작은술

# 올리브유와 플뢰르 드 셀을 뿌린 버터밀크 아이스크림
Buttermilk ice cream with olive oil and fleur de sel
Glace au lait ribot, huile d'olive, et fleur de sel

1ℓ

**생크림** 1¾컵(430ml)
**백설탕** 1/2컵(100g)
**묽은 옥수수 시럽** 3큰술(60g)
**버터밀크** 1¼컵(310ml)
**과일 향 나는 엑스트라 버진 올리브유**
**박편형 천일염**(플뢰르 드 셀이 좋다)

### 아이스크림에 곁들일 과일 콩포트

내가 좋아하는 콩포트 중 하나는 자두와 라즈베리로 만든 것이다. 이것을 만들려면 우선 오븐을 180도로 예열한다. 이탈리아산 말린 자두 1½파운드(680그램)를 반씩 가르고(일반 자두를 쓸 경우에는 4등분하고) 씨를 도려낸 뒤 구이판에 놓는다. 여기에 길이로 반 쪼갠 바닐라빈 1/2개, 화이트와인(단 것, 달지 않은 것 모두 괜찮다) 1/4컵(60밀리리터), 설탕 2큰술을 넣고 버무린다. 구이판을 알루미늄 호일로 꼭 감싸고 25분간, 혹은 자두가 완전히 익을 때까지 굽는다. 자두를 오븐에서 꺼내고 생라즈베리 4온스(115그램)를 넣은 다음 다시 호일을 덮고 콩포트를 베리와 함께 식힌다. 모든 재료를 살살 섞은 다음 아이스크림과 함께 낸다.

프랑스는 발효 유제품의 천국이다. 물론 프로마주 블랑 fromage blanc, 페젤 faiselle(수분을 뺀 치즈), 크렘 프레슈 같은 감미로운 프랑스 치즈와 기타 산지 직송 유제품도 풍부하지만, 슈퍼마켓의 요구르트 선반 앞에서는 감탄하지 않을 수가 없다. 가게 안에서 가장 길게 자리한 매대도 요구르트 선반이다.

하지만 버터밀크는 그 가운데서 마치 끈 떨어진 연 같아 보인다. 크레프리에서 사발에 담아주는 형태의 음료라 가장 눈에 띄는데, 주위를 둘러보면 그것을 홀짝이고 있는 사람은 항상 나 하나뿐인 것 같다.

그러다 최근에 파리에서도 유행의 첨단을 걷는 한 레스토랑 메뉴에 '글라스 오 레 리보 glace au lait ribot'(버터밀크 아이스크림)가 있는 것을 보고는 깜짝 놀랐다. 외양은 아름다웠지만 그 맛에는 내가 기대했던 유제품 특유의 톡 쏘는 맛이 없었다. 그래서 나는 '레 리보(버터밀크)' 한 병을 구입해 그 주가 가기 전에 나만의 버터밀크 아이스크림을 휘저어 만들었다. 다 만든 다음 여기에 과일 향이 짙은 올리브유를 조금 붓고 플뢰르 드 셀을 솔솔 뿌려서 만족스럽게 퍼먹었다.

이 짜릿한 맛의 아이스크림은 올리브유와 소금 대신 설탕을 친 딸기 조각이나 천도복숭아 조각, 블루베리, 혹은 살구 크럼블 타르트(309쪽)와 곁들여 먹어도 끝내준다. 또 과일 콩포트 compote(왼쪽의 '아이스크림에 곁들일 과일 콩포트' 참조)와 곁들여도 그 신맛이 과일과 베리의 달콤한 맛을 상쇄해 좋은 짝을 이룬다.

버터밀크는 지방 함량이 낮아서 이 아이스크림을 냉동실에 하루 이상 두면 딱딱해진다. 그래서 부드럽게 뜨기 쉽도록 옥수수 시럽을 넣는다. 만약 옥수수 시럽을 빼고 싶다면 그 대신 순한 꿀을 넣거나 백설탕을 1/4컵(50그램) 더 넣는다. 먹기 10분 전에 미리 냉동실에서 꺼내놓으면 좀 더 쉽게 뜰 수 있다.

**1** 작은 소스팬에 생크림, 설탕, 옥수수 시럽을 넣고 이따금 저어가며 설탕이 완전히 녹을 때까지 약한 불에서 데운다. 최소 8시간 동안 완전히 차게 식혀둔다.

**2** 1의 차게 식힌 설탕 크림에 버터밀크를 넣고 저은 뒤 아이스크림 메이커에 넣고 설명서의 지시에 따라 작동시킨다. 다 휘저어진 아이스크림을 용기에 담고, 뜰 수 있을 정도로 굳을 때까지 두서너 시간 동안 얼린다.

**3** 아이스크림을 볼에 퍼 담는다. 올리브유와 천일염을 뿌려서 낸다.

# 프렌치 치즈케이크 French cheesecake
**투르토 프로마제** Tourteau fromager

"저 까맣게 탄 건 뭐예요?" 프로마주리에 온 사람들이 새까맣게 그을린 볼록한 원반을 가리키며 내게 묻는다. 한눈에 봐도 어리둥절한 표정들이다. 그 얇디얇고 까만 층 밑에는 염소젖 치즈로 만들고 달걀이 들어가 질감이 가벼운 치즈케이크가 있다고 내가 알려줄 때까지는 그 어리둥절한 표정들이 걷히지 않는다. 나도 호기심으로 처음 이것을 구입했을 때, 그 안쪽은 그을린 외관과는 전혀 딴판인 것을 발견하고 얼마나 안도했는지가 떠오른다. 겉과 속이 꼭 일치하지 않는다는 점에서 파리와 비슷하기도 하다.

일본인들이 '파리 신드롬'이라고 이름 붙인 이 현상은 파리가 그림엽서나 영화에서 보았던 도시와 같지 않다는 걸 알게 되었을 때의 불편한 심리 상태를 말한다. 나 자신도 때때로 파리 신드롬을 경험해본 것 같다. 그중 최악은 인터넷과 전화를 결합한 서비스가 석 달이나 끊겼는데 인터넷과 전화가—당연히도—불통이어서 그 서비스를 제공하는 회사에 연락할 수가 없었던 때였다. 이것도 파리 신드롬의 한 증상인지는 잘 모르겠지만, 그 회사 영업소를 또다시 방문했다가 다음 날이면 문제가 해결될 거란 말을 열네번째로 듣고 짜증이 머리끝까지 나서 돌아온 나는 아파트 한복판에 서서 말 그대로 비명을 질렀다.(파리를 묘사한 그림엽서에서는 절대로 볼 수 없는 이미지일 것이다.)

그로부터 몇 주 뒤, 나는 '네가 뿌리내린 곳에서 피어나라 Bloom Where You're Planted'에서 강연을 해달라는 요청을 받았다. 이 괴팍한 도시에 적응 중인 신참 이주자들을 위해 마련된 세미나였다. 나는 파리에서 산다는 것의 괴상한 측면에 '대처'하고, 참가자들이 그런 다양한 경험을 극복하도록 돕는 것을 주제로 삼기로 결심했다. 세미나 참석자 중 한 명은 슈퍼마켓 계산대 직원한테 바나나 한 개를 담을 봉지를 달라고 부탁했다가 거절당해 충격을 받은 일이 있었다.(나는 살짝 계산대 직원 편을 들었다.) 또 한 명은 자기 계좌에서 돈을 인출하려 해도 은행에서 돈을 안 내주려고 하기 때문에 은행에 들어가기가 두렵다고 했다. 그 말에 나는 프랑스에서 가정용 금고 장사가 성업 중인 이유가 바로 그 때문이라고 설명해주었다. 내가 그들에게 남긴 가장 중요한 충고는, 너무 힘들어지면 파리 밖으로 한번 여행을 떠나라는 것이었다.

사람들은 프랑스가 다채로운 나라이며 파리는 그중 특정한 일부 지역에 불과하다는 걸 망각하곤 한다. ('프랑스 신드롬'이 아니라 '파리 신드롬'이라는 걸 유의하자.) 프랑스 수도 바깥의 느린 삶을 즐기는 것 말고도, 다양한 지역을 방문해야 할 또 다른 이유는 바로 현지 고유의 요리를 시식함으로써 각 지방의 음식에 대해 배울 수 있기 때문이다. (와인 시음 또한 가령 자기 아파트에서 미친 사람처럼 고함을 지르는 등의 '외상 후 통신 회사 장애' 증상을 극복하는 데 도움이 된다.) 장거리 자동차 여행에서 내가 좋아하는 건 고속도로 휴게소에 멈추는 일이다. 휴게소에서는 그 지방에서 엄선한 과자, 리큐어, 심지어 요리책까지 발견할 수 있다. 내가 한 주유소에서 구입한 푸아투샤랑트 지방의 요리 안내서처럼 말이다.

투르토 프로마제는 바로 이 고장 고유의 음식으로, 겉보기와는 전혀 다른 빵이다. 그 새까만 껍질 안에는 속이 꽉 찬 미국식 치즈케이크의 독특한 풍미와 가벼운 스펀지 같은 일본식 치즈케이크의 질감을 모두 지닌 케이크가 숨어 있다. 전통적으로 이 케이크는 탈 듯이 뜨거운 오븐에서 굽기 시작해 윗면의 검은 크러스트를 만든 다음 온도를 낮추고 속을 익힌다. 여러분이 구운 케이크는 프랑스에서 구할 수 있는 새까만 케이크와 비슷하게 나올 수도 있고 그렇지 않을 수도 있지만, 설령 그렇지 않더라도 비명을 지를 필요는 없다.

---

10~12인분

**크러스트**
중력분 1½컵(210g)
백설탕 2작은술
천일염이나 코셔 소금 1/4작은술
무염버터 8큰술(4온스/115g) (차게 식혀 깍둑썰기한다)
큰 달걀 1개
얼음물 2큰술

**필링**
염소젖 생치즈 10온스(285g)
사워크림이나 크렘 프레슈 2큰술
백설탕 1¼컵(250g)
바닐라 추출액 1작은술
코냑이나 브랜디 1작은술
큰 달걀 5개 (흰자와 노른자를 분리해서 상온으로 준비한다)
중력분 약간 모자라게 1/2컵(60g)

곁들여 낼 꿀(선택 재료)
설탕에 버무린 생베리류(서빙용, 선택 재료)

---

1 크러스트를 만들기 위해, 주걱을 장착한 스탠드믹서 용기에 밀가루, 설탕, 소금을 넣고 섞는다(혹은 볼에 넣고 손으로 섞는다). 차게 식힌 버터를 넣고 버터가 으깨져서 재료가 옥수숫가루와 유사한 형태가 될 때까지 저속으로 돌린다. 달걀과 얼음물을 넣고 반죽이 뭉칠 때까지 돌린다. 반죽을 긁어모아서 평평한 원반 모양으로 빚는다. 반죽을 랩으로 싸서 최소 30분, 혹은 하루 동안 냉장고에 넣어 둔다.

2 오븐을 230도로 예열한다.

3 반죽을 냉장고에서 꺼내어 살짝 밀가루를 친 평대에 놓고 밀어서 15인치(38센티미터) 크기의 원형으로 만든다. 반죽을 9~10인치(23~25센티미터) 규격의 스프링폼 팬에 맞추어 넣되, 반죽이 늘어나지 않도록 가장자리를 살짝 들었다 놓아서 팬 모서리에 느슨하게 걸친 뒤 반죽 가장자리를 팬 옆면에 지그시 눌러 붙인다. 테두리 바깥으로 삐져나온 부분은 잘 드는 칼로 잘라 다듬는다.

4 필링을 만들기 위해, 주걱을 장착한 스탠드믹서 용기에 염소젖 치즈, 사워크림, 설탕의 절반, 바닐라 추출액, 코냑을 넣고 잘 섞일 때까지 중간 속도로 돌린다(혹은 볼에 넣고 손으로 섞는다). 주걱을 떼고 거품기를 장착한 뒤 달걀노른자를 넣는다. 부드러워질 때까지 중고속으로 돌린(혹은 튼튼한 거품기를 써서 손으로 휘저은) 뒤 밀가루를 섞는다.

5 다른 용기에 달걀흰자를 넣고 형태가 잡힐 때까지 중고속으로 돌린다. 나머지 설탕을 넣고 거품기를 들어 올렸을 때 뾰족한 형태가 고정될 때까지 돌린다. 거품 낸 흰자의 1/3을 **4**의 재료에 넣고 살살 저은 뒤, 남은 흰자를 두 차례로 나눠 넣고 반죽 안에 흰 줄이 보이지 않을 때까지만 살살 저어 부드럽게 섞는다.

6 섞은 재료를 긁어서 팬에 깐 반죽 위에 붓고 윗면을 매끈하게 고른다. 20분 동안 오븐 문을 열지 않고 굽는다. 오븐 온도를 200도로 낮추고 15분간 더 굽는다. 케이크를 식힘망 위에 놓고 완전히 식힌 뒤 스프링폼 팬의 옆면을 조심스

럽게 분리한다. 케이크를 썰어서 상온으로 낸다. 전통적으로 투르토 프로마제는 사이드 디시 없이 내지만, 꿀을 끼얹어 먹거나 설탕에 버무린 생베리류를 곁들여 먹어도 좋다.

## 오랄라 Oh-la-la!

나는 '타르트 트로페지엔le tarte tropézienne'을 약간 두려운 시선으로 쳐다보곤 했다. 타르트라고 부르지만 실은 우뚝 솟은 케이크에 더 가깝고, 크림 필링은 이걸 둘러싼 스펀지케이크 층만큼이나 두툼하다. 반짝이는 초콜릿 가나슈를 입혔거나 크림과 초콜릿 컬로 멋지게 장식한, 파리 페이스트리 상점의 매끈하고 날렵한 케이크들 사이에서 이것은 어쩐지 항상 부자연스럽게 튀어 보였다. 프랑스 남해안에 있으며 일명 '헬리오폴리스Héliopolis'라고도 부르는 르방 섬에 갔을 때, 거기서 비로소 가슴 뛰는 타르트 트로페지엔을 처음 먹어보았다.

헬리오폴리스는 1931년 프랑스의 두 형제 의사가 설립한 공동체다. 그들은 건강을 위해 채식을 하고 술과 담배를 삼가고 약을 거부할 것을 사람들에게 권고했다. 아, 그리고 옷을 입지 말라는 권고도 했다.

그 결과로 이 섬은 사람들이 알몸에 선크림 한 겹만 달랑 바른 채 햇볕을 쬐며 거닐거나 일상을 영위하는 '나체주의자naturiste' 보호 구역이 되었다. 이 섬의 공동체는 1년 내내 유지되며, 작은 식료품점 한 곳, 빵집 한 곳, 식당 몇 군데 빼고는 편의 시설이라 할 만한 것이 별로 없다.

항구에 위치한 레스토랑 '르 강바로Le Gambaro'—이 섬에서 옷을 입어야 하는 단 두 곳 중 한 군데—에서 우리는 놀랄 만큼 신선한 해산물을 먹었다. (아마도 낚시하는 데 쓰는 바늘 때문에) 작업복을 갖춰 입은 어부들이 매일 아침 부두에 배를 대고 판매하는 해산물이었다. 훌륭한 부야베스—김이 펄펄 끓는 가마솥에서 건져낸 생선으로 만든 코스 요리—를 다 먹은 뒤, 나는 배가 부른데도 충동적으로 타르트 트로페지엔을 주문했다. 이것을 한입 먹어본 뒤 나는 동행인과 나눠 먹으려고 한 개만 주문한 것을 곧 후회했다. 그날 밤 내가 늦게까지 잠 못 이룬 것은 내 귀에서 앵앵거리는 모기가 아니라 바로 타르트 트로페지엔 때문이었다. 다음 날 아침 우리는 다시 돌아가서 그것을 (더는 나눠 먹지 않겠다는 일념으로) 두 개 주문했다. 프랑스인들은 오전 10시 45분에는 디저트를 주문하지 않기 때문에 프랑스인 종업원은 이 요구에 어떻게 대처해야 할지 몰라 쩔쩔맸다. 하지만 우리는 고집을 꺾지 않았고, 결국 두 개가 나와서 맛있게 먹었다.

이곳에서 배로 그리 멀지 않은 생트로페와 이 케이크의 연관성이 다소 흥미롭다. 브리지트 바르도가 생트로페에서 〈그리고 신은 여자를 창조했다〉를 찍고 있을 때, 이 지방 고유의 페이스트리를 먹어보고 홀딱 반해서 여기에 '라 타르트 트로페지엔'이라는 이름을 붙였다고 한다. 이 영화에 나오는 그녀의 모습으로 미루어 보면—오랄라!(세상에나!)—내가 본 프랑스 디저트 중에서 가장 많은 커스터드가 들어간 이 기름진 케이크를 그녀가 단 한입이라도 먹었으리라고는 도무지 믿어지지가 않는다. 하지만 프랑스 여자들이 살 찌지 않는다는 건 모두가 아는 사실이니, 그녀도 아마 자기 몫을 충분히 즐겼을 것이다.

파리로 돌아온 나는 집에서 이 타르트를 재현하는 일에 착수했다. 타르트 필링이 버터크림의 기름진 맛과 페이스트리 크림의 달걀 맛을 지니고 있었다는 걸 떠올리고 이 두 가지를 각각 만들어서 섞어보았다. 둘의 적당한 균형을 맞추기까지는 별로 헤아리고 싶지 않을 만큼 많은 시행착오를 겪어야 했지만, 마침내 성공했을 때는 행복했다. 덕분에 이제는 파리의 내 부엌에서—무엇을 입었든 안 입었든 상관없이—프라이버시를 누리며, 지중해가 내려다보이는 해변의 카페에서 쉬던 날들을 그리워하며, 커스터드를 채운 나만의 타르트 트로페지엔 한 조각을 즐길 수 있게 되었다.

# 생트로페 타르트 St. Tropez tart
**타르트 트로페지엔** Tarte tropézienne

이 타르트의 원조 레시피는 극비에 부쳐져 있다. 그래서 우리 동네 제과점들을 찾아다니며 이 타르트의 필링으로 무엇을 쓰는지 설문 조사를 했다. 그 대답을 보니, 휩트 크림을 넣어 가벼운 질감을 준 페이스트리 크림부터 휩트 크림에 따뜻한 버터를 더해 만든 크렘 무슬린crème mousseline에 이르기까지 다양했다. 나는 빠르고 간단한 '속성' 버터크림을 만들기로 마음먹고 이걸 페이스트리 크림에 개어 넣었는데 아주 괜찮은 결과가 나왔다. 브리오슈 반죽이 좀 끈적거리니, 이걸 만들 때는 스탠드믹서를 사용할 것을 권한다.

여기에는 반드시 펄 슈거pearl sugar(알갱이 크기가 1~2밀리미터로 크고 잘 녹지 않는 설탕의 일종—옮긴이)를 사용해야 한다. 하지만 비상시에는 지퍼백에 각설탕을 넣고 밀개로 밀어 굵직굵직한 빵가루 정도의 크기로 부수어서 써도 된다.

**12인분**

**브리오슈**
**큰 달걀** 3개 (상온에 꺼내둔다)
**전유** 2큰술
**백설탕** 2큰술
**건조 이스트** 2작은술
**중력분** 1¾컵(245g)
**천일염이나 코셔 소금** 1작은술
**무염버터** 10큰술
  (5온스/140g)(깍둑썰기해서 상온에 둔다)

**페이스트리 크림**
**옥수수 전분** 3큰술
**큰 달걀노른자** 3개
**백설탕** 1/3컵(65g)
**데운 전유** 1¼컵(310ml)
**바닐라 빈** 1/2개(길이로 반 쪼갠다)
**무염버터** 2큰술(깍둑썰기해서 상온에 둔다)

**버터크림**
**백설탕** 1큰술
**뜨거운 물** 2큰술
**큰 달걀노른자** 1개
**무염버터** 6큰술(3온스/85g)(깍둑썰기해서 상온에 둔다)
**그랑 마르니에나 쿠앵트로 같은**
  **오렌지 향 리큐어** 2작은술

1. 브리오슈를 만들기 위해, 주걱을 장착한 스탠드믹서 용기에 달걀, 우유, 설탕, 이스트, 밀가루 1/2컵(70그램)을 한데 넣고 젓는다. 표면에 거품이 생기기 시작할 때까지 10~15분간 그대로 둔다. 소금과 남은 밀가루 1¼컵(175그램)을 서서히 부으면서 젓는다. 용기를 믹서에 끼우고 반죽이 아주 부드러워질 때까지 중고속으로 8~10분간 돌린다.

2. 믹서 속도를 중속으로 낮춘 뒤, 믹서가 돌아가는 동안 부드러운 버터를 한 조각 넣고 다 섞인 것을 확인한 뒤 또 한 조각을 넣는 식으로 차례로 섞는다. 버터가 다 섞였으면 중고속으로 5분간 돌린다. 주걱을 꺼내고 용기를 수건으로 덮은 뒤, 반죽을 따뜻한 곳에 놓고 2배로 부풀어 오를 때까지 약 1시간 30분 동안 그대로 둔다.

3. 반죽이 다 부풀어 오르면 잘 휘어지는 주걱으로 반죽 겉면 주변을 빙 둘러서 반죽 중앙에 넣는다.(반죽이 약간 끈적거리고 질 것이다.) 반죽을 냉장고에 넣고 약 1시간 동안 차게 식힌다.

4. 페이스트리 크림을 만들기 위해, 소스팬에 옥수수 전분과 달걀노른자를 넣고 부드러워질 때까지 거품기로 휘저은 뒤 설탕을 넣고 다시 휘젓는다. 따뜻한 우유를 약간 붓고 계속 휘젓는다. 나머지 우유를 서서히 부으면서 덩어리가 생기지 않도록 휘젓는다. 바닐라 빈을 넣고 재료를 중불에 올린 뒤 끓기 시작할 때까지 계속 휘저으면서 데운다. 페이스트리 크림이 끓기 시작하면 불을 최대한 약하게 줄이고, 거품기가 소스팬 귀퉁이까지 닿게끔 빠르게 휘저으면서 크림이 마요네즈처럼 걸쭉해질 때까지 약 90초 동안 데운다. 불에서 내린 뒤 버터를 한 번에 몇 조각씩 넣어가며 재료가 부드러워질 때까지 휘젓는다. 재료를

긁어서 볼에 담고 랩으로 덮어 냉장고에 넣는다. (빨리 식히려면 볼을 얼음물에 담그고 좀 식을 때까지 저었다가 냉장고에 넣는다.)

**5** 버터크림을 만들기 위해, 작은 소스팬에 설탕과 뜨거운 물을 넣고 한소끔 끓인다. 설탕이 다 녹지 않았어도 팬을 불에서 내리고―그 즉시―달걀노른자를 넣고 거품기로 재빨리 휘젓는다. 버터와 리큐어를 넣고 부드러워질 때까지 휘젓는다. 뚜껑을 덮고 차게 식힌다.

**6** 시럽을 만들기 위해, 작은 소스팬에 설탕과 물을 넣어 한소끔 끓이고 설탕이 다 녹을 때까지 데운다. 불에서 내려 식힌다. 리큐어를 넣고 저어서 그대로 둔다.

**7** 반죽을 냉장고에서 꺼낸다. 9~10인치(23~25센티미터) 규격의 스프링폼 팬에 버터를 바른다. 반죽을 긁어서 팬에 담은 뒤 두 손으로 반죽을 살살 펴서 팬 옆면 가장자리에 붙이고 윗면이 최대한 매끈해지도록 다듬는다. 이때 반죽이 너무 끈적거리면 손에 물을 약간 묻힌다. 팬 위에 수건을 덮고 1시간 30분 동안 부풀린다.

**8** 반죽을 굽기 15분 전에 오븐을 190도로 예열한다.

**9** 글레이즈를 만들기 위해, 작은 볼에 달걀노른자와 우유를 섞은 뒤 이를 브리오슈 반죽 위에 바른다. 그 위에 펄 슈거를 뿌리고 살짝 눌러서 파묻는다. 20분간, 혹은 브리오슈의 윗면이 금갈색이 되고 중간 부분을 살짝 눌렀을 때 탄력이 느껴질 때까지 굽는다. 오븐에서 꺼내어 몇 분간 식힌 뒤 팬 가장자리에 칼을 집어넣고 돌려서 스프링폼 팬의 옆면을 분리한다. 완전히 식힌다.

**10** 타르트를 만들기 위해, 페이스트리 크림에서 바닐라 빈을 건져낸다. 주걱을 장착한 스탠드믹서 용기에 페이스트리 크림과 버터크림을 넣고 부드러워질 때까지 중간 속도로 돌린다. 브리오슈를 가로로 반 가른다. 반으로 가른 위쪽 조각을 들어서 조심스럽게 뒤집어놓는다. 가른 양쪽 단면에 시럽을 바른다. 반으로 가른 브리오슈의 아래쪽 조각에 크림 필링을 펴 바른 뒤 위쪽 조각을 다시 조심스럽게 덮는다. 타르트 트로페지엔은 필링이 들어 있어서 항상 냉장 보관해야 한다. 먹을 때 너무 차갑지 않도록 냉장고에서 꺼내어 잠깐 두었다가 식탁에 낸다.

---

**시럽**
백설탕 2큰술
물 1/4컵(60ml)
그랑 마르니에나 쿠앵트로 같은
  오렌지 향 리큐어 1큰술

**글레이즈**
큰 달걀노른자 1개
전유 1작은술
펄 슈거 1/3컵(50g)

# 살구 크럼블 타르트 Apricot crumble tart
**Tarte crumble aux abricots**

프랑스 '홈 베이커'들의 비밀 중 하나는 바로 슈퍼마켓에서 알루미늄 호일 상자 비슷한 길쭉한 상자에 담아 판매하는 타르트 반죽 롤이다. 타르트를 만들고 싶을 땐 이 돌돌 말린 반죽을 펴서 타르트 팬에 깔기만 하면—부알라 voilà! (짜잔!)—준비 끝이다. 좋은 아이디어다. 반죽의 맛(과 거기에 들어간 재료)을 확인하고, 제과점들이 경쟁자를 걱정할 필요가 없음을 깨달을 때까지는 말이다.

집에서 만들기 쉽고 프랑스인들이 영어에서 이름을 차용한 디저트가 있는데 바로 '르 크럼블 le crumble'이다. 나는 홈 베이커여서, 파리의 시장에 프로방스산 살구가 풍부해지는 매년 여름 이것을 집에서 반죽한 타르트로 변신시키는 데 아무런 문제가 없다.

생살구는 업스테이트 뉴욕에서 제과사로 일하던 1980년대에 처음 보았다(그전까지는 말린 살구만 알고 있었다). 살구 딱 여섯 알이 든 조그만 바구니를 누가 가져다주기에, 그것을 정성 들여 썰어서 여덟 명의 운 좋은 손님들에게 내놓을 타르트 한 개를 만들었다. 그러니 이제 이것을 한 봉지 가득 담아 올 수 있다는 것은 감격할 일이다. 지금도 나는 (순수한 버터로 만든) 타르트 셸을 밀어서 펼 때, 필링을 살구로 가득 채울 때, 그 위에 오도오독한 견과 토핑과 계핏가루를 뿌릴 때, 살구를 제대로 다루기 위해 시간을 들인다.

구제 불능의 구두쇠인 나는 뭐든 그냥 내버리질 못한다는 면에서 프랑스인들과 잘 맞으며 살구씨 역시 살구씨 아이스크림(312쪽)에 향을 내는 데 활용한다. 이 아이스크림을 살구 크럼블 타르트 옆에 곁들이거나 그 위에 얹어서 녹여 먹는 걸 특히 좋아한다.

---

**8~10인분**

### 반죽
**무염버터** 6큰술(3온스/85g)(차게 식힌다)
**백설탕** 1/2컵(100g)
**큰 달걀노른자** 2개
**중력분** 1¼컵(175g)
**천일염이나 코셔 소금** 1/2작은술

### 크럼블 토핑
**통아몬드** 3/4컵(75g)
**중력분** 1/2컵(70g)
**황설탕** 1/3컵(60g)
**계핏가루** 1/2작은술
**천일염이나 코셔 소금** 1/2작은술
**무염버터** 6큰술(3온스/85g)(차게 식혀 깍둑썰기한다)

### 필링
**잘 익은 살구** 2파운드(900g)(씨 빼고 4등분한다)
**백설탕** 3큰술
**옥수수 전분** 1큰술
**바닐라 추출액** 1작은술
**아몬드 추출액** 1/4작은술

**곁들여 낼 휘프트 크림(337쪽), 바닐라 아이스크림, 살구씨 아이스크림(312쪽), 혹은 버터밀크 아이스크림(299쪽)**

---

1 반죽을 만들기 위해, 버터를 쓰기 10분 전에 냉장고에서 꺼내어 주걱을 부착한 스탠드믹서 용기에 넣고 살짝 부드럽게 만들어둔다. 설탕을 넣고 버터 덩어리가 눈에 띄지 않을 정도까지만 중간 속도로 돌린다. 달걀노른자를 넣은 다음 밀가루와 소금을 넣는다. 반죽이 뭉칠 때까지 돌린다. (약간의 손기술이 있다면 재료를 볼에 넣고 주걱으로 반죽을 만들 수도 있다.)

2 9~10인치(23~25센티미터) 규격의 스프링폼 팬 바닥과 옆면에 눌어붙음 방지 스프레이를 입힌다. 반죽을 팬 바닥에 대고, 반죽이 팬 옆면의 중간에 약간 못 미치는 높이까지 올라오도록 손바닥 아랫부분으로 반죽을 눌러서 펼친다. 반죽 바닥을 최대한 평평하게 고른다. 이는 미관상의 이유에서가 아니라 고르게 굽기 위해서다. 팬을 냉동실에 넣고 30분간 둔다.

3 크럼블 토핑을 만들기 위해, 푸드프로세서에 아몬드, 밀가루, 황설탕, 계핏가

루, 소금을 넣고 아몬드가 아주 작은 알갱이로 부서질 때까지 순간 작동으로 돌린다. 버터를 넣고 몇 번 순간 작동 시키면 재료가 모래알 같은 질감이 된다. 계속 순간 작동 시키면 알갱이들이 막 뭉치기 시작한다. 이 시점에서 작동을 멈추고 크럼블 토핑을 차게 식힌다. (푸드프로세서가 없을 경우 아몬드를 잘게 다진 뒤 페이스트리 블렌더나 손으로 섞어서 크럼블 토핑을 만들 수도 있다.)

**4** 오븐을 190도로 예열한다.

**5** 차게 식힌 **2**의 타르트 껍질에 알루미늄 호일을 깔고 그 위에 파이 웨이트나 마른 콩을 얹는다. 타르트 셸을 20분간 구운 뒤 호일과 파이 웨이트를 들어내고 타르트 셸이 갈색이 될 때까지 5~10분간 더 굽는다. 오븐에서 꺼낸다.

**6** 필링을 만들기 위해, 볼에 살구, 설탕, 옥수수 전분, 바닐라와 아몬드 추출액을 넣고 섞는다. (살구가 질척해질 수 있으니 필링은 너무 일찍 만들어놓지 않는다.)

**7** 필링을 타르트 셸에 옮겨 담고 표면을 고른다. 살구 위에 크럼블 토핑을 고르게 뿌린다. 크럼블 토핑이 보기 좋은 갈색이 될 때까지 타르트를 50분간 굽는다. 식힘망 위에 놓고 몇 분간 식힌 다음 타르트 바깥 가장자리에 칼을 집어넣고 돌려서 팬에서 분리한다. 30분간 두었다가 스프링폼 팬의 옆면을 제거하고 타르트를 식힌다. 가장자리의 색깔이 다소 어두울 수 있는데 타지 않고 좋은 맛이 나야 한다. 휩트 크림이나 아이스크림을 곁들여 따뜻하게 혹은 상온으로 낸다.

# 살구씨 아이스크림 Apricot kernel ice cream
**Glace aux noyaux d'abricots**

프랑스에는 재미있는 이삭줍기 풍습이 있다. 이삭 줍는 사람은 '글라뇌르glaneur'라고 부르며, 농장에서 추수를 끝낸 뒤에 남은 과일과 채소를 주워 모은다. (미국에서는 이를 '비럭질scrounging'이라는 덜 낭만적인 말로 부른다.) 내가 아는 한 파리 시내에는 농장이 없지만, 사람들은 버려지는 음식 뒤지기를 좋아한다. 노천 시장이 파장한 뒤 상인들이 물건을 정리하고 있을 때 남은 과일과 채소를 주워 가려고 나타나기도 한다.

나는 버려진 상자 무더기를 엎드려서 뒤적이지는 않지만, 파장 무렵에 익어 터지기 직전의 농산물을 돈 몇 푼에 처분하고 싶어하는 상인들에게서 '땡처리' 물건을 곧잘 넘겨받는다.

하지만 내가 이 아이스크림을 만드는 것은 뭐가 버려지는 꼴을 두고 볼 수가 없어서 그런 것만은 아니다. 살구 크럼블 타르트(309쪽)처럼 여름에 제철 과일이나 베리로 만든 음식과 곁들여 먹으면 굉장히 맛있기 때문이다. 이 아이스크림의 강한 아몬드 향이 사실은 살구씨 때문이라는 걸 내가 알려주면 손님들은 깜짝 놀라곤 한다. 파리 사람들은 반색을 하며 열심히 핥아먹는 반면, 미국에서 온 사람들은 씨에 독성이 있지 않냐며 의구심을 표한다. 두 나라 사람이 어찌나 다른지!(좀 덜 전문적인 말로 설명하자면, 살구씨에는 대량으로 섭취하면 안 되는 성분인 아미그달린amygdalin이 함유되어 있다.) 나는 버려도 상관없는 오래된 수건으로 살구씨를 한 개씩 싸서 망치로 내리친다. 딱 부러지는 소리가 들리면 씨 알맹이를 감싼 껍질이 깨졌다는 뜻이다. 알맹이가 온전해야 꺼내기가 더 쉽기 때문에 너무 세게 내리치지는 않는다.

살구씨가 많지 않으면 충분히 모일 때까지 껍질 깐 알맹이는 냉동실에 보관해둔다. 아니면 그냥 모은 것만 가지고 레시피에 명시된 아이스크림 분량의 절반만 만들어 먹을 수도 있다(이 경우에는 달걀노른자를 세 개 넣는다).

1 살구씨 알맹이와 소금을 절구나 미니 푸드프로세서에 넣고, 살구씨 알맹이가 쌀알 크기의 작은 알갱이로 곱게 다져질 때까지 간다.

2 소스팬에 우유와 생크림 1컵(250그램)과 소금 1자밤을 넣고 데운다. 살구씨 알맹이를 넣고 저은 다음 불에서 내리고 뚜껑을 덮어 1시간 동안 우려낸다.

3 살구씨 알맹이를 우린 재료를 다시 데운다.

4 큰 볼에 남은 생크림을 담고, 그보다 더 큰 볼에 얼음을 채운다. 얼음을 채운 볼 안에 크림이 담긴 볼을 겹쳐놓은 다음 맨 위에 체를 얹는다.

5 다른 볼에 달걀노른자를 넣고 거품기로 휘젓는다. 달걀노른자 위에 살구씨 알맹이 우린 따뜻한 재료를 천천히 부으면서 계속 휘젓는다. 따뜻해진 달걀노른자를 긁어서 다시 소스팬에 담는다. 소스팬을 중불에 올리고 내열 주걱으로 바

---

1ℓ

**살구씨 알맹이** 50개
**백설탕** 3/4컵(150g)
**전유** 1컵(250ml)
**생크림** 2컵(500ml)
**천일염이나 코셔 소금** 1자밤
**큰 달걀노른자** 5개

닥을 긁어가며, 재료가 걸쭉해져서 주걱에 입힐 때까지 계속 젓는다. 이렇게 만든 커스터드를 체에 걸러 크림 위에 붓는다. 살구씨 알맹이는 버리고, 커스터드를 깨끗한 주걱으로 저어가며 식힌다.

**6** 커스터드를 냉장고에서 완전히 식힌 다음 아이스크림 메이커에 넣고 설명서의 지시에 따라 작동시킨다. 이 아이스크림은 냉동실에서 2개월까지 보관할 수 있다.

# 파리의 뉴욕 치즈케이크

여러 해 전, 이 도시의 후줄근한 구역에서 열린 미술 전시회의 개막 행사에 가서 한 프랑스 여성과 대화를 하게 되었다. 대화가 이어질수록 그녀의 말투에서 뉴욕 분위기가 확실히 느껴지기에 내가 그렇냐고 물었더니, 그녀는 곧 완벽한 영어로 바꾸어 이렇게 말했다. "나 뉴욕 출신이에요!"

디 골드버그Dee Goldberg는 1959년 파리로 이주해 왔다. 당시 현지인들은 주변의 외국인들에게 그리 익숙지 않았던 탓에 그녀는 힘든 적응기를 겪었다. 하지만 그녀는 프랑스로 이주해 온 다른 여성들과 네트워킹을 통해 유대를 맺었다. (요즘에는 벽돌로 쌓은 카페 벽에서부터 '팝업 레스토랑pop-up restaurants'에 이르기까지 뉴욕과 눈곱만큼이라도 연관된 요소가 있으면 그곳에는 '트레 브루클린très Brooklyn'이라는 칭호가 붙는 만큼, 디는 그녀의 출신을 고려할 때 파리 '최초의 힙스터'라고 할 수 있을 것이다.) 이주자 여성들 중 아주 많은 이들이 때때로 고향의 맛을 그리워한 까닭에, 그들이 모임을 시작했을 때 처음으로 한 활동이 바로 레시피를 교환하는 것이었다. 그리고 그중에서도 가장 인기 있는 것은 바로 뉴욕 치즈케이크 레시피였다.

디는 주변을 수색해 구할 수 있는 재료들을 가지고 자신만의 치즈케이크를 구웠다. 당시 그 재료는 '조키'Jockey(프로마주 블랑fromage blanc의 한 브랜드로 사워크림과 다소 비슷하지만 그보다 좀 더 신맛이 난다)와 프랑스식 '파트 아 타르티네'pâte à tartiner(스프레드)로 크림치즈와 비슷한 맛이 나는 '키리'Kiri였다. '키리'는 정사각형으로 1인분씩 개별 포장해서 여덟 개 한 묶음으로 판매한다. 그녀는 셈 실력을 좀 발휘해서, 크림치즈 1파운드 대신 키리 22개를 쓸 수 있다는 걸 계산해냈다. 이제는 나하고도 친해진 그녀의 두 딸은 엄마의 치즈케이크를 사랑하며, 엄마가 케이크를 굽고 남은 키리 두 개를 건네주면 둘이서 오손도손 까먹었던 좋은 추억을 간직하고 있다.

그 이후로 이제는 '트레 브루클린' 스타일의 벽돌 덩어리 모양 크림치즈가 판매되고 있으며, 프랑스인들도 미국인들만큼이나 좋아해서 프랑스 어디에서나 쉽게 구할 수 있게 되었지만, 디는 여전히 사각형 '키리' 조각을 고수한다. 이제 그녀의 두 딸은 장성해서 독립했기 때문에, 남은 키리 두 조각을 옛날에 그랬던 것처럼 나한테도 건네달라고 부탁했더니 그녀는 수줍어했다. 그녀는 '르 파뷜뢰 치즈케이크le fabuleux cheesecake'(멋진 치즈케이크)의 레시피를 내게 건네주었고, 이건 진정 그 이름이 부끄럽지 않을 만큼 훌륭했다. 나는 이것을 만들 때 일반 크림치즈를 쓴다. 쓰고 남은 크림치즈 조각들이 주위에 널브러져 있는 상황에서는 내 자제력을 신뢰할 수 없기 때문이다.

## 디의 르 파뷜뢰 치즈케이크
Dee's fabulous cheesecake
**Le fabuleux cheesecake de Dee**

### 10~12인분

**크림치즈** 2팩(8온스/450g)(상온으로 준비한다)
**프로마주 블랑** 2컵(480g)
**백설탕** 1½컵(300g)
**큰 달걀** 4개(상온에 꺼내둔다)
**중력분** 3큰술
**옥수수 전분** 3큰술
**레몬즙** 1½작은술
**바닐라 추출액** 1작은술
**무염버터** 8큰술(4온스/115g)(녹여서 식힌다)
**사워크림** 2컵(480g)

프로마주 블랑은 프랑스의 생치즈로 대부분의 슈퍼마켓에서 판매한다. 이걸 구할 수 없을 때는 코티지치즈cottage cheese(숙성시키지 않은 부드러운 치즈의 하나. 흰색이고 신맛이 강하며 지방질이 적다—옮긴이) 중 지방 함량이 가장 높은 것을 푸드프로세서에 넣고 완전히 부드러워질 때까지 돌려서 퓌레로 만든다. 그리고 스프링폼 팬을 반드시 잘 감싸야 한다. 디가 우리 집에 와서 이것을 만들었을 때 웬일인지 이 단계를 까먹는 바람에 재료가 넘쳐서 오븐 안쪽의 사방으로 튀었다. 당황한 나는 새로 산 오븐 문짝 안쪽에 찍힌 '간편 청소' 기능을 어떻게 작동해야 할지 몰라서 수리 기사에게 전화로 문의해야 했다. '앙트르티앵 파실entretien facile'이란 '간편 청소'를 위해 오븐 문짝을 떼어낼 수 있다는 뜻임이 밝혀졌다. 그다음 날은 바로 그 일을 하느라 끙끙대며 흘려보냈고, 결국에는 문짝을 다시 달아달라고 수리 기사를 부르는 전화로 일이 마무리되었다. 그래도 치즈케이크는 그런 수고를 들일 가치가 있었다!

**1** 오븐을 170도로 예열한다. 9~10인치(23~25센티미터) 규격의 스프링폼 팬에 버터를 바르고, 재료가 밖으로 새지 않도록 큼직한 알루미늄 호일로 바닥과 겉면을 싼다(호일 여러 장을 써서라도 충분히 감싼다). 구이판 위에 케이크 팬을 놓는다.

**2** 주걱을 장착한 스탠드믹서 용기에 크림치즈와 프로마주 블랑을 넣은 뒤 크림 같은 부드러운 질감이 될 때까지 고속으로 돌린다(혹은 큰 볼에 넣고 손으로 젓는다). 믹서가 돌아가는 동안 설탕을 넣고 달걀을 1개씩 차례로 넣는다. 달걀이 완전히 혼합되도록 중간중간에 믹서를 멈추고 옆면에 붙은 재료를 긁어서 섞는다. 믹서를 저속으로 낮추고 밀가루, 옥수수 전분, 레몬즙, 바닐라 추출액을 넣는다. 마지막으로 녹은 버터와 사워크림을 넣고 갓 부드러워졌을 때까지만 돌린다.

**3** 준비한 팬에 반죽을 붓고 70분간 굽는다. 오븐을 끄고 불 꺼진 오븐 안에 1시간 반~2시간 동안 그대로 둔다. 1시간 반 뒤에 열어서 확인해보고 중간 부분이 거의 굳었지만 아직 살짝 흔들릴 정도면 꺼낸다. 치즈케이크를 오븐에서 꺼내어 완전히 식힌다. 냉장고에 넣고 식탁에 내기 전까지 최대 3일간 차게 식힌다.

**응용** | 한번은 저녁식사를 하러 동네 크레이프 가게에 가면서, 먹고 남은 이 치즈케이크 절반을 싸 갔다. 그중 몇 조각을 가게 직원이 가게 주방에 전해주었는데, 그로부터 채 몇 분도 안 되어 크레이프 요리사(직원의 아내)가 부엌에서 달려 나오더니 나를 와락 끌어안았다. 나는 이것을 그들이 냄비에 담아서 스토브 옆에 둔 가염버터 캐러멜 소스(334쪽)에 곁들여 먹어보자고 제안했다. 물론 더 많은 기쁨의 비명이 터져나왔다.

# 인생에서 가장 달콤했던 한 모금

몇 해 전, 내가 식당에서 디저트 요리사로 일하던 어느 날 한 유명한 손님을 받았다. 배우인 대니 케이Danny Kaye가 저녁식사를 하러 온 것이다. 미스터 케이는 자신이 80년 묵은 귀한 샤토 디캉(266쪽) 한 병을 가져왔다고 미리 알려주며 여기에 잘 어울리는 디저트를 만들어달라고 부탁했다. 그래서 우리는 블랑망주blancmange—손으로 짠 아몬드 밀크로 맛을 낸 떨리는 커스터드—를 만들었고, 나는 그 주위에 잘 익은 망고 조각을 둘렀다. 이것은 샤토 디캉과 완벽한 짝을 이루었고, 그는 매우 기뻐하면서 주방에 있는 나한테 디캉이 담긴 조그만 와인 잔 하나를 전해주었다.

여러분도 짐작하겠지만 페이스트리 요리사는 주방에서 가장 늦게 퇴근하는 사람이다. 나는 그 유명한 와인을 한 번도 마셔본 적이 없었다. 그날 밤 모두가 퇴근한 뒤 혼자 남았을 때가 기억난다. 이제 조용해진 주방에는 와인 잔을 손에 든 나 하나뿐이었다. 잔 바닥에는 시럽과 약간 비슷한 호박색의 시원한 액체 한 모금이 고여 있었다. 디캉은 들이켜지 말고 음미해야 하는 와인이라는 걸 귀가 아프도록 들은 터라 머뭇거리며 잔을 입에 가져다 댔다. 그것이 내 입술을 통과하고 얼마 안 되어 잘 익은 살구, 버터 향 브리오슈, 바닐라, 꿀, 그리고 희미한 망고 향이 입안에서 풀려 나왔다. 빈 잔을 내려놓고 입술에 감도는 그 끈끈한 와인의 마지막 자취를 음미할 때, 나는 방금 인생의 중요한 이정표를 통과했음을 깨달았다. 유감스럽게도 평소에는 거듭하기 힘든 경험이었지만.

샤토 디캉은 전 세계 많은 사람들이 가장 좋은 와인으로 손꼽으며, 그에 걸맞은 가격이 매겨진다. 기본 사이즈로 한 병에 2백 달러가 안 되는 것을 찾기가 힘들다. 1811년산 한 병은 경매 사상 최고가—12만 3천 달러—에 팔린 화이트와인으로 세계기록을 경신했다. 와인 평론가 로버트 파커Robert Parker는 그것을 시음한 뒤 "액화된 크렘 브륄레" 맛이 난다고 평했다.

다행히도 여러분은 이 실크처럼 부드럽고 달콤한 묘약을 맛보기 위해 다음번 모기지 납입금을 포기할 것까진 없다. 괜찮은 화이트와인 한 병 가격에 아주 근사한 프랑스 소테른 와인을 손에 넣을 수 있으니 말이다. 프랑스의 디저트 와인 소비량이 대단치 않은 덕분에 그 가격은 감당할 수 있는 수준이며, 프랑스 소테른은 훌륭하지만 큰 부담 없이 시도해 볼 만한 인생의 사치 중 하나로 남아 있다.

# 귤 샴페인 셔벗 Tangerine-Champagne sorbet

**귤 샴페인 소르베** Sorbet à la mandarine et au champagne

1ℓ

귤 4파운드(1.9kg) 분량의 귤즙 3컵(750ml)
백설탕 2/3컵(140g)
샴페인이나 스파클링 와인 1컵(250ml)

대부분의 사람들은 파리의 크리스마스를 특히 굴, 푸아그라, 샴페인, 초콜릿 같은 화려한 음식들과 연결 짓는다. 하지만 귤—장식 대신 잎사귀를 달고 볼에 수북이 담겨 반짝이는 작은 오렌지 시트러스—이 나오기 전까지는 그 어떤 연회도 완성된 것이 아니다.

파리 사람들은 늦가을에 시작되는 귤 시즌 초반부터 노천 시장을 돌기 시작한다. 이 좌판 저 좌판 오가며, 상인들이 껍질을 까서 쟁반에 내놓는 샘플들을 시식하며 가장 달콤한 귤을 찾는다. 대다수 상인들은 손가락으로 귤껍질을 까지만 몇 명은 이로 껍질을 뜯는다.(나는 그렇게 껍질을 까놓은 귤은 시식을 삼간다.) 사람들이 파리의 겨울과 연결 짓는 온갖 것들—사치스러운 백화점 쇼윈도, 샴페인을 짝으로 구입하는 사람들, 길거리에서 나무 상자에 담아 파는 생굴, 크림처럼 부드러운 푸아그라 파테 pâté de foie gras 조각을 권하는 푸주한들—을 제치고 내가 가장 고대하는 것은 바로 귤이다. 그리고 쇼핑객과 상인들이 집에 가져갈 커다란 봉투를 한가득 채우고 모든 사람이 최소한 몇 킬로씩 사 들고 나오는 시장의 과일 쟁탈전에 휘말리지 않기란 불가능하다.

물론 나는 매년 크리스마스 때의 마지막 코스를 책임지는데, 내가 디저트를 만들었던 어느 해에는 모두가 깜짝 놀랐다. 핑크 그레이프프루트, 귤, 네이블오렌지의 '쉬프렘 suprême'(속껍질을 까고 과육만 조심스럽게 도려낸 알맹이)과 채 친 설탕 절임 오렌지 껍질로 만든 샴페인 젤리를 샴페인 잔에 담아 축제 분위기를 내고, 그 위에 얼음처럼 차가운 귤 샴페인 소르베를 한 숟갈 퍼서 얹어 낸 것이다. 이는 미리 만들어놓을 수 있는 훌륭한 디저트다. 특히 카술레(195쪽)나 가짜 오리 콩피(179쪽) 같은 겨울 음식을 먹은 뒤에 잘 어울린다.

**1** 큰 소스팬을 약한 불에 올리고 귤즙 1/2컵(125밀리리터)을 설탕과 함께, 설탕이 녹을 때까지 저으면서 데운다. 불에서 내린 뒤 남은 귤즙 2½컵(625밀리리터)을 넣고 젓는다. 샴페인을 넣는다. 용기에 옮겨 담고 완전히 식힌다.

**2** 아이스크림 메이커에 넣고 설명서의 지시에 따라 작동시킨다. 이것은 샴페인에 든 알코올 성분 때문에 다른 소르베처럼 딱딱하게 얼지 않지만, 완전히 얼어야 뜨기가 그만큼 더 쉽다.

**응용** | 이 소르베에 샴페인 줄레 gelée(젤리)를 곁들여 내고 싶다면, 아주 큰 볼에 찬물 1/2컵(125밀리리터)을 부은 뒤 거기에 무향 젤라틴 2봉지(14그램)를 뿌려 넣고 5분간 그대로 둔다. 작은 소스팬에 물 1/2컵(125밀리리터)과 설탕 1컵(200그램)

을 넣고 설탕이 녹을 때까지 데운 다음 이것을 젤라틴 위에 붓고 잘 젓는다. 샴페인이나 스파클링 와인 1병을 넣고(거품이 나므로 천천히 붓는다) 레몬즙이나 라임즙을 짜 넣는다. 섞은 재료를 좀 더 작은 용기에 담고 굳을 때까지 최소 6시간 동안 차게 식힌다.

식탁에 낼 때는 차게 식힌 젤라틴의 일부를 숟가락으로 떠서 와인 잔에 담고 한입 크기의 덩어리로 부순다. 생오렌지나 귤이나 그레이프프루트 조각, 또는 이것들을 서로 조합해서 장식한다. 스쿠프로 귤 샴페인 소르베를 퍼서 그 위에 얹는다. 오리 기름 쿠키(297쪽)를 곁들이면 산뜻한 사이드 디시가 된다.

귤 샴페인 소르베는 소테른 같은 달콤한 디저트 와인 또는 샴페인으로 만든 따뜻한 사바용sabayon(차바이오네zabaione) 소스 한 숟갈을 곁들여도 근사하다. 사바용을 만들려면 우선 큰 볼에 소테른 2/3컵(165밀리리터), 설탕 1/3컵(60그램), 큰 달걀노른자 6개를 넣고 이를 은근히 끓는 물 위에 띄운 뒤 거품기로 휘젓는다. 재료가 거품이 생긴 다음 되직해질 때까지 계속 휘젓는다. 거품기를 들어 올렸을 때 소스가 표면에 뚝뚝 떨어진 모양이 유지되어야 한다.

# 크리스마스 케이크 Christmas cake
**뷔슈 드 노엘** Bûche de noël

매년 크리스마스가 다가올 때면 우리 제과사들은 소매를 걷어붙이고 연말 베이킹이라는 전 세계적인 의식에 참여한다. 연말 몇 주 전부터 나는 뷔슈 드 노엘의 레시피에 대한 문의를 받는다. 작년에는 한 유명한 요리 잡지에서 문의가 들어왔다. 하지만 그들이 관심 있는 건 내 레시피가 아니었다.

그들은 집에서 뷔슈 드 노엘을 만드는 프랑스 할머니를 수소문해 자기네 잡지에 실을 케이크를 만들어달라고 부탁할 수 있는지를 물었다. 파리에 자기가 먹을 '뷔슈'를 손수 만드는 사람이 있을 것 같지 않다는 내 답변에 그들이 꽤나 당황했던 것 같다.

좀 더 자세히 설명해달라는 부탁에, 나는 파리에는 고객을 놓고 경쟁하는 훌륭한 제과점이 너무 많아서 페이스트리 상점의 쇼윈도에서는 안목 있는 뷔슈 쇼핑객의 눈길을 끌기 위해 말 그대로 혈투가 벌어진다고 말해주었다. 가장 호화로운 상점들은 뷔슈 드 노엘로 대단한 주목을 끈다. 녹차 가루나 순금 가루를 뿌리기도 하고, 마지팬marzipan(아몬드 가루와 설탕을 버무린 반죽으로, 화려한 색을 입혀 장식물을 만들거나 케이크를 덮는 데 쓴다—옮긴이)을 입힌 뷔슈를 먹을 수 있는 리본으로 감싸서 마치 '페르 노엘Père Noël'(산타 할아버지)의 선물처럼 보이게 만들기도 한다.

어느 해에는 초콜릿 '가죽' 끈으로 묶은 도발적인 케이크를 본 적도 있다. 프랑스 아이들이 이걸 본다면 12월마다 찾아와서 나쁜 아이들을 채찍으로 때린다는 '페르 푸타르Père Fouettard'(회초리 할아버지)를 떠올리고 겁을 먹을지도 모르겠다. 또 프랑스 할머니들이 가죽 끈에 묶인 '뷔슈'를 만드는 데 흥미가 있으리라고는 상상이 되지도 않는다. 샌프란시스코에서라면 확실히 인기가 있겠지만.

나는 프랑스 고전과도, 이러한 최신 유행과도 확실히 거리를 두었다. 농도 짙은 버터크림 필링 대신, 리코타 치즈에 (연말의 축제 분위기를 내기 위해) 오도독 씹히는 초콜릿 조각과 설탕 절임 오렌지 조각을 섞어 만든 가벼운 질감의 필링을 넣어 제누아즈genoise(스펀지케이크)를 말았다. 프로스팅은 매끄러운 비터스위트 초콜릿을 케이크 표면에 물결치듯 발라 나무껍질처럼 보이게 했다. 그리고 표범 무늬나 가죽과 레이스 대신 황홀한 마법의 버섯을 심었다. 이는 물론 내 고향 샌프란시스코 사람들에게도 인기를 끌 만한 요소일 것이다. 하지만 이 레시피는 파리의 친구들과 가족들에게도 기쁨을 선사한다.

**1** 오븐을 175도로 예열한다. 젤리 롤 팬jelly roll pan(일반 규격 10.5×15.5인치의 작은 구이판으로, 특히 뷔슈 드 노엘을 굽는 데 적합하다—옮긴이)이나 테두리가 있는 구이판(9~12×18인치/23~30×45센티미터)에 부드러운 버터로 X자를 그린다. 팬 위에 유산지

1장을 깐다.

2 제누아즈를 만들기 위해, 거품기를 장착한 스탠드믹서 용기에 달걀, 설탕, 소금을 넣고, 거품기를 들어 올렸을 때 반죽이 걸쭉한 리본 모양으로 떨어질 때까지 5분간 고속으로 돌린다. 바닐라 추출액을 넣고 돌린다.

3 용기를 믹서에서 분리한 뒤, 고운체에 친 밀가루를 **2**의 재료 위에 뿌리면서 고무 주걱으로 살살 저어가며 섞는다. 상온으로 식힌 액체 상태의 버터를 반죽에 부으면서 천천히 저어가며 섞는다. 너무 오래 섞지 않는다.

4 반죽을 긁어서 준비한 구이판에 옮겨 담고 고른 두께로 펼친다. 12~15분간, 혹은 금갈색이 되고 가운데가 막 굳은 느낌이 들 때까지 굽는다. 살짝 눌렀을 때 탄력이 느껴져야 한다. 오븐에서 꺼내어 5분간 식힌다.

5 약간의 가루 설탕을 체로 쳐서 케이크 윗면에 가볍게 뿌린다. 조리대 위에 마른 천을 깐다. 케이크 가장자리에 칼을 집어넣고 돌려 팬에서 분리한 뒤 팬을 천 위에 엎는다. 팬을 들어 올리고 유산지를 벗겨낸다. 케이크의 더 긴 변 둘 중 한쪽에서부터 시작해 천에 싸서 돌돌 만 다음 1시간 동안 식힌다.

6 필링을 만들기 위해, 볼에 리코타 치즈, 설탕 절임 오렌지 껍질, 초콜릿, 설탕, 리큐어를 넣고 섞는다. 한쪽에 그대로 둔다.

7 시럽을 만들기 위해, 작은 소스팬에 설탕과 물을 넣고 설탕이 녹을 때까지 데운다. 불에서 내리고 리큐어를 넣는다. 한쪽에 그대로 둔다.

8 천에 싸둔 케이크를 도로 편 뒤 두 긴 변의 가장자리 1인치(3센티미터)씩을 남겨놓고 필링을 펴 바른다. 케이크를 다시 말아서 랩으로 싼 뒤 여민 부위가 아래로 가게 해서 냉장고에 넣고 최소 1시간 동안 차게 식힌다. (이 케이크는 최대 2일 전에 미리 만들어서 냉장고에 보관할 수 있다.)

9 오븐을 110도로 예열한다. 구이판에 유산지나 실리콘 베이킹 매트를 깐다. 머랭 버섯을 만들기 위해, 거품기를 장착한 스탠드믹서 용기에(손으로 휘저을 경우에는 큰 금속제 볼에) 달걀흰자와 소금을 넣고, 거품기를 들어 올렸을 때 뾰족한 부분이 밑으로 살짝 처진 모양이 될 때까지 고속으로 돌린다. 설탕을 한 번에 1큰술씩 넣어가면서 머랭이 아주 빽빽해지고 윤기가 흐를 때까지 계속 돌린다. 계핏가루를 넣고 돌린다.

10 1/2인치(1.5센티미터) 규격의 원형 깍지를 낀 페이스트리 백에 머랭을 옮겨 담고 (혹은 튼튼한 지퍼백에 긁어서 옮겨 담은 뒤 귀퉁이를 가위로 잘라내고), 구이판 위에 1인치(3센티미터) 크기의 둥근 버섯 '갓' 22개를 짜고 이어서 버섯 '줄기' 22개를 짠다. 버섯 줄기를 짤 때는 밑동이 약간 더 굵고 페이스트리 백을 위로 들어 올릴수록 점점 가늘어져서 꼭대기는 뾰족해지게 만든다. 둥근 버섯 갓의 윗면을 물 묻힌 손가락으로 매끈하게 다듬은 뒤, 머랭을 오븐에 넣고 1시간 30분 동안 구워서 완전히 식힌다.

11 버섯을 만들기 위해, 버섯 갓의 밑면에 예리한 과도로 줄기 끄트머리가 들어갈

---

**12~16인분**

### 제누아즈
**큰 달걀** 4개(상온에 꺼내둔다)
**백설탕** 2/3컵(125g)
**천일염이나 코셔 소금** 1자밤
**바닐라 추출액** 1작은술
**박력분** 1컵(125g)
**무염버터** 4큰술(2온스/55g)(녹여서 상온으로 식힌다)
**가루 설탕**

### 필링
**리코타 치즈** 1½파운드(680g)
**설탕 절임 오렌지 껍질** 1/2컵(110g)(곱게 다진다)
**비터스위트 초콜릿** 3온스(85g)(곱게 다진다)
**백설탕** 6큰술(90g)
**그랑 마르니에나 쿠앵트로 같은
　오렌지 향 리큐어** 1/4컵(60ml)

### 오렌지 시럽
**백설탕** 1/4컵(50g)
**물** 6큰술(90ml)
**그랑 마르니에나 쿠앵트로 같은
　오렌지 향 리큐어** 2큰술

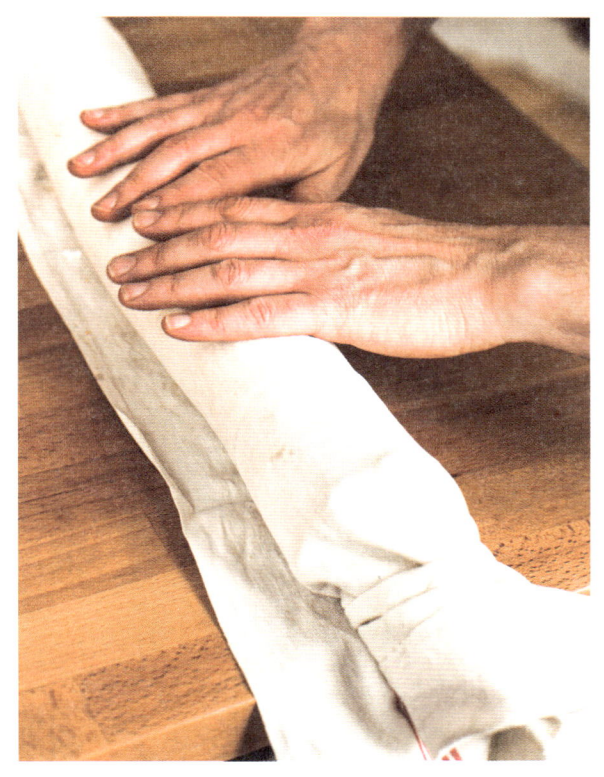

정도의 작은 구멍을 판다.

**12** 깨끗하고 마른 볼에 초콜릿을 넣고 아주 약하게 끓는 물 위에 올린 뒤 부드러워질 때까지 저으면서 중탕으로 녹인다. 버섯 줄기의 뾰족한 끝부분을 초콜릿에 담갔다가 버섯 갓 밑면의 구멍에 끼워 넣는다. 버섯을 망에 놓고 식힌 뒤 케이크가 준비될 때까지 밀폐 용기에 담아둔다. (버섯은 최대 일주일 전에 미리 만들어 상온에서 보관할 수 있다.)

**13** 초콜릿 아이싱을 만들기 위해, 내열 볼에 초콜릿과 커피를 넣고 아주 약하게 끓는 물 위에 올린 뒤 부드러워질 때까지 저으면서 중탕으로 녹인다. 볼을 불에서 내린 뒤 버터를 넣고 젓는다. 재료가 부드러워지면 아이싱이 바르기 적당한 농도로 걸쭉해질 때까지 놔둔다.

**14** 통나무 모양의 뷔슈 드 노엘을 만들기 위해, 원통형 케이크의 양쪽 끝 부분을 사선으로 잘라낸다. 케이크의 길쭉한 가운데 토막을 서빙용 접시나 쟁반 위에 놓고, 쳐낸 조각의 사선으로 잘린 면이 긴 케이크의 옆면에 닿도록 배치한다. 다른 한 조각을 긴 케이크의 반대쪽에 붙여 '가지'를 1개 더 만든다. (가지를 이쑤시개로 고정해 윗면에 부착할 수도 있다. 하지만 이 케이크를 들고 파리에서 지하철을 탈 계획이라면 포기하는 편이 낫다.) 가는 금속제 주걱을 써서 케이크에 초콜릿 아이싱을 바른다. 아이싱을 다 바른 뒤 '둥치' 부분의 중앙에 길이로 홈을 내고 그보다 작은 '가지' 부분에도 짧은 홈을 파서 나무껍질의 질감을 흉내 낸다. 케이크 주위에 버섯을 배열하고 그 위에 가루 설탕을 뿌린 뒤 썰어서 낸다. 이 케이크는 하루 전에 미리 만들어둘 수 있다. 내기 전에 상온에 꺼내둔다.

**응용** | 리코타 치즈 대신 마스카포네 치즈를 쓰면 더 농후한 필링을 만들 수 있다.

### 머랭 버섯
**큰 달걀흰자** 2개(상온에 꺼내둔다)
**천일염이나 코셔 소금** 1자밤
**백설탕** 1/2컵(100g)
**계핏가루** 넉넉히 1자밤
**다진 비터스위트 혹은 세미스위트 초콜릿** 1½온스(45g)

### 초콜릿 아이싱
**다진 비터스위트 혹은 세미스위트 초콜릿** 5온스(140g)
**커피나 물** 1/4컵(60ml)
**무염버터** 6큰술(3온스/85g)(깍둑썰기해서 상온에 둔다)

**케이크 장식용 가루 설탕**

이 장에서는 내 식료품 저장실의 일부를 공개한다
냉장실이나 냉동실에 즐겨 상비해두는
잡다한 기본 재료들이다

치킨 스톡 Chicken stock **326**
닭 육수 Bouillon de volaille

정제 버터 Clarified butter **327**
Beurre clarifié

크렘 프레슈 Crème fraîche **327**

완숙 달걀 Hard-cooked eggs **328**
Oeufs durs

수란 Poached eggs **329**
Oeufs pochés

하리사 Harissa **330**

마요네즈 Mayonnaise **331**

로즈메리유 Rosemary oil **332**
로즈메리 향 올리브유 Huile d'olive aromatisée au romarin

살사베르데 Salsa verde **333**
소스 베르트 Sauce verte

가염버터 캐러멜 소스 **334**
Salted butter caramel sauce
Caramel au beurre salé

샬롯 마멀레이드 Shallot marmalade **335**
Confiture d'échalottes

비네그레트 Vinaigrette **335**

휩트 크림 Whipped Cream **337**
크렘 샹티이 Crème chantilly

# 식료품 저장실
Pantry

---

기본 재료
Ingrédients de base

# 치킨 스톡 Chicken stock
### 닭 육수 Bouillon de volaille

프랑스에 살려고 온 미국인들에게서 내가 가장 많이 듣는 질문은 "어디 가면 통조림에 든 치킨 스톡을 살 수 있나요?"다. 유감스럽게도 그건 여기에 없다. 식료품점에서 가루로 된 큐브를 팔긴 하지만(무슨 이유인지는 몰라도 인기가 있다) 나는 질색이라서 스톡을 직접 만든다. 이것은 만들기도 아주 쉽고 맛도 훨씬, 훨씬 좋다.

볼라예 volailler (가금육 상점)에 가면 주요 부위를 도려내고 남은 닭고기 자투리를 구할 수 있는데 이는 스톡을 만들기에 그만이다. 혹은 그냥 봉지에 포장한 날개를 사다가 쓰기도 한다. 하지만 만약 치킨 팟 파르망티에(166쪽) 같은 것을 만든다면, 통닭을 한 시간가량 삶다가 육수에서 꺼내어 조금 식힌 다음 살코기는 발라서 캐서롤에 쓰고 뼈는 다시 냄비에 넣어 육수를 완성할 수도 있다.

통닭을 쓴다면 여분의 기름기를 반드시 제거하고 안쪽에 내장이 남아 있는지 확인해야 한다. 내장이 들어가면 스톡이 씁쓸해지기 때문이다. 스톡은 냉동 보관이 쉬우므로, 충분히 큰 냄비만 있다면 레시피 양을 두 배로 해서 여분의 스톡을 냉동해두고 필요할 때마다 꺼내 쓸 수 있다.

**6컵**(1.5ℓ)

**통닭** 1마리(2~2¼파운드/약 1kg) 혹은
**같은 무게의 닭고기 자투리나 닭날개**
**찬물** 3ℓ (필요하면 더)
**양파** 1개(껍질째 4등분한다)
**당근** 1개(막대 모양으로 8조각 낸다)
**셀러리 줄기** 1대(잎이 붙은 채로 4조각 낸다)
**월계수 잎** 1장
**이탈리아 파슬리 가지 몇 개**
**타임 가지** 4개
**천일염이나 코셔 소금** 넉넉히 1자밤
**통검은후추** 10알

1. 커다란 냄비나 더치오븐에 닭을 넣고 물을 붓는다. 양파, 당근, 셀러리, 월계수 잎, 파슬리, 타임, 소금, 통후추를 넣는다. 냄비를 불에 올리고 한소끔 끓어오르면 불을 줄여서 2시간 30분 동안 아주 약한 불에서 육수를 뭉근히 끓인다. 육수를 고는 동안 표면에 떠오르는 거품 찌꺼기는 말끔히 걷어낸다. 필요하면 도중에 물을 약간 더 부어서 닭이 육수에 계속 잠겨 있게 한다.

2. 스톡이 완성되면 고운체에 거르고 건더기는 버린다. 그대로 쓰거나 냉장실에서 차게 식히거나, 다음에 쓸 때까지 냉동해둔다. 스톡은 냉장실에서 3일, 냉동실에서 2~3개월간 보관할 수 있다.

## 정제 버터 Clarified butter
**Beurre clarifié**

프랑스의 크레이프 요리사들은 버터보다 발연점이 높은 생두saindoux(라드, 돼지기름)를 번철에 바르는데, 나는 정제 버터를 더 선호한다. 이는 라드와 성질이 비슷하지만 내 취향에는 라드보다 맛이 더 좋다. 항상 이걸 사용해야 하는 건 아니지만, 고온에서 튀겨보면 이것은 일반 버터를 녹인 것처럼 연기가 나지 않는다는 사실을 알게 된다. 정제 버터는 냉장고에서 최소 1개월간 보관할 수 있다.

약간 모자란 1/2컵(125ml)

무염버터 8큰술(4온스/115g)

1. 버터를 깍둑썰기해서 작은 소스팬에 녹인다. 약 1분간 약한 불에서 은근히 끓인다. 거품이 표면으로 올라오면 팬을 불에서 내린다. 버터 윗면의 거품을 숟가락으로 걷어낸다.
2. 버터를 면보나 고운체에 거른다. 정제 버터는 냉장실에서 최소 1개월, 냉동실에서 2개월간 보관할 수 있다.

## 크렘 프레슈 Crème fraîche

프랑스의 모든 프로마주리—심지어 슈퍼마켓—에서는 땅딸막한 통에 담긴 크렘 프레슈를 판매한다. 이는 마법처럼 걸쭉하고 농후하고 달콤한 크림이라서, 숟가락을 꽂아 똑바로 세울 수 있을 정도다. 나는 이걸 메르베이외(281쪽)의 크림 필링에 넣어 농후함을 더하고, 수프에 한 숟갈씩 넣어 먹기도 한다. 만약 가까운 상점에서 구할 수 없다면 집에서도 괜찮은 크렘 프레슈를 재현해낼 수 있다.

1컵(240g)

생크림 1컵(250ml)
버터밀크 2큰술

이것은 24시간 동안 놓아두어 되직하게 만들어야 한다는 점에 유의하자. 생크림처럼 크렘 프레슈도 휘저어서 거품을 낼 수 있다. 그럴 때는 완성된 크렘 프레슈를 냉장고에 충분히 오랜 시간 두고 완전히 차게 식힌 다음에 휘저어야 한다.

1. 작은 유리나 금속제 볼에 생크림과 버터밀크를 넣고 젓는다. 랩으로 덮은 뒤 상온에서 24시간 동안 그대로 두고 발효시켜 되직하게 만든다.
2. 냉장고에 두고 쓴다. 크렘 프레슈는 냉장고에서 약 일주일간 보관할 수 있다.

## 완숙 달걀 Hard-cooked eggs
**Oeufs durs**

프랑스인들은 달걀을 너무나 숭배해서 그들이 끔찍이도 사랑하는 음식인 외 마요(103쪽)의 가장 중요한 자리에 달걀을 고이 모셔놓았다. 나 또한 완숙 달걀에 안초비 필레를 걸쳐서 르 그랑 아이올리(145쪽)의 사이드 디시로 내거나, 이를 잘게 다져서 비네그레트 리크(88쪽)에 뿌리곤 한다.

이 레시피대로 하면 노른자가 약간 부드러운 완숙 달걀이 나온다. 신선한 달걀은 껍데기를 까기가 좀 더 힘들지만 맛은 물론 더 좋다. 보통 나는 껍데기를 까다가 망치는 경우에 대비해 필요한 개수보다 몇 개 더 삶는다.

1. 소스팬에 달걀이 잠길 정도로 절반가량 물을 붓고 중간 정도 세기로 끓인다.
2. 구멍 뚫린 슬로티드스푼에 달걀을 놓고 물속에 조심스럽게 내려놓는다.
3. 불을 줄이고 달그락거리는 소리가 나도록 약하게 끓이면서 9분간 삶는다.
4. 달걀이 다 익기 직전에 볼에 얼음물을 3/4가량 채운다. 달걀이 다 익으면 슬로티드스푼으로 건져서 얼음물에 담근다. 약 1분간 기다렸다가 달걀을 숟가락으로 몇 번 톡톡 두드려서 껍데기를 깨뜨린 뒤 다시 얼음물에 담그고 완전히 식힌다. 달걀이 다 식으면 얼음물에서 건진 뒤, 흐르는 물에 헹궈 껍질 조각을 제거해가면서 껍데기를 깐다. 껍데기를 까지 않은 완숙 달걀은 냉장고에서 2일까지 보관할 수 있다.

**6개**

**큰 달걀** 6개(상온에 꺼내둔다)

## 수란 Poached eggs
**Oeufs pochés**

나는 먹성이 좋은 편이지만 수프 한 사발에 띄우거나, '데친 채소, 소시지, 수란을 곁들인 메밀 폴렌타'(158쪽)에 올리거나, 리옹 샐러드(99쪽) 속에서 터져 드레싱과 어우러진 수란도 배부른 한 끼가 될 수 있다는 걸 안다. 나는 수란을 만드는 수많은 방법을 시도해보았다. 달걀을 넣기 전에 물을 빠르게 휘저어 소용돌이를 만들어보기도 하고, 달걀을 삶기 전에 체로 일어보기도 했는데, 어떤 때는 성공했지만 어떤 때는 망쳤다. 그래서 기본적인 방법으로 계속 되돌아가고 있다.

2개

**큰 달걀** 2개
**화이트 식초** 1작은술

1  소스팬이나 프라이팬에 물과 식초를 넣고 은근히 끓인다.
2  찻잔이나 작은 볼에 달걀 1개를 깨 넣는다. 물이 약하게 끓고 작은 거품들이 표면으로 활발히 올라올 때, 달걀이 든 찻잔을 물 표면 가까이 기울여 은근히 끓는 물속으로 스르르 미끄러뜨린다. 두번째 달걀도 같은 식으로 넣는다. 달걀이 취향에 맞게 익을 때까지 2분 30초~3분간 삶는다.
3  달걀이 다 되면(노른자가 아주 부드럽고 떨려야 한다) 슬로티드스푼으로 물에서 건져내고 달걀에 묻은 여분의 물기를 종이타월로 빨아들인 뒤 내놓는다.

**메모** | 수란을 미리 만든 다음 얼음물이 담긴 볼에 미끄러뜨려 담아둘 수도 있다. (이렇게 차게 식은 상태로 몇 시간 동안 둘 수 있다.) 다시 따뜻하게 내려면 뜨거운 물에 미끄러뜨려 넣고 약 1분간 은근히 끓여서 속까지 완전히 데운다.

# 하리사 Harissa

하리사는 매운 소스에 대한 파리의 해답이다. 그 복합적이고 묘한 매력의 풍미는 그냥 매운 게 아니라 불타는 것 같다! 하리사는 치약처럼 튜브 형태로 많이 판매되는데 필요할 때마다 원하는 만큼 최대한 조금씩만 짜 쓸 수 있게 하기 위해서다.

하리사는 만들기 쉽다. 나는 캘리포니아에 갈 때마다 마른 고추를 사재기한다. 내가 이걸 얼마나 경건하게 다루는지 여러분이 본다면, 내가 혹시 파리 드루오 경매장에서 입찰 경쟁을 뚫고 따낸 것일까 생각할 것이다. 그런데 파리의 아랍 향신료점에서도 마른 고추를 찾아냈다. 여기에는 그저 '피망 포르piment fort'(매운 고추)라고만 표기되고 어떤 종인지는 전혀 쓰여 있지 않아서, 고추 애호가들이 머리를 쥐어뜯게 만들기에 딱 좋다. 하지만 나는 냉장고 안에 하리사 한 병을 상비해둘 수 있어 만족스럽기 그지없다.

그러니 여러분도 나처럼 아무 고추나 써도 된다. 하리사는 원래 매운 소스이니 너무 맵다고 문제 될 일은 없다. 로즈 워터나 오렌지 플라워 워터를 몇 방울 넣는 것은 '프렌치Frenchie' 레스토랑의 셰프이자 주인인 그레고리 마르샹Gregory Marchand이 알려준 팁으로, 강렬한 고추와 미세한 대조를 이룬다.

하리사를 달걀 샐러드에 아주 조금 섞어서 색깔과 활기를 불어넣거나, 파스타에 넣어(맛을 순화하기 위해 기름도 약간 넣어) 버무리거나, 양 사태 타진(199쪽)의 양념으로 써서 불을 확 붙이거나, 매운 딥소스를 만들어 메르게즈 불레트(74쪽)에 곁들여 낼 마요네즈와 섞을 수도 있다.

**2컵**(480g)

**마른 붉은 고추** 2온스(55g)
**붉은피망** 1개
**마늘** 1쪽(껍질 벗겨 다진다)
**천일염이나 코셔 소금** 1/2작은술
**훈제 파프리카 가루** 1/2작은술
**큐민 가루** 1/4작은술
**올리브유** 2큰술
**레드와인 식초나 사과즙 발효 식초** 1작은술
**로즈 워터나 오렌지 플라워 워터**
1/8작은술(선택 재료)

1 냄비에 물을 붓고 한소끔 끓인다. 고추의 꼭지를 따고 길이로 저미면서 씨를 제거한다.(고추를 손질할 때는 고무장갑을 낄 것을 권한다.) 고추를 끓는 물에 넣고 불을 줄인 뒤 2분간 은근히 끓이다가 불을 끈다. 고추가 물에 잠겨 있도록 작은 접시로 눌러놓고 30분간 불린다.

2 스토브의 가스불 위에 붉은피망을 올린 다음 충분히 까맣게 그을리고 부드러워질 때까지 양쪽 면을 돌려가면서 10~15분간 직화로 굽는다. 다 구워지면 붉은피망을 볼에 넣고 그 위를 랩으로 덮은 뒤 식을 때까지 그대로 둔다. 다 식으면 붉은피망의 꼭지를 도려내고 갈라서 씨를 제거한 뒤 껍질을 문질러서 벗겨낸다. (전기스토브일 경우에는 피망의 꼭지와 씨를 제거하고 저민 뒤 아주 부드러워질 때까지 올리브유에 볶는다.)

3 고추의 물기를 빼고 남은 수분을 꼭 짜낸다.(고무장갑을 잊지 말 것!) 블렌더에 고추, 구운 피망, 마늘, 소금, 파프리카 가루, 큐민 가루, 올리브유, 식초, 로즈 워터를 넣고 하리사가 아주 부드러운 페이스트가 될 때까지 돌린다. 만약 피망 껍질이 블렌더에서 부드러운 페이스트가 될 만큼 충분히 갈리지 않으면 재료를

굵은체에 붓고 고무 주걱으로 으깨면서 거르거나 푸드밀에 넣고 돌려도 된다. 하리사를 긁어서 병에 담아 냉장고에 넣어두고 쓴다. 하리사는 냉장고에서 1~2개월간 보관할 수 있다. 윗면에 올리브유를 뿌려 얇게 한 겹 덮어두면 좀 더 오래 보존할 수 있다.

## 마요네즈 Mayonnaise

**약 1컵**(240g)

올리브유 6큰술(90ml)
담백한 맛의 식물성 기름 6큰술(90ml)
큰 달걀노른자 1개(상온에 꺼내둔다)
천일염이나 코셔 소금 1/2작은술
레몬즙

마요네즈는 볼에 넣고 거품기로 휘저어서, 절구와 절굿공이로, 혹은 블렌더로 만들 수 있다. 여기에는 거품기나 절구를 이용한 레시피를 소개했지만, 블렌더를 이용할 경우 원한다면 달걀을 통째로 넣을 수도 있다. 마요네즈에 디종 머스터드를 약간 넣어서 맛을 내고 싶다면 처음부터 넣는 게 좋다. 디종 머스터드가 소스의 유화를 돕기 때문이다.

나는 올리브유와 담백한 맛의 식물성 기름을 조합해서 쓴다. 올리브유만 가지고 만들면 심지어 올리브유의 풍미를 좋아하는 사람들도 질릴 정도로 과한 맛이 나온다. 비율은 입맛에 따라 자유롭게 조절할 수 있다.

1 주둥이가 있는 계량컵에 2가지 기름을 붓는다.
2 젖은 수건을 둥글게 말아놓고 그 위에 볼을 놓아 고정하거나, 볼이 움직이지 않도록 다른 사람이 붙들고 있게 한 다음 볼에 달걀노른자를 넣고 거품기로 충분히 휘젓는다. 그 위에 기름을 아주아주 천천히, 1방울씩 떨어뜨리면서 휘젓는다. 이런 식으로 계속 천천히 기름을 넣으면서 걸쭉해지고 유화되기 시작할 때까지 휘젓는다.
3 나머지 기름을 아까보다 약간 빠른 속도로 꾸준히 넣으면서 기름이 완전히 혼합될 때까지 휘젓는다. 소금을 넣고 레몬즙을 넉넉히 뿌린다. 뚜껑을 덮어서 냉장고에 넣으면 2~3일간 보관할 수 있다.

**메모** | 만약 마요네즈가 분리되어 묽어지면 기름을 너무 빠른 속도로 넣었기 때문일 가능성이 있다. 그럴 경우에는 깨끗한 볼에 달걀노른자 1개를 더 넣고 휘저은 다음 분리된 마요네즈를 그 위에 천천히 붓는다. 처음에는 1방울씩 떨어뜨리기 시작해서 서서히 붓는 양을 늘려가며 휘저어서 원상회복시킨다.

## 로즈메리유 Rosemary oil
**로즈메리 향 올리브유** Huile d'olive aromatisée au romarin

이 레시피로 강렬한 녹색의 기름이 만들어진다. 아티초크 타프나드(53쪽)에 뿌릴 양보다 약간 더 많이 나오지만 남은 분량은 그릴에 구운 닭가슴살이나 생선에 숟가락으로 끼얹을 수도 있고, 방울토마토 크로스티니(110쪽)나 심지어 생허브 오믈렛(133쪽) 위에 부을 수도 있다. 로즈메리 대신 다른 허브를 써도 무방하다. 이 허브 오일에는 타라곤, 샐비어, 심지어 생민트도 잘 어울린다.

1 작은 냄비에 물을 붓고 한소끔 끓인다. 볼에 얼음물을 붓는다.
2 작은 소스팬에 올리브유와 소금을 넣고 따뜻해지되 끓지 않을 정도로 데운다. 불에서 내리고 그대로 둔다.
3 끓는 물에 허브들을 넣고 10분간 끓인다. 허브를 건져서 얼음물에 담근다.
4 허브가 식으면 손으로 건져 종이타월에 넣고 꼭꼭 눌러서 완전히 말린 다음 기름에 담근다. 15분간 허브를 기름에 우린다.
5 허브와 기름을 소형 야채 다지기나 푸드프로세서에 넣고 30초간 돌린 뒤 (기름 안에 초록색 잎 조각이 몇 개 떠다녀도 상관없다면) 기름을 고운체에 거른다. 여러분이 세심한 성격이라 허브 조각을 남김없이 제거하고 싶다면 면보를 몇 장 겹쳐놓고 거른다. 로즈메리유는 상온에서 밀폐 용기에 담아 며칠 동안, 냉장고에서는 1개월까지 보관할 수 있다. 냉장고에 보관할 경우에는 쓰기 전에 상온으로 만들어둔다.

---

1/2컵(125ml)

**올리브유** 1/2컵(125ml)
**천일염이나 코셔 소금** 넉넉히 1자밤
**이탈리아 파슬리** 1/2컵(5g)
**로즈메리 잎** 1/3컵(4g)

## 살사베르데 Salsa verde
**소스 베르트** Sauce verte

약 3/4컵 (180ml)

**생허브** 3/2컵(50g)(굵게 다진다)
**올리브유** 6큰술(90ml)(필요하면 더)
**그린 올리브** 10개(씨 빼고 다진다)
**케이퍼** 1큰술(씻은 뒤 물기를 꼭 짜서 다진다)
**다진 마늘** 1작은술
**작은 샬롯** 1개(껍질 벗겨 다진다)
**(무농약) 오렌지 껍질** 1개 분량(강판에 곱게 간다)
**천일염이나 코셔 소금** 1/2작은술
**레몬즙**(선택 재료)

이 소스에는 여러분이 원하는 허브는 어떤 것이든지 조합해서 넣을 수 있다. 나는 특히 양고기 구이(203쪽)에 곁들이는 살사베르데에는 타라곤이나 민트처럼 톡 쏘는 맛이 나는 허브를 적어도 한 가지씩 즐겨 넣는다. 양고기 구이는 기름지고 풍미가 강해서 센 맛을 견뎌낼 수 있기 때문이다.

이탈리아 파슬리, 바질, 오레가노, 마조람, 샐비어, 처빌, 로즈메리, 타임(단, 로즈메리와 타임은 다른 허브를 압도할 수 있기 때문에 너무 많이 넣지 않는다) 같은 다른 허브들도 쓸 수 있다. 나는 때때로 다진 래디시 잎을 쓰기도 한다. 이는 뚜렷이 느껴지는 맵싸한 기미를 더해준다.

1  식탁에 내기 최소한 1시간 전에 모든 재료를 작은 볼에 섞는다. 살사베르데는 되직하면서도 기울이면 흘러내릴 정도의 페이스트 상태여야 한다. 필요하면 올리브유와 레몬즙 몇 방울을 더 넣는다.

2  살사베르데 소스는 그대로 두면 맛이 더 좋아지므로 최대 8시간 전에 미리 만들어둘 수 있다. 냉장고에서 2일까지 보관할 수 있다. 내기 전에 상온으로 만들어둔다.

# 가염버터 캐러멜 소스 Salted butter caramel sauce
**Caramel au beurre salé**

가염버터 캐러멜은 파리에 선풍을 일으켰고, 요즘에는 프랑스뿐만 아니라 전 세계적으로 인기 만점인 특식 메뉴 중 하나가 되었다. 캐러멜화된 설탕에 버터 한 덩이를 넣고 생크림을 부어서 부드럽게 만든 음식에 대체 싫어할 구석이 뭐가 있을까? 이 소스는 레스토랑 '아스티에'에서 1인용 초콜릿 케이크(261쪽)에 끼얹어 내는 소스를 변형한 것이지만, '디의 르 파빌뢰 치즈케이크'(315쪽)의 사이드 디시로도 훌륭하며 따뜻하게 해서 여러분이 좋아하는 아이스크림의 소스로 낼 수도 있다.

1 큰 프라이팬이나 널찍한 소스팬에 설탕을 펼쳐 담고 물을 붓는다. 팬을 중불에 올리고, 설탕이 고르게 젖을 만큼만 아주 살살 팬을 흔든다.

2 일단 설탕이 젖어서 녹기 시작하면, 설탕이 말라서 녹지 않는 부분이 있을 때만 팬을 흔들어준다. 설탕의 색이 어두워지기 시작할 때까지 계속 데운다. 주의 깊게 지켜보면서, 설탕이 고르게 가열되도록 필요할 때만 팬을 부드럽게 흔든다. (설탕이 딱딱하게 결정화되기 시작할 경우, 너무 어둡거나 탄 부분이 생겼을 때만 조금씩 저으면서 계속 데우다 보면 결국 결정이 녹아서 부드러워진다.)

3 캐러멜이 진한 호박색이 되고 연기가 나기 시작하면 팬을 불에서 내리고 버터 조각을 넣는다. 버터가 완전히 녹을 때까지 거품기로 저은 뒤, 생크림을 서서히 부으면서 소스가 부드러워질 때까지 휘젓는다. 만약 팬 바닥에 붙어서 잘 안 떨어지는 버터 조각이 있다면 나무 숟가락으로 떼어내어 소스에 섞는다. 버터 조각이 잘 녹지 않을 경우 소스를 약한 불에서 다시 데우면 효과가 있다. 소스가 맛을 볼 수 있을 정도로 식으면 간을 보고 소금을 약간 더 넣을 수도 있다. 이 소스는 냉장고에서 2주까지 보관할 수 있으며 먹을 때는 다시 데워서 낸다. 식혔다가 다시 데울 때는 크림이나 우유를 약간 넣어서 묽게 만들어야 하는 경우도 있다.

1½컵(375ml)

**백설탕** 1컵(200g)
**물** 1/2컵(125ml)
**가염버터**
　6큰술(3온스/85g)(깍둑썰기해서 상온에 꺼내둔다)
**생크림** 1/2컵(125ml)
**천일염이나 코셔 소금**(선택 재료)

## 샬롯 마멀레이드 Shallot marmalade
**Confiture d'échalottes**

나는 샤르퀴트리에서 파는 모든 종류의 가공육—그중에서도 특히 닭간 파테와 '무화과를 넣은 오리고기 테린'(113쪽)—을 좋아하지만, 이를 더욱 훌륭하게 만들어주는 것은 바로 여기에 곁들여 먹는 에그르두aigre-doux(새콤달콤)한 샬롯 마멀레이드 한 병이다. 그 새콤달콤한 맛이 고기의 기름진 맛과 멋진 대조를 이룬다.

1 프라이팬에 기름을 두르고 중불에서 달군 뒤 샬롯을 넣는다. 샬롯이 완전히 숨이 죽고 부드러워질 때까지 자주 저으면서 10~12분간 볶는다.
2 소금을 뿌리고, 후추를 몇 번 갈아 넣고, 설탕, 꿀, 식초, 건포도를 넣고 젓는다. 자주 저으면서 국물이 걸쭉한 시럽처럼 될 때까지 10~12분간 조린다. 긁어서 병에 담아 식힌다. 샬롯 마멀레이드는 냉장고에서 6개월까지 보관할 수 있다.

---

2컵(500g)

담백한 맛의 식물성 기름 2큰술
샬롯 1파운드(450g)(껍질 벗겨 저민다)
천일염이나 코셔 소금 넉넉히 1자밤
으깬 검은후추
황설탕이나 흑설탕 눌러 담아서 1/4컵(50g)
꿀 2큰술
사과즙 발효 식초 1/3컵(80ml)
건포도 1/3컵(85g)(굵게 다진다)

---

## 비네그레트 Vinaigrette

많은 사람들이 비네그레트에 들어가는 기름의 중요성에 대해 이야기하는데, 그에 대해서는 곧 이야기하겠다. 하지만 나는 식초에도 그만큼의 관심을 기울여야 한다고 본다. 식초는 저마다 다르며, 나는 직업상 2년 동안 거의 매일 밤 수백 접시의 샐러드를 만들면서 훌륭한 비네그레트를 만드는 법에 대해 많이 배웠다.

'비네그르vinaigre'는 '와인vin'과 (맛이) '신aigre'이라는 두 단어를 합친 말로, 이는 와인의 코르크를 딴 채로 방치했을 때 자연적으로 발생하는 것이다. 와인과 마찬가지로 식초도 품질이 다양한데, 나는 거의 모든 비네그레트에 레드와인 식초나 셰리 식초를 쓴다. 시판 발사믹 식초는 인기가 있지만 샐러드에 쓰기에는 너무 달착지근해서 나는 잘 쓰지 않는다. 좀 더 부드럽고 그윽한 맛을 내고 싶을 때는 셰리 식초를 선호하고, 드레싱에 좀 더 활기를 돋우고 싶을 때는 레드와인 식초를 쓴다.

예전에는 그린 샐러드에 뿌릴 드레싱을 만들 때 항상 엑스트라 버진 올리브유를 골랐다. 하지만 프랑스에 온 뒤 맛이 담백한 샐러드유를 비네그레트에 넣은 샐러드를 먹어본 뒤 드레싱에 넣은 올리브유가 너무 강한 맛을 낼 수 있다는 걸 깨달았다. 그래서 이제는 때때로 해바라기씨유, 홍화씨유, 유채씨유(카놀라유) 같은 냉압착 기름을 지역 생산자들에게 구입해서 쓴다. 여러분도 다음번에 비네그레트를 만들 때 이런 기름을 한번 써보기 바란다. 아마 나처럼 깜짝 놀랄 것이다!

나는 비네그레트에 거의 어김없이 샬롯을 넣는데, 샬롯은 단순한 살라드 베르트(그린 샐러드)에 살짝 양파 느낌이 나는 멋진 달콤함을 선사한다. 단순한 그린 샐러드를 한 단계 끌어올리는 또 다른 방법으로는 미국에서 그다지 많이 활용되지 않는 처빌을 넣거나, 잘라낸 회향 알뿌리 또는 붉은 래디시를 면도날처럼 얇게 저며서 샐러드 채소와 버무리는 방법 등이 있다.

프랑스인들처럼 나도 대량의 드레싱을 미리 만들어놓지 않고, 큰 샐러드 볼에 한 번 쓸 만큼만 드레싱을 섞어서 그 위에 잎과 다른 재료들을 수북이 얹은 뒤 깨끗한 면보로 덮어둔다. 그러다가 프랑스인들의 말마따나 샐러드를 '괴롭힐fatiguer' ('뒤집어 섞는다'는 뜻도 있다—옮긴이) 시간이 되면—으깬 검은후추, 천일염 조금, 그리고 때로는 갓 다진 약간의 허브와 함께—재료를 드레싱에 버무려서 낸다.

이 레시피에 명시된 양으로는 찢은 양상추 잎 6컵(100그램)을 버무릴 수 있는데 이는 샐러드 2~3인분에 해당한다. 먹을 사람이 많으면 재료를 더 늘릴 수 있다. 만약 마슈mâche(콘샐러드), 아루굴라, 메스클룅mesclun(샐러드용 어린 잎 채소 모둠) 같은 더 여린 채소를 쓴다면 로메인이나 버터상추 같은 더 억센 잎보다 드레싱이 덜 필요할 수도 있으니 입맛에 맞게 넣는다.

**1/3컵**(80ml), 샐러드 2~3인분 분량

**품질 좋은 레드와인 식초나 셰리 식초 1큰술**
**천일염이나 코셔 소금 1/4작은술**
**다진 샬롯 2작은술**(선택 재료)
**디종 머스터드 1~2작은술**
**올리브유나 해바라기씨유나 홍화씨유**
　　1/4컵(60ml)

**1** 큰 샐러드 볼에 식초, 소금, 샬롯, 머스터드를 넣고 포크를 써서 섞는다. 소금이 녹을 때까지 젓는다. (프랑스 사람들은 드레싱에 머스터드가 많이 들어가는 것을 좋아한다. 나는 1작은술부터 시작해서 입맛에 따라 좀 더 추가하는 방법을 추천한다.)

**2** 기름을 넣고 완전히 섞일 때까지 빠르게 젓는다. 나는 되도록 먹기 몇 시간 이내에 드레싱을 만들려고 노력한다.

# 휩트 크림 Whipped Cream
**크렘 샹티이** Crème chantilly

**2컵**(500ml)

**생크림** 1컵(250ml)
**백설탕** 1큰술
**바닐라 추출액** 1/2작은술

만약 파리에서 주말에 치즈를 사러 나간다면, 작은 통에 담아서 파는 '퐁텐블로 Fontainebleau'를 사려고 프로마주리 앞에 손님들이 길게 줄을 선 광경을 보게 될 것이다. '퐁텐블로'는 신선한 휩트 크림에 프로마주 블랑을 넣어 농후함을 더한 것으로, 너무 달콤하고 연약해서 상하지 않도록 거즈에 싸놓는다. 그런 이유로 프로마주리에서는 이것을 주중 특정한 날—주로 수요가 가장 많은 주말—에만 제조한다. 특히 잘 익은 딸기나 산딸기가 있다면, 이걸 꼭 구해서 곁들여 먹어보기를 강력히 권한다. 그 부드러운 크림 위에 설탕을 뿌리면 꿈속의 극락이 따로 없다.

크렘 샹티이(휩트 크림)는 '퐁텐블로'의 사촌으로, 집에서도 손쉽게 만들 수 있다. 최고의 맛을 지닌 휩트 크림을 만들려면 지역의 낙농 업자에게서 초고온 처리UHT를 하지 않은 생크림을 구할 것을 권한다. 열처리를 하면 크림을 몇 개월간 보존할 수 있지만 맛이 많이 떨어지고 휘젓기도 더 힘들다. 이는 거품기를 장착한 스탠드믹서를 쓰거나 손으로 휘저어 만들 수 있다. 어떤 방법을 쓰든 시작하기 전에 볼과 거품기를 차게 식혀두어야 더 빨리 거품을 낼 수 있다.

**1** 거품기를 장착한 스탠드믹서 용기에 생크림을 넣고 모양이 고정되기 시작할 때까지 고속으로 돌린다(혹은 금속제 볼에 넣고 손으로 휘젓는다).

**2** 설탕과 바닐라 추출액을 넣고, 거품기를 들어 올렸을 때 뾰족한 뿔이 밑으로 살짝 처진 모양이 될 때까지 계속 돌린다. 너무 오래 휘저으면 크림이 푸석푸석해진다. 휩트 크림은 만든 즉시 사용하거나 뚜껑을 덮어 냉장고에서 24시간까지 보관할 수 있다. 냉장고에 보관했다가 쓸 경우에는 냉장 시간과 상관없이 내기 전에 다시 한 번 가볍게 휘저어야 할 수도 있다.

## 식재료 및 조리 도구 판매처

**Amazon 아마존**
www.amazon.com
알루미늄 호일 베이킹 컵, 초콜릿, 부엌 도구와 제과 제빵 기구, 디종 머스터드, 오리 기름, 프랑스 치즈, 소금, 그라탱 접시, 르퓌산 렌틸, J. 르블랑 견과유J. Leblanc nut oils, 올리브유, 펄 슈거, 에스펠레트 고춧가루

**Bob's Red Mill 밥스 레드 밀**
www.bobsredmill.com
강력분bread flour, 통메밀buckwheat groats, 메밀가루, 병아리콩 가루, 활성 밀 글루텐, 통밀, 기타 곡물과 씨앗류

**Bram Cassoles 브람 카솔**
www.bramcookware.com
카술레 냄비와 티앙을 비롯한 프랑스식 구이 접시와 냄비류

**Clay Coyote 클레이 코요테**
www.claycoyote.com
카술레 냄비와 접시류

**Chefshop 셰프숍**
www.chefshop.com
안초비, 병아리콩 가루, 가른 콩, 프랑스 꿀, 올리브유, 소금, 르퓌산 렌틸, 식초

**D'Artagnan 다르타냥**
www.dartagnan.com
오리 기름, 오리 콩피, 생오리, 카술레 냄비, 타르베 강낭콩haricots tarbais(카술레에 넣는 콩)

**Formaggio Kitchen 포르마조 키친**
www.formaggiokitchen.com
디종 머스터드, 프랑스 치즈, 올리브유, 소금, J. 르블랑 견과유

**French Selections 프렌치 셀렉션즈**
www.frenchselections.com
디종 머스터드, 오리 콩피, 오리 기름, 견과유, 올리브유, 에스펠레트 고춧가루, 소금, 식초

**Gourmet Country 고메이 컨트리**
www.gourmetcountry.com
프랑스 소금, 바닐라 추출액을 비롯한 바닐라 제품

**Kalustyan's 칼루스티안스**
www.kalustyans.com
병아리콩 가루, 하리사, 레몬 절임, 석류 농축액, 수막, 향신료, 타히니

**King Arthur Flour 킹 아서 플라워**
www.kingarthurflour.com
강력분, 박력분cake flour, 통메밀, 메밀가루, 활성 밀 글루텐, 펄 슈거

**La Tienda 라 티엔다**
www.tienda.com
안초비, 자반 대구, 파프리카 가루, 스페인산 셰리 식초

**Le Fanion 르 파니옹**
www.lefanion.com
프랑스 도기 그릇: 카술레 냄비와 그라탱 접시

**Penzeys 펜지스**
www.penzeys.com
프랑스 소금, 수막, 기타 허브와 향신료

**Phipps Country Store And Farm 핍스 컨트리 앤 팜**
www.phippscountry.com
마른 토종 콩류

**Rancho Gordo 랜초 고도**
www.ranchogordo.com
미국산 카술레 콩을 비롯한 토종 콩류

**Salttraders 솔트트레이더스**
www.salttraders.com
프랑스 소금

**Starbucks 스타벅스**
www.starbucks.com
인스턴트 가루 커피instant powdered coffee (VIA)

**Sur La Table 쉬르 라 타블**
www.surlatable.com
프랑스 부엌용품, 구이 접시, 기타 부엌 도구

**The Meadow 더 메도우**
www.atthemeadow.com
프랑스 소금

**The Spanish Table 더 스패니시 테이블**
www.spanishtable.com
안초비, 도기 그라탱 용기와 크렘 브륄레 용기cazuela, 자반 대구, 파프리카, 셰리 식초

**Trader Joe's 트레이더 조스**
www.traderjoes.com
디종 머스터드, 유럽식 유제품과 버터, 프랑스 렌틸, 견과와 말린 과일, 스페큘루스 쿠키 버터

**Williams-Sonoma 윌리엄스-소노마**
www.williams-sonoma.com
프랑스 부엌용품, 구이 접시, 기타 식재료

**Zingerman's 진저맨스**
www.zingermans.com
안초비, 파로farro, 프랑스 꿀, 소금, 올리브유

## 우리나라 식재료 구입처

이 책에 등장하는 식재료들은 SSG푸드마켓(www.ssgfoodmarket.com), 고메이494(www.gourmet494.com)를 비롯해 각 대형 백화점 지하 식품매장에서 대부분 구할 수 있다. 그 외에도 서울 도곡동의 스타슈퍼(www.shinsegae.com/store/starsuper/starsuper_intro.jsp), 옥수동의 해든하우스(02-2297-8618), 한남동의 치즈와 햄 전문점 한스앤그레텔(02-749-0120) 등에서 필요한 품목을 찾을 수 있다. (편집자 주)

# 감사의 말

그 누구보다도 먼저 내 블로그의 독자 여러분에게 감사를 드린다. 여러분은 내가 이 괴팍하고 아름답고 복잡하고 맛있는 도시의 이방인으로서 겪어온 좌충우돌의 여정을 인내심 있게 (때로는 엄청 낯이 뜨거웠을 텐데도) 동행해주었다. 내가 제과점, 식당, 시장을 찾아다니고 파리의 내 부엌에서 레시피를 고안해 공유하게끔 이끌어준 것은 바로 여러분이다.

훌륭한 요리사이자 셰프로서 너그럽게도 자신의 레시피를 나눠준 내 친구들, 시릴 불레, 폴 카야, 마르크 데포르트, 디 골드버그, 아니사 에일루, 파브리스 르 부르다, 데이비드 레이트, 마리옹 레비, 데이비드 린지, 신 리퍼트, 비나 파라딘, 로럴 샌더슨에게 고마움을 전한다.

레슬리 체스터먼, 다이앤 제이컵, 쇼나 제임스 에이헌, 댄 레퍼드, 알렉 로브라노, 마이클 룰먼, 행크 쇼, 데이비드 타니스, 리자이나 슈램블링의 전문적인 조언에, 함께 웃음을 나눈 엘리스 바우어와 뎁 페렐만에게 감사를 보낸다. 내게 그토록 탄탄한 기반을 닦아준 앨리스 워터스와 린지 셰어에게 감사드린다. 번역을 도와주고 파리에서 살면서 부딪친 요리 이외의 도전을 이겨내는 데 도움을 준 마라 골드버그에게, 파리에 케일을 가져다준 크리스틴 베다드에게, 그리고 이 맛있는 도시에서 내가 좋아하는 식당과 상점을 방문객에게 더더욱 즐겁게 소개할 수 있도록 도와준 지넷 허먼에게 감사를 보낸다.

친절하게도 나를 관계자 외 출입 금지 구역으로 들여보내준 '푸케 초콜릿', '브레이즈 카페', '캉델라리아Candelaria', '라 그렌트리 뒤 마르셰La Graineterie du Marché'('시장 곡물상'이라는 뜻—옮긴이), '라 그랑 데피스리La Grand Épicerie', '푸알란Poilâne', '장샤를 로슈Jean-Charles Rochoux', 레스토랑 '아스티에'를 찾아가는 일은 언제나 행복하다.

수전 프리들랜드의 예리한 눈과 견고한 지침과 우정과 용기 덕분에 나는 최상의 상태로 결승점까지 다다를 수 있었다.

이 책의 레시피들을 미국에서 테스트하는 엄청난 일을 해준 신디 메이어스에게 큰 감사를 보낸다. 그녀가 보내준 메모와 팁은 대단히 유용했다.

텐 스피드 프레스 출판사의 멋진 직원들과 함께 작업한 모든 책들은 즐거운 경험이었다. 외국 도시 생활의 덜 재미있는 측면이 내 뒷목을 잡아채려 했을 때 크나큰 이해심을 발휘해준 편집자 줄리 베넷에게 특별히 감사드린다. 우리가 샌프란시스코에서 처음 만났던 그 안개 낀 날부터 이 책이 우리 집 문 앞에 도착한 그날까지, 그녀는 이 프로젝트를 뒤에서 밀어주고 이 책을 완성할 수 있도록 나를 열성적으로 이끌어주었다. 또 벳시 스트롬버그의 멋진 책 디자인에, 크리스틴 케이스모어와 미셸 크림의 홍보와 마케팅 감각에 감사드린다. 그리고 《파리의 부엌》을 책으로 만들자고 제안해준 애런 웨이너 대표에게 감사드린다.

내가 요리하고 글 쓰는 일에 전념할 수 있도록 항상 자잘한 일들을 처리해주는 내 에이전트 보니 나델과 그녀의 조수 오스틴 라클리스에게 고마움을 전한다.

사진가 에드 앤더슨과의 작업은 놀라웠다. 그는 파리로 와서 내가 사랑하는 이 도시의 모든 것과 음식들을 눈부시게 포착해냈다. 고마워요, 에디! 그리고 스타일리스트 발레리 에이크먼스미스와 에설 브레넌은 파리의 시장에서 나와 함께 엄청난 양의 쇼핑을 감당해주고 너무나 아름답게 음식들을 담아냈다. (또 사진을 촬영하고 남은 아이스 로제를 처리하는 데 협조해준 이 팀에게 감사한다.)

끝으로 내 반쪽인 로맹에게 크나큰 감사를 보낸다. 우리가 만난 지 얼마 안 되어 몇몇 친구들에게 그를 소개했을 때, 한 친구가 나를 옆으로 부르더니 말했다. "아니 어떻게 했길래 저렇게 좋은 사람을 찾았어?" 그 후 여러 해가 흘렀지만 아직도 (그 비결을) 모르겠다. 하지만 그를 찾아내서 기쁘다.

옮긴이 **유나영**

서울대학교 고고미술사학과를 졸업했고 삼인출판사에서 편집자로 일했다. 옮긴 책으로 《운율?그리고 의미?/헝클어진 이야기》 《왜 지금 지리학인가》 《코끼리는 생각하지 마》 《프란치스코 교황과 함께하는 매일 묵상》 《예술 분과로서의 살인》 등이 있다. 개인 홈페이지 '유나영의 번역 애프터서비스(lectrice.co.kr)'에서 오탈자와 오역 신고를 받고 있다.

감수 **김형석**

세종대학교 대학원에서 조리외식경영학 석사학위를 받았으며, 프랑스 르꼬르동 블루(Diplome de cuisine)를 수료했다. 대학에서 광고를 전공했지만, 프랑스 유학시절 학비 마련을 위해 운영한 '슈퍼맨민박집'에서 요리의 즐거움과 소질을 발견하고, 전공을 요리로 바꿨다. 그 후 미슐랭 투스타인 호텔 르 브리스톨 어시스트 셰프와 임피리얼 팰리스 호텔 주임을 거쳐 현재 h'450, h'541, h'123, EATALY, 매그놀리아 베이커리, 조 앤 더 주스 등의 브랜드를 관리하는 현대그린푸드 외식사업부 양식 총괄셰프로 근무 중이다.

### 파리의 부엌

첫판 1쇄 펴낸날 2016년 8월 8일
　　6쇄 펴낸날 2022년 5월 16일

지은이　데이비드 리보비츠
옮긴이　유나영　　감수　김형석
발행인　김혜경
편집인　김수진
책임편집　김교석
편집기획　조한나 김단희 유승연 임지원 곽세라 전하연
디자인　한승연 성윤정
경영지원국　안정숙
마케팅　문창운 백윤진 박희원
회계　임옥희 양여진 김주연

펴낸곳　(주)도서출판 푸른숲
출판등록　2003년 12월 17일 제2003-000032호
주소　경기도 파주시 심학산로 10(서패동) 3층. 우편번호 10881
전화　031)955-9005(마케팅부), 031)955-9010(편집부)
팩스　031)955-9015(마케팅부), 031)955-9017(편집부)
홈페이지　www.prunsoop.co.kr
페이스북　www.facebook.com/prunsoop
인스타그램　@prunsoop @benchwarmers

ⓒ푸른숲, 2016
ISBN 979-11-5675-660-6(13590)

◦ 잘못된 책은 구입하신 서점에서 바꾸어 드립니다.
◦ 본서의 반품 기한은 2027년 5월 31일까지 입니다.